Nueva Crítica Hispanoamericana

Colección dirigida por

Alberto Julián Pérez

María Fernanda Pampín

MARGARITA KRAKUSIN

DEL MARGEN AL CANON: ENSAYOS CRÍTICOS SOBRE ESCRITORES HISPANOAMERICANOS

CORREGIDOR

Krakusin, Margarita
Del margen al canon : ensayos críticos sobre escritores
hispanoamericanos. – 1a. ed. – Buenos Aires : Corregidor, 2004.
368 p. ; 20x14 cm. – (Nueva crítica hispanoamericana)

ISBN 950-05-1553-9

1. Crítica Literaria. I. Título
CDD 801.95

Diseño de tapa:
Departamento de Arte sobre diseño original de colección de
Moyano / Villanueva / Zárate

© Ediciones Corregidor, 2004
Rodríguez Peña 452 (C1020ADJ) Bs. As.
Web site: www.corregidor.com
e-mail: corregidor@corregidor.com
Hecho el depósito que marca la ley 11.723
I.S.B.N.: 950-05-1553-9
Impreso en Buenos Aires - Argentina

A mi esposo Roger
A mi hija Ana Cristina

A mis sobrinas: Alexandra,
Amalia, Anja, Clara María,
Gloria Patricia, Gretel, María
Elisa y María Virginia

PRÓLOGO

E n Hispanoamérica los años sesenta fueron la década de las idealizaciones.[1] Fue una década positiva en el sentido de que se implementaron las bases para una renovación política, ética y cultural (David W. Foster, *Alternate Voices in the Contemporary Latin American Narrative* 61). Se vivía de la esperanza que suponía el modelo cubano como ideal para el continente. Hispanoamérica mitificó la revolución cubana y encontró en ella una luz de esperanza, por lo tanto, ya no urgía la obra comprometida. El escritor se desentendió de los temas sociales de la literatura que le precedía y se concentró en la exploración de nuevas formas narrativas. La década de los sesenta parecía una época propicia para el arte. Los postulados de Ortega y Gasset sobre la deshumanización del arte hicieron eco en los escritores del *boom* que pensaban como él, y creían que era preciso improvisar otra forma de trato por completo distinto del usual vivir de las cosas; creando e inventando actos inéditos adecuados a aquellas figuras insólitas. Esta nueva vida, esta vida inventada previa anulación de la espontánea, era para ellos precisamente la comprensión y el goce artístico (*Deshumanización del arte* 352).[2] El novelista latinoamerica-

---

1   Luis Rafael Sánchez, escritor puertorriqueño, considera que la década de los sesenta es la de las idealizaciones, en tanto que la de los setenta es la década del desengaño. Relaciona este fenómeno social y literario con la Revolución cubana y su posterior régimen. Margarita Krakusin y Ronald Haladyna, «Entrevista con Luis Rafael Sánchez» 75. Esta opinión es compartida por Donald Shaw en «Towards a Description of the Postboom», y por Rodríguez Monegal en «Tradición y renovación»

2   Según dice Díez-Echarri y Roca Franquesa, el pensamiento estético de Ortega y Gasset se halla diseminado en multitud de ensayos pero en «La deshumanización del arte e ideas sobre la novela» se encuentran sus estudios más definidos al respecto. Algunos de sus enunciados son el producto artístico es sólo artístico en cuanto se aleja de la realidad; el arte es un producto de nobleza, de aristocratismo, de privilegio; todo arte debe ser *impopular, más aún, antipopular* el arte no debe buscar al lector vulgar (1279).

no buscaba la profesionalización del literato aprovechando el auge
publicitario, el interés de las editoriales y el aumento del público lector, con miras a un desarrollo autónomo de la actividad literaria. Pero
se alejó del pueblo, del individuo menos culto, creando una literatura
de élite, un arte que no se desdoblaba dialécticamente en la proble-
matización de la realidad, ni tampoco era accesible al hombre común.
Aparece, entonces, un grupo de escritores que intentaban expresar el
sentir del pueblo y que fueron conocidos como los escritores del postboom latinoamericano.

Para Donald Shaw, el postboom latinoamericano se inicia en 1968
con la rebelión estudiantil de México, lo que implica que *Cien años
de soledad,* publicada un año antes, cierra el período del *boom.*
Política y económicamente, la nueva generación del postboom vive
una serie de fracasos y hay entre los escritores una toma de conciencia desilusionante (Shaw, *Nueva narrativa hispanoamericana* 163).
La generación de los setenta fue la de las "ilusiones perdidas" (Rama,
La novela en América Latina 33). A los años de las dictaduras,[3] sucede en el poder una burguesía liberal que no atina a explicar las razones que dieron origen a los gobiernos dictatoriales ni cumple las promesas formuladas. Se crea una generalizada desconfianza y un desengaño que fue aumentando por el desencanto que con los años trajo la
revolución cubana. Después del sonado caso Padilla, de la cerrazón
ideológica del régimen cubano, el intelectual se sintió humillado por
la nueva postura de Fidel Castro y, con trabajo, el continente aceptó la
idea de una dictadura cubana, ahora de izquierda.[4] Comenzó entonces,

---

3   Nos referimos a Velasco Alvarado en Perú, los militares y luego Perón en
    Argentina, Stroessner en Paraguay, en Bolivia Paz Estenssoro y René
    Barrientos. Igual proceso, con contadas excepciones, se ha vivido en el
    Caribe, Centro América y demás países de Sur América.
4   El caso Padilla (1971) se refiere al enfrentamiento ideológico entre el escritor
    cubano Heriberto Padilla y el régimen cubano que en un principio acogió y
    promovió a los intelectuales latinoamericanos a través de la *Revista.* El endu-
    recimiento de la línea ideológica del régimen se hizo más notorio cuando
    Roberto Fernández Retamar pasa a dirigirla en 1965. Este órgano de difusión
    de la Casa de las Américas era solamente el reflejo de toda la política cultu-
    ral cubana, como luego se hizo evidente en el discurso de Fidel Castro en el

según Luis Rafael Sánchez, "la ebriedad del pesimismo" y llegó un momento en que muchos intelectuales se dijeron: "yo no quiero cambiar al mundo, yo no puedo". Añade Sánchez que este "es el momento que Cernuda ha llamado de ajuste entre la realidad y el deseo" ("Entrevista", Krakusin y Haladyna 72).

La actitud del artista y del intelectual también cambió, aunque el interés por la experimentación formal y lingüística continúa.[5] Como género burgués, la novela sigue el mismo desarrollo de la burguesía, pero no necesariamente muere cuando ésta entra en quiebra.[6] Los frecuentes cambios sociales que conllevan el cambio político en América Latina han liberado este género literario de los vaivenes propios del sistema, obligándolo a fortalecerse, a enriquecerse. La novela refleja la visión interior que del cambio tienen los que lo experimentan. Así, la década de los sesenta refleja la ilusión y euforia que se manifestó en una cierta "deshumanización del arte". Por el contrario, la narrati-

---

que despide brutalmente a sus antiguos colaboradores, tanto latinoamericanos como europeos.

5   El elitismo del *boom* permitía al escritor latinoamericano escudarse en formas vanguardistas, poco accesibles al lector medio, como también, en las estructuras complicadas, los juegos de imágenes y la autorreferencia del lenguaje. Los escritores del *boom* perdieron contacto con la realidad y restringieron la lectura de sus obras a una élite intelectual. Por el contrario, la nueva tendencia es hacia la utilización de formas y temas más relacionados con la realidad que circunda al lector. El escritor pretende dar una nueva perspectiva del hombre y sus entornos. Sobresale por su realismo, su desparpajo y por sus deseos de consignar en sus obras las «ganas de vivir, amar, aventurar, y de contribuir al cambio de la sociedad» (Skármeta, citado por D. Shaw 89). Hay un retorno al relato y a la trama lineal. La obra está más orientada hacia el lector, y el escritor se rehusa a continuar con la complejidad en la temática y en la técnica. Busca entretener pero no soslaya o ignora los problemas a los que se enfrenta el hombre de este período finisecular. Recoge el sentir del hombre moderno, que acribillado por el cúmulo de información transmitida por los medios de comunicación masiva, prefiere soslayar la realidad por medio de la evasión o del humor, la exageración o la afirmación consciente de lo grotesco y atrevido. Su mensaje busca demostrar la necesidad de apertura hacia un pluralismo cultural y social que integre todos los sectores de la sociedad hasta el momento marginados.

6   Para mayor ampliación al respecto, véase Ángel Rama en *La novela en América Latina* 87.

va de los años setenta comienza a mostrar el desencanto, el cansancio
que lucha por una vida más humana y sólo ha llegado a la desesperanza. El escritor comienza a volverse sobre sí, olvidándose de la
colectividad y reflexionando sobre la soledad, el desamparo, la represión y la marginación de su "yo". Entonces, ese "yo" se torna en un
"nosotros" que revierte la intimidad de la primera persona en un testimonio del mal que aqueja a toda una sociedad. Como señala Rama,
"el novelista existe dentro de una literatura; si hablamos, en abstracto, diríamos que nace dentro de ella, en ella se forma y desarrolla, con
ella, o contra ella hace su creación" (49). Es pues imposible sustraer-
se a la influencia que el ambiente vital tiene sobre la creación artística. El cansancio de la lucha de que nos habla Luis Rafael Sánchez se
va haciendo presente en el quehacer literario de las décadas de los
setenta y ochenta. A la etapa de experimentación, de total individualismo artístico, se sigue una nueva modulación llena de experiencia
subjetiva que busca entroncar con su gran familia social y que trasciende los ámbitos regionales. La novela latinoamericana se populari-
za e incorpora el lenguaje cotidiano al literario. Usa el humor para
mostrar el escepticismo sobre las bondades de la sociedad contemporánea. La tecnología entra al servicio de la obra de arte y la literatura
legitimiza la cultura de masas porque, como afirma Roland Barthes en
Image, Music, Text, la narración sólo puede recibir su significado del
mundo en el que ella se da, ya que más allá de los niveles de narración existen otros sistemas (social, económico, ideológico) cuyos términos no son simplemente narrativos, sino de diferente textura
(hechos históricos, conducta, etc.), los cuales conforman la cultura e
identidad de un pueblo (115-124).

     En las décadas siguientes se da una nueva epifanía, ahora de escri-
toras que entran a competir abiertamente con la cultura masculina que
las había relegado a la geografía del hogar y a la intrascendencia de
una identidad ligada a la del esposo, padre o hermano. Olvidada, ignorada o postergada por esa cultura, la mujer escritora de los años ochenta y noventa toma la pluma y torna la página en blanco en arma de
subversión, denuncia y diálogo. En 1937, José Ortega y Gasset
comentaba que el lenguaje es el medio que sirve para expresar nuestros sentimiemtos y también para ocultarlos. Sin embargo la mujer en

su afán por compartir su soledad, "extrema sus esfuerzos por comunicarse con el prójimo" ("La rebelión de las masas" 10), aprovechándose de lo que Umberto Eco ha llamado "una nueva situación antropológica de civilización de masas", la cual ha obligado a la escritora a participar de este fenómeno cultural en la que ha sido llamada a operar *(Apocalípticos e integrados* 31).

En su anticipación, Ortega vio la fuerza latente de la masa, su «dynamis», la cual eventualmente traería un equilibrio sociocultural, ese balance que concede un espacio en el arcano cultural, y específicamente en el literario, a la expresión de los "hombres de cabezas toscas", al "hombre masa" (Ortega 17). Aquí podría incluirse a la mujer, como parte de esa masa a la que el gran maestro quiso negarle los privilegios de una cierta "nobleza cultural", privilegios que paradójicamente, según él, "no son originariamente concesiones o favores, sino, por el contrario, son conquistas" (78).

La voz femenina personaliza la historia de la sociedad y la historia de la mujer. Como corolario del cambio y la experiencia, ambas pasan de ser entes socialmente dóciles, a ser fuerzas de conflicto entre el control y la expresión de los propios deseos, y la imposición de los parámetros limitantes que vienen de fuera, revelando momentos claves del aprendizaje individual y social.

Del margen al canon: Textos críticos sobre escritores hispanoamericanos consta de una selección de ensayos que tienen como eje común el cambio de la exclusión a la inclusión, es decir, del movimiento que va de lo ex-céntrico a lo canónico en un amplio rango de connotaciones. Tendencias esporádicas de inclusión se encuentran en escritores tan controversiales como controvertidos como Sarmiento, Eunice Odio, Cortázar, Lorenzo Marroquín y José María Rivas Groot. Otros escritores presentan una visión del mundo totalmente *sui generis* como es el caso de Alfredo Bryce Echenique, haciendo evidente las dificultades que tiene la sociedad en general para aceptar el cambio, lo diferente. Por último se incluyen estudios críticos sobre varias escritoras que han dado voz a la vida íntima, sexual e intelectual de la mujer y a su lucha por la inclusión dentro del contexto cultural. Como voces autónomas y propietarias legítimas de un discurso, el movimiento feminista por ellas representado, se ha constituido en un metadiscurso que evalúa tanto sus logros como sus limitaciones, permitiendo identificar en él "una pluralidad de sitios de opresión a los que se opone ahora una diversidad de espacios de resistencia" (Muñoz, *Polifonía de la marginalidad* 15).

Para concluir quiero agradecer al Sr. Lee Posey por su ayuda financiera, a través del reconocimiento académico que lleva su nombre, y a mis colegas de Alma College por su generoso apoyo. Todos ellos son parte de un grupo selecto de seres que se han cruzado en mi camino para hacerlo más gratificante e intelectualmente estimulante.

East Lansing, Michigan, marzo, 2004.

DEL MARGEN AL CANON: ENSAYOS CRÍTICOS SOBRE ESCRITORES HISPANOAMERICANOS

LA MUJER Y LA PERCEPCIÓN
LABERÍNTICA DEL MUNDO
EN LA NOVELÍSTICA BRYCEANA [1]

En medio de la sencillez aparente que caracteriza la obra de Alfredo Bryce Echenique el lector encuentra una gran riqueza temática y filosófica. Sus novelas exploran la noción del feminismo y la historia de la burguesía latinoamericana. Los temas sociales y políticos están, a la vez, enlazados con los del escritor y su labor de creación, el lenguaje, la oralidad, el éxito a través del fracaso, el humor y la música. También se hacen presentes el mito, el amor, la amistad, el desarraigo y el sentimentalismo masculino. En su extraño pero familiar mundo ficcional, los personajes bryceanos van creando espacio para otros muchos textos y códigos culturales, a la par que se cuestionan sobre los misterios de la vida y de la muerte y reflexionan sobre la ironía cósmica, todo lo cual da mayor profundidad y validez al trabajo artístico de Alfredo Bryce Echenique (Krakusin, *La novelística* 11).

César Ferreira comenta, citando a Vargas Llosa en *Historia de un deicidio*, que Bryce, como escritor, ha construido "un mundo verbal esférico, autosuficiente, no sólo formalmente –como lo es toda ficción lograda–, sino temáticamente, un mundo en el que cada nueva ficción viene a incorporarse, o mejor, a disolverse, como miembro de una unidad, en la que todas las partes se implican y modifican en un mundo que se va configurando mediante ampliaciones y revelaciones no sólo prospectivas sino también retrospectivas" ("Autobiografía..." 7). Considerando el mundo novelístico de Bryce como una unidad, según

---

[1] Este artículo fue publicado en *Con eñe: Revista de escritura latinoamericana* 8 (1999): 29-36.

lo expuesto por Ferreira, veremos cómo este universo ficcional está estructurado como un vasto laberinto de soledad.[2] El laberinto es una noción que encontramos a menudo en la literatura y que da al escritor un plan para su narrativa total. Juan de Mena, por ejemplo, habla del Laberinto de la fortuna (*Laberinto de la fortuna* 1444) y Calderón de la Barca en *La vida es sueño* (1635) pone énfasis en el amor divino, y la gracia es el hilo de Ariadne que sacará a Segismundo de su terrible laberinto.[3] En el siglo XX el laberinto continúa simbolizando las complicaciones del mundo y se centra más en el carácter autoreflexivo del intrincado mundo del pensamiento y de la literatura misma. En Joyce, *Portrait of the Artist as a Young Man* (1916) es un símbolo para el arte y, particularmente, para la escritura. Stephen Dedalus escapa de su ciudad natal, Dublín, a la que retrata como laberinto. Eventualmente Dedalus llega a identificarse con el Daedalus, diseñador del laberinto de Creta, y sugiere que él, como Joyce, podría llegar a crear un laberinto textual que retrate la ciudad y

---

2   Se toma "laberinto de soledad" en préstamo de la obra *El laberinto de la soledad* (1950) de Octavio Paz a la que se aludirá en distintas ocasiones durante este ensayo. En términos generales, la palabra *laberinto* sirve para designar una estructura complicada en la que el protagonista o héroe se pierde en su intrincado diseño. Más específicamente, la noción de laberinto nos remite al mundo clásico donde tal diseño fue originado. Este diseño consiste de círculos, exágonos o cuadrados concéntricos que están a menudo divididos en mitades o cuartos que cambian de dirección a lo largo de uno o dos ejes. En literatura es el símbolo de un diseño formalizado que permanece como constante, usado para presentar una visión del mundo, de la mente o del arte. Interpretaciones psicológicas de este mito, particularmente la de C. G Jung, enfatizan el laberinto como una estructura de iniciación, donde un joven entra en los terribles dominios de la madre tierra, triunfa sobre sus fuerzas representadas por el Minotauro, y sale de allí como un individuo maduro. En esta labor es ayudado por alguien (ordinariamente una mujer) quien representa a Ariadne.

3   Según es conocido, el primer laberinto hecho por el hombre estaba localizado en Egipto. Esta estructura parece haber sido el modelo del que se sirvió Daedalus para el diseño del laberinto griego de Creta, mandado a construir por el rey Minos para ser habitado por Minotauro. Este monstruo, parte hombre parte animal, nació como castigo del dios Neptuno al rey Minos. Minotauro era hijo de Pasiphaë, esposa de Minos, y del toro blanco que Minos se negó a sacrificar en honor de Neptuno.

sus habitantes. Frank Kafka en su inconclusa historia "Der Bau" dramatiza la capacidad del laberinto para representar a la vez, la prisión y la protección. En *Metamorfosis* (1915) el terror más agudo que sufre Gregor Samsa, en su cuerpo de insecto, es el de su enorme tamaño que le impide el paso por la puerta de su cuarto. Para Kafka el terror psicológico surge frecuentemente como resultado de una deformidad, una metamorfosis o aún un leve defecto físico. La narrativa kafkiana presenta siempre un asalto a la integridad de la imagen corporal. Tal obsesión del protagonista se expande hasta el punto de no poder encontrar un lugar en el mundo donde pueda sentirse a salvo. En la obra de Maturin, *Melmoth the Wanderer*, la desorientación del héroe-narrador es proyectada a través de numerosas subnarraciones envueltas unas en otras, las cuales conforman la narrativa total del libro. Jorge Luis Borges en *El hacedor* (1960) presenta la idea de Daedalus como figura atrapada en su propio laberinto. El laberinto de líneas que él ha creado en sus obras sólo es el reflejo de su propio ser. En *Rayuela* (1963) de Julio Cortázar o en *El obscuro pájaro de la noche* (1970) de José Donoso vemos como los protagonistas elaboran laberintos de palabras alrededor de ellos. Estos laberintos son a la vez prisión y protección y reflejan la ciudad o la casa en la que ellos habitan. Las obras de Bryce Echenique también se construyen como un laberinto de palabras y digresiones que simbolizan la desorientación o las dificultades e inestabilidades en las relaciones interpersonales con el sexo opuesto. En sus novelas, estas relaciones avanzan y retroceden, obligando a los protagonistas masculinos a llevar a cabo la búsqueda incansable de una pareja para compartir la vida y el amor. Los protagonistas se ven aprisionados y agobiados por el terror a la soledad, a la falta de comunión y al desamor, constante que se evidencia desde la primera novela del autor.[4]

Para Octavio Paz, "la soledad es el fondo último de la condición humana. El hombre es el único ser que se siente solo y el único que es búsqueda de otro" (Paz 175). Según el escritor mexicano, todos nues-

---

4   La información general sobre el laberinto fue tomada de Matthews, W. H. *Mazes and Labyrinths: Their History and Development*. New York: Dover, 1970.

tros esfuerzos tienden a abolir la soledad con el objeto de alcanzar la plenitud, la dicha y la concordancia con el mundo que nos espera al final del laberinto de la soledad. Todas las penas de amor son penas de soledad. Comunión y soledad, vida y muerte son nociones que se oponen y complementan (175-76). Esta es, justamente, la temática de la novela bryceana. Sin excepción, el mundo ficcional de Bryce gira alrededor del amor y el desamor, la comunión y el desencuentro. Este mundo está edificado por medio de un discurso amoroso, entretejido musicalmente con canciones populares hispanoamericanas –el vals criollo, la ranchera, el tango, el bolero– y, por supuesto, con Frank Sinatra como invitado permanente a las horas de tristeza, de alegría o de sueños de los protagonistas masculinos. En la actualidad, sin embargo, el discurso amoroso está desacreditado y debe ser asumido como una transgresión (Barthes 175-79). El hombre moderno en su afán por destruir la soledad, monstruo minotáurico que intenta aniquilarlo, ha preferido ignorarlo. No es este el caso del autor peruano, quien retando la estética vigente, retorna al pasado y retoma el discurso amoroso dieciochesco "para devolverle al amor sentimental el sitial que una vez ocupara" (González-Pérez 203).[5] Al hacerlo, invita al lector a adentrarse con sus personajes en el laberinto de las relaciones interpersonales, que es también, un laberinto de soledad.

La novela de Bryce presenta el sufrimiento de los protagonistas masculinos visto retrospectivamente. Cada uno de estos personajes está en una etapa de edad y desarrollo mental diferente, desde la niñez hasta la edad madura de un hombre que ya ha triunfado profesionalmente en la vida. Todas estas figuras muestran una perspectiva del mundo, señalan las limitaciones del protagonista masculino y el rechazo de que es objeto, dada su incapacidad para actuar como se espera de él. Por lo general, son los personajes femeninos los causan-

---

[5] Es importante recordar que Alfredo Bryce Echenique comenzó a escribir cuando se hallaban en pleno apogeo los grandes escritores del *boom* latinoamericano con sus proyectos de novela total y de experimentación narrativa y lingüística. En este medio surge *Un mundo para Julius* con su simpleza aparente, su sensibilidad y su ternura, circunstancias que lo señalaban como un transgresor de la transgresión llevada a cabo por los escritores del *boom* (González-Pérez).

tes de sus angustias. Todas las mujeres de sus obras son parte de la vida emocional del protagonista, quienes al descubrir la realidad psíquica de su compañero, se sienten frustradas e incapacitadas para satisfacer las exigencias y necesidades afectivas del amante sin comprometer su propia vida interior. El héroe/antihéroe siempre es maltratado emocionalmente por la mujer que ama. En los comienzos de su relación, esta mujer se siente atraída por el protagonista, pero pronto deja de considerarlo como el hombre con el cual le gustaría compartir el resto de su vida y su amor. La gentileza de la figura masculina, la relación horizontal de éste con su compañera y su solidaridad para con ella producen rápidamente un imperceptible cambio en la actitud femenina que poco a poco se traduce en desamor, uso y abuso del amante (Krakusin-Lunn, *Hispania*). El hombre amado que, hasta el momento, ha llenado su mundo afectivo e íntimo pasa a ocupar el lugar de segundón, el del amigo incondicional que siempre estará a mano para subsanar sus carencias, sean éstas afectivas o financieras, lo que ineludiblemente desemboca en el fracaso y crisis amorosa de la figura protagónica masculina. Por esta razón encontramos que Pedro Balbuena (*Tantas veces Pedro* 1974), Martín Romaña (*El hombre que hablaba de Octavia de Cádiz* 1985) y Manongo Sterne (*No me esperen en abril* 1995) terminan muriendo o suicidándose por amor. Otras veces padecen tan terriblemente que deben ser internados con graves dolencias físicas y psíquicas, como es el caso de Martín Romaña y el profesor Maximiliano Gutiérrez (*Reo de nocturnidad* 1997). Aunque menos severo, también Felipe Carrillo (*La última mudanza de Felipe Carrillo* 1988), Julius (*Un mundo para Julius* 1970) y el cantautor Juan Manuel Carpio (*La amigdalitis de Tarzán* 1999) sufren traumas psicológicos. Mientras Felipe Carrillo termina con la certeza y el dolor de ser un hombre totalmente desabrazado (*Felipe Carrillo* 141), Julius concluye su infancia con "un vacío grande, hondo y oscuro..." (*Julius* 426) y a Juan Manuel Carpio, después de treinta años, no le queda nadie para compartir el siglo de amor y de ternura que tiene almacenados (*La amigdalitis* 284).

En *Un mundo para Julius* impacta el abandono afectivo en que el escritor sumerge a su protagonista. Vilma, la linda chola que le sirve de nana, y en general la servidumbre, son los que cuidan del pequeño que por horas juega solito en la carroza del bisabuelo presidente. Exceptuando el ritual matutino al que el niño asiste para despertar a la madre, y las ocasionales caricias de su hermano Santiago, el niño sólo comparte en familia con Cinthia. Julius, en medio de mucha compañía, está casi siempre solo. Su padre ha muerto y Cinthia, su única hermana y amiga, pronto desaparece también. Santiago, su hermano mayor, va a estudiar al exterior y la madre no se ocupa de él, primero, porque está triste con la muerte del esposo y, luego, porque se casa con Juan Lucas. También Vilma sale de su vida porque es despedida de la casa a causa de Santiago. A la monjita que le enseñaba piano, y que tanto lo quería, no vuelve a verla porque cambia de colegio. En gran parte podría decirse que Julius es caracterizado por carencia, negación y privación. Julius pierde, uno por uno, a todos los seres que le son queridos. Irónicamente, mientras el protagonista crece en edad mental y física y con curiosidad explora la realidad, mejor va conociendo la soledad que lo acompaña hasta el día en que llega a ser consciente de su aplastante verdad: él, como todo individuo, debe aceptar que parte del vivir es angustia, miedo y soledad. Bryce crea un cosmos literario en cuya narrativa se presenta el ir y venir de los numerosos personajes que componen la novela, ninguno de los cuales tiene un verdadero sentido sobre la dirección a la cual se dirige. Todos caminan en la vida sin un rumbo fijo. Todos están perdidos aunque no lo sepan o quieran engañarse. Para evitarlo, todos tratan de escapar viviendo en mundos irreales. Bryce captura esa desorientación en un texto lleno de digresiones que permite al lector-observador percatarse de la gran ironía cósmica.[6]

Ahora bien, si *Julius* se abre con la soledad que acompaña al pequeño protagonista la noche en la que muere su padre, *Tantas veces Pedro* comienza con la llegada del protagonista, Pedro Balbuena, al aeropuerto Charles de Gaulle. Por lo tanto, el narrador nos presenta a un Pedro que, de golpe, debe enfrentarse a un mundo extraño y ajeno que desde el principio se le muestra poco amistoso. Esta obra es, a mi modo de ver, la más desesperada y pesimista de todas. Aunque *No me esperen en abril* narra la historia del adolescente bryceano que bien

---

[6] Ver "La ironía en Bryce" en *La novelística de ABE* de M. Krakusin.

pudiera servir de continuación a *Un mundo para Julius*, es la historia de Pedro Balbuena la segunda novela del autor. Todo parece indicar que *Tantas veces Pedro* es la rememoración de la forma en que el protagonista bryceano reaccionó ante el descubrimiento traumático que hizo Julius en las páginas finales de la primera novela. Al llegar a Francia, Pedro pronto encuentra a Sophie y recobra su fe en la vida y renueva sus deseos de convertirse en escritor. Sin embargo, la obra no habla de los momentos de dicha que Pedro vivió junto a ella, sino de su gran soledad de vagabundo inmerso en la bebida, itinerante trágico en búsqueda de la compañera que al final encuentra, para que ésta lo convierta en la víctima propiciatoria del gran minotauro del amor.

Mientras Pedro busca a Sophie, goza de la compañía de sus amantes, las cuales le escuchan las historias que nunca escribe. Pronto, hartas de su bondad y su fracaso, lo abandonan. La obra termina cuando Pedro encuentra a Sophie y ésta lo asesina, mientras el perro destroza el manuscrito del único cuento que Pedro logró escribir en su vida. La novela toma forma a medida que el protagonista va narrando a sus diferentes amantes la historia de su amor por Sophie. Las historias, que cada vez presentan una versión diferente, tienen como hilo conductor a un antihéroe y su incansable búsqueda. Ellas narran sucesivamente la historia de una Sophie que era espía y se mató por amor, la de una Sophie que fue una abnegada reina, la de otra Sophie hija del Papa y la de Sophie que es una joven sacrificada y heredera comprometida con el emperador de Etiopía. Sophie motiva la creación literaria que Pedro ficcionaliza en su errática fantasía y, al mismo tiempo, es causa de la destrucción física y moral del protagonista, quien a medida que avanza la obra se sumerge, más y más, en el alcohol y en sus caóticos pensamientos. Este poder adictivo que Sophie ejerce sobre Pedro, resulta para él inspirador, fascinante, y a la vez arrasador y apocalíptico. Como dice Octavio Paz, "nuestra vida social niega casi siempre toda posibilidad de auténtica comunión"(182). Bryce, mediante la poética del fracaso, se ensaña en el protagonista para quien todo sale mal, todo resulta un imposible.[7] A un nivel estructu-

---

[7]   Sobre esta estética del fracaso dice Calinescu que "could enlarge the postmodern hipothesis by showing that its characteristic 'possibilism' also comprises

ral, la técnica de crear y re-crear historias toma la forma de un prolongado movimiento de revisiones sucesivas o negaciones retroactivas. Este avance y repliegue sucesivo hace que al final la existencia
del héroe o antihéroe, según se vea, sea tan dudosa como la de la heroína, y el lector se sienta incapaz para decir con certeza si Sophie, o
Pedro mismo, son una imagen rota reflejada en las partes, muchas
imágenes, un doble del otro, o quizás sean una mimesis existencial del
ser humano en diferentes perspectivas. Como en "Las ruinas circulares" de Borges, es difícil saber cuál de las Sophies es la real o si todas
ellas han sido soñadas por Pedro Balbuena, quien a la postre es también un ser ficcional.

Julius y *Tantas veces Pedro* sientan las bases para el resto de la
novelística de Alfredo Bryce. Julius anticipa la soledad que acompaña al hombre desde su infancia y Pedro, la frustrante e infructuosa
búsqueda del hombre con el objeto de subsanar su aislamiento, su
orfandad y su desamparo. El díptico, *Cuaderno de navegación en un
sillón Voltaire,* conformado por *La vida exagerada de Martín Romaña*
y *El hombre que hablaba de Octavia de Cádiz* narra, de nuevo, dos
historias de amor y abandono y las crisis vividas por Martín a causa,
primero de su esposa Inés, y luego de Octavia, su alumna de Nanterre.
La vida exagerada cuenta la historia de su desdichado matrimonio y
los problemas físicos y mentales sufridos por Martín hasta que aparece Octavia, quien con su amor y juventud logra sacarlo de la terrible
depresión en la que lo dejó la ruptura de su matrimonio con Inés.
Desafortunadamente Octavia, protagonista de *El hombre que hablaba
de Octavia de Cádiz,* y quien dice amar intensamente a Martín, se casa
por dos veces, y con esto, el protagonista llega a la comprensión final
de que esta mujer que tanto ha amado nunca será para él y termina suicidándose. Por dos veces más el lector acompaña al protagonista
bryceano en su deambular por los terrenos del amor. En este intrincado espacio, Martín se adentra feliz y confiadamente y termina, en
ambos casos, sucumbiendo en el delicado y quebradizo mundo de las

---

the negation of possibility" (*Five Faces* 301). La poética del fracaso en
Tantas veces Pedro puede verse en "Estética de la imposibilidad y el fracaso:
Tantas veces Pedro de Alfredo Bryce Echenique" de M. Krakusin.

relaciones interpersonales. A través del género autobiográfico y de la
narración autodiegética, Bryce construye la obra con fragmentos de
recuerdos humanos que dan cuenta de las percepciones psicológicas
del protagonista-narrador. Los vaivenes de la obra y los del protagonista son anunciados en su "Punto de Partida del cuaderno de navegación en un sillón Voltaire" cuando Martín comienza a "navegar sin ser
navegante", y nos dice: "y cuando navegué descubrí que el asunto se
parecía a mi vida: navegué con enorme dificultad" (*La vida* 15). La
estructura de las obras en la que se enfatiza el verbalismo, la digresión
y la música (que amplía la valencia de la grafía al obligar al lector a
aportar a la comprensión de un hecho descrito en la novela sus vivencias personales a través de la letra de las canciones) es metáfora y
réplica del vagabundeo del protagonista perdido en el *mare magnun* y
la confusión del existir. Las escenas presentadas en ambas obras están
llenas de ironía, sentimiento, compasión y mucho humor, el cual le
permite a Bryce señalar el conflicto entre el idealismo y la realidad
empírica. Enfatiza así, la unicidad de cada ser. Señala, además, la
importancia de la individualidad, donde nadie es mejor o peor, sólo
diferente y único. A veces esta individualidad impide la resolución del
conflicto interno entre idealismo y realidad, entre lo que debe ser y lo
que es. Por medio de las adversidades vividas por Martín, Bryce ofrece al lector la comicidad de sus obras en la esperanza de que éste (el
lector) encuentre alegría y una consciente necesidad de sonreír en la
tristeza (Krakusin, *La novelística* 52-58).

Igual que Martín logra superar su depresión y sublimar la angustia
existencial a través de la escritura, Felipe Carrillo –protagonista de *La
última mudanza de Felipe Carrillo*– relata la historia de su propia vida
y encuentra que la vida como "la música sólo sirve para confirmar
nuestra soledad"(*La última mudanza* 147). Felipe ha llegado a ser un
exitoso arquitecto en Francia, pero en su vida afectiva se siente "desabrazado". Amó a Liliane, su esposa muerta, a Genoveva, periodista
madrileña y a Eusebia, mujer mulata de Colán. Escribe sus memorias
sobre su relación con Genoveva y con Eusebia y razona sobre los
hechos, sobre las absurdas reflexiones que se hacía entonces, tratando
de ignorar o, al menos, de justificar los amores incestuosos de la
periodista con su hijo. "En *La última mudanza* encontramos el mismo

denominador común: fracasadas relaciones de un protagonista masculino solitario, errante, siempre en busca del amor, y perseguido por relaciones potenciadas por el complejo de Edipo" (Krakusin, *La novelística* 96). Al terminar, Felipe se da cuenta de que es un hombre sin final que debe continuar su búsqueda. Los dos tocadiscos y la música de fondo que el protagonista usa, y que deben ayudar a Felipe a tomar sus decisiones señalan claramente la desorientación del protagonista quien toca y vuelve a tocar la "Historia de un amor" y "Cambalache" para crear fases de acercamiento y de distanciamiento, tanto en la novela como en sus relaciones personales.

En *No me esperen en abril,* se narra el amor de Manongo Sterne por Tere Mancini, su novia de adolescente que nunca llega a ser su esposa. Aunque ella se casa, él siempre guarda la esperanza de hacerla suya. Trabaja con tesón y con el tiempo se convierte en un inescrupuloso magnate internacional, con el único propósito de ofrecerle su éxito a la mujer que siempre ha amado. Cuando regresa, Tere, ahora una mujer de cuarenta y dos años y divorciada, no está interesada ni en él, ni en la fortuna que éste pone a sus pies. Resignadamente, Manongo acepta que ha vivido toda su vida en un sueño, regresa a su sede de Mallorca y allí se suicida. Como transfondo estructural de la obra se evidencia el mito acuñado por Calderón de la Barca en *La vida es sueño.* Bryce captura este mito y lo usa como metáfora de su propia novelística y del vacío al que se enfrenta el hombre moderno.

Esta es la misma temática que el lector encuentra en *La amigdalitis de Tarzán.* La protagonista es Fernanda María, salvadoreña con la que Juan Manuel Carpio ha vivido, por treinta años, muchas horas de amor y amistad y la que siempre lo ha mantenido atado a ella a pesar de que lo ha dejado, primero para casarse con Enrique, el inepto fotógrafo chileno, y luego, para compartir sus años de madurez con Bob, su amante norteamericano. La novela se desarrolla en un mapa de países y el texto mismo está construido sobre fragmentos epistolares que narran el ir y venir de los personajes, y de los acontecimientos que ocurren en la vida de Fernanda María durante los intervalos que se dan entre los constantes encuentros y desencuentros de los protagonistas. De Juan Manuel se sabe muy poco. Como cantautor, viaja con mucha frecuencia y ha tenido gran éxito en su profesión. De nuevo es la mujer la musa inspiradora y la que a su vez causa la pena que lleva al protagonista, en un cuarto oscuro y vacío de hotel, a "soltar unos lagrimones" por esta mujer que tanto ha querido (315). Tarzán es una mujer y, según lo ha explicado el propio Bryce en entrevista concedida a Alicia G. Montano, "Fernanda María es una Tarzana en una jungla de asfalto, una persona marcada con una fortaleza bárbara"(48). A lo que podría añadirse, dada la inadecuada y poco realista educación con la que la clase alta latinoamericana es preparada para la vida.

En *Reo de Nocturnidad,* novela ganadora del Premio Nacional de Narrativa 1997 (España), Claire, ex alumna del profesor universitario Max Gutiérrez, es el hilo conductor de la obra. Al saber que el profesor con quien ha tenido amores está enfermo, Claire viene en su ayuda para colaborar en su terapia de recuperación. Según su psicoanalista, el doctor Lanusse, el profesor padece de un "insomnio rebelde a toda terapia" y "ha perdido todo contacto con la realidad" (271). Claire, igual que Octavia de Cádiz, le da amor y comprensión hasta el día en que convaleciente aún, Max decide regresar al Perú. De nuevo el protagonista, ante el abandono de la mujer amada cae en crisis y es sólo a través del amor de otra mujer y de la terapia escritural que logra retomar su camino. La obra presenta, como elemento poco usual, a un protagonista que por primera vez y en forma reiterativa, deja ver abiertamente su desagrado por dos personajes femeninos, Nieves Solorzano y Nadine Auriol.[8] A pesar de esto, el héroe bryceano no deja de ser un hombre sensible y noble, con un corazón inmenso que siempre alberga y regala a borbotones el más generoso de sus sentimientos: el amor.

Después de esta rápida mirada a la novelística bryceana se hace evidente que la creación literaria del autor, temática y estructuralmente, es una elaboración y reelaboración de un mundo imposible de incontables posibilidades.[9] El autor edifica su universo artístico sobre el amor que "siendo deseo, es hambre de comunión". No le pide al

---

[8]   Aunque en sus demás novelas y con bastante humor, Bryce deja entrever al
       lector lo molesto que el protagonista se muestra con la conducta de sus com-
       pañeras, Inés por ejemplo (*La vida*), es sólo en esta novela que Bryce habla
       franca y negativamente de dos personajes femeninos.
[9]   Ver Matei Calinescu en *Five Faces of Modernity.* Durham: Duke U.P., 1987.

amor felicidad o reposo, "sino un instante, sólo un instante, de vida
plena en la que se fundan los contrarios y vida y muerte, tiempo y eternidad pacten". El reconoce que el arte, como la vida, es dualidad y que
nuestra existencia es, según la expresión de Eliot, "a pattern of time-
less moments" (citado por Paz 184). El amor para Bryce es un ceremonia ritual, una fiesta, un manantial que se recrea sin cesar, en el que
el hombre logra, por momentos, romper su soledad y vuelve a ser uno
con la creación (Paz 175-91).

OBRAS CITADAS

Barthes, Roland. *A lover's Discourse: Fragments.* Trad. Richard Howard.
New York:Hill & Wang, 1978.

Bryce Echenique, Alfredo. *Un mundo para Julius.* Barcelona: Plaza &
Janés, 1970.

_____. *Tantas veces Pedro.* Barcelona: Plaza & Janés, 1986.

_____. *La vida exagerada de Martín Romaña.* Bogotá: Oveja
Negra, 1985.

_____. *El hombre que hablaba de Octavia de Cádiz.* Bogotá: Oveja
Negra, 1985.

_____. *La última mudanza de Felipe Carrillo.* Bogotá: Oveja
Negra, 1988.

_____. *No me esperen en abril.* Barcelona: Anagrama, 1995.

_____. *Reo de nocturnidad.* Barcelona: Anagrama, 1997.

_____. *La amigdalitis de Tarzán.* Madrid: Alfaguara, 1999.

Calinescu, Matei. *Five Faces of Modernity.* Durham: Duke U.P., 1987.

Ferreira, César. "Autobiografía y exilio en la narrativa de Alfredo Bryce
Echenique". Tesis doctoral inédita. Universidad de Texas, Austin,
1991.

_____. "Cuando 'uno escribe para que lo quieran más': Conver-
sación con Alfredo Bryce". *Dactylus* 8 (1987): 8-12.

González-Pérez, Aníbal. "La nueva novela sentimental de Alfredo Bryce
Echenique". *Los mundos de Alfredo Bryce Echenique.* Eds. César
Ferreira e Ismael Márquez. Lima, Perú: Fondo Editorial de la
Universidad Pontificia Católica del Perú, 1994. 203-14.

Krakusin, Margarita. *La novelística de Alfredo Bryce Echenique y la
narrativa sentimental.* Madrid: Pliegos, 1996.

_____. "Estética de la imposibilidad y el fracaso: *Tantas veces Pedro* de Alfredo Bryce Echenique". *El Colombiano* (Agosto 14, 1994): 8-10.

Krakusin, Margarita y Patricia Lunn. "El ex-centrismo dialógico en *La última mudanza de Felipe Carrillo*". *Hispania* 75.4 (1995): 751-761.

Matthews, W. H. *Mazes and Labyrinths: Their History and Development.* New York: Dover, 1970.

Montano, Alicia G. "Bryce Echenique: Adiós con el corazón". *Qué leer.* Madrid (Febrero 1999): 46-50.

Paz, Octavio. *El laberinto de la soledad.* México: Fondo de Cultura Económica, 1985.

Zavala, Iris. *El bolero: Historia de un amor.* Madrid: Alianza, 1991.

ESTÉTICA DE LA IMPOSIBILIDAD Y EL FRACASO EN *TANTAS VECES PEDRO* [10]

H ugh Kenner, en su libro sobre Samuel Beckett, propone una estética del fracaso.[11] Esta noción, aparentemente paradójica, es presentada por Kenner mediante una iluminadora oposición metafórica entre el «acróbata» que hábilmente explota su destreza, y el «payaso» que hábilmente explota la falta de ésta (*Samuel Beckett* 14). Dicha estética trabaja con la imposibilidad, con la impotencia de la palabra y con el fracaso. Ella ilumina la dinámica de un sentido trágico del deber donde la constancia y la virtuosidad del payaso se constituyen a la vez en causa y efecto. La perseverancia es el principio generador de la multiplicidad textual de mundos que giran sobre un eje, presentando siempre diferentes perspectivas o variantes de una misma situación. Este payaso comediante se sirve de la autoparodia y el ensamblaje de sus memorias para crear una poética que refleja el arduo y solitario trabajo del artista. La poética del fracaso se ensaña en el protagonista, para quien todo sale mal, todo resulta un imposible. Sobre ella dice Calinescu que "could enlarge the postmodern hipothesis by showing that its characteristic 'possibilism' also comprises the negation of possibility" (*Five Faces* 301). En la novela *Tantas veces Pedro* de Alfredo Bryce Echenique, el autor peruano elabora su obra enfatizando, a través de su figura protagónica, una vida de derrota, de fracaso y de lucha constante contra lo imposible.

---

[10] Este artículo fue publicado en "El Dominical" de *El Colombiano* (Agosto 14, 1994): 8-10.

[11] En este trabajo me he servido de Matei Calinescu y su obra *Five Faces of Modernity*. Durham: Duke U.P., 1987. También me ha sido de gran utilidad el estudio crítico de Hugh Kenner. *Samuel Beckett.* Berkeley, Los Angeles: University of California Press, 1968.

Adhiriéndome al nuevo planteamiento que hace Calinescu sobre esta estética de la imposibilidad y el fracaso, en este trabajo se sugiere que "entre los mundos posibles del postmodernismo, hay un lugar reservado para los mundos rigurosamente imposibles" que Bryce se ha propuesto explorar en su obra.[12]

Tantas veces Pedro es la segunda novela de Alfredo Bryce Echenique, publicada en el año 1977. Fue concebida a la sombra del éxito de *Un mundo para Julios (1970)*, novela que dio a conocer al autor peruano en el mundo literario. Como en *Un mundo para Julius*, en *Tantas veces Pedro* el protagonista se enfrenta permanentemente con el desamor, el abandono y, además, con el persistente deseo de realizarse como escritor. La obra presenta a un hombre de cuarenta años cuya adolescencia se ha prolongado hasta su mediana edad. Su vida adulta ha trascurrido en diferentes países y particularmente en Francia, adonde ha llegado para ser escritor, subsistiendo gracias a los cheques mensuales que recibe de su adinerada madre. Por lo demás, la vida de Pedro se reduce a la búsqueda de Sophie, la mujer que ama, y de la musa que aún no se le ha regalado para poder ser escritor. Entre tanto, goza de la compañía de sus amantes, las cuales le escuchan las historias que nunca escribe, hasta que hartas de su bondad y su fracaso lo abandonan. La obra termina cuando Pedro encuentra a Sophie y ésta le asesina, mientras el perro destroza el manuscrito del único cuento que Pedro logró escribir en su vida.

En *Tantas veces Pedro* la figura protagónica, Pedro Balbuena, nos recuerda a *El hombre de sentimiento* (1771) de Henry Mackenzie o a *Tristram Shandy* (1759) de Laurence Sterne, obras que capturaron el mito del culto literario a la sensibilidad masculina, y que presentan al hombre de sentimiento atrapado en sus propias limitaciones. Pedro tematiza su propia inhabilidad para escribir y su poco éxito para man-

---

[12] Matei Calinescu en *Five Faces of Modernitty* considera que Samuel Beckett trabaja su obra mediante una poética de imposibilidad y fracaso a la vez que problematiza, como Jorge Luis Borges, el concepto de la "representación". Esta estética, según él, es la carta que acredita a ambos autores para que sean incluidos entre los escritores postmodernistas, a pesar de las protestas de algunos críticos como Alan Wilde (301).

tener relaciones estables. La caracterización del personaje está ligada a la seguridad por parte de éste, de su poco valor personal, de la imposibilidad para ser amado en una relación prolongada y duradera, y de su total ineptitud como escritor. Se sabe un ser frágil, débil y está convencido de que es culpable de su fracaso. Pedro acepta sus fallidas relaciones, su poca destreza para la creación literaria y su incansable búsqueda de imposibles mientras reflexiona:

> Pero algo de mala hierba sé que debo haber tenido porque sobre la marcha empecé a agonizar como el cristianismo de Unamuno, purita lucha, infinitas búsquedas perdiéndome en las ciudades de las que ya te fuiste, y cuanto más luchaba más te quería porque luchaba por quererte de una forma tan absurda y tan ciega como las sinrazones que arrancaron las lágrimas de un amor imposible…, que para durar toda la vida necesita el punto final de una novela. (154)

La razón de su fracaso en el amor es su hipersensibilidad, característica que es percibida socialmente como elemento "emasculinizador".[13] Pedro deambula solitario y marginado y va de relación en relación pregonando su angustia. El mundo conflictivo del protagonista está siempre acompañado por la autorreflexión, el autoanálisis y la contemplación del destino personal que se debate entre la razón y la ilusión frustrada.[14] Con frecuencia siente el desengaño existencial y para consolarse se repite que "la vida es sueño y los sueños sueños son" (229). Para el protagonista el amor es motor que impulsa la acción hacia la destrucción y la derrota final. Sin embargo, el protagonista bryceano es consciente de su unicidad y cree que a todo hom-

---

[13]   Término usado por Janet Todd en *Sensibility: An Introduction*. London: Mathuen, 1986. Este es utilizado para indicar los patrones de conducta femeninos que fueron asumidos por los personajes masculinos en la novelística sentimental del siglo XVIII (106).

[14]   Krakusin, Margarita. *La novelística de Alfredo Bryce Echenique y la tradición de la novela sentimental*. Rosario, Argentina. Allí señalo el determinismo que envuelve la novelística total del escritor peruano. Sin embargo, ésta es balanceada por el antideterminismo que impulsa el poder creador del protagonista-escritor. Tal paradoja es trascendida por Bryce a través de la metaironía.

bre debe respetársele su individualidad. Paradójicamente, este celo
por guardar su singularidad es lo que cancela, para el protagonista,
toda posibilidad de realización personal y de una vida normal y pro-
ductiva. Por más que Sophie, Virginia, Beatrice o Claudine traten de
cambiarle, él se resiste, prefiriendo retraerse a su mundo de figuras
abstractas e imprecisas que él mismo no puede concretar ni aún en su
exagerado mundo ficcional. Cotidianamente, Pedro libra una lucha
quijotesca contra un mundo de posibles que se tornan para él en imposibles. Literalmente, Pedro sueña, vive y muere por amor. En las últimas páginas del libro leemos que Sophie, en medio de una carcajada,
le quita la vida al protagonista arrebatándole la posibilidad para sobreponerse a su fracaso –el de abandonarla a ella y publicar su obra.

Si por un lado Pedro busca una vida afectiva gratificante, por el
otro, y con igual tesón, se enfrenta al deseo de convertirse en escritor.
Este ideal le resulta tan evanescente como el amor. Virginia concreti-
za en palabras lo que ya era sabido por Pedro:

> –Primero empezaste sacando papeles de ese cajón y diciendo que Sophie
> era uno de los personajes de un libro que estabas escribiendo hace muchí-
> simos años. Al principio creí que me estabas leyendo unas páginas, pero
> cada vez que terminabas una historia me mostrabas la página en blan-
> co. (39)

Ciertamente el comentario de Virginia no es una revelación para
Pedro, quien desde su llegada a París nos había ofrecido directamente su incapacidad personal para escribir. El lo reconoció al presentarse ante la inmigración francesa con un pasaporte que lo acreditaba
como escritor, a la vez que se obligó a aceptar que muchos años después de expedido el documento seguía tan inédito como entonces
(*Tantas veces Pedro* 11). Pedro "vive haciéndole creer a todo el
mundo que es escritor" (21), nunca ha escrito nada pero lo persigue
un sentimiento trágico del deber, y la angustia que le produce el deseo
de llegar a ser escritor y su incapacidad para serlo. Intuitivamente, su
amante Virginia percibe la cotidiana confrontación de Pedro con lo
imposible y comenta: "Nunca he visto a nadie más escritor que tú. Te
pasas la vida escribiendo" (21). Su vida gira alrededor de la creación

literaria pero, por alguna razón, nunca pasa de contar, una y otra vez, viejas historias, su historia, como si siempre ésta fuera contada por la primera vez. La impotencia del protagonista y su constante lucha para convertirse en escritor son usadas por Bryce para familiarizar al lector con la técnica consistente en mostrar, en lugar de ocultar las convenciones y los recursos usados por el autor, al mismo tiempo que señala las paradojas con las que éste se enfrenta en la creación literaria. Al hacerlo, establece que en la obra todo obedece a un plan preconcebido del cual le es imposible escapar. De esta manera, cuestiona no solamente la realidad que hay detrás de la imagen, sino también la realidad de la imagen misma. Lo cual, en última instancia, coloca en primer plano, no la convención sino la misma convencionalidad y lo que esto representa en el rompecabezas existencial.

En *Tantas veces Pedro,* la novela toma forma a medida que el protagonista va narrando a sus diferentes amantes la historia de su amor por Sophie. Las historias, que cada vez presentan una versión diferente, tienen como hilo conductor a un antihéroe y su incansable búsqueda. Ellas narran sucesivamente la historia de una Sophie que era espía y se mató por amor, la de una Sophie que fue una abnegada reina, la de otra Sophie hija del Papa y la de Sophie que es una joven sacrificada y heredera comprometida del emperador de Etiopía. Sophie motiva la creación literaria que Pedro ficcionaliza en su errática fantasía y, al mismo tiempo, es causa de la destrucción física y moral del protagonista, quien a medida que avanza la obra se sumerge, más y más, en el alcohol y en sus caóticos pensamientos. Este poder adictivo que Sophie ejerce sobre Pedro, resulta para él inspirador, fascinante, y a la vez arrasador y apocalíptico. La vida del protagonista se desarrolla en los diferentes países a donde llega y de donde sale, siempre tras el espejismo de esa mujer que él imagina y vuelve a imaginar sin lograr moldear definitivamente la figura tangible que él busca. Sin embargo, Pedro se aferra con fidelidad a una misión imposible –la de encontrar a su amante y escribir su historia. La imposibilidad, como sino fatal, es llevada hasta sus últimas consecuencias cuando el protagonista presencia, en los momentos finales de su vida, la destrucción del manuscrito que ha logrado terminar. Tanto su vida como su obra han sido destruidas por la misma imagen de mujer por la cual él ha andado y desandado caminos, creado y des-creado historias. Pero, sin importar adonde haya ido Pedro, en el plan de la obra está previsto que volverá a encontrarse con Sophie para que ella pueda asesinarlo y la obra pueda concluir. Su historia personal y su novela son, al final, una historia de fracaso, y ahora que ésta ha sido destruida y él ha muerto, sólo queda la historia de un imposible cuyo autor es Alfredo Bryce Echenique.

La estética del fracaso utilizada por el autor peruano incluye el uso ontológico del perspectivismo. La Sophie que es percibida por las diferentes amantes del protagonista es distinta de la verdadera imagen que Pedro tiene de ella. El desea que Virginia, Claudine y Beatrice vean a la mujer ideal e imposible que él ama, pero nunca les habla de la Sophie egoísta que le dejó para irse con otro. El lector por su parte, percibe una imagen que luego debe ser relegada para dar paso a otra nueva, y ésta a su vez debe ser negada para que la siguiente tome su lugar. Tal yuxtaposición de imágenes impiden la certeza sobre la identidad de la Sophie de las historias de Pedro y también sobre la Sophie de la novela de Bryce.

La duplicación y multiplicación se expande de las numerosas imágenes a las variadas situaciones que vive el protagonista. Bryce se complace en el relato de amores, encuentros y desencuentros, empujando su recuento hasta los límites, sin cruzar nunca la frontera de la paciencia y el interés del lector. Los comienzos, finales y acciones narradas, son presentadas en tal forma que el lector llega a aceptar la verbocidad, como si el incesante hablar fuera lo único que Pedro pudiera hacer. Bryce manipula una forma que se derrama en torrentes verbales y se sirve de una convención que puede acomodar innumerables detalles, sin que tanta trivialidad resulte tan insignificante como para provocar el desinterés del lector.

Estilísticamente, la hipérbole y la tautología se combinan para crear una realidad textual que no es otra que la suma de ficciones repetidas. Cada una de ellas forma parte de los mundos posibles de los que habla Calinescu. Una y todas ellas pueden ser reales en el contexto, de la misma forma que pueden serlo en el texto de Pedro y en el de Bryce Echenique. Aun nivel estructural, la técnica de crear y re-crear histo-

rias toma la forma de un prolongado movimiento de revisiones sucesivas o negaciones retroactivas. Este avance y repliegue sucesivo hace
que al final, la existencia del héroe o antihéroe, según se vea, sea tan
dudosa como la de la heroína, y el lector se sienta incapaz para decir
con certeza si Sophy, o Pedro mismo, son una imagen rota reflejada
en las partes, muchas imágenes, un doble del otro, o quizás sean una
mimesis existencial del ser humano en diferentes perspectivas.

Además, es pertinente añadir que el lector llega a ser parte integrante de un conjunto que viene del dominio de lo imposible. Pedro
cuenta o escribe de lo mismo, porque le es imposible hablar o escribir
de otra cosa. El lector lee una historia tras otra y, al final, debe reconocer su fracaso para dilucidar entre el hecho y la ficción, la verdad y
la mentira, la realidad y el mito. Este imposible resulta de la multiplicidad de imágenes o perspectivas de la misma imagen que sirven para
estructurar la obra total. Como dice Luis Eyzaguirre:

> Pedro crea innumerables mitos sobre las posibles, imaginadas Sophies…,
> encuentra los correspondientes modos de representar estas formas… Y
> cuando la realidad de estas relaciones no corresponde a la realidad de la
> imaginación, se vuelve a los recuerdos y a la Sophie que vuelve de ellos
> como una meta por siempre inconquistable. (*"Tantas veces Pedro*:
> Culminación de un ciclo" 15)

De este arcano de sombras, de vacío y de ausencias se llena la obra
de Bryce. Esta intrincada forma de arte surge de la necesidad de crear
de la nada, de lo posible que nunca se materializa, de la representación
en lugar de la presentación. Para esta clase de arte, la obsesión con lo
no poseído se convierte en vocación. Para Pedro, el arte como la vida
es fracaso y así, la historia de su escritura es la historia de su intento
para escapar de este sentimiento de fracaso. Pero si él se aleja de esta
obsesión, si se propone no escribir acerca de sí mismo, no pensar en
sí mismo, esto a su turno es tema literaturizable.

Su arte guarda especial relación entre el representado, y el representante, o sea, entre Pedro-escritor, y Pedro narrador y personaje de
su propia ficción. Más aún, la relación trasciende las fronteras textuales, y el personaje de ficción, que es lo que es Pedro, de alguna mane-

ra llega a ser la proyección del autor Bryce Echenique. Por lo general, en la novelística bryceana hay una profunda preocupación por lo que es representación, ¿Qué es la representación?, ¿qué representa la representación? y las incontables contradicciones lógicas que surgen cuando alguien trata de responderse estas preguntas. En *Tantas veces Pedro* la proliferación de imágenes y de acciones ligadas directa o indirectamente con la representación: dobles, copias, duplicaciones y reflexiones, las intrincadas e inesperadas paradojas de semejanza, actuación, fingimiento, mimesis y los predicamentos mentales que éstas conllevan, toman forma de círculos viciosos, de comienzos y retornos. Paradójicamente, el continuo movimiento que vemos en la obra es la resultante del universo estático e insostenible que ha edificado Pedro, opuesto al universo mismo, en su permanente y caótica autocreación como un todo orgánico.[15] Pedro Balbuena narra historias que dialogan entre sí, los personajes de unas actúan en las otras, cada nueva historia anula la anterior y todas ellas anulan la última. El lector, como el escritor y el protagonista están en permanente movimiento. Esta inestabilidad establece, a su vez, otra situación paradójica que conlleva una paradoja opuesta al caos que presenta, o sea, a la obra en su totalidad.

Ligadas a las anteriores encontramos muchas otras paradojas inherentes a la obra literaria. Una de ellas es la de representar en ella lo infinito en términos finitos, lo cual está relacionado con el lenguaje en su función instrumental y representativa. Según señala Eyzaguirre: "la *escritura* de Bryce... nace de la relación entre el mundo de los recuerdos, siempre contradictorio, y la libertad de la memoria para recrearlos" ("*Tantas veces Pedro*: Culminación de un ciclo" 13). Opuesto a esa infinita libertad creadora está el lenguaje y su limitada capacidad para capturar lo infinito. Por eso en cada historia Pedro Balbuena captura y transcribe fragmentos de recuerdos, pero nunca logra traducir a palabras la dinámica y la plenitud de ellos. Esto es lo que Schelegel, hablando del arte, considera como "la fusión dialéctica de opuestos en

---

15   Al respecto puede verse Hans Eichner, *Friedrich Schegel*. Esta es una comprensible síntesis sobre la vida y obra del ironista romántico. Particularmente útil es el capítulo 3 sobre la ironía en la poesía romántica (44-83).

constante movimiento: de lo subjetivo a lo objetivo, de lo particular a lo universal" (Literary Notes). En su obra, Bryce elabora y reelabora en un mundo imposible de incontables posibilidades, pero al final lo que se destaca es el fracaso de la existencia humana. Sin embargo, Bryce no resuelve su inquietante visión mediante el absurdo como Samuel Beckett, y sus antihéroes no deben enfrentarse al nihilismo. El intenta trascender su finitud a través de la metaironía la cual es, según Octavio Paz: "una suerte de suspensión de ánimo, un más allá de la afirmación y la negación" (*Los hijos del Limo* 157). El reconoce que el arte, como la vida, es dualidad. Es encuentro de contrarios; "es poner en circulación los opuestos, es una animación en que cada cosa vuelve a ser su contrario" (Paz 160).

OBRAS CITADAS

Bryce Echenique, Alfredo. *Tantas veces Pedro*. Barcelona: Plaza y Janés, 1986

Calinescu, Matei. *Five Faces of Modernity*. Durham: Duke U. P., 1987.

Eichner, Hans. *Friedrich Schlegel*. New York: Twayne, 1970.

Eyzaguirre, Luis. "*Tantas veces Pedro*: Culminación de un ciclo en la narrativa de Alfredo Bryce Echenique". *Dactylus* 8 (1987): 13-16.

Kenner, Hugh. *Samuel Beckett: A Critical Study*. Berkeley, Los Angeles: University of California, 1968.

Krakusin, Margarita. *La novelística de Alfredo Bryce Echenique y la tradición de la novela sentimental*. Madrid: Pliegos 1996.

Paz, Octavio. *Los hijos del limo: Del romanticismo a la vanguardia*. Barcelona:Seix Barral, 1987.

EX-CENTRISMO DIALÓGICO EN
LA ÚLTIMA MUDANZA
DE FELIPE CARRILLO[16]

R oger Fowler, en el último capítulo de *Linguistics and the Novel*, afirma que la estructura del texto novelístico implica patrones de relación y sistemas de conocimiento propios del lugar que ha producido el texto, y estos patrones provocan a su vez un proceso de descodificación por parte del lector. Añade que el escritor escoge patrones de lenguaje que codifican las convenciones de la organización de su propio mundo. Esta selección está expresada en patrones lingüísticos que pueden relacionarse con uno o varios códigos. Algunos de éstos códigos son no literarios y tienen valores sociales fuera de la ficción. Ellos tienden a reflejar los clichés y estereotipos en los términos en los cuales esa sociedad se ve a sí misma (Cap. 5).

En la literatura se da en forma esporádica el uso genuino por parte de un personaje del estilo lingüístico que convencionalmente ha sido asignado al sexo opuesto; un caso conocido es el de *El beso de la mujer araña* (1976) de Manuel Puig. Los predecibles resultados son evidentes en la obra: el hombre afeminado habla como mujer. En la historia de Molina, protagonista homosexual de la novela de Puig, es comprensible el estilo femenino del lenguaje. Sin embargo, en *La última mudanza de Felipe Carrillo* (1987), como en toda la novelística de Alfredo Bryce Echenique, la situación es diferente. El protagonista no es homosexual –de hecho, manifiesta gran entusiasmo por las relaciones heterosexuales– pero su idiolecto contiene numerosas características del estilo femenino.

---

[16] Este artículo fue escrito en colaboración con la doctora Patricia Lunn de Michigan State University y publicado en *Hispania* 75.4 (1995): 751-761.

Bryce, según comenta Luchting: "no es un autor espontáneo, por el contrario, es muy consciente de sus técnicas" (5). En *La última mudanza de Felipe Carrillo,* el arte del lenguaje femenino es un recurso técnico altamente refinado. Refleja los clichés y estereotipos de una sociedad patriarcal y lo que comunica este lenguaje está directamente manipulado por el autor. El lenguaje, en su doble papel de recurso técnico y subtema, establece la ambigüedad y la ironía como elementos inherentes a la obra y a la vida misma. Bryce controla el aparente descontrol de la vida del escritor-protagonista de la misma manera que controla la forma errática y poco común en que se expresa el narrador.

El diálogo, como estructura a través de la cual los personajes interaccionan entre ellos y como estructura a través de la cual el narrador se relaciona con los personajes y el autor con el lector, sirve como punto de partida para comentar algunos rasgos lingüísticos que se dan en esta novela de Alfredo Bryce Echenique. En *La última mudanza,* Felipe, el nada heroico protagonista de la novela, entabla un diálogo con los lectores, diálogo mucho más revelador y comunicativo que cualquiera de los diálogos que intenta llevar a cabo con sus coprotagonistas. En él, como en los diálogos de los personajes, se revelan algunos códigos sociales. Por lo tanto este estudio se centrará en el análisis del habla femenina del protagonista masculino en algunos de los diálogos que la figura central sostiene con el lector y con algunos de los personajes de la obra. Además, se señalará cómo la selección de palabras y expresiones de la gama femenina produce una sutil y jocosa ironía.

La última mudanza de Felipe Carrillo es la historia de las relaciones íntimas de un exitoso arquitecto peruano establecido en París con Liliane, Genoveva, Eusebia y Catherine, respectivamente su difunta esposa, su amante española, una criada peruana y una amiga francesa. Felipe, como figura central de la obra, cuenta su historia en primera persona. Por un lado, Felipe tiene una vida pública llena de logros personales, mientras que por el otro siente que, por más que él trata, es impotente para realizarse en su vida privada. La fisura entre su vida profesional y su vida personal está reflejada en una entrevista aparecida en una revista parisiense de moda (49). Profesionalmente ha triunfado pero afectivamente sus relaciones no son estables ni duraderas. Entonces, Felipe hace una "disección" de su mundo interior en busca de una luz que aclare la razón de su fracaso. Este repaso conscienzudo de su situación personal lo lleva a rememorar los hechos y circunstancias que se dieron en sus últimas relaciones amorosas, constituyendo este recuento la trama de la obra.

Con el libro *You Just Don't Understand: Women and Men in Conversation* (1990), la sociolingüista Deborah Tannen expone para el público no-especializado los frutos de dos décadas de investigación sobre la relación entre el sexo y el lenguaje. Basándose en una amplia gama de estudios llevados a cabo en varias lenguas, Tannen demuestra que entre los "generolects"[17] existen un mundo de diferencias que quiebran la comunicación y dificultan la comprensión. Cuando el habla de un hombre –Felipe Carrillo– manifiesta muchas de las caraterísticas del generolecto femenino, es inevitable que los malentendidos se multipliquen vertiginosamente.

Ante todo, salta a la vista el carácter personal y confiado de su habla; se trata de una historia confesional. Con el afán femenino por dirigirse directamente a sus interlocutores (Tannen 246), Felipe habla directamente al lector con frases como, "ustedes no pueden imaginarse" (15), "créanme" (109) o "miren" (150). De manera femenina, siempre mantiene el contacto dialógico con el lector. Y, no sólo habla de una manera intensamente personal, sino que habla incesantemente de temas personales. La novela, pues, es el recuento de todos los contratiempos y vicisitudes del protagonista en su desventurada relación con Genoveva; es una novela en que, según la preferencia masculina por la acción (Tannen 291), no pasa nada. También, y de manera femenina, Felipe da expresión a lo que le viene a la mente (Tannen 83-4); le importa más sincerarse en un momento dado que reprimir las contradicciones y lograr una imagen consistente y controlada ante los demás. Hablando sobre Genoveva y su hijo, dice: "los odio" y, poco después, "cuánto los quiero" (13); se refiere a su profesión con la frase "mi arquitectura exitosa de mierda" (141). Tampoco parece importar-

---

17 La palabra "genderlects" no ha sido acuñada por Tannen, sino que "it has probably arisen independently more than once to designate a system of co-occurring, sex-linked speech features" (McConnell-Ginet 13).

le quedar mal al confesar sus ineptitudes e incapacidades; "le hice adiós, como un imbécil, porque ya no podía verme" (109). De la misma forma que las mujeres de los estudios realizados por Tannen ("Many of the women told stories that made them look foolish", Tannen 177), a Felipe le importa más explicarse bien que quedar bien. El tono de sus reminiscencias es cómicamente afligido. El término "Troubles talk", utilizado por Tannen para denominar un tema universal del habla femenina (53), describe perfectamente la letanía de las desgracias que Felipe comparte con el lector. Paralelamente, sus éxitos profesionales quedan a la sombra de su difícil vida personal: "Después, había sorprendido a mis amigos con mis éxitos como arquitecto, pero en el fondo seguía siendo el mismo tipo capaz de cualquier locura" (*La última mudanza* 123). Felipe, de manera femenina, se siente incómodo al hablar de sus éxitos, y no aprovecha el diálogo para alabarse masculinamente (Tannen 218). Al contrario, revela en detalle cómo ha sido humillado y avergonzado.

Los dos párrafos anteriores describen el habla de Felipe Carrillo. Pero el diálogo es un acto recíproco; en otras palabras, el hablante se ajusta en mayor o menor grado a su interlocutor. ¿A qué tipo de interlocutor se está dirigiendo Felipe Carrillo? A veces se dirige a Genoveva –"Y recuerda también, Genoveva, por favor..." (13)– pero, igualmente su tono no varía al dirigirse al lector. La investigación sociológica ha revelado que las mujeres tienden a adaptar su estilo a la norma masculina, a "desfeminizarlo", cuando están en un ambiente masculino (Tannen 235); se trata, por supuesto, de la reacción típica del grupo de bajo estatus. Desde esta perspectiva parece que Felipe Carrillo no sólo dialoga como mujer, sino que se dirige a otra (s) mujer (es). Por lo visto, el narrador no nos va a hablar de "cosas importantes", tales como la política y la historia; o, mejor dicho, nos va a hablar únicamente de la política y la historia personales. El diálogo entablado en *La última mudanza* no podría encarnar mejor lo que es la conversación para muchas mujeres: "negotiations for closeness in which people try to seek and give confirmation and support" (Tannen 25).

Es evidente que Bryce quiere enfocar la atención del lector al aspecto psicológicamente problemático de las relaciones sociolingüísticas entre los sexos. Leemos en la traducción que el arquitecto hace de esa entrevista que:

a) El padre de Felipe Carrillo ... falleció poco tiempo después de abandonar éste el hogar *paterno*.

b) El diploma de *arquitecto* (masculino) que le sirve para entregarse por completo a la *arquitectura* (femenino).

c) Lo hace en Francia (*La France*: femenino).

d) Francia: nueva *patria* (subrayamos el femenino).

e) Contrae matrimonio con la arquitecta francesa Liliane Chabrol, y se une *doblemente* a ella al crear el atelier Carrillo-Chabrol. (El énfasis y los paréntesis son del autor [51])

No obstante los muchos logros personales, el narrador aclara que todo en la vida del arquitecto es "representación", lo cual explica de paso la ironía que permea la obra (52). Aunque Felipe asegura que fue feliz con su primera esposa y socia, Liliane, esta le aconseja antes de morir que continúe buscando su realización afectiva y llama la vida que ha compartido con Felipe "la farsa más bella del mundo" (50). Así, el narrador deja establecida la disyunción que existe en la vida del arquitecto.

Todo comenzó con su llegada a Francia y su exilio voluntario, el cual le produjo "una cierta amargura, un cierto cansancio y una sensación de desarraigo" que lo llevó a averiguar lo que realmente buscaba (51). Con esfuerzo Felipe logró hacerse una reputación integrando en su estilo arquitectónico la perspectiva peruana y su experiencia francesa. En una relación igualitaria, compartió sus ideas y su posterior éxito con Liliane desde el atelier Carrillo-Chabrol. Esta parte de su historia, recogida por *La Revue Psychanalytique,* hace evidente el afán del protagonista por mantener la simetría, no solamente en su vida personal, sino también en sus relaciones afectivas. Irónicamente, la obra refleja que esta forma de acercamiento íntimo al sexo femenino no le funcionó con Liliane y tampoco le da resultado con sus demás compañeras.

A la muerte de Liliane, Felipe, deseoso de seguir el consejo de su difunta esposa, no pierde oportunidad de socializar e inicia nuevas relaciones basadas en un acercamiento simétrico. La solidaridad hace que éstas comiencen sin tropiezo. Genoveva, su primera amante después de la muerte de Liliane, es tratada por Felipe como una compañera. En los diálogos nunca se transluce la superioridad del famoso arquitecto sobre Genoveva, la reportera española que ha ido a Francia a entrevistarlo. Por el contrario, ella es la que se envanece de su noble ancestro y de sus relaciones con el rey de España. En el generolecto femenino, que Bryce manipula magistralmente a través de su protagonista, Felipe presenta varios elementos tipificantes que permiten al lector experimentar la misma ambivalencia y confusión que viven las personas que dialogan con él. Ante todo está la aparente sencillez del lenguaje, contra lo que se espera de un intelectual exitoso. No sólo el léxico es bastante ordinario para ser entendido por Genoveva, su hijo y la sirvienta Paquita, sino que también Felipe se deshace en explicaciones para no dar la impresión de superioridad masculina. Por ejemplo, él se asimila fácilmente al tratamiento que Genoveva da a su hijo, donde son normales los apodos cariñosos de la madre –"Bastianito" (14), "Sebastianito Ito" (15), "Miplatanito" (20)– porque en Felipe es normal el uso de los diminutivos como "zurcidito" (13), "todititita" (14), "tiernos añitos" (14), "purita" (15). Entre la profusión de adjetivos que utiliza se presentan muchos cuyo uso es casi exclusivo de las mujeres: "encantado" (20), "vejancones" (13) o "turulatos" (67).

Muchas expresiones se refieren a tópicos generalmente femeninos. Felipe habla con toda naturalidad de "la voz de tiple" y "la celulitis" de Bastioncito (16), "la *pilule*" *(anticonceptivo 26)*, o se dirige directamente al mono para mostrar su disgusto sobre los hábitos de éste: "!indecente, Kong!, !inmundo, Kong!" (17). Para Felipe es normal decir cosas como: "se fue sin decir ni pío" (121), o habla de los "pésimos modales" de Genoveva (117), de los "sentimientos finísimos", o de él como un arquitecto "tristón" (120). Las expresiones y comentarios usados por los narradores bryceanos no son corrientes en un generolecto típicamente masculino y sólo suelen ser usados por el hombre para imitar el habla femenina con motivos ulteriores, sean éstos derogatorios o de burla. En otras palabras, el hombre las usaría para mantener a la mujer en su lugar (R. Lakoff).

A lo largo del libro, el lector encuentra que escenas como ésta son bastante comunes:

> pero la verdad es que tampoco fue muy agradable descolgar a mi muertita (Liliane)..., bastó con una mirada cara a cara entre mi pasado, mi presente y mi futuro para que yo empezara a deshacerme en explicaciones... fuiste tú misma quien me aconsejó casarse... Liliane, mi vida, mi pasado y, bueno, también mi presente y mi futuro un poquito, porque el olvido, bien lo sabes, es lo más inolvidable que hay en el mundo y además fíjate qué lindo es el ropero en el que te voy a poner, caoba pura, fabricación inglesa, así, mi amor, recostadita contra este lado, y te vendré a ver, coqueta, sabes muy bien que vendré a mirarte mucho más a menudo de lo que tu piensas... (85)

El narrador no solamente usa un lenguaje femenino, sino que además tiene preocupaciones y comportamientos que son más corrientes entre mujeres que entre hombres. Tampoco le molesta confesar sus ineptitudes o limitaciones. Con el anterior aparte no se duda en cuanto a lo femenino que es el idiolecto del protagonista, su necesidad de aprobación y la angustia ante lo que él considera una especie de traición al amor que le unió a Liliane. Hay que aceptar que este estilo narrativo es bastante emasculinizador, en particular si se tiene en cuenta el machismo del que comúnmente se enorgullece el hombre hispano.

Por lo general, en la narración en primera persona se asume que el narrador se identifica con el personaje y tiene conocimiento de lo que va a narrar. Sin embargo, el narrador masculino de *La última mudanza* asume su papel desde un estatus femenino. Por esto, y para sorpresa del lector, Felipe-narrador no parece estar seguro de cómo o qué va a contar y nos dice: "la verdad es que, de arranque, prácticamente no me queda ya nada que contar" (20), o vacila al hablarnos: "cuando digo su dormitorio, no me refiero al dormitorio de ella, o sea al mío, sino al que desde entonces fue mi dormitorio en El Espinar, o sea, el de Sebastián" (73). Otras veces, simplemente transfiere el problema de explicarse al lector a través de dichos o canciones populares –"historia de un amor como no hay otro igual" (15), o "Tú me acostumbraste, a todas esas cosas, y tú me enseñaste que son maravillosas" (27). Con ello obliga al lector a participar activamente en la historia, al mismo tiempo que astutamente le induce a aportar sus propias experiencias y a solidarizarse con el protagonista, tal como trataría de hacerlo una mujer en una conversación típica. Con relación a este punto Tannen señala:

> This is not to say that women have no desire to feel knowledgeable or powerful… But it seems that having information, expertise, or skill at manipulating objects is not the primary measure of power for most women. Rather, they feel their power enhanced…if they are focusing on connection rather than independence and self-reliance… (68)

Además, insistimos en destacar el androginismo de las canciones como refuerzo lingüístico a la posición horizontal, o simétrica, que Bryce desea mantener para respaldar el comportamiento de Felipe y dar un tono asexual a la novela (del tipo anotado por Zavala 75-81). Al respecto Aníbal González-Pérez en "La nueva novela sentimental de Alfredo Bryce Echenique" afirma:

> Si bien las letras de las canciones populares latinoamericanas son decididamente machistas, no pocos boleros, tangos, y valses son "andróginos", es decir, los pueden cantar tanto hombres como mujeres. La novelística de Alfredo Bryce Echenique comparte esta fecunda androginía, … Sería arriesgado, a mi juicio, aseverar que la novelística de Bryce incorpora una perspectiva feminista, pero no cabe duda de que hay en ella un nivel de reflexión particularmente intenso sobre los papeles sexuales en la sociedad latinoamericana. (211-12)

Bryce es, como sugiere el título del artículo, un autor excéntrico, es decir, fuera de centro. Si llega a tratar los temas candentes que tanto han preocupado a los autores latinoamericanos –pobreza, injusticia, imperialismo, revolución– lo hace indirectamente y siempre desde una óptica personal. En *Un mundo para Julius* (1970), el pequeño Julius, educado por los criados de su rica familia, va tomando conciencia de cómo los ricos abusan de los pobres, pero el mundo de la novela no deja nunca de ser el mundo de Julius; el comentario social es indirecto y ocupa siempre un segundo plano. En *La vida exagerada de Martín Romaña* (1981) la mujer del protagonista es miembro de un grupo revolucionario y por eso entra en juego la juventud comunista de París, aunque la visión bryceana de estos izquierdistas de los años sesenta es la de un hombre celoso por los caprichos de su mujer y dista mucho de ser favorecedora. Su novelística se enfoca en los problemas sentimentales de sus protagonistas masculinos, agudizados siempre por la extrema torpeza comunicativa. Sus figuras protagónicas mantienen una disyunción entre la vida que representan en sociedad y la vida íntima que comparten con las mujeres que aman. En *La última mudanza de Felipe Carrillo,* en los momentos en que una y otra vida convergen y se integran a la vida del Felipe profesional, la dicotomía entre el hombre público y el privado desaparece. El lenguaje, hasta entonces caracterizado por el anacoluto, la inconsistencia y la ruptura de las reglas gramaticales, vuelve a la subordinación sintáctica y el léxico se torna uniforme y apropiado al estatus social del protagonista.[18]

Tal disyunción entre el hombre público y el privado, denominador común en las figuras protagónicas de Bryce, es un recurso que aprovecha el escritor para permear la obra de una ironía tragicómica. Por lo tanto, puede decirse que la ironía se halla directamente ligada el concepto de ex-centrismo. El distanciamiento que debe existir entre el ironista y lo ironizado permite al observador observarse a sí mismo. Mediante la disyunción en la vida de los protagonistas masculinos, Bryce logra el alejamiento necesario para que el Pedro (*Tantas veces Pedro* 1977), el Martín (*La vida exagerada de Martín Romaña* y *El hombre que hablaba de Octavia de Cádiz,* 1985) y el Felipe (*La última mudanza de Felipe Carrillo*), escritores de sus propias vidas, puedan ironizar al Pedro, al Martín y al Felipe protagonistas de las obras que escriben.

Según la definición tradicional de ironía, o sea la de la llamada ironía retórica, ésta consiste en decir algo contrario a lo que uno quiere realmente comunicar (Abrams 91). Una frase irónica, entonces, tiene

---

18 Para una mayor información sobre el paralelismo entre el aspecto lingüístico y el desarrollo emocional de los protagonistas bryceanos, puede consultarse Margarita Krakusin en *La novelística de Alfredo Bryce Echenique y la tradición de la novela sentimental,* cap. II.

dos significados lógicamente contrastivos –el literal y el metafórico. Pero esta definición, a pesar de su universal aceptación, es problemática, tal como señalan los filósofos lingüistas Dan Sperber y Deirdre Wilson en su artículo "Irony and the Use - Mention Distinction" (1981). Primero, la definición tradicional da origen a un enigma: ¿por qué razón se molestan los hablantes en expresar lo opuesto de lo que realmente quieren decir? (295). También, esta definición deja sin explicar un sinnúmero de expresiones irónicas. Por ejemplo, es indudablemente irónico el decir: "parece que estuviera lloviendo" cuando está lloviendo a cántaros, aunque esta frase no comunica lo opuesto de lo que se quiere expresar.

Los autores sugieren que la ironía consiste en mencionar (es decir, citar) una expresión que ha sido usada (es decir, afirmada) en otro contexto (306-10). El acto de citar impone cierta distancia entre el hablante y lo hablado, y es precisamente la existencia de este desfase lo que caracteriza el estilo verbal de Felipe Carrillo. El es un "outsider", un alienado nato: un narrador masculino que habla como mujer, un amante de las mujeres que no puede vivir en paz con ninguna de ellas, un hombre rico y sofisticado que se lleva mejor con la criada que con su novia también rica y sofisticada. La alienación que siente es absolutamente real; está alejado psicológicamente de todas las personas que le rodean y está igualmente distante de la enredada historia que narra. Un corolario lógico de la definición de Sperber y Wilson es que la alienación produce una actitud irónica y, efectivamente, éste es en el caso de Felipe Carrillo.

En un contexto literario, la ironía requiere que el lector infiera el significado que está en el sentido y no en la palabra misma (Booth, *A Rhetoric of Irony* 7) o, según el esquema de Sperber y Wilson, que reconozca que el hablante está citando. Por ejemplo, cuando Felipe habla de "esta historia de un amor como no hay otro igual" (*La última mudanza* 101), espera que el lector perciba no sólo el sentido romántico o sentimental que lleva la canción citada, sino también la referencia a la incestuosa relación de Genoveva con su hijo. De igual forma cuando nos habla de "El fenómeno (la Corriente) del Niño" (13) que hizo estragos en las costas del Perú en 1983, es obvio que, a pesar de sus disculpas y explicaciones, se refiere a Bastioncito, el hijo de su amante; por lo tanto tiene una connotación irónica. En la obra, Felipe nos dice: "Genoveva y Sebastián dormían juntitos y muy plácidamente, en el mismo lugar en que hasta anoche Genoveva y yo habíamos dormido juntitos y muy plácidamente" (70). Bryce casi siempre usa como ingredientes importantes de su ironía la ambigüedad y los diminutivos, elaborándolos de manera bastante femenina, como ya lo hemos establecido.

En otras palabras, hay un distanciamiento implícito en el acto de ironizar. Felipe, comentarista y por lo tanto observador de su propia vida, ha adoptado un punto de vista exterior que lleva a la ironía. Y no sólo ironiza sobre su vida. El lenguaje, como materia vital, es un campo abierto a la ironía lingüística, o sea, una actitud crítica respecto al lenguaje mismo. Bryce, con sus interminables juegos de palabras, ejemplifica la actitud irónica frente al material lingüístico.

El lenguaje de Felipe, igual que el lenguaje utilizado por todos los narradores de la novelística bryceana, evidencia su habilidad para extrapolar una palabra o expresión de su contexto o de su morfología original y aplicarla a otro contexto. Toda la obra de Bryce es una constante transgresión o yuxtaposición, donde las fronteras culturales y lingüísticas son borrosas.[19] El autor manipula el lenguaje para lograr efectos irónicos, de igual forma que juega con las distintas categorías lingüísticas. En *La última mudanza,* los sustantivos en la boca de Felipe Carrillo se transforman en adjetivos: tango–> "tánguico" (139),

---

19   Jennifer Duncan en "Language as protagonist..." afirma que: "The examination of the text suggests that the originality lies in the freedom and sureness of touch with which the author has combined certain features of the traditional novel... with other, more innovatory techniques, such as continual shifts of narrative viewpoint, a predominantly oral and not literary style and, above all, the cultivation of language as protagonist" (121). Allí los códigos semánticos se desvanecen o simplemente desaparecen. De igual manera Marcy Schwartz en su artículo "On the Border", señala la importancia de la crítica desde una perspectiva lingüística para poder llegar a una mayor y mejor comprensión de estas dos novelas. La crítica da numerosos ejemplos de *La vida exagerada de Martín Romaña,* entre otros citamos: "putamadre se verbaliza ('Putamadreé como un loco...' [21]) ...el lexema francés clochard se convierte en verbo español ('Un latinoamericano jamás se clochardiza' [51])" 220.

vestíbulo–> "vestibular" (149); hasta los nombres propios se adjetivi-
zan: Magdalena–> "magdalénico" (126), Eusebia–> "eusébico"
(140). Inventa adverbios: "de acuerdamente" (13), y los verbos intran-
sitivos llegan a ser transitivos: "desapareciendo puentes" (13).
Muchas veces, el significado implicado por un contexto es imposibi-
litado por el contexto siguiente: "... lo que iba a sobrar allí era el tacto.
Manual, labial, sexual, me refiero" (11). De la misma manera, extirpa
palabras de frases hechas y de refranes para ironizarlas: "...de tan alta
cuna que ya parecía cama" (140), o "un triángulo à trois" (123). Toda
la obra es creada a base de ambigüedades, situaciones ambivalentes
que corresponden al estado mental y emocional del protagonista. Y
Felipe no sólo sugiere por medio de su estilo lingüístico que su vida
está llena de contradicciones, sino que lo expresa claramente en repetidas ocasiones. Dice: "...porque había que estar alegres, y porque
todo en el fondo era tan triste" (121). Y "a gritos se notaba que nos
habíamos quedado despalabrados" (127).

Es importante reconocer que es la actitud de Felipe frente a su
manera de hablar lo que la hace irónica. Metafóricamente, él da un
paso hacia atrás y hace de comentarista de lo que dice a la vez que lo
está diciendo. El irónico Felipe presenta un claro contraste con
Eusebia, la mulata con quien tiene una de sus aventuras sentimentales. Ella es la personificación del lenguaje popular con el que juega
Felipe. Utiliza muchos diminutivos (llama "flaquito" a Felipe, por
ejemplo), pero no tiene ninguna conciencia de que estos sufijos pueden ser "cochinadas" como los llama él (113). Eusebia es cómicamente creativa con el lenguaje (acuña entre otras palabras el adverbio
"todamente" [121]), pero lo que dice lo dice con toda sinceridad; sus
palabras no van nunca entre comillas metafóricas. Recurre espontáne-
amente a los refranes ("ni blanca sin tacha ni morena sin gracia"
[108]), pero no los cita sino que los afirma. Esta falta de ironía es para
Felipe uno de los mayores atractivos que tiene la mulata y, a la vez,
uno de los motivos por los que fracasa su relación.

Bryce idea, sostiene y mantiene este mundo difuso y escurridizo
mediante diferentes recursos incluyendo la creatividad léxica, la ventriloquía narrativa, y la inestabilidad dialógica. Tanto la ventriloquía
narrativa como la inestabilidad dialógica son elementos claves a la

flexibilidad y libertad del discurso indirecto, lo cual permite que se impregne la narrativa de ironía. Esto se hace particularmente evidente en las citas que el protagonista hace de otros personajes, cuando el discurso contiene comentarios del autor (Felipe-escritor) o, cuando hay un cambio brusco del diálogo al monólogo o viceversa. El día en que Felipe se despide de la mulata Eusebia se da la siguiente escena en la tienda del pueblo:

> apareció el chofer de la hacienda Montenegro. Los señores lo habían mandado a buscarme, no se le vaya a hacer tarde, don Felipe. Apareció con el equipaje en el auto, el tan esperado hijo de la gran pepa, y nuevamente traté de tomar una alegre iniciativa. Pero me paralizó la insolencia por última vez de un cuerpo moreno y realmente magistral, el atrevimiento de unos ojos que miraban a un tipo incapaz de matar a una mosca en ese instante, reducido prácticamente a la nada en la puerta de un establecimiento sin baño en Querecotillo. (129)

En un comienzo Felipe-narrador-protagonista informa al lector de la llegada del chofer, luego, y sin aviso previo, cita las palabras del chofer sin que el lector se entere siquiera, como si fueran dichas por él. A continuación, Felipe-escritor hace un comentario de la reacción emocional de Felipe-protagonista. Y por último, y de manera imprevista, el narrador distancia al protagonista y habla de él como de alguien desconocido y ausente. Este alejamiento le permite al protagonista observarse en un ambiente que dista mucho de ser el París que él dejó, y donde la figura central de la escena ha sido reducida, literalmente, a su más mínima expresión por una mulata sin educación. Irónicamente, este personaje es el gran arquitecto peruano que ha triunfado en Europa.

Respecto a las instancias dialógicas del protagonista, ya no con el lector sino con sus amantes, eventualmente lo conducen a la incomprensión y finalmente a la ruptura, no obstante el tratamiento igualitario que Felipe les prodiga. Esto en sí representa, en el contexto de este trabajo, la máxima ironía: el lenguaje, herramienta por excelencia de la comunicación, se convierte para Felipe en el elemento clave de su aislamiento e incomunicación. Pero, ¿no es éste el mensaje de Bryce?

A la vez y, paradójicamente, todo revierte sobre la obra misma, ya que es también a través del lenguaje que Felipe narra la historia de sus contraproducentes y frustrados diálogos con los demás personajes de la novela y con el lector. El resultado es el marcado ex-centrismo dialógico que eventualmente conduce a Felipe a un monólogo de rememoración de sus experiencias con Genoveva, con la mulata Eusebia y con su amiga francesa Catherine. Esta característica del estilo bryceano ha sido evidente desde su primera novela. En 1983 Jennifer Duncan comentaba sobre *Un mundo para Julius* (1970):

> What is essentially a monologue…, has all the immediacy of dialogue. Bryce can subtly vary the viewpoint through a change in vocabulary, thus presenting action and reaction, speech and commentary simultaneously with a freedom not normally available either to dramatist or novelist alone, but representing a combination of both genres. (123)

El comentario de Duncan corrobora lo ya expuesto sobre el necesario distanciamiento para que se dé la ironía. Efectivamente, la disección que realiza Felipe a través de la obra evidencia una vida doble –la que representa en público, y la otra que vive en privado. Ambas se recogen en la novela manteniendo la tensión y alimentando la ambivalencia que le dan unicidad a la obra.

Finalmente, después de comentar las instancias dialógicas dentro de la obra y del narrador con el lector, resulta interesante llamar la atención sobre las reacciones de la crítica. En realidad, no resultan tan ajenas a las del lector común, e inevitablemente reflejan, como dice Fowler, los clichés y estereotipos de la sociedad patriarcal de la que todos formamos parte. Es por demás decir que las ideas de Tannen sobre el lenguaje también pueden aplicarse a la literatura donde, "the male is seen as normative, the female as departing from the norm" (Tannen 15). En general, la crítica masculina se siente desubicada y le resulta difícil entender el estilo lingüístico de Bryce. Ellos comentan sobre la "frondosidad verbal" (García-Bedoya 71), la "narración que ilustra las contradicciones psicológicas" o, "el 'yo' autobiográfico cuya identidad continuamente se desdobla" (Ferreira 93). Carlos Barral habla de la unicidad del estilo bryceano y deja ver claramente

la dificultad que tiene para catalogar en algún lugar al escritor sin
rozar su masculinidad; entonces comenta que el mundo literario de
Bryce "es profundamente insular, que no tiene precedentes dentro de
la literatura latinoamericana o muy pocos, y que no producirá ningún
seguidor..., ningún imitador y desaparecerá con él".[20] Y Luis
Eyzaguirre dice: "la obra narrativa de Alfredo Bryce Echenique se
estructura fuera de los cánones de la ficción latinoamericana" (16). De
igual manera Julio Ramón Ribeyro, amigo personal de Bryce, dice
que uno los rasgos más salientes de la narrativa bryceana es: "...la
invención de un estilo, de una manera de contar tan familiar y directa..., prosa inventiva, verde y sabrosa, milagroso salto de la conversación a la escritura" (193).

Realmente, Bryce no sigue la corriente y transgrede las normas de
la novela convencional. Su estilo es excéntrico porque está fuera de
toda expectativa. El idiolecto del protagonista es femenino, lo que contrasta con la figura varonil del literato. Los comentarios, en la mayoría
de los casos, son ambiguos u oblicuos y, entonces, se habla de "la escritura charlada" (Ortega 11) o del "tonito Bryce". Alita Kelly observa al
respecto: "Bryce's rambling conversational style, which Oquendo had
classified when the novel first appeared [*Un mundo para Julius*], as
possessing 'oralidad'... was taken up by other critics, who came to
refer to Bryce's 'tonito', instead of language or style" (41). Es pertinente señalar que el diminutivo "tonito" es un ejemplo del uso peyo-
rativo del lenguaje típicamente femenino, que disminuye y rebaja la
aportación estilística del escritor.

Este evidente indeterminismo de la crítica masculina contrasta con
la crítica femenina que parece tener una mejor comprensión del estilo
de Bryce, identificándose con él en la mayoría de los casos. Mercedes
López-Baralt fue la primera en señalar en 1976 este rasgo de solidaridad con su lector. Dice la crítica puertorriqueña: "Bryce conserva del
siglo XIX, la buena amistad con el lector. Pero hay un cambio cualita-
tivo que agradecemos: el lector no se siente dirigido, sino más bien

---

[20] Carlos Barral es citado por Alfredo Bryce Echenique en su artículo
"Confesiones sobre el arte de vivir y escribir novelas". *Cuadernos hispanoamericanos* 417 (1985): 69.

compañero y cómplice del autor..." (52-53). Haciendo eco de este sentimiento, Mara Aparicio expresa la búsqueda, por parte del autor, de la
simetría y la igualdad entre los sexos de la siguiente forma: "Bryce
desea que sus libros sean leídos como si se escuchara a un amigo [o
probablemente una amiga] espontáneo y charlatán" (81). Aparicio
encuentra que uno de los mayores aciertos de la narrativa bryceana es
su capacidad para conectarse e integrarse al universo femenino.

Por su parte Marcy E. Schwartz, aunque no hace una referencia
directa al lenguaje femenino de la tercera o cuarta novela de Bryce –*La
vida exagerada de Martín Romaña* y *El hombre que hablaba de
Octavia de Cádiz*– reconoce que,

> his characters verbally renegotiate their identities in relation to the domi-
> nant language behaviors around them... The characters' transgressions
> make room for other texts and cultural codes to infiltrate the fiction. This
> intertextual process in Bryce's later fiction presents characters struggling
> for intimate and group identity in an alienating transnational world. (215)

Schwartz afirma que Martín Romaña, protagonista y narrador de las
obras estudiadas por ella, subjetiviza el lenguaje para protegerse contra las diferencias culturales. Esto nos remite a Tannen cuando habla de
que las fricciones que se pueden crear en la conversación entre el hombre y la mujer se deben a que los chicos y las chicas crecen en lo que
esencialmente son dos culturas diferentes, y así la conversación entre
ellos constituye "crosscultural communication" (Tannen 18), semejante a los choques culturales sufridos por Martín en Europa. En estas dos
novelas el protagonista se sirve de la lengua para redefinir el ambiente hostil que le rodea con coloquialismos peruanos o americanismos,
"presenting the otherness of European spaces in personalized and inti-
mate language" para hacer este mundo menos amenazante (Schwartz
219). De la misma manera Felipe, el protagonista de *La última mudanza de Felipe Carrillo,* usa un lenguaje femenino, no amenazante, con
sus compañeras en su afán por encontrar la intimidad y seguridad interior que él no posee. Inevitablemente, también sucede a veces que
Bryce es incomprendido por sus lectoras, como Felipe no siempre es
entendido por las mujeres de su mundo ficcional. Ellas son sólo la

mimesis de esas otras mujeres, las reales, que han sido bien entrenadas para aceptar su inferioridad y condonar la verticalidad y asimetría de las relaciones entre ambos sexos.

Es pertinente anotar que el estilo torrencial de Bryce se parece a lo que la crítica feminista francesa de los años setenta denominaba el "bon vertige" (Cixous 53), de donde brotaba la voz femenina "en rivières sans rives"(65). Este estilo femenino resultaba poco comprensible para los hombres porque "... 'elle' part dans tous les sens sans qu' 'il' y repère la cohérence d'aucun sens" (Irigaray 28). Según Cixous, Irigaray y otras críticas, esta manera de escribir tiene su origen en la difusa sexualidad femenina; es decir, emana del cuerpo femenino capaz de sentir –y de prodigar– muchos tipos de placer.[21] Desde luego, ni Bryce ni ninguno de sus narradores es mujer. Cixous, siempre sensible a lo inclasificable, admite que un hombre puede escribir de esta manera: "Et quand il s' écrit un semblable déferlement depuis un corps d'homme, c'est qu'en lui la féminité n'est pas interdite" (68). Efectivamente, la feminidad no está prohibida en el habla de los narradores bryceanos. Pero esto no les ayuda a llevarse bien con las mujeres; al contrario, parece perjudicarles.

Como escritor Bryce resulta bastante complejo. Su novela es polifacética y su análisis revierte sobre la vida misma. La aparente sencillez de la trama y del tema contrasta con la sofisticación de los recursos técnicos usados por el autor. Su lenguaje pendular se mueve entre lo coloquial y lo sofisticado, salta del castellano al peruano y de éstos al francés, al inglés, o al italiano. Es un lenguaje artísticamente elabo-

---

[21]   La apreciación de este estilo basado en el físico femenino llevó a la crítica feminista francesa a renegar de la gramática como algo masculino, un sistema de reglas paternalistas y restrictivas. Ann Rosalind Jones, en un reciente estudio que por lo demás demuestra una muy sana heterodoxia con respecto a los dictámenes de las críticas francesas, repite que la gramática y la sintaxis "imply the unified viewpoint and mastery of other reality that men have claimed for themselves" (373). Desde una perspectiva lingüística, no tiene sentido denostar contra la gramática, porque todo lenguaje humano tiene sintaxis, o sea, estructura. Al lenguaje femenino no le falta sintaxis; si no tuviera estructura, no sería comprensible para nadie, ni siquiera para la más comprensiva de las mujeres. Lo que lo diferencia del lenguaje masculino es la manera en que se realizan las reglas sintácticas universales.

rado y funciona como parte de la trama misma. Explora mundos ignorados desde siempre porque para él, según señala César Ferreira: "la
literatura es un quehacer profundamente arraigado en la experiencia
vital, es una extensión de la vida en sí [donde]... la experiencia vital es
materia literaturizable" (Ferreira 11). La manipulación del lenguaje por
parte del escritor comienza con el uso que hace el protagonista masculino de un generolecto femenino. Felipe trasciende las normas; se regodea en su propio código semiótico. Crea ambivalencia en sus interlocutores y él mismo oscila entre los generolectos y los metamensajes
que éstos contienen. Si bien el autor no lleva el lenguaje hasta sus últimas consecuencias, por ejemplo en la forma que lo hace Severo Sarduy
(1937-1993), su experimentación es tan importante, valedera y original como la del autor cubano y, ciertamente, requiere valentía y deter-
minación. Al respecto dice Jennifer Duncan: "Language, for Bryce, is
not just a medium of communication, a mirror of reality, it creates this
reality" (121). Ningún escritor, antes de Bryce, ha literaturizado tan
persistentemente el problema de la incomunicación lingüística entre el
hombre y la mujer. Bryce ha tocado una cuerda sin afinar en la polifonía lingüística, y la historia sentimental de Felipe Carrillo es precisamente la historia de una incomunicación contada por un hombre que
se expresa como mujer.

Vargas Llosa afirma que: "The lies in novels are not gratuitous
–they fill in the insufficiencies of life".[22] Las muy reales diferencias
entre el habla masculina y femenina no desaparecen en la obra de
Bryce, sino que se literaturizan. De hecho, estas diferencias problemá-
ticas llegan a constituir todo un estilo propio. Bryce suple de esta manera las insuficiencias de la vida, monologando irónicamente sobre los
infinitos malentendidos del diálogo entre los sexos. Pero este monólogo se convierte en un diálogo con el lector, quien se expone a la gracia
y el tedio de un recuento de las peripecias de la vida al estilo femenino. El reto para el lector, como interlocutor en el diálogo novelístico,
está en aprender a apreciar el estilo de Bryce, un estilo a la vez masculino en su afán por imponer una versión personal de la realidad, y

---

[22] La cita pertenece a la ponencia "Fiction: The Power of Lies" que Vargas Llosa
      presentó en Michigan State University, East Lansing: marzo 18, 1993.

femenino, en las complicaciones provocadas por la expresión de esa realidad.

OBRAS CITADAS

Abrams, M.H. *A Glosary of Literary Terms.* 5th ed. New York: Holt, Rinehart and Winston, 1985.

Aparicio, Mara. "Acciones, pasiones y voces", *Nueva Estafeta,* (Madrid) 40 (1982): 80-81.

Booth, Wayne C. *A Rhetoric of Irony.* Chicago: U of Chicago P, 1974.

Bryce Echenique, Alfredo. *Un mundo para Julius.* Barcelona: Plaza & Janés, 1970.

_____. *Tantas veces Pedro.* Barcelona: Plaza & Janés, 1986.

_____. *La vida exagerada de Martín Romaña.* Bogotá: Oveja Negra, 1985.

_____. *El hombre que hablaba de Octavia de Cádiz.* Bogotá: Oveja Negra, 1985

_____. *La última mudanza de Felipe Carrillo,* Bogotá: Oveja Negra, 1988.

_____. "Confesiones sobre el arte de vivir y escribir novelas", *Cuadernos hispanoamericanos* 417 (1985): 65-76.

Cixous, Hélène. *Entre l' Écriture.* Paris: Des femmes, 1986.

Duncan, Jennifer Ann. "Language as Protagonist: Tradition and Innovation in Bryce Echeniques's *Un mundo para Julius* ", *Revista de estudios hispánicos* 12.3 (Octubre 1983): 120-33.

Eyzaguirre, Luis. "*Tantas veces Pedro:* Culminación de un ciclo en la narrativa de Alfredo Bryce Echenique", *Dactylus* 8 (1987): 13-16.

Ferreira, César. "Autobiografía y exilio en la narrativa de Alfredo Bryce Echenique", Tesis doctoral inédita, The University of Texas at Austin, 1991.

Fowler, Roger. *Linguistics and the Novel,* London: Methuen, 1977.

García-Bedoya, Carlos. "*El hombre que hablaba de Octavia de Cádiz* ", *El zorro de abajo* 7.4 (1986): 70-71.

González-Pérez, Aníbal. "La nueva novela sentimental de Alfredo Bryce Echenique". *Los mundos de Alfredo Bryce Echenique.* César Ferreira e Ismael P. Márquez eds. Lima: Pontificia Universidad Católica del Perú, 1994, pp. 203-214.

Irigaray, Luce. *Ce sexe qui n'en est pas un.* Paris: Les Éditions de Minuit, 1977.

Jones, Ann Rosalind. "Writing the Body: Toward an Understanding of *l' Écriture féminine", The New Feminist Criticism: Essays on Women, Literature and Theory.* Elaine Showalter, ed. New York: Pantheon Books, 1985, pp. 361-377.

Kelly, Alita. "Entropic Comedy and The Postmodern Vision: An Analysis of *Un mundo para Julius* By Alfredo Bryce Echenique, A Poststructural Approach, With the translation of The Novel Into English", Tesis doctoral inédita, The University of Arizona, 1992.

Krakusin, Margarita. *La novelística de Alfredo Bryce Echenique y la tradición de la novela sentimental.* Rosario, Argentina: Beatriz Viterbo Editora. En el mercado en otoño de 1995.

Lakoff, Robin Tolmach. *Language and Woman's Place,* New York: Harper & Row, 1975.

López-Baralt, Mercedes. "Otra forma de complicidad entre el autor y sus lectores: Alfredo Bryce y *Un mundo para Julius", Sin Nombre* 7.1 (1976):50-56.

Luchting, Wolfgang. *"Un mundo para Julius* de Alfredo Bryce Echenique", *Insula* 332-33 (1974): 5-6.

McConnell-Ginet, Sally. "Linguistics and the Feminist Challenge", *Women and Language in Literature and Society.* S. McConnell-Ginet, Ruth Borker, Nelly Furman, eds. New York: Praeger Publications, 1980. pp. 3-25.

Ortega, Julio. *El hilo del habla, la narrativa de Alfredo Bryce Echenique,* Guadalajara, México: Universidad de Guadalajara, 1994.

Puig, Manuel. *El beso de la mujer araña,* Barcelona: Seix Barral, 1976.

Ribeyro, Julio Ramón. "Habemus Genio", *Los mundos de Alfredo Bryce Echenique.* César Ferreira e Ismael P. Márquez eds. Lima: Pontificia Universidad Católica del Perú, 1994. pp. 191-93.

Sperber, Dan and Deirdre Wilson. "Irony and the Use-Mention Distinction", *Radical Pragmatics.* ed. Peter Cole. New York: Academic Press, 1981.

Schwartz, Marcy E. "On the Border: Culture and Linguistic Trespassing in Alfredo Bryce Echenique's *La vida exagerada de Martín Romaña* y *El hombre que hablaba de Octavia de Cádiz". Los mundos de Alfredo Bryce Echenique.* César Ferreira e Ismael P. Márquez eds. Lima: Pontificia Universidad Católica del Perú, 1994. pp. 215-31.

Tannen, Deborah. *You Just Don't Understand: Women and Men in Conversation,* New York: Ballantine Books, 1990.

Zavala, Iris. *El bolero: Historia de un amor,* Madrid: Alianza, 1991.

MENTIRA ROMÁNTICA Y VERDAD NOVELESCA: MITO Y ESTRUCTURA EN *LA AMIGDALITIS DE TARZÁN* [23]

I gual que la autobiografía propiamente dicha, la ficción autobiográfica es un discurso marginado por los críticos que se niegan a reconocer este texto híbrido, y cuya coherencia total es ilusoria.[24] Tal vez por esto mismo, la autobiografía y la ficción autobiográfica en forma epistolar, de diario o de memorias, parecen ser privilegiadas por la mujer para narrar la historia de su vida.[25] Según comenta Sylvia Molloy, el hombre narra sus memorias con propósitos diferentes a los de la mujer. En *Recuerdos de provincia* (1850), por ejemplo, Sarmiento usa deliberadamente este subgénero para hacer una autorepresentación positiva del candidato político que eventualmente llegaría a ser presidente de Argentina. Por el contrario, la mujer se propone "explorar y descifrar los patrones misteriosos trazados por una vida", la suya (Ocampo 59). Pero a la vez, como en el caso de Victoria Ocampo, aspira a construir una figura, una *persona* representativa del

[23] Este artículo fue publicado por *Romance Notes* 39.3 (2002): 359-369.
[24] Según Molloy el texto autobiográfico tiene una coherencia ilusoria puesto que existen tantos modos autobiográficos como autobiógrafos (2).
[25] Las cartas, igual que las memorias y los diarios íntimos han sido considerados como subgéneros autobiográficos en cuanto son formas de autoexpresión con una función pragmática y estética vistos como recreación de la historia de una vida, utilizando discursos convencionalmente reconocidos como pertenecientes a la ficción. Para mayor información véase, entre otros, Phillipe Lejeune, *Le pacte autobiographique*. Paris: Editions Seuil, 1975, Paul de Man "Autobiography as De-facement", *The Rhetoric of Romanticism*. New York: Columbia UP, 1984. Una importante antología que puede iluminar al respecto es la editada por Walter Olney, *Autobiography: Essays Theoretical and Critical*. Princeton: Princeton UP, 1980.

papel de la mujer en un momento específico de la historia de la humanidad (Molloy 3). Lo expresado anteriormente presenta un problema en el caso de la obra de Alfredo Bryce Echenique, *La amigdalitis de Tarzán* (1999). Esta obra está estructurada en forma epistolar con comentarios del protagonista, Juan Manuel Carpio, sobre la vida y las cartas que su gran amiga y amante, Fernanda María de la Trinidad del Monte Montes, le ha enviado durante más de veinte años. En ellas no vemos una autocreación femenina o la exploración de la identidad o la individualidad de la mujer.[26] Sin embargo, la estructura es bastante interesante ya que se trata de un texto híbrido que fluctúa entre la autobiografía y la biografía, todo dentro de la mimesis de la ficción. Juan Manuel es quien narra la historia de su relación con Fernanda María pero, contrario a lo esperado, las cartas de la amante son la base del discurso. El autor ficticio usa también técnicas de la novela testimonial al incluir documentos reales para avalar la veracidad de lo narrado. Sólo aparecen en el texto las misivas que ella le ha escrito a Juan Manuel, bajo la excusa de que las suyas le fueron robadas a Fernanda María en California (14). Además, introduce un cuaderno de notas donde la protagonista ha transcrito los apartes de las cartas que le ha enviado Juan Manuel y que Fernanda María consideró, en su momento, como los más dignos de ser conservados (20). Como vemos, el problema genérico de la obra es de gran complejidad. ¿Está Juan Manuel tratando de escribir una biografía de su amante o la historia de su propia vida? ¿Podemos leer las cartas de Fernanda María como una creación autobiográfica? La ambivalencia y las fronteras difusas que presenta el discurso es lo que impiden enmarcar el texto dentro de un

---

[26] Según Bryce, le interesaba crear "un personaje femenino que dominara la novela, que fuese el centro, que todo girase en torno a ella. Por eso hice desaparecer las cartas de Juan Manuel y sólo figuran las de Fernanda. Pero también hay algo de homenaje a un género (el epistolar) que he cuidado durante décadas... me apetecía hacer un alegato de correspondencia". El escritor se queja de que el fax y el internet han cambiado la manera de relacionarse lo que le hace recordar las palabras dichas por José Saramago al respecto: "Jamás una lágrima emborronará un correo electrónico" (Montano y Rubio 49).

género específico. El autor ficticio se sirve de esta inestabilidad genérica para crear una imagen engañosa de ambos personajes ficcionales que al final sólo responderán a los paradigmas de la cultura hegemónica. La diferencia entre ambos discursos es de especial interés porque, como ha sido estudiado por Deborah Tannen, el hombre y la mujer se expresan de forma diferente con el propósito de lograr sus propios objetivos.[27] La autobiografía femenina crea una imagen lingüística de la mujer, pero a la vez, enseña cómo llevar a cabo la gratificante experiencia de la autocreación individual. En el caso de Fernanda María esta experiencia nunca fue intentada por ella al escribir sus cartas. Ha sido Juan Manuel quien ha decidido construir para el lector una mujer a través del uso selectivo del material disponible, lo que evidentemente manifiesta el interés del autor por asegurar la credibilidad que se le dará al texto. Irónicamente las figuras protagónicas resultan, posteriormente, ser deconstruidas dentro del mismo discurso. Temáticamente, el autor presenta el poder ejercido por la mujer sobre el hombre en tal forma que, en medio de la gran dulzura y las buenas

---

[27] Estas afirmaciones son confirmadas por Deborah Tannen, en su libro *You Just Don't Understand: Women and Men in Conversation* (1990), donde la sociolingüista establece las diferencias entre el discurso femenino y el masculino. Tannen señala que las relaciones femeninas se dan por lo general en forma de conexión o solidaridad, y las masculinas en forma de estatus. Ambos comportamientos, solidaridad y estatus, pueden convertirse en medio para conseguir un fin a través de la palabra (36). El estatus produce asimetría y verticalidad entre las partes, resultando una relación entre dominador dominado, protector protegido, hombre mujer. Dicha relación acentúa la libertad y la independencia. La solidaridad, por el contrario, es simétrica, horizontal e igualitaria y busca intimidad, conexión e interrelación entre las partes, sean estas del mismo sexo o del opuesto. En este libro la autora incluye una amplia y especializada bio-bibliografía. Consigue hacer un resumen concienzudo de la gran cantidad de estudios publicados sobre la relación entre el sexo y el lenguaje en una variedad de lenguas, e integra todo este material por medio de una generalización comprensiva que ilumina una serie de diferencias entre el estilo femenino y el masculino. De paso, rechaza la polémica y la condescendencia, prefiriendo describir distintos comportamientos lingüísticos a criticarlos o encomiarlos.

maneras de la protagonista, Juan Manuel se ha convertido en un per-
dedor en manos de su amante. De nuevo Bryce da prelación a la
mujer, quien toma el papel que la sociedad patriarcal ha reservado
para el hombre, mientras la figura masculina se muestra débil e incapaz de controlar su vida afectiva y su mundo emocional.[28]

Fernanda María es una salvadoreña de clase alta que estudia, viaja
y disfruta su posición, sus contactos y su dinero en Europa (36). En
Roma conoce a un pobre y aindiado cantoautor peruano que trata de
abrirse camino en París (22-23). Este es el inicio de un amor y luego
de una amistad que mantiene unida a la pareja por más de treinta años.
Aunque Juan Manuel, el protagonista, siempre ha esperado cristalizar
este amor, tiene que sufrir, primero el matrimonio de Mía (Fernanda
María) con Enrique, chileno y talentoso fotógrafo dedicado a la bebida y, luego, su vida en común con Bob, el acompañante americano de
sus años de madurez. Después de su desastroso matrimonio con
Enrique, Mía trata de sobrevivir con sus dos hijos en diferentes países
y, casi siempre, gracias a la bondad de amigos o familiares. Aunque
ella siempre cuenta con la ayuda económica de alguien, es Juan
Manuel el que le brinda el amor, el apoyo moral y la estimula para que
se asocien en la producción y comercialización de las canciones para
niños que Mía escribe (227). En esta sociedad Juan Manuel pone
música a la letra de las canciones, canta y promociona los discos.
Aunque con módico comienzo, la empresa eventualmente le permite
a Mía llevar una vida plácida y desahogada económicamente con sus
hijos universitarios y con su amigo Bob.[29]

---

[28] Aunque el fondo de la novela es la de la situación política vivida en El
Salvador durante el período presidencial de Duarte y el de la dictadura de
Pinochet en Chile, la temática de la obra es, a grandes rasgos, la misma de las
otras novelas del autor peruano. Como en toda la novelística bryceana, el protagonista masculino siempre es víctima de su excesiva sensibilidad y lealtad
al amor y a la amistad.

[29] Si bien es cierto que Fernanda María es presentada como débil, vulnerable y
poco preparada para la vida de dificultades financieras que le ha tocado vivir,
en realidad es una "tarzana" fuerte y decidida que siempre hace lo que le viene
en gana. Es experta en la manipulación y en el uso del amor y la amistad de
familiares y amigos. En parte, la obra es el retrato de la burguesía latinoame-

El discurso textual elabora sobre la capacidad de la mujer para enfrentarse a las situaciones difíciles (121-122, 147-48), para tomar decisiones importantes que afectarán su vida y la de su familia y sobre la objetividad y frialdad con que pueden llegar a mirarse el amor y el deseo sexual (98). Sin embargo, como en todas sus novelas, Bryce trabaja la obra en dos niveles. Si bien lo evidente está dedicado a las realizaciones de la mujer, el nivel subyacente lo reserva para el hombre. Las caraterísticas del héroe/antihéroe sentimental (32, 37) se mantienen presentes y el fracaso del protagonista masculino en su mundo afectivo es compensado por su realización personal a través del arte y en el mundo de los negocios.[30] Juan Manuel llega a ser muy exitoso en el campo de la música. A pesar de esto, el lector avezado descubre que detrás de la gentileza con que el protagonista trata a Mía, entre ambos se da un forcejeo bastante sutil por el poder. La obra resulta interesante y novedosa por la estructura dialógica entre estos dos niveles, diálogo que se explorará a continuación.

Mía desde los comienzos de la relación establece su superioridad sobre Juan Manuel, primero por su clase social (49 54, 55, 267), luego por su situación económica (46) y posteriormente por su independencia y fortaleza femenina (22-23). La clase social se evidencia por las múltiples referencias a su "mundo raro" (31, 45, 47, 48, 52,53), la educación (25), contactos con las embajadas (24, 38, 49, 51), como-

---

ricana venida a menos que, en medio de grandes dificultades económicas, aún conserva la idea de que el mundo está siempre listo para servirle y que aunque se hallen en bacarrota siempre habrá forma de ir a ver a los médicos en Inglaterra y pasar las vacaciones en París, California o en las Islas Baleares. Esto lo hemos visto ya, y en forma bastante similar, en *No me esperen en Abril* (1995). La inutilidad de los hijos varones de la oligarquía latinoamericana está encarnada en Enrique, el esposo de Fernanda María, quien nos recuerda al Juan de *No me esperen en Abril*. Sin embargo, es pertinente decir que Fernanda María es percibida por Juan Manuel Carpio como una mujer extraordinaria que "experimentó la angustia y el dolor, pero jamás estuvo triste una mañana" (79).

30 Krakusin en *La novelística de Alfredo Bryce Echenique y la narrativa sentimental,* enlaza la obra del autor peruano con la narrativa sentimental del siglo XVIII y estudia el personaje masculino en las primeras cinco novelas de este escritor.

didades a las que está acostumbrada, elementos que más tarde serán minados por las dificultades económicas de la familia, lo cual marca el final de una era de derroche y refinamiento y el comienzo de una vida de trabajo y la contribución de Mía a la fuerza laboral (235). Más tarde este mundo enrarecido de la aristocracia salvadoreña será satirizado por el amante mediante las alusiones a una educación que es "buena para nada", aunque Fernanda María nunca critica la inutilidad de ésta. Juan Manuel tampoco hace ningún comentario directo sobre los estudios de Mía en Suiza aunque, con humor socarrón, nos habla de los cinco idiomas que Fernanda María habla con perfecta corrección (25), a la vez que insiste en su ignorancia sobre la cultura y la literatura hispanoamericana.[31] A pesar de la buenas maneras del cantautor peruano se puede ver la punga de clases en el comentario que en medio de un ambiente jocoso hace el protagonista: "tú, oligarca de mierda, hasta cuando andas medio muerta de hambre sigues nacida para millonaria y terrateniente podrida" (275). Sin embargo, y a pesar de las no tan sutiles ironías de Juan Manuel, el lector se da cuenta que, como fruto de esta educación y del talento de Fernanda María, sus cuentos han sido publicados en México y sus canciones infantiles se han vendido sin problema en el mercado mundial, aún en contra de las predicciones de los agentes de Juan Manuel (254, 293). Algo interesante es el hecho de que nunca queda claro si él le da el crédito a ella, ya que es bastante sobrio en su opinión sobre la calidad de los libros que ha escrito Fernanda María (255). El lector no sabe con certeza si Juan Manuel en verdad admira a su amante o piensa que el éxito de las canciones infantiles se debe a su música y al trabajo de promoción y mercadeo de su empresa (272). Lo cierto es que Fernanda María nunca siente que su trabajo creativo no está a la altura de la música de Juan Manuel lo cual implica, por parte de ella, una fuerte creencia en la igualdad de los sexos con respecto al talento y su capacidad para desempeñarse en el campo laboral. Es pertinente, sin embargo, acla-

---

[31] Deja establecido que Mía es bastante inculta en todo lo tocante a su propia cultura, satirizando de paso, la educación europeizante del criollo que desprecia el valor de lo autóctono como en el caso de esta "culta" salvadoreña que no sabe quién es Miguel Ángel Asturias (41).

ALFREDO BRYCE ECHENIQUE   67

rar que Fernanda María se siente inferior a nivel artístico y le dice a
Juan Manuel: "me siento una enana a tu lado y me *muero* de miedo
fallarnos a ti y a mí" (273), lo cual sólo revela la ansiedad de la persona que incursiona por primera vez en un campo nuevo.
    Sexualmente ella es bastante liberada. Mantiene relaciones con
Juan Manuel antes y después de casarse con el chileno y en su madurez vive con Bob sin que se mencione el matrimonio, mientras viaja
con frecuencia a Europa para vivir momentos de pasión con Juan
Manuel. Al parecer sus hermanas, Bob y los hijos de Fernanda María
comparten esta liberalidad. En otras palabras, no hay mucha diferencia en la forma de comportamiento de un hombre dentro de una sociedad patriarcal y el de la mujer en el contexto de la novela, lo que crea
una relación horizontal entre los sexos sin mayores vestigios de poder
falocrático.[32] El aspecto sexual también presenta facetas interesantes.
Ella es quien inicia las relaciones, quien las manipula y las termina
cuando lo cree apropiado. Es a través del sexo que ella ejerce su
poder. De la misma manera que Octavia, en *La vida exagerada de
Martín Romaña* (1981) y *El hombre que hablaba de Octavia de Cádiz*
(1985), que Sophie en *Tantas veces Pedro* (1974), o que Tere Mancini
en *No me esperen en abril* (1995), Fernanda María controla la trama
y a la figura masculina mediante su sexualidad. Crea y descrea posibles encuentros amorosos, escribe o deja de hacerlo según su propia
conveniencia, manteniendo de esta forma la ilusión del hombre que
sigue enamorado de ella. Cuando ambos forman la sociedad literaria-
musical las cosas cambian radicalmente; desde ese momento, él para
ella, es sólo su "adorado socio" sin dejar de lado el control sexual de
la relación que ella reclama para sí (273). Es por esto que cuando esta
relación se enfría un poco, Fernanda María alterna las cartas de negocios con otras que atizan el fuego del amor en Juan Manuel (286, 287).
    Hélène Cixous afirma que las dualidades hombre/mujer como tam-
bién "sol/luna, cabeza/corazón, padre/madre son 'oposiciones jerarquizadas' que privilegian el primer término" (citada por Ty 103). A
pesar de lo contradictoria que esta afirmación pueda parecer, en una

---

[32] En el libro de Tannen se habla de la relación horizontal propia entre mujeres
    y la relación vertical que caracteriza las interacciones masculinas.

lectura positiva de la obra podría decirse que los asedios masculinos no han podido doblegar la voluntad de Fernanda María y que Juan Manuel es un hombre sometido a los deseos de su amante. En otras palabras, la novela glorifica la fortaleza y energía de la protagonista (79). En *La amigdalitis de Tarzán* es evidente que Fernanda María es la que ha manipulado la situación por un período de treinta años. Sin embargo, una mirada más cínica reduciría el hecho a una simple batalla sexual. Debemos recordar que el deseo y el acto sexual en sí mismo están enclavados en un lenguaje sacado de las complejidades del mito, la fantasía y el psicoanálisis freudiano, donde la derrota del hombre no significa pérdida de masculinidad (Ty 103). Juan Manuel deja lo sexual y emocional en manos de su amante pero en ningún momento suelta totalmente las riendas del poder, ni cede su terreno. Su campo es el de las esferas superiores, el de la creación literaria y artística, las cuales le han dado el poder económico sobre Fernanda María y, además, obstenta el poder sobre el texto que ha creado. De esta forma, la figura masculina no le concede a su amante más de lo que él desea que ella tenga y reserva para sí la superioridad intelectual y económica aunque lo haga de forma sutil. Este hecho puede pasar inadvertirlo, dado el tonito inocentón y juguetón, la gentileza y comprensión con que el protagonista trata a la figura femenina de la obra.

Este curioso forcejeo por el poder está dando la razón a Cixous ya que los binomios hombre/mujer y cabeza/corazón dan prelación al primer término. En la obra, Juan Manuel se le impone a su amante por amor o por fuerza y le demuestra que puede obligarla a hacer el amor con él, si así lo desea, aunque en apariencia sea ella quien controla este campo con total autonomía. Por esto, cuando Fernanda María se muestra algo renuente a satisfacer los deseos sexuales del amante, Juan Manuel sabedor de las dificultades económicas de Mía, le propone su proyecto literario musical pero le advierte que hasta el momento sólo es una idea en su mente y "piensa que se le está evaporando de la memoria" (271). Temerosa de que él la castigue quitándole toda oportunidad de solucionar sus problemas financieros, Fernanda María le dice: "De acuerdo. No soy una puta, que quede bien claro, pero me acuesto ahorita mismo contigo con tal de que recuperes la memoria", con lo que Juan Manuel le deja claro que él, y no ella, es quien tiene la palabra final (271). En este aspecto el texto de la obra, igual que los romances populares, se suscribe dentro la tradición patriarcal en cuanto al amor, al sexo y al matrimonio como solución a los problemas económicos de la mujer. Juan Manuel no sólo es el mejor y único postor para ayudar a Fernanda María sino que, desde el inicio de la sociedad, deja establecido el precio que ella debe pagar por su seguridad económica y la estabilidad financiera de su familia. Fernanda María comprende y acepta las condiciones de este contrato tácito en el que eventualmente participarán los familiares y amigos de Fernanda María, incluyendo al primer esposo y al amigo gringo con quien ella vive al final. Todos aceptan el romance frustrado o forzado de la pareja en sus esporádicos encuentros internacionales (284, 306, 308, 317). Con esto el protagonista logra rebajar a su amante y prepara el terreno para establecer, cuando lo desee, su superioridad sobre ella y sobre todos los de su clase, ya que implica que ésta y la decencia se pueden comprar con dinero. Aún Bob, el hombre con quien vive la protagonista, acepta esta situación ya que es evidente que él no puede sacarla de la apurada situación financiera que viven, pues Fernanda María nos dice que con las primeras ganancias de la sociedad se ha comprado "una casa bastante achacosa" (302), luego, le escribe a Juan Manuel que necesita un adelanto de dinero (307) y, posteriormente, sueña con los "fuertes ingresos" que le ha anunciado el agente (313). Parece ser que el último rescoldo de dignidad que no le puede arrancar Juan Manuel es el de mantener su libertad ya que ella nunca ha considerado como posibilidad el matrimonio con él a pesar de su insistencia. Otra vez la ambigüedad que rodea la conducta de Mía nunca es explicada ni en las cartas ni en los comentarios del amante.

Este uso de la liberación lograda por Fernanda María, del llegar a ser y de su transformación, ha implicado una transgresión del orden establecido a nivel textual y contextual. Sin embargo vemos que el texto subvierte su logro al presentar la individualidad de la figura femenina prostituida por su amante y biógrafo. Por esta razón la protagonista le dice a Juan Manuel: "Yo sigo igualita a mí misma, quizás más igual, últimamente, cosa que te alegrará" (315). Por un lado, está contenta porque ha logrado liberarse de la norma patriarcal pero, por el otro, es consciente de que Juan Manuel se alegrará del control económico y personal que él tiene sobre ella.

Como muchas mujeres latinoamericanas, la protagonista nunca pudo sobreponerse a la sujeción y subordinación masculina por no tener independencia económica y sólo pudo triunfar sobre el amante negándole todo derecho legal sobre su vida. Los protagonistas han terminado la lucha por el poder en el que ambos salen perdiendo; ni Juan Manuel logra tener a Fernanda María para él solo, ni ella logra deshacerse de él, y el término felicidad está totalmente ausente en el texto. A la ambivalencia e inestabilidad del discurso corresponde la inseguridad de los protagonistas, al tiempo que puede interpretarse como una protesta al orden establecido. El ambiente transnacional propicia la violación y la despreocupación por las normas sociales. Así mismo promueve el derrumbamiento de las fronteras tradicionales existentes entre el mito y la realidad. Bryce crea una multiplicidad de espacios y situaciones que permite a las figuras protagónicas una actuación que propicia la exploración y el autodescubrimiento de la realidad individual, a la vez que señala que la batalla femenina cuenta con varios frentes que deben atenderse en su conjunto. Resulta evidente entonces, que para Fernanda María y para la mujer en general, la identidad personal es una noción compleja y esquiva. Aunque la escritura, la lectura y el texto mismo facilitan la liberación de la mujer, también dejan establecido que la independencia económica es uno de los primeros pasos que ha de tomar la mujer para lograr total autonomía personal.

Más aún, la obra da la posibilidad a la protagonista de vivir en un mundo enrarecido mediante una trama que suspende las jerarquías asociadas con la vida cotidiana, para darle la oportunidad, aunque de manera temporal, de vivir en un carnaval, ausente de toda restricción social. En esta novela, la mujer puede vivir estimulantes aventuras y saborear el poder que da el sexo, a la vez que se realzan algunos aspectos de la debilidad masculina. El ludismo que cobija los encuentros amorosos de la pareja es una burla flagrante a la arrogancia con la cual el varón declara su superioridad con respecto a la mujer. Bryce explora alternativas para crear un nuevo canon en el que los derechos de la mujer sean incluidos y respetados. Desafortunadamente, la conducta de Fernanda María ratifica la incapacidad de la mujer para oponerse a los deseos masculinos y establece la validez de la norma cotidiana a pesar de la apariencia de liberalidad desplegada en la obra. Dentro de la circularidad evidente en la novela, el texto se enmarca definitivamente dentro del discurso falocrático, indicando que el poder aún permanece en las manos del hombre, superhéroe de quien la mujer depende y quien además, debe sentirse feliz en esta dependencia. Aunque en la obra se alimenta la posibilidad de que Mía pueda escapar de la subordinación. Bryce le niega la oportunidad de llegar a ser libre, aún después de haberla envuelto en un gran velo de liberalidad sexual y control de su propia individualidad. En este sentido, *La amigdalitis de Tarzán* termina como cualquier novela convencional. En esta lucha por el poder, poco interesa si los protagonistas están enamorados o no. Sólo es un intento, por parte del autor, para crear un ambiente en el que el placer sexual de la mujer y sus deseos de transgresión puedan ser explorados en una forma viable, mientras las inconsistencias del texto sólo ponen en relieve los numerosos conflictos femeninos que aún no han sido resueltos. Señalan, además, la imposibilidad de la protagonista para alcanzar las fantasías expuestas en la trama. En definitiva la obra enfatiza que el dinero es un componente importante de la vida diaria, esfera que todavía es controlada por el hombre y en virtud de la cual se adjudica el dominio sobre la vida y las acciones de la mujer.

Si en lo económico Fernanda María depende de su amante, desde el punto de vista intelectual es evidente que Juan Manuel, como escritor y narrador de la historia de esta relación tiene el control sobre el discurso. Él es quien inicia la obra y quien la cierra. Él es quien selecciona el material, y el que comenta los textos. También es quien manipula la correspondencia que le ha enviado su amante y quien retrata a la protagonista para el lector, según su propia agenda. De esta forma, lo que se presenta como un triunfo femenino es, en realidad, una forma más sofisticada y elegante de mantener las jerarquías vigentes y minimizar los avances femeninos. Bryce rasga la máscara de satisfacción de la mujer con respecto a su liberación y a la igualdad entre los sexos, señalando, de paso, la complejidad del problema.

OBRAS CITADAS

Brée, Germaine. *"Autogynography" Studies in Autobiography.* Ed. James Olney. New York: Oxford UP, 1988. pp. 171-79.

Foucault, Michel. *The history of sexuality: An Introduction.* trad. Robert Hurley, vl. 1. New York: Vintage, 1990.

Friedman, Susan. "Women's Autobiographical Selves, Theory and Practice" en *Studies in Autobiography.* Ed. James Olney. New York: Oxford UP, 1988.

Krakusin, Margarita. *La novelística de Alfredo Bryce Echenique y la narrativa sentimental.* Madrid: Pliegos, 1996.

_____. "La novela hispanoamericana y la tradición sentimental". *Dominical* (julio 30, 1995): 2, 12-15.

Molloy, Sylvia. "At Face Value: Autobiographical Writing in Spanish America". *Dispasitio,* 19: 24-26 (1984): 1-18.

Montano, Alicia y Paco Rubio. "Bryce Echenique: Adiós con el corazón". *Qué Leer.* Madrid (Febrero 1999). 46-50.

Ocampo, Victoria. *Autobiografía: El archipiélago.* Buenos Aires: Sur, 1979.

Olney, James, ed. *Studies in Autobiography.* New York: Oxford UP, 1988.

Tannen, Deborah. *You Just Don't Understand: Women and Men in Conversation.* New York: Ballentine Books, 1990.

Ty, Eleonor. *A Dialogue of Voices: Feminist Literary Theory and Bakhtin.* Ed. Karen Hohne y Helen Wussow. Minneapolis: U of Minnesota P, 1994.

Woods, Richard D. "Profile of Women's Autobiography in Mexico". *Letras Femeninas,* 20: 1-2 (1994): 9-22.

Woolf, Virginia. *A Room of One's Own.* San Diego, London, New York: Harcourt Brace Jovanovich, 1981.

RISAS, VOCES Y PARODIAS:
NO ME ESPEREN EN ABRIL [33]

A lita Kelley ha dicho que ningún crítico, hasta el momento, se ha atrevido a definir la obra de Alfredo Bryce Echenique como cómica. Efectivamente, la novelística total del escritor peruano, incluyendo su novela *No me esperen en Abril* (1995), es bastante cómica. A pesar de esto, resulta difícil encasillar su obra estrictamente dentro de este género. Todas las novelas de Bryce son realmente híbridas, dialógicas y el humor es una constante en la totalidad de su producción literaria. Refiriéndose a *No me esperen en abril* Ángel Juristo señala que esta obra es: "coral con múltiples lecturas" (45). Sin embargo, llama la atención el hecho de que todavía no se haya investigado a fondo su aspecto humorístico ni se haya hecho un claro deslinde de algunos importantes conceptos relacionados directamente con este género literario; humor, comicidad, bufonería, burlesco, comedia y aún parodia son términos intercambiables en la mayoría de los estudios críticos que sobre la obra de Bryce se han hecho.[34]

---

[33] Este artículo fue publicado en *Alba de América* 16.30-31 (1998): 323-335.

[34] Alita Kelley es la única que ha estudiado en profundidad el humor en *Un mundo para Julius* como comedia entrópica en sus tres aspectos: paródico, satírico e irónico. Al respecto dice la crítica que el físico y matemático alemán Rudolf Clausius (1822-88) acuñó la palabra "entropía" del griego "tropo", o transformación para describir su teoría de 1854 acerca de la progresión del cambio hacia el caos dentro de un sistema cerrado (O'Neill 8). Posteriormente el término ha sido usado en literatura para indicar cambio de significado o uso metafórico. A partir de Nietzsche (1844-1900), tanto el sustantivo "entropía" como el adjetivo "entrópico/a" han sido usados para describir la forma en que el mundo postmoderno ve y reacciona ante la realidad (Kelley). Alita Kelley aplica la teoría de Clausius en su tesis doctoral para analizar *Un mundo para Julius* (1970), primera novela de Bryce Echenique.

Creo, sin embargo, que es importante tener presente que la comicidad es sólo un aspecto dentro del gran género del humor. Santiago Vilas señala que lo cómico es el deseo de reír del ridículo, o se inspira en el deseo de reírse de algo o de alguien. Lo cómico es evidente, es visible para el espectador, pero no para el autor productor del motivo cómico y es, ante todo, objetivo. El humor, por el contrario, es subjetivo y es crítico. En el arte como en la literatura, es una actitud estética ante la vida (69-77). El humor da lugar a varios compuestos humorísticos que oscilan entre el sarcasmo cruel, el chiste burlón y el humorismo, en cuanto el humor esboza una filosofía; "una filosofía que enseña la dulzura de la adversidad y su gozo penetra las diferentes facetas de la existencia" (Huff 5).[35] Aunque algunos han fijado los límites del humor entre la comedia y la tragedia, Vilas considera que el concepto rebasa estas fronteras y afirma que: "el humor está 'más allá' de la comedia y de la tragedia" (73). La obra de Bryce es cómica y trágica a la vez. Afirma el autor que, "el humor es un arma de penetración...un arma sutil...que por sí mismo crea lazos afectivos con el lector" (Armas, "Bryce y la sinceridad" 55).

En Bryce Echenique, todo su humor, en cuanto forma estética, puede estudiarse en términos de continuidad y ruptura. Como autor postvanguardista, acepta las normas canónicas, aunque en sus propios términos, a la vez que busca la canonización de la marginalia y su incorporación a la novela. A pesar de la impresión que el autor desea causar en el lector, a través de sus frágiles protagonistas masculinos, en buena parte la originalidad de su obra descansa en aquel toque de seguridad y libertad con el que Bryce combina lo tradicional –personajes simples y de fácil reconocimiento, desarrollo de la historia en orden cronológico etc.– con otras técnicas más innovativas como su extraordinaria oralidad, los cambios drásticos de sujeto discursivo, el acercamiento a la misma situación desde distintos ángulos, y el hermetismo por uso frecuente del anacoluto, entre otros. *No me esperen en abril* es un esfuerzo autorial consciente para desacralizar lo canónico a través de una polifonía paródica en una dimensión que va más

---

[35] La traducción es mía.

allá de lo trágico y lo cómico sin renunciar a ser lo uno y lo otro. Su obra es jocosa, llena de un humor cervantino que provoca en el lector desde la mueca agridulce hasta la carcajada descompuesta. A pesar de ello su humor encierra serias y profundas reflexiones sobre naturaleza humana. Como Bakhtin, Bryce estima que la risa es una forma de llegar a la verdad ya que algunos aspectos de la realidad sólo son asibles a través de ella. Para el crítico ruso, la risa es:

> one of the essential forms of the truth concerning the world as a whole, concerning history and man; it is a peculiar point of view relative to the world; the world is seen anew, no less (and perhaps more) profoundly than when seen from the serious standpoint... certain aspects of the world are accessible only to laughter. (*The Dialogic Imagination* 66)

Consistente con esta premisa, *No me esperen en abril* señala, a través del humor, la necesidad que tiene el protagonista bryceano de moverse en un entorno humano que para él representa una diaria y angustiosa conquista. Su problema reside en querer reservarse para sí, como derecho inalienable, la inocencia de su primer amor. Manongo Sterne narra sus experiencias de adolescente en un exclusivo como anacrónico internado inglés para los limeños de clase alta, y luego como exitoso empresario transnacional (*No me esperen* 516). Su mundo, igual que el de Felipe Carrillo, protagonista de *La última mudanza de Felipe Carrillo* (1988), es un universo bipolar. Por un lado, está la vida pública del talentoso ejecutivo, por el otro su patético rincón afectivo, estático en un pasado adolescente que conserva hasta la muerte con una fidelidad enfermiza. En este ensayo se estudia el uso que hace Bryce del humor en esta novela, mientras narra la trágica historia de su extraño protagonista.

Heredera de las técnicas y el humor de *Tristram Shandy* de Laurence Sterne (1713-68),[36] la obra está enraizada en la tradición

---

[36] La analogía de nombres y apellidos resulta bastante sugestiva. Lorenzo Sterne es el padre de Manongo, ¿es Bryce "el hijo" de Laurence Sterne? Al respecto Krakusin, en su libro, hace un análisis comparativo entre *Tristram Shandy* y la novelística del autor peruano.

sentimental dieciochesca europea.[37] "El héroe del discurso es el antihéroe de su práctica cotidiana" (Ortega 16). Este héroe antihéroe se ríe
del lenguaje y del mundo, ironizando de paso la existencia trágicamente cómica del hombre moderno. Para Manongo, como para Bryce:

> El hombre el siglo XX no es un héroe tradicional, seguro y convencido de
> lo que sabe. Es un héroe que duda, es un héroe que se llama antihéroe. Yo
> creo que el héroe de hoy es un héroe que vive en permanente confronta-
> ción con el mundo que considera inútil puesto que no lo comprende y sabe
> que no va a llegar a una verdad definitiva. No tiene más remedio que
> seguir su búsqueda que no le lleva a nada y termina riéndose del mundo.
> ("El humor de mis personajes" 62)

La obra es pues, una parodia de la alta burguesía limeña y del proceso de marginalización de la figura protagónica quien, sin poderlo evitar, subvierte con su conducta las normas sociales del machismo latinoamericano (41-49).[38] Ortega nos dice que "Manongo, en cuanto
subjetividad, representa al yo más allá de las convenciones, como su
propia hipótesis constitutiva" (17). No es que se trate de un protagonista homosexual, por el contrario, su problema es que se ha enamorado irremediablemente y para toda la vida de Tere Mancini. Sin
embargo, el ex-centrismo y la sensibilidad exagerada de Manongo lo
han convertido a los trece años en un marginado social, en el "mariconcito del Santa María", viéndose obligando a cambiar de colegio

---

[37] Laurence Sterne fue el más importante representante de movimiento sentimental de la literatura inglesa. *Pamela* (1741) de Samuel Richardson, fue la
primera novela sentimental. Este movimiento enfatizaba, por un lado, las doctrinas filosófico-morales de David Hume (1671-1743) respecto a la benevolencia innata del ser humano. Y, por el otro, las de Thomas Hobbes (1588-
1679), quien presentaba al individuo inclinado al mal y guiado en sus acciones por el egoísmo. En la novela, el movimiento sentimental está vinculado
estrechamente al género autobiográfico y en ella se presenta la polarización
de estos principios de filosofía moral, dando basa al conflicto argumental de
la obra.

[38] El estilo narrativo de Bryce es, según Duncan, una parodia del lenguaje de
Lima.(124-25). El produce explosiones de risa en el lector, lo cual retrasa la
trama sin alterar la visión de la realidad que comporta la novela.

(29-35). Sus nuevos amigos, los del San Pablo, lo aceptan, lo cuidan y lo respetan a pesar de sus rarezas. Por su parte, Manongo los ama entrañablemente. Posteriormente, como forma de afirmación personal y para probarle a Tere y a la sociedad limeña de lo que es capaz, llega a ser un riquísimo e inescrupuloso hombre de negocios. Desafortunadamente, al final todo su amor y su dinero no han podido desmarginalizarlo, comprarle el amor, ni tampoco han podido impedir la decadencia física, moral y económica de sus amigos y termina suicidándose. La novela entera es poliglosia, risa y máscaras de comediantes. Es interacción de culturas, de nuevas y viejas generaciones. Es manual de educación sexual y machista para adolescentes de "gente bien". La figura central, Manongo Sterne, es payaso y alzon en confrontación con la estructura clasista por un lado, y machista, por el otro (60-61).[39] En la obra, el héroe/antihéroe ha creado su pequeño mundo, su propia cronotopia (Bakhtin). Ha creado su tiempo y espacio novelístico, diferente al de los demás personajes, ejerciendo el humor para facilitar sus encuentros sociales y como forma de encubrimiento personal. Mientras cronológicamente el tiempo corre, psicológicamente se queda suspendido en los recuerdos. Manongo es socialmente un excéntrico que no logra adaptarse a ningún ambiente, y emocionalmente es un egocéntrico cuyo mundo gira alrededor de sí mismo y de su primer amor. Nada de lo que dice o hace el protagonista puede ser entendido en forma directa por los demás personajes ni por el lector, como puede observarse en el siguiente pasaje donde se refleja más la reflexión del marginado que el discurso del héroe:

> Una esquinita fue su oportunidad pero a él le dolió más que a nadie su oportunidad. En la esquinita frágil y pobre había una bodega triste, casi apagada, casi chinganita, abierta en domingo y a esa hora en que la luz del día ya fue y por eso ahora se llama y se siente anochecer dentro de uno. Es un límite más porque queda aún luz del día pero ya se va... Tere no

---

[39] El *alazon* como el *eiron* son personajes de la comedia griega. Beckson y Ganz definen al *eiron* como "a stock character of Greek comedy. Though small and weak, the *eiron*, by means of his wit and resourcefulness, was always able to prevail over the *alazon*, the bullying braggart".

entiende nada pero siente mucho y ahorítica ya va a sentirlo todo, qué lindo, Manongo es como nadie es así." (112-13)

Su mundo es hermético, lingüísticamente fragmentado. Los tiempos verbales se cancelan entre sí, el discurso señala una poética de influencia vallejiana, donde el tiempo y el sujeto gramatical cambian abruptamente y los adverbios desestabilizan, aún más, el ya confuso universo bryceano. Sin embargo, la ingenuidad y sencillez con la que presenta sus memorias obvia los problemas de comunicación y crea lazos afectivos con el lector, quien acepta benévola y pacientemente la ambigüedad, sintiendo, más que comprendiendo, todo lo que dice Manongo.

Igual que en las demás novelas del autor, la figura central bryceana está esculpida por carencia (Krakusin 120).[40] Personajes y lectores deben aceptar que el universo vital de Manongo constituye un mundo diferente, poco accesible a los que le rodean. Tere lo describe así: "Manongo ni miente ni exagera nunca, él es así, no ve como ven los demás, no oye como oyen los demás, no es ni ha sido nunca como son los demás" (*No me esperen* 72). Manongo es negación de la norma, liberación bufónica y es también el recurso literario que permite la creación de un antihéroe social llevada a cabo por el héroe discursivo.

Según Bakhtin, una característica y un derecho que figuras literarias como Manongo se reservan para sí es el de "ser otros" en este mundo. Estos personajes no hacen causa común con nadie, "they see the underside and the falseness of every situation. Therefore, they can exploit any position they choose, but only as a mask" (Bakhtin 159). Aunque mantienen los nexos con la realidad, no son de este mundo. Manongo vive en su propio mundo de ensoñación pero aún conserva los lazos que lo unen a una realidad de adolescente que él petrificó en su memoria para alimentar su vida emocional adulta disolviéndose después en el mismo discurso que la ha creado. Igual que Martín

---

[40] Hablando del aspecto biográfico de la narrativa de Bryce, también Ortega considera que la carencia es elemento importante en el discurso bryceano, dice así: "Es una vida hecha en la carencia pero rehecha en la abundancia" (14).

Romaña de *La vida exagerada* (1981) y *El hombre que hablaba de Octavia de Cádiz* (1985), o como Pedro Balbuena en *Tantas veces Pedro* (1977), Manongo Sterne es "el mártir del discurso"(Ortega 17). Después de más de treinta años, todavía espera a Tere Mancini. En sus esporádicos viajes al Perú se reúne con sus amigos; con ellos, Manongo es máscara de sí realizando su papel en la comedia del momento. Entonces, todo regresa a los tiempos del San Pablo, todos ríen de él y él ríe de sí mismo. Pero detrás de esa máscara feliz se esconde la soledad, la marginalidad y la profunda tristeza que envuelve la vida interior del protagonista. Como la homosexualidad en "Con Jimmy en Paracas" (1968), la conducta emasculinizadora de Manongo es la ruptura del código social y la fractura dialógica con el entorno que le conduce al ex-centrismo y a la marginalia (40).[41] Su hombría se rebela en contra del machismo y lo reduce a un ritual absurdo: "ritual de peine, ritual de gomina, ritual de ropa adulta, ritual …, ritual de reojo y carros coupes norteamericanos… ¿Por qué tanto ritual … para decir soy frágil pero soy muy macho… para decir me gustas y acabar diciendo nada…?" (60-61).

En *No me esperen en abril* la parodia y el humor satírico son la norma pero también se da el uso de la ironía, la imitación y el ingenio para exponer la locura o la maldad, sin esperar un cambio positivo de la condición humana. Manongo acepta la realidad tal como se le presenta. Sueña con un mundo a su medida pero no hace nada para cambiar los hechos; se limita a sufrirlos. Raras veces explota en furia o inconformidad. Cuando lo hace su mordacidad tiene facetas cómicas potenciadas a través de las incongruencias lingüísticas y la conducta anticanónica del protagonista (525). El narrador parodia cómica y satíricamente la voz y manerismos de la burguesía (77) y el entrenamiento en el machismo por el que deben pasar los jóvenes (63), mediante una oralidad hiperbólica, a la vez que el lector se da cuenta que no puede escaparse del "tonito burlón" (Luchting) que satura la novela (55).

---

[41] El cuento "Con Jimmy en Paracas" fue publicado en el 1967 en la revista *Amarú* de Lima y en 1968 pasó a formar parte del corpus de *Huerto Cerrado*, libro de cuentos publicado en La Habana después de recibir una Mención de Honor en el concurso literario de La Casa de las Américas.

A Bryce le fascina la ridiculez del ser humano. Duncan apunta que su crítica "is directed not just at the representatives of one social class...Bryce is clearly fascinated by human ridiculousness more than moved by passion of social reform" (134). Efectivamente, tanto su sátira agresiva como la burlona no parecen buscar directa y apasionadamente el cambio social. Bryce se limita a exponer este mundillo, lo que no implica que el lector no pueda ver con profundidad y seriedad los problemas sociales que le atañen. A pesar de esto, Bryce niega una intención satírica deliberada, aunque admite que la mera descripción de una sociedad puede llegar a verse como una acusación (citado por Luchting 134). Sin embargo Luchting afirma que, por lo general, la selección del tema y los eventos prueban que la sátira recurrente no puede ser totalmente fortuita (134).[42] Efectivamente, el clasismo, la injusticia, la corrupción y demás problemas y desequilibrios sociales que han estado allí desde siempre, son presentados por Bryce como nuevos y los encara a través de la risa, la sátira o la ironía.

En su artículo, "Tradition of Laughter", Emir Rodríguez Monegal dice: "la risa está presente en nuestra literatura desde sus orígenes como arma del oprimido para parodiar y destruir la solemnidad de los opresores"(3). En la novela, motivo de este estudio, el caso es bien singular: los opresores del protagonista son aquellos más allegados a él –su familia, sus amigos y la mujer que ama. La opresión es una opresión tierna, triste, velada y condescendiente. Se da entre risas comprensivas y alusiones compasivas (593-98). El humor, en general, es un recurso frecuentemente utilizado por Bryce, dada la gran flexibilidad que le permite en el manejo del texto que escribe y del pretexto que imita con el objeto de dar a la obra una estructuración paródica carnavalesca con la suficiente originalidad y fuerza subversiva. Según deducimos por los comentarios de Monegal, en la cultura his-

---

[42] Aunque la cita de Luchting es acerca de *Un mundo para Julius* es perfectamente aplicable a *No me esperen an Abril*. Ambas obras, a pesar de los 25 años que las separan, guardan temática y estructuralmente, una estrecha relación. La última parece ser la prometida novela de Bryce sobre el mundo adolescente del Perú de los años 50, o sea una continuación de *Un mundo para Julius*. Es más, ella parece llenar el vacío existente en la novelística del autor entre la primera y la tercera novela –*Tantas veces Pedro* (1978).

panoamericana los términos parodia y risa generalmente se perciben ligados el uno al otro. Sin embargo, hemos de tener presente que esto no siempre es así. La parodia implica intertextualidad. Ahora, si bien es verdad que toda producción literaria descansa sobre el intertexto, no toda escritura es exclusivamente paródica, ni toda parodia es necesariamente cómica. Pero esto no conlleva el olvidar que la imitación de cualquier texto preexistente es el fundamento de la parodia. No existe parodia si no existe el texto parodiado. Fred Householder explica que etimológicamente el término parodia envuelve la idea de "contra-canto" o "canto al lado de otro canto", es decir, que la parodia es la recontextualización o reelaboración de un texto con finalidades diferentes a las del texto que se intenta imitar (1-9).

Bakhtin señala que estos dos "lenguajes" o "textos" –paródico y parodiado– llevan a una parcial instancia dialógica híbrida, puesto que su intención es la deformación del texto original (77). Aunque esta interpretación del sentido primitivo de la palabra no cubre todos los matices en su sentido moderno, sí podemos referirnos, según lo expresado por Sklodowska, al "legado estético esencialmente dualista de la cultura occidental y dentro de ese contexto general ver la bipolaridad de la parodia en cuanto práctica ambivalente, tanto en su encarnación espontánea, popular, carnavalesca (Bakhtin), como en su elaboración intelectual" (4).[43] En *No me esperen en abril* encontramos un retorno a lo que Bakhtin llama parodia "bivocal" como práctica creadora de carnavalización (Sklodowska 4). De esta forma, Bryce llega a la desfamiliarización necesaria a la parodia, debido a la incongruencia entre los dos planos lingüísticos –el que parodia y el que es parodiado–, como proceso conducente a la canonización de su discurso marginal y al distanciamiento, *conditio sine qua non* para producir toda una gama de efectos: desde una degradación cómica, a través de la deformación lúdica del original, hasta los efectos satíricos e irónicos que abundan en la obra. Para organizar su mundo carnavalesco, Bryce toma el contexto limeño de los años 50, sirviéndose de él como pre-texto. La mimesis de este modelo cultural y lingüístico le permite al narrador

---

[43]   En el presente ensayo sólo nos detendremos en el aspecto carnavalesco de la obra. El tema está ampliado en mi libro *La novelística de Alfredo Bryce Echenique y la narrativa sentimental*.

parodiar el discurso oral de los adolescentes y re-crear la realidad de
la época en dilatadas descripciones de inacabable detallismo.[44]
Ambos elementos son deformados mediante el retorno al texto modelo, reanimándolo a través de la fórmula humorística. Se rompe de esta
forma, la esperada percepción de los elementos parodiados, ya que se
trata de formas usadas, agotadas, gastadas –el realismo y el habla de
una clase social– y que en condiciones normales se daría automática-
mente en el lector. Como corolario, se produce una transmutación del
discurso original y de los personajes que surgen de este ambiente
retrógrado. A la par, y muy seriamente, el lector se enfrenta al patetismo trágicamente cómico de la figura central con el que Bryce satiriza
la sociedad colonialista que aún hoy, aunque en menor escala, mono-
poliza el poder y la riqueza en Latinoamérica.

Algunas veces la parodia es satírica o cómica y en otras instancias
puede aparecer una combinación de ambas. Por ejemplo, cuando
Manongo pregunta por el mayordomo de su padre, Cristina, su madre,
le responde: "le he tenido que dar vacaciones, aunque tu padre, claro,
decía que nunca se acordaba de su nombre y preguntaba por ese can-
grejo indígena" (524). Otras es sátira que destila amargura: "Y tanto
habían soñado ella y su flamante esposo –un industrioso industrial
exacto a Harry Belafonte pero en blanco, porque el dinero blanquea
muchísimo en el Perú– con aquellos primeros polvos consagrados por
Dios y el Registro Civil" (509). Así, el protagonista descarga su ira y
frustración ante el matrimonio de su ex-novia, vejando al esposo de
Tere con sus hirientes comentarios, rebajando el contrato matrimonial
a meros "polvos" y envileciendo, de paso, las instituciones civiles y
religiosas.

También se da con frecuencia la perspectiva cómica e irónica.
Estos recursos son evidentes en la descripción que hace el narrador del
comportamiento de los alumnos del San Pablo, del espectacular
mundo social de la clase alta y de la posterior degradación en la que

---

[44] Tanto Duncan como Kelley están de acuerdo en que el estilo conversacional
de la clase alta del Perú no es representado con total exactitud por Bryce, sino
en forma paródica (Ducan 122, Kelley 123). Rodríguez Peralta observa además, que el habla de la clase baja está re-creado con la perspectiva de arriba
hacia abajo dentro del estrato social (412).

han caído Manongo Sterne y sus amigos. De todos ellos, sólo
Manongo mantiene su posición económica, pero aún así es un perde-
dor. Irónicamente, sus amigos han pasado de ser herederos del
Country Club y los mejores jardines de San Isidro a ser "huachafa".
Según comentaba el amigo de Manongo, "'La rebelión de las masas'
sólo que aplicado al Perú" los ha desposeído de todo privilegio (526).
El discurso señala el desfase donde la convencionalidad progresivamente se hace periférica y lo liminal comienza su proceso de canonización. Como dijera Bakhtin a cerca de *The Letters of Obscure
People,* "this process of interanimation of languages, the measuring of
them against their current reality and their epoch, is a conscious process" por parte del autor (*The Dialogic Imagination* 82).

Como hemos dicho, la novelística bryceana está directamente
influida por el sentimentalismo dieciochesco, lo que encaja perfectamente con el estilo de vida de esta alta burguesía peruana (presentada
ya en *Un mundo para Julius*) aferrada a las absurdas normas del decoro, propias del siglo de las luces. Bryce aviene su estilo lingüístico al
del mundo anacrónico reflejado en la obra. Parodia, por un lado, el
lenguaje oral y la mascarada social burguesa propia del período neo-
clásico y, por el otro, la cultura de postguerra representada por la
nueva generación de adolescentes del colegio San Pablo.[45] Mientras
los adultos viven en el pasado y tratan de educar a sus hijos según
unos estándares británicos ya obsoletos, los jóvenes adoptan la cultura del vencedor, la cual se torna en símbolo y meta de la juventud de
clase alta. Los muchachos comparten la euforia norteamericana de la
victoria de 1945, de Tony Curtis, Tyrone Power y Nat King Cole (59-
60). Es la lucha de las fuerzas centrípetas del mundo colonial contra
el neocolonialismo norteamericano. Irónicamente, la "esmerada y
selecta educación" impartida a muchachos que no entienden, ni les

---

[45] La oralidad bryceana, de la que tanto hablan los críticos, ha sido poco estudiada a pesar de ser una de las más *sui generis* características del autor. Hasta
el momento sólo conozco el corto, pero iluminador estudio de Jorge Marcone
publicado en el libro editado por César Ferreira e Ismael Márquez, *Los mundos de Alfredo Bryce Echenique.* Julio Ortega en *La narrativa de Alfredo
Bryce Echenique,* también le dedica un pequeño aparte a la oralidad bryceana.

interesa entender a los hijos de los diplomáticos que hablan de cosas tan extrañas como "un tal Trujillo" o un "Fulgencio Batista que había hecho de La Habana un casino de la felicidad" (*No me esperen* 55) es, a la postre, la causante de este total fracaso generacional.

Como autor postvanguardista, Bryce mantiene una actitud revisionista y contestataria. Su mundo ficcional se constituye en una contracorriente paródica de "coloratura verbal",[46] que ha resucitado el arte de contar, la gracia y la amena narratividad que en los sesentas parecía destinada al olvido. Sus figuras masculinas antiheroicas, de una hipersensibilidad atribuida a la mujer por siglos, dan a su obra una particularísima óptica desde la periferia.[47] Bryce es un disidente del consenso social y político y un exiliado voluntario del canónico discurso masculino. Su universo textual es paródico, burlón y desmitificador y, por supuesto, cargado de un significado subversivo y marginal. En él, el yo periférico se torna en sujeto central de su propio discurso. Como en toda las novelas anteriores de Bryce, el protagonista de *No me esperen en abril* es un sentimental de corte sterniano que se mueve en un mundo de locuras, risas y tristezas de raigambre cervantina. Manongo, como Don Quijote, no renuncia a su mundo de inocencia porque la realidad le hiere más que la locura. Para ambos la muerte es una forma de rebeldía, un negarse a aceptar que la realidad no ha reservado un lugar para ellos. Y, antes de claudicar de sus creencias, prefieren morir.

OBRAS CITADAS

Ángel Juristo, Juan. *Para que duela menos*. Madrid: Espasa-Calpe, 1995.
Armas, Marcelo. "Bryce y la sinceridad" *Oiga*, Lima (junio 1982): 52-56.
Bajtin, Mijail. *Rabelais and His Wold,* trad. Hélène Iswolsky. Cambridge: MIT P, 1968.

---

[46]   Término usado por Tinianov para indicar que, "cuando la palabra está arrancada de su contexto habitual, está percibida como cómica o irónica". (Citado por Sklodowska. 39).

[47]   En "El ex-centrismo dialógico de *La última mudanza de Felipe Carrillo*", Margarita Krakusin y Patricia Lunn analizan los rasgos femeninos del discurso de Bryce y la consecuente marginalidad a nivel discursivo, genérico y crítico.

_____. *The Dialogic Imagination*. Austin: U of Texas P. 1994.

Beckeson, Karl, Arthur Ganz. *Literary Termes: A Dictionary*. New York: Farrar, Straus and Giroux, 1987.

Bryce Echenique, Alfredo. *No me esperen en abril*. Barcelona: Anagrama, 1995.

Duncan, Jennifer Ann. "Language as Protagonist: Tradition and Innovation in Bryce Echenique's *Un mundo para Julius*". *Forum for Modern Language Studies* 16 (1980): 120-133.

Ferreira, César e Ismael Márquez, eds. *Los mundos de Alfredo Bryce Echenique (Textos críticos)*. Lima, Perú: Pontificia Universidad Católica del Perú, 1994.

Householder, Fred W. "Parodia". *Classical Philology* 39.1 (1944): 1-9.

Huff, Theodore. *Chalie Chaplin*. New York: Henry Schuman, 1955

Kelley, Alita. "Entropic Comedy and the Postmodern Vision: An Analysis of *Un mundo para Julius* by Alfredo Bryce Echenique". Tesis doctoral inédita. The University   of Arizona, 1992.

Krakusin, Margarita. *La novelística de Alfredo Bryce Echenique y la narrativa sentimental*. Madrid: Pliegos, 1996.

Krakusin, Margarita, Patricia Lunn. "Ex-centrismo dialógico en *La última mudanza de Felipe Carrillo*" *Hispania* 75:4 (1995): 751-61.

Luchting, Wolfgang A. *Alfredo Bryce: Humores y malhumores*. Lima: Editorial Milla Batres, 1975.

Marcone, Jorge. "Nosotros que nos queremos tanto debemos separarnos: Escritura y oralidad en *La última mudanza de Felipe Carrillo*". *Los mundos de Alfredo Bryce Echenique*. Eds. César Ferreira e Ismael Márquez. Lima, Perú: Pontificia Universidad Católica del Perú, 1994. 261-80.

O'Neill, Patrick. *The Comedy of Entropy*. Toronto: U of Toronto P, 1990.

Ortega Julio. *La narrativa del Alfredo Bryce Echenique*. Guadalajara, México: Universidad de Guadalajara, 1994.

Rodríguez Monegal, Emir. "Tradition of Laughter". *Review: Latin American Literature and Arts* 35 (1985): 3-6

Rodríguez-Peralta, Phyllys. "Narrative access to *Un mundo para Julius*", *Revista de Estudios Hispánicos*. (Nov. 1983): 407-18.

Sklodowska, Elzbieta. *La parodia en la nueva novela hispanoamericana: (1960-1985)*. Amsterdam/Philadelphia: John Benjamins, 1991.

Vila, Santiago. *El humor y la comedia española contemporánea*. Madrid: Guadarrama, 1968.

RELECTURA DE UN MITO:
NO ME ESPEREN EN ABRIL [48]

E l mito según Vickery es la primera expresión de un proceso espiritual inventado libremente y que presupone una conciencia significante que pueda razonar sobre él independientemente de la materia que lo ha creado (6). En el curso de la historia, el mito se ha apoderado de la conciencia humana ya que este se constituye en mensaje y en sistema de comunicación. De esta forma, y por razones de economía, entre otras, el mito ha sido explorado y explotado en la literatura. Este universo fabuloso le ha permitido al escritor diseñar un mundo narrativo donde se legitima el acto lingüístico literario, mediante la invitación que le hace al lector a cooperar en la construcción de una realidad fictiva concebible al precio de cierta flexibilidad y superficialidad (Eco 228).

En la novelística de Alfredo Bryce Echenique, el elemento que ha dado cohesión y esfericidad a su universo discursivo ha sido el sustrato mitológico.[49] La historia de Sófocles, *Edipo rey*, es parodiada temática y estructuralmente en sus novelas. Como el oráculo pítico de Febo, en la primera novela de Bryce el padre de Julius, minutos antes de morir, vaticina la mala fortuna que acompañará al protagonista a través de su recorrido por todo el mundo verbal que ha sido creado

---

[48]   Artículo publicado en *Romance Languages Annual* XI (2000): 127-135.

[49]   En *Historia de un deicidio* Mario Vargas Llosa afirma que un logrado escritor debe: "construir un mundo verbal esférico, autosuficiente, no sólo formalmente –como lo es toda ficción lograda– sino temáticamente, un mundo en el que cada nueva ficción viene a incorporarse, o, mejor, a disolverse, como miembro de una unidad, en la que todas las partes se implican y modifican, un mundo que se va configurado mediante ampliaciones y revelaciones no sólo prospectivas sino retrospectivas" (140)

para él, o por él (10).[50] Como Julius, todos los protagonistas bryceanos están concebidos bajo el mismo sino trágico.[51] Simbólicamente, la figura central camina a ciegas en su laberinto textual y termina por aceptar, como el héroe de Tebas, la oscuridad y el vacío, según es anunciado por el narrador al final de *Un mundo para Julius* (426). Desde entonces, el protagonista comienza a deambular por Europa y América, reconociéndose así mismo como "un hombre sin final" (*La última mudanza de Felipe Carrillo* 150). Bryce, en sus primeras cinco novelas desarrolla el mito de Edipo rey siguiendo de cerca la interpretación dada por Freud. Dicha interpretación está expresada en sus teorías de la "horda original" propuesta en *Totem and Taboo* (1912-13) y la del "trauma del nacimiento" expresada en *La interpretación de los sueños* (1900), donde el médico austríaco presenta el proceso de desarrollo del aparato mental represivo a nivel ontogenético y filogenético.[52]

Desde el momento en que Freud se apropió del mito, Edipo rey estará ineludiblemente atado al psicoanálisis y al deseo. Por lo tanto, sería imposible estudiar a Edipo en la ficción del siglo XX sin examinar las historias en las cuales el deseo es el componente central de la obra. Sin embargo, las ideas freudianas sobre la dinámica de la psico-

---

[50] Se hace esta distinción atendiendo a la estructura del conjunto novelístico bryceano, donde la tercera, cuarta y quinta novelas son ficciones autobiográficas, en tanto que la primera, la segunda y la sexta no lo son. *Un mundo para Julius* (1970), su primera novela, comienza la noche en que muere el padre cuando Julius sólo tiene año y medio y, a partir de entonces, su novelística registra, tautológicamente, elementos del mito edipiano que en *La vida exagerada de Martín Romaña* (1981) cobran indiscutible obviedad.

[51] Según lo demuestro en mi libro, *La novelística de Alfredo Bryce Echenique y la narrativa sentimental*, todos los protagonistas de la novelística de este autor están diseñados con características semejantes. Todos son antihéroes cuyo destino es el fracaso dada su exagerada sensibilidad y el exacerbado individualismo que les impide la revaluación de su conducta y el posterior cambio para orientar y redirigir sus propias vidas.

[52] Por ontogenético debe entenderse el crecimiento del individuo reprimido desde la primera infancia hasta su existencia social consciente. Por filogenético, el crecimiento de la sociedad represiva desde la horda original hasta el estado civilizado totalmente constituido (Marcuse, 32).

logía de la familia y del individuo, no necesariamente deben conducirnos al triángulo edipiano o al complejo epónimo de la obra sofocliana. Más aún, la interpretación de Freud con sus temas de incesto y parricidio como puntos centrales del psicoanálisis, ha sido reevaluada dentro del pensamiento de la era postfreudiana. Podemos decir entonces, que el mito de Edipo permanecerá en los dominios del psicoanálisis pero no bajo el dominio de Freud (Moddelmog 87).[53]

Según nos dice André Green, "lo importante no es si Freud interpretó bien o mal el drama de Sófocles, sino lo que él nos enseñó a ver detrás del mito: la represión del inconsciente" (mi traducción 190). Edipo es hijo y asesino de Layo, peor aún, él también es el esposo de Yocasta, su madre, y en ella ha concebido a sus hijos. El interés en este mito y en el trágico destino del héroe, ha llevado a escritores y estudiosos a razonar sobre él desde distintas perspectivas.[54] De estas teorías la que sirve de base a este estudio es la que propone que Edipo deliberadamente se ocultó la verdad hasta el punto de comprometerlo, por así decirlo, en un autofraude, autoengaño, fuese éste por omisión o represión. Propongo en este ensayo que en *No me esperen en abril*, Bryce se sirve del mito de Edipo prefreudiano para desarrollar la historia del individuo que se oculta a sí mismo la verdad en lo concerniente a su propia persona. Manongo Sterne y de Teresa es un héroe trágico cuyo sino fatal lo persigue hasta que se ve abocado a enfrentarse a la verdad y a reconocerla como tal. Sin embargo, para Manongo, este reconocimiento no implica la aceptación de dicha verdad. Por lo tanto, Bryce tratará de destruir el mito que estructura su obra. Conscientemente lo deja vacío de todo significado para reemplazarlo por un nuevo mito: el suyo.

---

[53]   La visión de Freud ha sido revaluada no solamente desde el punto de vista del psicoanálisis por sus discípulos Carl Jung y Alfred Adler sino por muchos otros de diferentes campos y credos –marxistas como Gilles Deleuze y Felix Guattari y feministas como Nancy Chodorow y Simone de Beauvoir entre otros.

[54]   Este punto de vista se revela entre algunos psicoanalistas como Jacques Lacan. Entre investigadores de los clásicos como Philip Vellacott y entre críticos de literatura, Morton Kaplan.

Efectivamente, Manongo conoce la verdad pero no quiere saberla. En términos lacanianos es un conocimiento sin reconocimiento.[55] Como Edipo, Manongo se pregunta a sí mismo ¿qué o quién es? cuando a los trece años se convierte en un proscrito de su propio mundo al ser señalado como el "mariconcito del Santa María" (*No me esperen* 29-35).[56] Por primera vez, y en forma traumática, Manongo es consciente de estar solo y de ser una entidad separada de los otros. En adelante su vida será un tormentoso y agonizante proyecto cotidiano para sobrevivir en un mundo donde todos se preguntan: "¿qué hace (Manongo) entre mujeres? ¿qué hace en cosa de hombres?" (58). A partir de entonces, él reprime todo conocimiento que sobre sí mismo tiene y convierte en meta de su existencia el ignorar y evitar la verdad por el mayor tiempo posible. La ceguera voluntaria que se impone así mismo el protagonista está marcada por el uso permanente de unos anteojos negros (65). Esta especie de autocastración de sus sentidos hace que Manongo se entregue a la creación de imágenes mentales que se reflejan en un mundo de fantasía y le permiten el autoengaño, hasta que roto el espejo de la ilusión y desaparecidas las imágenes por él multiplicadas, debe enfrentarse a la realidad que ha ignorado por toda su vida.

En la obra de Sófocles, Edipo al comprender su propia verdad se priva de la vista como castigo a su incapacidad. Podemos decir que *Edipo rey* es la trágica historia de la inaccesibilidad (Eco 226). Bryce, como Sófocles, ha creado un mundo que no le permite a los protagonistas el acceso a otras realidades de la misma creación. Así, su ceguera textual los conduce irremediablemente a la tragedia aunque, como veremos, por razones totalmente opuestas.

---

[55] Para una mejor discusión sobre la terminología de Lacan puede ser de utilidad *Jacques Lacan and the Philosophy of Psycoanalysis* de Ellie Ragland-Sullivan.

[56] El término "mariconcito" según el contexto de la obra no implica homosexualidad. Se refiere más a la dependencia de la madre del hijo varón y su deseo de mantener un exagerado contacto con ella, hasta el punto de presentar conductas que desde el punto de vista de una sociedad machista resultan ambiguas. En otras palabras, el adolescente no desea su crecimiento en sentido ontogenético o filogenético.

Las consideraciones propuestas sobre *No me esperen en abril* no son tanto respecto al problema del incesto y el parricidio, como la forma semejante en que trabajan la mente de Edipo y de Manongo. Los elementos que se añaden a la interpretación original del mito serán, por lo tanto, el tema de la ceguera intelectual voluntaria y la autoincriminación de un héroe inocente, elementos que se avienen mejor con el punto de vista de la audiencia prefreudiana que veía la ignorancia de Edipo en términos de su inconsciente, y su anagnórisis como un salir a la superficie del deseo reprimido. Podemos decir entonces, que *No me esperen en abril* revela que el mito, y no el complejo de Edipo, es el agente que conforma y cristaliza la figura de Manongo y el uso que Bryce hace del mito refleja el paradigma que hemos expresado anteriormente.

La escena clave de donde se desprende la dramática existencia de Manongo es literalmente una niñería. Su falta de atención durante un desfile enfurece el instructor quien, en castigo, sugiere que los compañeros le den una golpiza. El chico chilla de tal forma, que previendo algún daño mayor, las autoridades del colegio llaman a la madre quien completamente histérica defiende a su hijo mientras censura los procedimientos pedagógicos del colegio. Manongo es expulsado de la institución y excluido del círculo familiar y social. Mientras la madre trata de ayudarle, el padre le recrimina y se avergüenza de haber tenido un hijo como él. Se hace evidente así, la necesidad que tiene Manongo de sustituir a su madre por una novia que le permita convencer y convencerse de que todo es normal en su vida.

Manongo encuentra una enamorada cuyo nombre es Teresa. Sugestivamente, este nombre es igual al apellido de su madre, Cristina de Teresa, es decir, que de una u otra forma, Manongo siempre será de Teresa. Es más, Manongo se resiste a manchar la pureza de Tere, su novia, aunque ella desea más intimidad en sus relaciones. Ciertamente, es comprensible que los lectores relacionen el incidente escolar y la conducta posterior del protagonista hacia Tere, con un sentimiento de culpabilidad que desea ignorar y que para Manongo aún no tiene nombre. El ama a Tere y la amará toda la vida, pero es incapaz de compartir con ella sus necesidades sexuales. Curiosamente, tampoco el lector puede entrever en ningún momento, los deseos incestuosos de Manongo hacia su madre. De igual forma, y aunque el protagonista se abstiene de toda demostración de pasión, no aparece en la obra ninguna insinuación de tendencias homosexuales en el protagonista, por el contrario, a lo largo de esta extensa novela hay claras evidencias de su hombría. (239, 365, 460). Sin embargo, es obvio que la madre mantiene una estrecha relación con su hijo, y a veces parecen excesivas su preocupación e intervención en la vida del muchacho. Lo que sí podría decirse es que estas dos mujeres –Tere y su madre, doña Cristina de Teresa– son las únicas personas que tienen acceso a la intimidad de Manongo. Las demás relaciones que el protagonista sostiene con jóvenes del sexo opuesto, por lo general no se mencionan en la obra, exceptuando su amistad con Tere Atkins en Piura. Aquí, es pertinente señalar que con esta chica, Manongo mantiene su conducta enfermiza sobre el respeto que le debe a la mujer, como se puede leer en el siguiente pasaje:

> Tere Atkins y Manongo Sterne eran inseparablemente amigos y todo el mundo bromeaba con que eran enamorados y cuándo los veremos besándose, pero al final la gente se cansó de no verlos hacer nada más que conversar horas y horas, tarde, mañana y noche y por ahí surgió el apodo de Los intelectuales. (365)

Eventualmente, ella logra que Manongo le haga el amor pero el lector es consciente del rechazo de Manongo hasta que la fuerza del instinto vence toda resistencia. Esta corta aventura amorosa no logra alejar la fijación de Manongo en la madre, aunque él trata de eludirla racionalizando sus sentimientos a través de las figuras juveniles de sus dos Teres –la de Lima y la de Piura.[57] El problema es transferido pero la obsesión continúa a pesar de que Manongo nunca llega a confesarse

---

[57] Ante todo, la emasculinidad de los protagonistas masculinos se hace evidente a pesar de las numerosas relaciones amorosas que estos sostienen –su incapacidad para mantener relaciones estables, la inicial atracción de las mujeres hacia ellos y su posterior abandono y su gran sensibilidad. Esta última característica, relaciona su novelística total con el movimiento sentimental que surgió en Europa en el siglo XVIII, según es presentado en *La novelística de Alfredo Bryce Echenique y la narrativa sentimental* (1996).

en alta voz el sentimiento tan especial que guarda hacia su madre. Hay momentos en que Manongo trata de dilucidar el problema con Tere pero al final diluye sus ideas inventando situaciones fantásticas que atemorizan a la chica. El narrador comenta:

> En fin, [hay] algún trauma de Manongo con la virginidad de las virgencitas o de las chicas decentes... Y tan trauma que, en su impotencia con erección permanente pero sumamente torturada, el pobrecito la hizo cómplice [a Tere] de un fratricidio que jamás cometió. (461)

Definitivamente, es como si Manongo no pudiera escapársele al destino y por esto dice: "mi dolor no se ve ahí donde normalmente están esos dolores y la gente los busca" (477).

No hay duda, pues, de que hay un problema que Manongo trata, por todos los medios, de ignorar. El huye de esa verdad a la que teme y por esto metafóricamente, cambia de país. En un comienzo va de casa de su padre, Laurence Sterne, a la casa de los Mancini. De Inglaterra va a Italia para regresar de nuevo a Inglaterra, siendo ya un hombre mayor y después de haber vencido los obstáculos que se le interponían. No hay duda de que Bryce ha tratado de seguir el mito mediante el distanciamiento del héroe, de la misma manera en que Edipo es alejado de Tebas, conducido a Corinto para retornar posteriormente al hogar paterno después de haber vencido a La Esfinge. Como al héroe tebano, es el padre quien envía a Manongo lejos de casa. La primera vez al internado cuando casi era un niño, aunque no lo suficientemente pequeño como para que el padre no lo considerase un problema. La segunda, al exterior siendo ya un adulto, consciente de lo que debe hacer para lograr sus deseos. En el extranjero, Manongo organiza los negocios de don Lorenzo y llega a ser, según lo cree él, "un hombre mucho más feliz y completo que su padre y que el mundo entero también, por qué no, si lo llevaba todo dentro como un inmenso germen" (499). Manongo intenta amurallarse. Quiere convencerse que la felicidad le llegará si es capaz de hacer dinero para llegar a poseer lo que hasta ahora le ha sido negado.

Es después de la muerte del padre que el drama de Manongo puede acabar de hilvanarse. Hecho un magnate regresa al Perú. Como Edipo ha pasado la prueba. La Esfinge está vencida, el padre ha muerto, Tere se ha divorciado y el poder es suyo. Ahora, también sus dos Teresas están al alcance de su mano (512). Desafortunadamente, ambos héroes han sido engañados por sus sentidos; cuando creían ver perfectamente, era cuando realmente estaban ciegos. Cuando pensaban que se habían liberado de su destino es cuando realmente van en su busca. A la vuelta, "Manongo observa, escucha, conoce, consulta y resuelve, sonríe y abraza y siente tanto cariño. Pero se niega a retener por temor ha ser retenido y se niega ha entender demasiado y no deduce, no capta, no computa" (522).

A pesar de esto, pronto será conocido, no por sus logros sino como "the bloody bastard" (516) y los periódicos de Lima lo acusarán por su conducta deshonesta. Ha llegado a ocupar el lugar de don Lorenzo Sterne en los negocios poco limpios y en su vida afectiva tiende a parecerse cada vez más a él. Tere Mancini hace notar las grandes incoherencias que coexisten en Manongo cuando señala que: "El hombre bueno, bárbaro para querer, el hombre fiel por antonomasia…, cohabitaba con otro hombre: el duro, el observador, el calculador" (583). Manongo fue creado en la misma horma de Edipo, y antes que él, lo fue su padre.

Como Sófocles, Bryce ha esculpido un personaje altamente individualizado. Tradicionalmente Edipo se le ha distinguido por la noble serenidad con la que se había dedicado a solucionar el misterio de la plaga que afligía a sus súbditos. Sin embargo, el menor obstáculo o provocación era suficiente para hacerle perder su equilibrada compostura. Edipo estaba inclinado a dejarse llevar por la cólera. Esta única, pero fatal deficiencia del rey es de crucial importancia, porque sin ella el héroe no podría alcanzar su estatura trágica, según nos dice Girard (68). De la misma forma, Manongo Sterne se distingue por su generosidad y su impulsividad. Su vida entera es un tributo a la amistad y a Tere Mancini. Desafortunadamente, su exacerbada rebeldía que le impide ser como son los demás, lo convertirá en un trágico héroe moderno, porque desde la marginalia Manongo, como su padre, tenía la especialidad de ser otro hombre, según nos dice su madre (583). Estas ideas de doña Cristina resultan menos peregrinas si recordamos que Girard nos dice que en la tragedia todo se alterna. Por lo

tanto debemos estar alertas para no llegar a un falso determinismo del
héroe:

> In tragedy everything alternates. But we must also reckon with the irre-
> sistible tendency of human spirit to suspend this oscillation, to fix atten-
> tion on one extreme or the other. This tendency is, strictly speaking,
> mythological in nature. It is responsible for the pseudo determination of
> the protagonists, which in turn transforms revolving oppositions into sta-
> ble differences. (149)

Manongo ha luchado por obtener todo lo necesario para lograr su
felicidad, felicidad que mirada desde su punto de vista ex-céntrico, es
decir, desde su perspectiva fuera de centro, que él cree encontrará al
lado de Tere y de Cristina de Teresa. Eventualmente, y a sugerencia de
la madre, Manongo también llega a ocupar el lecho matrimonial de
sus padres y a poseer por primera vez a Tere, ahora una mujer de 42
años. Ya nada falta para que el mito vuelva a repetirse. Sin embargo,
en su momento de anagnórisis Manongo se da cuenta que ha luchado
toda la vida en el salón de los vacuos espejos sociales. De improviso,
todo ha terminado y las predicciones del oráculo han sido rotas. Se ha
probado a sí mismo que nunca hubo un problema. El amor que siempre les profesó a Tere y a su madre, fue siempre puro, fruto de los prís-
tinos sentimientos de un niño adolescente, sacrificado sin razón como
víctima de una sociedad inconsciente y condicionada por las absurdas
ideas del machismo.

Para su sorpresa y la sorpresa de todos los lectores, es en este
momento que el universo textual de Manongo se derrumba.
Temáticamente todo ha terminado. Las vidas de todos los personajes
corren paralelas a la del protagonista, por lo tanto, nunca podrán ser
alcanzadas por éste y mucho menos controladas por él. *Edipo rey* y *No
me esperen en abril* son dos obras acerca de la grandeza y la fragilidad del individuo cuando este es enfrentado con su limitada capacidad para el conocimiento. El momento final de comprensión es la culminación de una mirada trágica a los orígenes, el crecimiento y limitaciones de todo conocimiento humano.

Según Marcelino Peñuelas, "el mito es 'creación' y la creación literaria conserva siempre contacto con lo mítico" (117). Sin embargo, el escritor puede reservarse el poder de agotarlo de un solo golpe (Barthes). En este punto es pertinente anotar que Manongo, igual que los demás protagonistas masculinos de Bryce, no han tenido descendencia propia. Comparando la saga original del mito edípico, como es interpretada por Rank, encontramos tres etapas: la heroica, la poética y la psicológica. En la etapa heroica, individuos excepcionales han logrado inmortalizarse por su heroicidad y a ellos se les concede el privilegio del incesto. Este, como originalmente era concebido, implicaba la intención del héroe de asegurar su propia inmortalidad, siendo padre de sí mismo, al ser padre del hijo de su propia madre. En la etapa poética, acepta perpetuarse en el hijo y en la tercera con la caída de la sociedad reglada por el padre y la organización familiar, triunfa el individualismo. Tal hecho fue interpretado por Freud como la tendencia del hijo a ocupar el papel del padre y el subsecuente parricidio que horroriza a Bryce, según podemos colegir por su reiteración en la temática de Edipo, como *leit-motiv* de toda su novelística.

Bryce ha querido castrar el mito de Edipo al negarle a todos sus protagonistas el derecho a la paternidad, y al hacerlo, ha creado su propio mito. Ha creado una escritura subversiva, capturando un mito, a la par que lo ha transformado en un significante vacío que servirá, a su vez, para significar su propia novelística como metáfora del vacío al que se enfrenta el hombre moderno. Su universo mítico-ficcional, es un mundo que entra al lenguaje como una relación dialéctica de actividades, de actos humanos, y sale del mito como un cuadro sobrecogedor sobre la esencia misma del ser, su capacidad para conocer, deliberar y decidir, a la par que cuestiona el poder del individuo para controlar su propia existencia. Entonces, sólo le queda regresar al origen de su ser, según leemos en la última página de esta obra: "no podía encontrar más que la muerte en la fuente que le había dado la vida": la fantasía (611).

OBRAS CITADAS

Barthed, Roland. *Mitologías*. Trad. Héctor Schumucler. México: Siglo Veintiuno, 1989.

Bryce Echenique, Alfredo. *La vida exagerada de Martín Romaña*. Bogotá: Oveja Negra, 1985.

_____. *La última mudanza de Felipe Carrillo*. Bogotá: Oveja Negra, 1988.

_____. *Un mundo para Julius*. Barcelona: Plaza y Janés, 1992.

_____ (1995). *No me esperen en abril*. Barcelona: Anagrama.

Eco Umberto. *Los límites de la interpretación*. Trad. Elena Lozano. Barcelona: Lumen, 1992.

Freud Sigmund. *La interpretación de los sueños*. Trad. López Ballesteros y de Torres. Madrid: Alianza, 1985.

_____. *Tótem y tabú.*. Trad. López Ballesteros y de Torres. Madrid: Alianza, 1985.

Fromm Erich. *Man for Himself*. New York: Rinehart, 1947.

Girard Rene. *Violence and the Sacred*. Trad. Patrick Gregory. Baltimore: The Johns Hopkins UP, 1977.

Green André. *The Tragic Effect: The Oedipus Complex in Tragedy*. Trad. Alan Sheridan. Cambridge: Cambridge UP, 1979.

Hamilton Victoria. *Narcissus and Oedipus: The Children of Psychoanalysis*. London: Karnac Books, 1982.

Krakusin, Margarita. *La novelística de Alfredo Bryce Echenique y la narrativa sentimental*. Madrid: Pliegos, 1996.

Moddelmog Debra. *The Oedipus Myth in Twentieth-Century Fiction*. Carbondale: Southern Illinois UP, 1993.

Marcuse, Herbert. *Eros y civilización*. Trad. Juan García Ponce. Barcelona: Ariel, 1989.

Peñuelas, Marcelino. *Mito, literatura y realidad*. Madrid: Gredos, 1965.

Sófocles. *Edipo rey / Antígona*. Bogotá: MED, 1992.

Rank, Otto. *Modern Education*. Trad. Mabel E. Moxon. New York: Alfred A. Knopf, 1932.

_____. *The Trauma of Birth*. New York: Harcourt, Brace & Company, 1929.

Vargas Llosa, Mario. *Gabriel García Márquez: Historia de un deicidio*. Barcelona: Barral Editores, 1970.

Vickery, John B. *Myth and Literature*. Lincoln, Nebraska: U of Nebraska P, 1966.

FANNY BUITRAGO [1]

DEL ROMANCE A LA REALIDAD: EROTISMO IRÓNICO EN *SEÑORA DE LA MIEL* [2]

Teodora Vencejos, la protagonista de *Señora de la miel* (1993) de la colombiana Fanny Buitrago, es un muchacha de pueblo, huérfana y que ha sido recogida por su madrina a la muerte de su padre. En casa de la madrina, doña Ramoncita de Ucrós, es tratada como la sirvienta de don Galeor, el joven apuesto y disoluto hijo de doña Ramoncita. A la muerte de la madrina, y a pesar de la prohibición de ésta, Teodora se enamora del muchacho. Posteriormente,

---

[1] Fanny Buitrago nació en Barranquilla, Colombia en 1940. Antes de la publicación de su primera novela *El hostigante verano de los dioses* de 1963, sus obras ya habían aparecido en periódicos y revistas como *Zona Franca, El Nacional* y *Papeles* de Venezuela, *Cuadernos del viento* y *El cuerno emplumado* de México. En 1964 su ballet, *La garza sucia* se estrena en Buenos Aires bajo la dirección de Roberto Trinchero, y se hace merecedor al Premio de Verano 1965. Obtuvo el Premio Nacional de Teatro 1964 con el drama *El hombre de paja,* publicado en conjunto con la colección *Las distancias doradas.* Su segunda novela, *Cola de zorro,* finalista del concurso Seix Barral 1968, aparece en el mercado en 1970. Desde entonces, Buitrago ha publicado novelas, cuentos y narraciones infantiles. Entre sus novelas están: *Los pañamanes* (1979) y *Señora de la miel* (1993). Sus colecciones de cuentos incluyen: *La otra gente: Cuentos* (1973), *Bahía Sonora, Relatos de la isla* (1976), *Los amores de Afrodita* (1983), *Los fusilados de ayer* (Premio Felipe Trigo, 1986) y *¡Libranos de todo mal!* (1989). Entre su colección de obras infantiles están: *La casa del arco iris* (1986), *Cartas del palomar* (1988) y *La casa del verde doncel* (1990).

[2] Este artículo fue publicado en *Romance Notes.* 39.3 (1999): 273-284.

Galeor y Teodora se casan cuando éste se entera de que la fortuna que el soñó suya le pertenece a Teodora. A pesar del primer matrimonio de Teodora, el Dr. Amiel, perseverante enamorado de la muchacha, logra al final casarse con ella y, supuestamente, ambos llegan a ser felices.

La obra de Buitrago recrea la estructura y temática de los romances populares y el deseo amoroso es expresado sin ambajes en un lenguaje erótico y lleno de humor. A pesar de que la crítica que ha examinado los romances (estilo Corín Tellado o Las tentaciones de Harlequín) ha señalado los efectos negativos y dañinos de los mismos, resulta incomprensible su sostenida popularidad y demanda comercial. Como la novela sentimental dieciochesca, la heroína del romance crea un vínculo con el lector quien al identificarse con el personaje ficcional le permite unir el mundo referencial al textual, y personajes y lectores comparten experiencias ficticias que arrancan al personaje del texto, acreditándole una existencia real, a la vez que el lector abandona su propia realidad para vivir la realidad textual, reforzando así su sentido de identidad personal (Krakusin 17). De igual manera, el romance permite al lector ser otro (al identificarse con el personaje) y, a la vez, ser el mismo.[3]

A pesar de que los romances populares igual que el cine, las radionovelas y las telenovelas han sido catalogadas como subliteratura, resulta interesante la tendencia de la literatura femenina de los últimos años hacia este tipo de expresión sentimental. Aunque la crítica ha tratado de descartarla considerándola una literatura 'light', sin peso, resulta pertinente recordar que en Latinoamérica, escritores como Bioy Casares, Vargas Llosa y Manuel Puig, entre otros, se han servido de estas manifestaciones culturales como recurso para su experimentación artística, legitimando de paso la llamada paraliteratura. Baste recordar a *La tía Julia* (1977) de Vargas Llosa o *El beso de la mujer araña* (1976) de Puig. La escritora latinoamericana al igual que los famosos escritores del boom o del postboom, también se ha servi-

---

3   En *Mentira romántica, verdad novelesca*, René Girard habla de "los mediadores", noción por la cual se puede trascender por la imitación de los modelos ejemplares, llegándose a la creación de un autoengaño en un "deseo atroz de ser otro" (7).

do de este subgénero ya que en él encuentra una "estructura basada en un obligado sistema de oposiciones entre el escritor, el texto y el lector; entre la fantasía y la realidad; la libertad y la restricción; el sometimiento y la rebelión" (Ty 97).[4] Según indica Eleonor Ty, el romance popular es de gran interés porque muestra: "some of the complexities and the tensions inherent in the construction of female subjectivity" (97).

La obra de Fanny Buitrago revela la obsesión de la mujer del siglo XX con su identidad y subjetividad. Como las heroínas del romance popular, la protagonista de *Señora de la miel* también muestra la paradójica añoranza por un yo individual y propio, a la vez que en algunos momentos expresa sus deseos por liberarse de él. El lector, por su parte, se encuentra ante la noción bakhtiniana de las "voces dobles del discurso", donde el lenguaje "sirve a dos hablantes al mismo tiempo y expresa simultáneamente dos intenciones diferentes: la intención directa del personaje que habla y la intención refractada del autor" (115, 119).[5] En este ensayo se trata de demostrar que tanto el diálogo como las voces dobles del discurso llegan a ser formas efectivas para manejar la naturaleza ambivalente y contradictoria de la creación literaria y de la recepción del romance novelado de *Señora de la miel*, a la vez que hace clara la ideología revisionista y contestataria de la autora con respecto a la temática femenina.

De acuerdo a Bakhtin, la novela no usa una voz única, autoritaria y represiva. Por el contrario, y a diferencia de la lírica y la épica, la novela se sirve de múltiples voces a las que Bakhtin llama "heteroglossia" (332). Según nos dice Eleonor Ty: "Bakhtin se siente particularmente atraído por la novela porque ella ostenta y exhibe una 'variedad de discursos que otros géneros tratan de suprimir'" (98). En *Señora de la miel* el lector encuentra diferentes tipos de discursos provenientes de variadas fuentes tales como lo religioso, el discurso freudiano y de psicología popular, los cuentos de hadas, romances, nove-

---

[4]   En el presente ensayo me he servido de la teoría de Eleonor Ty desarrollada en su artículo "Desire and Temptation: Dialogism and the Carnavalesque in Category Romances". La traducción es mía.

[5]   La traducción de ésta y de otras citas es mía, de otra forma será indicado.

las góticas y románticas, donde a menudo se mezcla el lenguaje de la alta cultura y el de la subcultura creando y relativizando un discurso híbrido.[6] Este lenguaje híbrido a veces esta centrado en el acto sexual, los genitales y las manifestaciones de placer con un léxico que pudiera llamarse grotesco y bajo (según lo expresado por Bakhtin), otras veces este lenguaje es transformado en la expresión estética de algo espiritual, distante y bello (alto). Mientras el primero deja ver el sexo como algo natural y cotidiano, el lenguaje "clásico" o alto (bakhtin) metamorfosea y eleva la experiencia. Es evidente que Teodora, protagonista de *Señora de la miel*, sueña con un amor que ella expresa con fe ciega y en una forma que transciende las fronteras humanas y se remonta a un mundo enrarecido e inasible. Por el contrario, el Dr. Amiel y el pueblo se sirven de un léxico bastante pintoresco y de un humor desenfadado que crea lazos con el lector, quien al participar como decodificador de las ingeniosas metáforas y situaciones eróticas, llega a aceptar la sexualidad en general y, en particular la femenina, como un hecho de la vida diaria que ha dejado de ser prohibido, sucio y degradante.

Esta transformación lograda a través del discurso conlleva aspectos positivos y negativos. Ante todo, provee al lector con una visión diferente y más humanizada sobre el deseo y la sexualidad femenina ya que ni Teodora ni las mujeres del pueblo son únicamente objetos sexuales sino coagentes o sujetos activos de la experiencia erótica.[7] La obra presenta abiertamente a las mujeres del lugar contagiadas por el

---

6   El acercamiento bakhtiniano respecto al discurso que el autor denomina como "clásico" o "grotesco", ofrece ciertas correspondencias con la terminología usada por la crítica del postboom latinoamericano respecto a la llamada "alta y baja cultura". Véase Margarita Krakusin en "Postmodernidad en la narrativa latinoamericana actual". *Confluencia* 12.1 (Fall 96): 65.

7   Laura Mulvey en "Visual Pleasure and Narrative Cinema" (*Screen* 16,3 [Fall 1975]: 6-8), señala que en las películas la conciencia del espectador es moldeada por el orden dominante, orden que es patriarcal. Continúa diciendo que la mujer que se proyecta en la pantalla funciona como ícono y objeto sexual tanto para los personajes de la película como para el espectador. Esta afirmación también es válida para los romances y en general para toda la literatura patriarcal.

placer que experimenta la Quintanilla en sus relaciones con don Galeor y sus juegos amorosos y gritos de placer despiertan los instintos sexuales de las parejas del pueblo que de nuevo vuelven a sentir la pasión que años atrás había dado vitalidad a su vida conyugal (36). A pesar de las fuertes críticas, la Quintanilla trae vida, emoción al pueblo y rompe la rutina diaria. Ahora todos están contagiados y buscan remozarse a través de su propia sexualidad en medio de un interesante ambiente de carnaval (47). Las mujeres, tanto las casadas como las solteras, están al tanto de sus necesidades y, como los hombres, buscan la forma de satisfacerlas (19). Así, a la muerte de doña Ramoncita a las señoritas recomendadas por ella se sumaban otras de pueblos vecinos y de ciudades distantes. "Todas-todas con deseos inmensos de consolar al huérfano y consolarse ellas mismas" ya que por todas eran conocidas las bondades amorosas del joven Galeor (19). *Señora de la miel* crea un espacio textual para la legitimización y expresión de la mujer como un ser sexual. A pesar de esto, la obra presenta a Teodora literalmente esclavizada por don Galeor, su marido, y por el Dr. Amiel, su pretendiente.

A Galeor nunca le ha interesado el bienestar de Teodora y para él siempre ha sido y será solamente su sirvienta. Vemos que cuando empieza sus amores con una de las mujeres del lugar, la trae a casa y no le permite a Teodora entrar en ella. Según nos dice el narrador: "Tanto la puerta principal como el patio tenían pasados los cerrojos" (43). Más interesante aún es el hecho de que Teodora se siente obligada y feliz de poder servirle a su ex patrón. Mientras el muchacho hacía sus "maripipis" (acto sexual) con la Quintanilla, Teodora trabajaba desde el amanecer, dormía donde podía y se vestía con ropa prestada. Además, pagaba las cuentas de agua, luz, teléfono y la comida que Galeor y la Quintanila pedían a los restaurantes (62-64, 71-72). Doña Ramoncita la había endoctrinado para que así sucediera. Aquí entran en juego interesantes factores relativos al estatus y privilegios de cada uno de los sexos, como también, aspectos relativos a los diferentes estratos sociales. Estos elementos funcionan como desestabilizantes del discurso, enfatizando la ambigüedad y falta de habilidad de la protagonista para conocer, aceptar y luego decidir entre sus deseos y las expectativas sociales. Como en los romances, la narración afirma, a la vez que cuestiona y censura el derecho de la autoridad patriarcal. Tal ambigüedad hace que Teodora, por un lado, defienda a Galeor ante los que desean tomar represalias contra los abusos del muchacho: "¡Ni más faltaba! Como si el joven Galeor no tuviera derecho a hacer su real gana" (45). Por el otro, se niega a escuchar a quienes le aconsejan, haciendo valer sus derechos para determinar su futuro. Rechaza de plano la intromisión del cura en sus decisiones con respecto a sus relaciones con el hijo de doña Ramoncita y, a la vez, le pide ayuda para deshacerse de la promesa que le hizo a su madrina en el lecho de muerte, por la cual se comprometió a renunciar al amor de Galeor (159).

En cuanto al doctor Amiel, la situación parece diferente. Teodora es quien tiene el control y es evidente su victoria sobre este ferviente admirador suyo. Amiel, aunque es un lujurioso hombre de negocios que posee una cadena de tiendas donde se venden "bragas, condones perfumados, comestibles de alto valor proteínico, manjares estimulantes" (11) y se dedica a explotar la sexualidad humana con sus eróticos banquetes, es un hombre que realmente se ha enamorado de Teodora. En una lectura positiva de la obra podría decirse que los asedios masculinos no han podido doblegar la voluntad de la muchacha y que Amiel es un hombre sometido a los deseos de Teodora. En otras palabras, la novela glorifica la fortaleza y energía de la protagonista. Sin embargo, una mirada cínica reduciría el hecho a una simple batalla sexual, donde ni Teodora ni Amiel salen victoriosos porque ninguno de los dos logran satisfacer sus deseos sexuales ni su legítimo amor por el ser amado. También debemos recordar que el deseo y el acto sexual en sí mismo están enclavados en un lenguaje sacado de las complejidades del mito, la fantasía y el psicoanálisis freudiano, donde la derrota masculina no significa pérdida de masculinidad (Ty 103). Como corolario de esta ideología patriarcal, Amiel debe encontrar la forma de reducir la fortaleza de Teodora explotando su honestidad y su amor por Galeor.

Efectivamente, Amiel logra comprarla amenazándola con poner a Galeor en la cárcel por sus deudas no pagadas. A cambio de la libertad del muchacho, Teodora debe firmarle un contrato comprometiéndose a servirle como cocinera de su empresa banquetera y, además, a

concederle algunos privilegios sobre su cuerpo. Ambos salen para
Europa y, en España, Amiel monta su empresa de banquetes. El erotismo que el lector visualiza a través de la luctuosa elaboración de los
manjares que Teodora prepara para la clientela de Amiel, llega a su
punto más álgido en la narración de las prácticas que Amiel realiza
sobre el cuerpo de Teodora para inspirarse. El discurso que acompaña
tales descripciones crea inestabilidades y facilita combinaciones poco
usuales en el sistema semiótico, rompiendo con el canon masculino
que permite al hombre toda clase de licencias léxicas, mientras la
mujer debe ajustar su temática y vocabulario a los parámetros establecidos por el "buen gusto" y el recato marianesco. Tanto la escritora como la protagonista hacen uso de un léxico bastante liberado,
donde el recato esperado de la mujer, ha desaparecido por completo.
Tal desenfado señala que el lenguaje no es propiedad de ninguno de
los sexos y cuestiona la exclusividad que se ha apropiado el varón
sobre el lenguaje erótico.

Durante toda la novela, y a pesar del erotismo que la rodea,
Teodora no se siente atraída por Amiel, pero esta relación tan *sui
generis* y marginal le brindará al lector la posibilidad de ver la desfamiliarización de la noción del Yo como un todo coherente, fijo y uni-
ficado. En otras palabras, Teodora asume múltiples "yos" a través de
los cuales el lector identifica distintos diálogos interiores. Esta clase
de tensión dialógica de Teodora con sus otros "yos" expresa no sólo
el deseo de ser amada por el hombre que para ella representa el amor,
sino también una manifestación de su erótico mundo interior: "tenía la
piel erizada. Las encías secas. ¡Un exquisito e intenso dolor estaba
quemándola debajo de la falda! ¡Qué estupideces decía el doctor
Amiel! —Eso sí –recreó en voz alta– como don Galeor Ucrós
Céspedes no hay otro. Ese es mi único hombre. ¡Todo un
macho!"(27). De esta manera el discurso literario interactúa con los
mitos, la cultura, y el lenguaje erótico expone, de paso, la psicología
femenina con respecto al estímulo sexual.[8] Por un lado existe la idea-

---

8   Thurston, en *Romance Revolution* dice que en el caso de las escenas de sexo
     en los romances, las investigaciones han revelado que: "males are more arou-
     se by the pictorial stimuli and females by the literary and imaginary stimuli"
     (157). Citado por Ty 101.

lización del amor recreado en los romances populares en el que la protagonista se aferra a un amor idealizado, ya que Teodora sabe que en la práctica Galeor no es, ni nunca será su marido. Contrario a lo esperado de la heroína de los romances, Teodora no posee el poder para obligar a don Galeor a amarla. Normalmente, en el romance popular la heroína triunfa, y al final puede llegar a convertirse en realidad toda la imaginaria sexual que ha acompañado el proceso de conquista amorosa. En *Señora de la miel*, el texto evoca y refuerza el comportamiento y los sentimientos de Galeor como representante de un mundo predominantemente masculino. Por otro lado, presenta a Teodora como una mujer enamorada, servil, marginada, y humillada públicamente por el esposo. También el Dr. Manuel Amiel se le impone y está dispuesto a ganársela por amor o por fuerza. En este aspecto, el texto de la obra, igual que los romances populares, se suscribe a la tradición en cuanto al amor y al matrimonio como solución a los problemas económicos sociales y psicológicos de la mujer. Don Amiel no sólo es el mejor postor para Teodora, sino que también le brindará seguridad económica, la elevará a su posición social y le dará estabilidad emocional. En otras palabras, Amiel se postula como la solución ideal para Teodora según la ideología patriarcal.

El dialogismo que caracteriza el texto realza el concepto de otredad y diferencia (Holquist 40-41), dando por resultado otras consideraciones respecto al lenguaje usado por cada uno de los sexos: el masculino, vertical, voluptuoso, saturado de un erotismo irónico y el femenino, horizontal, solidario reprimido y suprimido y también irónico.[9] "Como señala Hélène Cixous las dualidades sol/luna, cabeza/corazón, padre/madre son 'oposiciones jerarquizadas' que privilegian el primer término" (Ty 103). En Teodora se da la liberalidad que le permite ofrecer su cuerpo como un servicio a quien está necesitado de él, al mismo tiempo que exhibe un recato ingenuo que desubica al lector y le impide catalogarla como tradicional, apegada a las costumbres o como liberada e indulgente con respecto al sexo.[10]

---

[9]   Para mayor información a este respecto véase a Deborah Tannen en *You Just Don't Understand: Women and Men in conversation.*

[10]   Teodora no sólo ha firmado este contrato denigrante que autoriza a Amiel a recorrer con sus manos expertas todo su cuerpo, sino que también se ofrece

Aunque Teodora se muestra bastante abierta en cuanto a la noción de lo sexual, y se sabe un símbolo erótico, hace esfuerzos extraordinarios por reprimir los deseos sexuales que en ella despiertan las caricias de Amiel y del masajista Ingo. A la vez, ellos explotan su honesta mentalidad de servidumbre. La ambivalencia e inestabilidad del texto corresponde a la inseguridad de la protagonista, quien acepta como natural los romances extramaritales del esposo, a la par que considera impropio para ella, como mujer, hacer lo mismo. Más perturbante aún es la falta de autoestima reflejada en la facilidad con que Teodora entrega su cuerpo para que Amiel logre la inspiración que le permitirá la creación de las viandas artístico-eróticas que tanta fama le han dado en Europa y América.

Con la llegada de Teodora a Colombia el texto se complica aún más. El lector ve en Teodora una mezcla de mujer virginal y de símbolo sexual. Su ingenuidad la había llevado a financiar a Galeor, a Clavel Quintanilla y a sus hijas pensando que el dinero que enviaba era para las mejoras de su hotel, supuestamente administrado por su esposo Galeor. A diferencia de las heroínas de los romances populares, su simpleza y falta de astucia la han hecho fracasar. La obra, además, transgrede las normas del romance en las que se enfatiza la importancia que la sociedad, la industria y el comercio dan a la apariencia de la mujer, realzando la ambivalencia y confusión que ésta sufre respecto a su peso, su cuerpo y, en general, su apariencia física. La ambivalencia de la obra cubre otros aspectos interesantes que hacen difícil enmarcarla dentro de un canon totalmente liberado de las expectativas impuestas por la sociedad patriarcal. El lector asiste con Teodora a las tiendas madrileñas, a las sesiones con el masajista y el estilista pero nunca la acompaña a lugares culturales. La mujer, por lo tanto, sigue siendo apariencia y su envoltura y presentación es lo que vende el producto, su cuerpo. Mientras al hombre se le juzga por sus

---

para calmar al magnate enfermo que viaja en su avión (94), acepta que el madrileño le toque los senos y atiende las súplicas del hombre fornido que le dice: "¡Aquí! ¡aquí! Coloca tus manos sobre mi polla, señora de la miel..." Después mientras el hombre se alejaba gritaba: "Esta noche voy a echarle el mejor polvo del mundo a mi mujer" (54-55).

logros, en la mujer sólo cuenta su apariencia, razón por la cual Teodora transforma a la sirvienta en una elegante y atractiva mujer que supuestamente haría las delicias de su Galeor. Pero aunque esto no ocurre como lo espera la protagonista, el lector reconoce que en Teodora hay una verdadera mujer de empresa, capaz, emprendedora y cuyo trabajo e inspiración son pilares en la empresa de Amiel. Así, Buitrago presenta la incertidumbre que siente la mujer acerca de su identidad. La obra no sólo da importancia a la apariencia física, a la ilusión de la mujer por hacerse más atractiva para su hombre, sino que también realza la personalidad y el carácter femenino.

En *Señora de la miel* también es aplicable la noción bakhtiniana del carnaval que el autor desarrollada en forma más completa en *Rabelais and His World,* donde el carnaval es un mundo "topsy-turvy, of heteroglot exuberance, of ceaseless overrunning and excess where all is mixed, hybrid, ritually degraded and defiled" (Thy 106).[11] Bakhtin señala que:

> como opuesto a las festividades oficiales, podría decirse que el carnaval celebra la liberación temporal de la verdad prevalente del orden estable-cido; él suspende todos los rangos jerárquicos, los privilegios, las normas y las prohibiciones. El carnaval era la verdadera festividad del tiempo, la festividad del llegar a ser, de la oportunidad y de la transformación. (*Rabelais* 10)

Este uso de la liberación, del llegar a ser y de transformación implica una transgresión del orden establecido a nivel textual y contextual. Como en el carnaval bakhtiniano, este es un mundo exagerado y en desorden que se sitúa dentro y fuera de lo ordinario. Allí el respeto casi ha desaparecido y la parodia y la risa forman parte íntegra del conjunto. El ambiente carnavalesco propicia la despreocupación por

---

11   Thy hace esta afirmación basada en la interpretación que Stallybrass y White presentan en *Politics and Poetics* (8). Según Thy, los autores mencionados hacen notar que Bakhtin es "self-consciously utopian and lyrical about carni-val and grotesque realism" a pesar de que el carnaval en sí mismo, debido a que es una festividad autorizada, puede no ser "intrinsically radical" (14, énfasis en el original).

la ley y la violación de las normas sociales. Así mismo promueve el derrumbamiento de las fronteras tradicionales existentes entre el mito y la realidad para convertirlos en una sola cosa. En esta celebración la sociedad y la ley son vistas como algo inestable y negativo, al tiempo que puede interpretarse como una protesta al orden establecido.

Buitrago crea un espacio teatral donde las máscaras, la multiplicidad de figuras y la actuación de los protagonistas y del pueblo en general, propician la exploración y el autodescubrimiento del verdadero yo de la figura central, a la vez que señala la necesidad de reconocer los diferentes papeles que la mujer ha sido forzada a representar en la sociedad. Resulta evidente entonces, que para Teodora y para la mujer en general, la identidad personal es una noción compleja y esquiva. Aunque la escritura, la lectura y el texto mismo facilitan el escapismo de la mujer, también abren la posibilidad de analizar el otro yo reprimido o ahogado que hay en cada una de ellas. *Señora de la miel* brinda al lector la posibilidad de ver el gran teatro que el mundo ha creado para la mujer, obligándola a vivir con una o muchas máscaras, según el papel que tenga que representar en un momento dado. Los personajes de la narración, como la escritora y las lectoras son otros, todos ellos liberan su otro yo para que éste pueda actuar en su nuevo papel. Por esta razón, al final de la obra es difícil establecer la verdadera identidad de Teodora. Es virginal pero es muy apasionada y sexual. Desprecia su cuerpo regalándolo a quien se lo pide y a la vez es vanidosa y se preocupa por su figura. Lo mismo se mueve en una gran ciudad europea que en un pequeño pueblo latinoamericano. Es eficiente ejecutiva, y humilde cocinera en una casa de familia.

Significativamente, la obra mantiene hasta el final este mundo escurridizo, movedizo, para demostrar la dificultad que aún tiene la mujer latinoamericana para averiguar su verdadera identidad y para alcanzar su individualidad. Más aún, la obra da la posibilidad a la protagonista, a la lectora y a la escritora de vivir en un mundo revuelto, invertido, patas para arriba, mediante una trama que suspende las jerarquías asociadas con la vida cotidiana, para darles la oportunidad, aunque de manera temporal, de vivir en un carnaval, ausente de toda restricción social. En esta novela, la mujer puede vivir las estimulantes aventuras de su otro yo, mientras mantiene su respetabilidad a través de su homóloga, es decir, de esa otra mujer que habita en ella. Buitrago ha desdoblado su yo en la ficción, la lectora hace lo mismo mediante su identificación con Teodora y ésta da rienda suelta a su erotismo a través del mundo onírico. Sólo en sueños Teodora logra liberarse de los controles sociales y sentir toda la fuerza de su sexualidad femenina.

Resulta también interesante la fascinación de Teodora, aunque ésta se presente en forma velada, por el poder que le da el sexo sobre el Dr. Amiel. Desde este punto de vista, la obra es bastante tradicional puesto que el sexo siempre a movido al hombre a buscar pareja. Aunque Amiel nunca gratifica a Teodora por sus valores espirituales, su bondad o generosidad, por el contrario, la hacer sentir estúpida, siempre le ha hecho saber cuánto la desea, lo cual contraviene la estructura del romance. Al final, Amiel se casa con Teodora y consigue lo que tanto deseaba. Sin embargo, es pertinente anotar que la obra también realza la debilidad masculina. El ludismo que cobija los encuentros amorosos de las parejas es una burla flagrante a la arrogancia con la cual el varón declara su superioridad con respecto a la mujer. A pesar de que Buitrago explora alternativas para crear un nuevo canon en el que los derechos de la mujer sean incluidos y respetados, la obra reitera la noción de que la mujer sólo es un objeto estimulante con el cual el hombre satisface su apetito sexual. La conducta de Teodora ratifica la incapacidad de la mujer para oponerse a los deseos masculinos y establece la validez de la norma cotidiana. Esto le da cierta circularidad al texto al mostrar a la protagonista como un ser marginado y esclavizado por razón de su sexo y de su clase. El texto deja establecido que el poder aún permanece en las manos del hombre, superhéroe de quien la mujer puede depender y, además, ser feliz en esta dependencia. Aunque en la obra se alimenta la posibilidad de que Teodora pueda escapar de la subordinación voluntaria, Buitrago le niega la oportunidad de llegar a ser ella misma, aún después de envolverla en un gran velo de liberalidad erótica. En este sentido, *Señora de la miel* termina como cualquier novela convencional.

La obra enfatiza en las emociones. Realmente, poco interesa si los protagonistas están enamorados o no. Sólo es un intento para crear un ambiente en el que el placer sexual de la mujer y sus deseos de trans-

gresión puedan ser explorados en una forma viable. Las inconsistencias del texto sólo ponen de manifiesto los numerosos conflictos
femeninos aún no resueltos, y señalan la imposibilidad de alcanzar las
fantasías expuestas en la trama. El amor y el matrimonio justifican el
poder y el dominio masculino sobre la vida y las acciones de la mujer.
Este tipo de final, sin embargo, parece ser una forma de encontrar el
balance necesario al fragmentado mundo de la protagonista. La trama
le da oportunidad a Teodora de saber quién es y qué quiere en realidad. La formalidad del matrimonio es entonces, una señal de retorno
a la realidad cotidiana y marca el final del carnaval y de ese mundo
topsy-turvy que han vivido la escritora, la lectora y la protagonista de
Señora de la miel (Ty 109).

OBRAS CITADAS

Bakhtin, M.M. *The Dialogic Imagination: Four essays.* Ed. Michael
     Holquist. London: Routledge, 1990.
     _____. *Rabelais and His World.* Trad. Hélène Iswolsky. Cambridge,
     Mass: MIT, 1968.
Buitrago, Fanny. *Señora de la miel.* Bogotá: Arango Editores, 1993.
Fernández Olmos, Margarete, Lizabeth Paravisini-Gebert. *El placer de la
     palabra.* México: Planeta, 1991.
Foucault, Michel. *The history of sexuality: An Introduction.* trad. Robert
     Hurley, vl. 1. New York: Vintage, 1990.
Girard, René. *Mentira romántica y verdad novelesca.* Trad. Joaquín
     Jordá. Barcelona: Anagrama, 1985.
Hoquist, Michael ed. *The Dialogic Imagination: Four essays.* London:
     Routledge, 1990.
Krakusin, Margarita. *La novelística de Alfredo Bryce Echenique y la
     narrativa sentimental.* Madrid: Pliegos, 1996.
Stallybrass, Peter and Allon White. *The Politics and Poetics of
     Transgression.* Ithaca, N.Y.: Cornell UP, 1986.
Ty, Eleanor. *A Dialogue of Voices: Feminist Literary Theory and Bakhtin.*
     Ed. Karen Hohne y Helen Wussow. Minneapolis: U of Minnesota P,
     1994.

LEDA CAVALLINI y LUPE PÉREZ [1]

RECONSTRUCCIÓN DE UNA HEROÍNA: *PANCHA CARRASCO RECLAMA* [2]

E n la vida política de México y Centroamérica, la soldadera es una fascinante figura con una larga trayectoria enraizada en la historia y en el folklore. Estas mujeres guerreras seguían a sus hombres para cuidarlos, cocinarles, cargarles las municiones y recargarles sus armas. A veces también pelearon a su lado y, en ocasiones, llegaron a ser oficiales del ejército y líderes por derecho propio.

A pesar de haber sido olvidadas convenientemente por la historia oficial, la soldadera es parte de la intrahistoria hispanoamericana, y

[1] Guadalupe Pérez nació en La Coruña, España en 1923. A los 24 años se establición en Costa Rica y obtuvo el título de Ingeniera de la Universidad de Costa Rica. Además, pertenece a la primera promoción de ingenieras de Costa Rica. Paralelo a su trabajo, cursó la carrera de teatro y obtuvo la licenciatura en 1984. Además de 23 comedias, algunas de las cuales presentó con el grupo de Teatro La Caja, ha trabajado con Leda Cavallini en "Pinocho", obra ganadora del premio Aquileo J. Echaverría y ha publicado con Cavallini numerosas obras de teatro entre las que se cuentan: *Ellas en la maquila,* ganadora de Mención Honorífica UNA-Palabra, 1984, *Pancha Carrasco reclama,* Premio V Concurso Internacional de Obras Teatrales del Tercer Mundo, Venezuela, 1990 y *Aguirre, yo rebelde hasta la muerte.* En 1990, Lupe Pérez obtiene la Maestría en Literatura Hispanoamericana en la Universidad de Costa Rica y publica el texto *El varón de los Queché.*
Leda Cavallini, por su parte, es una mujer de origen campesino y una famosa dramaturga costarricense, cuya carrera ha corrido paralela a la de Lupe Pérez. Ambas han compartido los premios antes mencionados y han sido reconocidas por la UNESCO por su obra *Pancha Carrasco reclama.*
[2] Este artículo fue publicado en *Kañina* 23.1 (1999): 9-15.

sus hazañas han sido inmortalizadas en los cantos y leyendas populares y el cine se ha encargado de solidificar el mito creado alrededor de ella.[3] Las mejores películas de la clásica soldadera se han hecho en México, lo cual no ha impedido que estas mujeres, en especial la mexicana, también hayan sido un atractivo tema para Hollywood (Hardley-García 41). Desafortunadamente, no es hasta la aparición de la película *Como agua para chocolate,* basada en la novela de Laura Esquivel, que a la soldadera se le ha hecho justicia y se le han reconocido sus méritos. Tanto en la novela como en la película, en la figura de Gertrudis, hermana de Tita la protagonista, Laura Esquivel "gently shows Mexican women fully within their culture and historical moment who nevertheless have other options than servility or deformed power" (Hart 168-69).[4] Contrario a la postura de Esquivel respecto a la soldadera, en la mayoría de las películas que se han hecho sobre ella se presenta, o bien el estereotipo de la soldadera enamorada, sumisa, sin autodeterminación y destinada al sufrimiento en un ambiente duro y hostil o, por el contrario, a la mujer marimacho, devoradora de hombres, determinada a imponer su autoridad y hacer uso arbitrario de su poder.[5]

---

[3] Muy conocidos son los corridos mexicanos que hacen referencia a las soldaderas, particularmente, a aquellas que lucharon en la Revolución Mexicana de 1911. Según Herrera Sobeck, algunos de estos corridos fueron fuente de inspiración para posteriores películas – *Juana Gallo, La Chamuscada* y *Valentina* (109).

[4] Es pertinente recordar que la película *Como agua para chocolate* sigue bastante de cerca a la novela ya que Esquivel es también la autora del libreto de adaptación que se usó para la producción de la misma (Hart 164).

[5] En la película *La soldadera,* 1966, dirigida por José Bolaños, Silvia Pinal hace el papel de la protagonista Lázara, mujer humilde, recien casada, y que con su esposo se ve arrastrada por los avatares de la Revolución mexicana de 1911. Es pertinente recordar que, en la mayoría de los casos, la mujer tomó parte en las contiendas revolucionarias para seguir a su hombre, fuera por amor u obligada por éste, pero pocas veces lo hacían por patriotismo. En *La soldadera,* por ejemplo, las mujeres comentan: "la guerra no se hizo para las mujeres". Sin embargo, para algunas era importante seguir a sus maridos "para saber si están vivos o muertos", como dice una de ellas. También era bastante común que estas mujeres vieran morir a sus esposos en combate y aún continuaran viviendo con los revolucionarios porque no querían volver

Estos extremos señalan la dicotomía existente respecto a la soldadera. Ella podía ser víctima pasiva, o una deformación monstruosa de
la mujer. Según nos dice Herrera-Sobeck, a las últimas se les llegaba
a asociar con el mismo demonio y eran temidas y respetadas aún por
los hombres más valientes (115). Es preciso añadir que estas imágenes no siempre correspondían enteramente a la realidad. Taibo nos
dice en su libro sobre *La Dueña* que en la premiere de la película,
María Soledad Ruiz Pérez (nombre real de la mujer en la cual está
basada *La Dueña* le dijo a María Felix, la actriz que la representó:

> La película que usted hizo fue una cosa muy sucia. Yo no tomaba ni una
> gota de licor y no bailaba con los soldados. Yo era una generala, señora.
> Además, yo no chupaba puros. Ahora la gente ya no me tiene estima por
> causa de esa película tan llena de mentiras. (315)

---

solas a sus hogares, no los tenían, o pasaban a ser las mujeres de otros miembros de la tropa. Lázara, por ejemplo, pierde a su esposo en batalla y es forzada por el general a ser su amante. Con ella, se establece en la película el
modelo de la mujer sufrida, sometida, poco belicosa, a la vez que es refugio
y solaz para el amante.
Pero no todas las mujeres presentadas en el celuloide eran de este tipo. En la
pantalla también apareció la mujer aguerrida, dominante, liberada y que
amaba y mataba con la misma facilidad. Este tipo de iconografía es la que el
espectador puede observar en películas como *La Doña, La cucaracha, La
bandida, La Valentina, La generala* o *Juana Gallo* (Hart 165). Esta última
está basada en un corrido que narra la historia distorcionada de una soldadera real llamada María Soledad Ruiz Pérez (Taibo 315). Su estreno se llevó a
cabo en 1960, y fue dirigida por Miguel Zacarías. En ella, María Félix hace el
papel protagónico de Juana, cuya vida revolucionaria comenzó como la de
Lázara. Su padre y su esposo se enlistaron en las filas de la Revolución y
murieron al poco tiempo dejando a Juana desamparada. Eventualmente, Juana
se revela como una valiente soldadera y rápidamente llega a ocupar el puesto
de generala. En la película el énfasis se da a los atributos de Juana que tradicionalmente han sido considerados como varoniles y que la protagonista desempeña con gran propiedad -- abuso de poder, negación del espacio al compañero, restricción a su autodeterminación, frialdad y, además, una gran facilidad para colocar a su hombre en una posición débil, totalmente emasculini-
zante (Hart 165-66).

Como es fácilmente percibible, la imagen de la soldadera ha sido distorsionada, bastante castigada, y casi siempre está relacionada con la historia de la Revolución Mexicana de 1911. Es indudable la gran contribución que la soldadera ha hecho al México de hoy, no sólo desde el ángulo político y social, sino también desde el punto de vista de la igualdad entre los sexos.[6] Sin embargo, la figura de la soldadera se remonta a un pasado más lejano y se extiende geográficamente a otros países latinoamericanos.

En este ensayo se señala la labor de reconocimiento, hecha por Leda Cavallini y Lupe Pérez, al patriotismo de la soldadera y generala costarricense, Doña Francisca Carrasco, y centra su análisis en las técnicas y recursos de los cuales se valen Cavallini y Pérez para reescribir la historia de su país y sacar del olvido oficial a esta valerosa mujer. Por lo tanto, este trabajo responde a un doble propósito: primero, el de situar la obra de Cavallini y Pérez en su contexto histórico-literario, y segundo, reflexionar sobre la relación entre el texto literario y la concepción teatral de las autoras deducida de la misma puesta en escena de esta corta pieza teatral.

La obra comienza con la "canción del ejército" que Leda y Lupe escuchan para decidir si ésta se ajusta bien al libreto que ellas están preparando sobre Pancha Carrasco. Leda piensa que aún no han reunido los datos necesarios para la obra, pero a Lupe, por el contrario, le interesa terminar la pieza lo más pronto posible (30-31). Tales desacuerdos las llevan a discutir los problemas de la Historia, su ambigüedad, su falta de objetividad, para luego saltar con la imaginación al año de 1856 y retratar para el público la situación histórica vivida en ese entonces por la nación Costarricense. De ese momento sale Pancha Carrasco que, desde su retrato iluminado, habla con el presidente Mora para revivir la gesta libertadora en la que participó (32-

---

6   Aquí es interesante señalar el excelente trabajo de Laura Esquivel en *Como agua para chocolate* (1989), donde en la figura de Gertrudis, en forma sutil y breve presenta las opciones de la mujer mexicana antes, durante y después del largo período revolucionario en este país a comienzos del siglo XX. Patricia Hart hace un buen estudio sobre el tema en "The deconstruction of the 'Soldadera' in Laura Esquivel's *Como agua para chocolate*".

33). También habla con Lupe y Leda para contarles su historia como generala y como mujer (36), y con el personaje **SI-NO** para discutir y defenderse de las habladurías pueblerinas que él trae a colación, sean éstas malintencionadas o de alabanza a su valor (41-43). Además, entran en escena Gil, esposo de Pancha, y la hija de éste. Tal situación es aprovechada por Leda y Lupe para indicar la proveniencia de algunos documentos legales que fueron encontrados sobre Doña Francisca Carrasco. Estos documentos les han permitido a las autoras establecer el perfil definitivo de la heroína en su vida pública y privada –los papeles de divorcio y la demanda puesta por Pancha en contra de su marido y de su hijastra, las diferentes actas que de su nacimiento existen, todas ellas con fechas diferentes etc. (34-37; 42). A la vez, los documentos dan cabida a los comentarios de las autoras-personajes para señalar los vacíos históricos, las contradicciones y ambigüedades existentes con respecto a la figura de la generala.

La necesaria contextualización del texto dramático es tarea importante para el estudio de la concepción que del teatro tienen las autoras, puesto que la obra se halla íntimamente ligada a las circunstancias sociales y políticas del transfondo histórico –mediados del siglo XIX– y a la época en que surge la obra de Cavallini y Pérez –1988. En primera instancia debemos recordar que una vez destruida la Confederación Centroamericana en 1823, los países entraron en una era de conflictos entre conservadores y liberales hasta 1855. Aprovechando la inestabilidad de las nuevas naciones, el norteamericano William Walker se hizo nombrar presidente de Nicaragua en 1850. Su intención era la de establecer un imperio esclavista en Centroamérica, pero fue derrotado por la antigua Confederación y fusilado en el año de 1860. Los costarricenses ante la urgencia de la situación, y entre ellos Francisca Carrasco Jiménez, respondieron al llamado del Presidente Mora (49). Tomaron las armas y defendieron la vida independiente del país contra las ambiciones imperialistas de Walker en las campañas de 1856-57.

En la obra se presenta la historia de una mujer excepcional, a la vez que se pone en escena un fragmento de la historia presente y pasada de Costa Rica. Por sus páginas se deslizan las preocupaciones de la vida diaria en el siglo XIX, la economía cafetalera del país, los acontecimientos políticos, las figuras de gobierno, la actitud de las autoridades que no permitieron a Francisca Carrasco recoger su medalla y la ineficiencia de las instituciones que nunca hicieron efectiva su pensión de general, por tratarse de una mujer (34). Gran parte de la tensión dramática de la obra reside en el simultáneo desarrollo de dos dramas, uno de raíces históricas y el otro de carácter ficcional. El primero corresponde a un drama interno, y el segundo a un drama externo, ambos contenidos dentro de texto de la obra de Cavallini y Pérez (Meléndez 39).[7] En el contexto de 1856, es decir, en el drama interno, Francisca Carrasco soldadera, enfermera y luego generala de las tropas costarricenses, es parte de la historia no escrita, aquella que yace en la oscuridad. A pesar de haber sido Asistente del Presidente Mora y del Estado Mayor, y galardonada con el más alto grado del ejército de su país –General de División–, por el presidente José Joaquín Rodríguez Zeledón, los historiadores insistieron en silenciar sus hazañas (39, 49). El movimiento cronológico de este drama converge con el drama externo que tiene lugar en 1988 en el lugar de trabajo donde Leda y Lupe se dedican a la creación de una pequeña obra teatral titulada *Pancha Carrasco reclama*. El carácter ficcional del drama externo es más escueto, aunque goza de gran creatividad, puesto que se basa en la realidad contextual que da marco real a toda la creación textual, la cual en última instancia, contiene los diferentes dramas –el interno de raíces históricas, el externo o ficcional que crean Lupe y Leda en escena y la obra escrita por Cavallini y Pérez. Según señala Meléndez, generalmente "la estructura de creación de una pieza dramática está en función del tema", pero la dramatización de un hecho histórico, en este caso la exclusión total de la participación de un general del ejército en la campaña del 56, se ficcionaliza a partir del desarrollo formal (41). Por otro lado, la estructura se incorpora al tema –se habla de cómo se lleva a cabo la composición de la obra– convirtiéndose en un juego de espejos valleinclanesco donde se reflejan la

---

[7] En el presente ensayo me ha sido de gran utilidad el trabajo de Priscilla Meléndez: "La 'antihistoria' y la metaficción en *Corona de sombra* de Rodolfo Usigli. (33-54)

Historia. vs. la antihistoria, la luz vs. la oscuridad, el pasado vs. el presente. Añade Meléndez:

> La memoria –uno de los recursos básicos de la escritura histórica– es de por sí una compleja estructura de pensamiento que tiene la doble capacidad tanto de reconstruir el pasado y convertirlo en presente, como de distorsionarlo y crear una nueva realidad (o ficción) que la distancia del suceso factual. (42)

En *Pancha Carrasco reclama*, se da el simultáneo desarrollo de ambas posibilidades. Este mundo de binomios antitéticos se revela para el espectador a través del juego de luces en el desarrollo escénico. En él se ilumina u oscurece el retrato de la generala para marcar la transición de un mundo de tinieblas –pasado, oscuridad, anthistoria–, a un mundo de luz, de presente y de Historia. El contraste de luz y sombra tiene, por lo tanto, un doble significado –técnico y temático– que refleja el carácter dual de la obra, destacando su estructura metateatral. La luminotecnia, a pesar de pertenecer a la categoría de convención teatral, asume una nueva función, al convertirse en símbolo (Meléndez 40-45).

Debemos tener presente, además, cuán fácil de olvidar es que la reconstrucción que la generala hace de los eventos que tuvieron lugar en el pasado no son el inicio de su drama interno. Este comienza, no con la alusión a lo acontecido, sino con aquellos sucesos que nunca tuvieron lugar: la consignación en la historia patria de Costa Rica del nombre de Francisca Carrasco, la defensa que ella hace de sí misma para lograr su reivindicación, el debate del pueblo acerca de los derechos de esta mujer, y la controversia respecto a los contradictorios códigos militares existentes en aquel entonces, los cuales permitían por un lado, la participación de la mujer en la lucha, y por el otro, le negaban sus derechos como veterana de la misma (34).

La dialéctica que se establece entre la realidad textual y la realidad extraliteraria es medio para desarrollar y descodificar los sistemas de comunicación que establecen la conexión entre el drama y su receptor. Además, convierte el diálogo entre la escritura del historiador y la del literato en recurso dramático y en discurso autorreferencial

(Meléndez 53). Por ello, la antihistoricidad, anacronismos y arbitra-
riedades de las autoras, evidencian la manipulación del tiempo y el
espacio dramático y encarnan una relación dinámica entre el pasado y
el presente. La complejidad teatral de incrustar un drama en otro,
marca la dualidad formal de la obra y los recursos de los cuales se
valen las autoras para crear nexos con el presente costarricense y
resaltar el lento y sinuoso avance de la mujer en su lucha por la igualdad. Esto cobra especial validez, si se considera que en el año de 1988
la llamada *Ley de la igualdad real de la mujer,* apenas se hallaba en
su etapa de estudio cuando la obra fue presentada en la Sala de la
Compañía en la ciudad de San José.

En su búsqueda por la reivindicación de la mujer, lo que quizás se
destaca primero en *Pancha Carrasco reclama* es la predilección de las
autoras por la farsa, la caricatura (Pérez Yglesias 14). Este gusto por
lo esencialmente popular señala su afán de renovación teatral, inscri-
to en el marco de lo autóctono. Su finalidad parece ser la de alejarse
del teatro comercial, convencionalmente realista y supuestamente de
"buen gusto", para llevar el teatro de "vuelta al pueblo". Esta forma
popular de hacer teatro nos remonta a la Edad Media, donde las breves obras que eran puestas en escena estaban dirigidas al pueblo en
general y buscaban la simple diversión. Sin embargo, y a diferencia de
ellas, la obra de las costarricenses trasciende esa intención y nunca se
reduce a ser un mero entretenimiento. A pesar del aspecto caricatures-
co, medio circense, gesticulatorio del personaje **SI-NO**, la obra apela
directamente al público en busca de complicidad para su causa reivindicatoria y tiene un carácter revisionista, contestatario y subversivo.

La obra es también, esencialmente didáctica, sin descuidar los
valores artísticos. Lo ético y lo estético siempre comparten el espacio
textual, pero se realza el combate contra el oscurantismo que, aún hoy
día, existe respecto a la participación de la mujer en las gestas revolucionarias de la América española, y lo que estas mujeres representan,
como precursoras, en el actual movimiento femenino iniciado en los
años sesenta. En *Pancha Carrasco reclama* se funden la pluralidad de
objetivos al conjugar la enseñanza con el entretenimiento, elemento

conceptual esencial en la tradición teatral desde que fuera introducida por Aristóteles en su *Poética*.

Igualmente, podríamos decir que la obra corresponde a un teatro propagandístico cuya intención es la de informar sobre la realidad histórica de la mujer en Costa Rica. Este teatro de circunstancias, manifestación del llamado teatro de agitación y propaganda, da lugar a formas que privilegian el mensaje político, lo que hace de él una actividad ideológica a la vez que artística.[8] Sería acertado decir que para las autoras, el teatro es el vehículo más idóneo, por su eficacia didáctica, para conscientizar al público sobre un mensaje ideológico claro, que exhorta a la revaluación de una situación de hecho, la de la mujer. En la obra, se ridiculizan personajes, comportamientos y etiquetas existentes en el siglo pasado, a la vez que se valoran la liberalidad y honestidad de otros personajes. Ejemplo de la situación vigente en esa época se da en la escena en que el presidente Mora va a condecorar a Francisca y los soldados le impiden la entrada;

MORA:	¡Ciudadana Francisca Carrasco Jiménez, preséntese!
PANCHA:	(Desde dentro). –¡Aquí estoy, Señor Presidente!
MORA:	(Con la condecoración en la mano). –¡Doña Francisca, acérquese!
PANCHA	(Desde dentro). –¡No me dejan pasar!
MORA:	–Pero, por qué?...
SOLDADO:	(saliendo del lateral). –Señor Presidente tengo órdenes de no dejar entrar mujeres a este acto. (34)

El asunto resulta tan ridículo que la escena termina allí, se apagan las luces y se da tiempo al espectador para asimilar lo absurdo de la situación creada y lograr el efecto deseado mediante la representación del hecho tangible. Esto es a su vez, una forma de diálogo obligado entre el pasado y el presente a propósito de una situación real que persistía

---

8   La denominación de "teatro de agitación y propaganda" proviene de la expresión rusa "agitasiya-propaganda" y se trata de "una forma de animación teatral cuyo propósito es sensibilizar a un público con respecto a una situación política o social" (Pavis 472).

cuando se estrenó la obra en 1988. Por lo tanto, y dada la coyuntura del momento por el debate sobre la nueva *Ley de la igualdad real de la mujer,* es indudable que la obra tiene, entre otras, una finalidad política.

Otra de las características es su teatralidad. Según señala Pavis, el término teatralidad tiene diferentes connotaciones: "es a veces ilusión perfecta, lo que nos permite considerar como real el mundo creado por la escena; otras, en cambio, es la marca del artificio, del juego, del procedimiento artístico claramente mostrado como tal y que no persigue engañar con respecto a la naturaleza de la interpretación" (470). Cavallini y Pérez se deciden por el segundo, el cual exige un tipo de interpretación alejado del mimetismo realista, vinculando el texto dramático con la escena. Hábilmente se aseguran de la univocidad del mensaje –dignificar a la mujer y al pueblo por la cultura– sin anular los discursos individuales de los personajes.

A la par que el mensaje es expresado con claridad meridiana ellas, en escena como personajes de su propia obra, representan al dramaturgo haciendo teatro. Paso a paso, van señalando los logros y tropiezos del escritor en su labor de creación. Vista la obra desde este punto, se podría hablar de meta-arte, y en este caso de la metateatralidad de la pieza, por ser ésta autorreflexiva, es decir, que manifiesta la conciencia de ser una creación, una ficción. Según nos dice Ana M. Dotras:

> esto tiene lugar, por ejemplo, cuando se tematiza cualquier tipo de problemática sobre la creación teatral... La obra metateatral se refiere a sí misma, en gran medida o totalmente, llamando la atención sobre su propia forma y construcción sin ocultar –por el contrario, poniendo de manifiesto– su condición de obra de ficción, de ilusión creada. (746)

Entre los recursos dramáticos utilizados para hacer que el espectador no se olvide que se encuentra ante un espectáculo es, ante todo, el de la presencia de las autoras como personajes en escena, con sus alusiones autorreferenciales donde exponen deliberadamente la condición ficticia de su trabajo. Todo ello se presenta en la primera escena, lo cual trae como corolario el extrañamiento o desfamiliarización del espectador, para hacerlo consciente de que la obra no es una mimesis de la realidad sino creación ficticia. Este hecho les permite a las autoras asegurarse de que el público centrará su atención en el mensaje que conlleva la obra, dejando claramente establecida su intención propagandística y su objetivo didáctico. En consonancia con lo que la crítica ha llamado el teatro de ideas, la obra de Cavallini y Pérez reafirma el vínculo de la dramaturgia con la estructura social que la crea, al despertar la conciencia revalorativa del espectador.

Esta dimensión autoconsciente que pone en tensión la historia y el arte que trata de representarla, proclama abiertamente su ficcionalidad expresándola a través de la figura **SI-NO** (además de lo anteriormente expuesto). Este personaje carnavalesco, y de comportamiento desenfadado, representa el autoexamen del académico y el rigor, o falta de éste, con el cual el literato recrea el pasado. **SI-NO** es la conciencia analizante que mide y pesa la multiplicidad conceptual y contextual de la realidad, tanto literaria como extraliteraria, en su expresión de ficcionalización histórica. **SI-NO** desempeña diferentes papeles. Ante todo, es comentarista representante de la cultura falocéntrica dominante, por ejemplo cuando Leda dice:

> LEDA: doña Pancha fue una mujer valiente y por eso le dieron el grado
>   de General de División,
> **SI-NO**   Una tontería del Presidente Rodríguez Zeledón... En qué cabeza
>   cabe pensar que una mujer tiene la valentía de un hombre... Eso
>   es imperdonable. ¡Im-per-do-na-ble. (41)

También representa la ambigüedad y siembra la duda. Con frecuencia se le escucha decir: "Claro con seguridad yo no sé... tal vez dice la verdad... quien sabe... pero... no le hagan mucho caso..." (42). Además, encarna la voz del sector de la sociedad que intentaba socavar la siempre frágil reputación de la mujer, como cuando dice: "A Pancha lo que le gustaba era el olor a hombre... siempre estaba entre ellos...¿No será por eso que la historia patria la borra?... ¿Sería de verdad una mujer caliente o es el truco que se usa para bajarle el piso?" (48). *Pancha Carrasco reclama* tiene sus raíces en las fuentes orales y literarias más que en las históricas.[9] Esto se ve claramente en las afirmaciones e interrogantes de **SI-NO**, y en las dificultades de las autoras para recoger la información, según es expresado en escena por ellas mismas a través de los personajes Leda y Lupe.

El anterior aspecto representa otra veta importante del trabajo de Cavallini y Pérez, y éste envuelve la problemática relación entre el arte y la historia. **SI-NO** expresa en forma explícita lo que Meléndez, considera "el inagotable dilema entre el mundo literario o ficcional y el real" (20). En el fondo, "la verdad" es el problema que se plantea entre estos dos mundos. Según nos dice Robert Scholes en *Fabulation and metafiction:*

> The imaginative writer moves from the base of specific events toward some satisfying artistic shape and some universal aspect of the human situation. The historian, of course, is after another kind of truth. He is concerned with what really happened; this truth must be, first of all, factual. (citado por Meléndez 33)

La obra de Cavallini y Pérez se caracteriza por una relectura crítica y desmitificadora del pasado a través de la reescritura de la historia. "Esta reescritura incorpora, más allá de los hechos históricos mismos, una implícita desconfianza hacia el discurso historiográfico producido por las versiones oficiales de la Historia" (Pons 16). A la vez, problematiza el concepto de "verdad única" y "objetiva", y la consiguiente postulación de la existencia de varias verdades. *Pancha*

---

[9]   Aunque la obra trabaja con un hecho histórico como fue la filiación de Pancha Carrasco a los ejércitos de Costa Rica y su intervención en la campaña de Santa Rosa-Rivas y San Juan en 1856-1857, la historia del país ignoró su presencia y fue a través de las fuentes orales –anécdotas, baladas y leyendas – y artísticas – el óleo y medalla que de ella existe en el Museo Histórico y Cultural Juan Santamaría de Alajuela, el trabajo de Carlos Luis Sáenz Elizondo y la obra de Manuel Picado *El envés de la red*, que el personaje tendrá un lugar en las páginas de la Historia del país. Se hace la salvedad que las autoras pudieron encontrar algunos documentos legales que les sirvieron para corroborar la demanda que Pancha elevó ante las autoridades contra su marido Gil y su hijastra Josefa (*Pancha Carrasco reclama.* Intr.)

Carrasco reclama recupera lo silenciado o el lado oculto de la Historia, al traer a escena figuras o eventos totalmente marginados o ignorados por la Historia oficial de Costa Rica. Y, al mismo tiempo que presenta una visión degradada e irreverente de ella, cuestiona la capacidad del discurso para aprehender una realidad histórica y consignarla con exactitud en el texto. En parte, esto se puede atribuir al raciocinio colectivo, por siglos adoctrinado para ver y juzgar las estructuras sociales según el régimen hegemónico de la sociedad patriarcal. La coyuntura del pasado es también medio para abogar por un mejor y más justo futuro para la mujer. La obra presenta sin ambages una nueva sensibilidad estética, una nueva corriente de pensamiento y un nuevo estado de ánimo, lo cual corresponde a una nueva realidad social y al pluralismo propio de la condición posmoderna donde puede ser situada la obra de Cavallini y Pérez.

OBRAS CITADAS

Cavallini Solano, Leda, Lupe Pérez Rey. *Pancha Carrasco Reclama*. San José, Costa Rica: Guayacán, 1993.

Dortas, Ana M. "Literatura y espectáculo: La concepción teatral de Rafael Dieste" *Hispania* 79:4 (1996): 741-51

Equivel, Laura. *Como agua para chocolate*. México: Planeta. 1989.

Hardley-García, George. *Hispanic Hollywood: The Latins in Motion Pictures*. Citadel: New York, 1993.

Hart, Patricia. "The deconstruction of the 'Soldadera' In Laura Esquivel's *Como agua para chocolate*". *Cincinnati Romance Review* XIV (1995):164-71.

Herrera-Sobeck, María. *The Mexican Corrido: A Feminist Analysis*. Bloomington: Indiana UP, 1990.

Juana Gallo. Dirigida por Miguel Zacarías, 1960. Actores: María Félix, Jorge Mistral, Luis Aguilar, Ignacio López Tarzo, Christiane Martel, Rita Macedo. Color, 120 minutos.

Meléndez, Priscilla. *La dramaturgia hipanoamericana contemporánea: Teatralidad y autoconciencia*. Madrid: Pliegos, 1990

Pavis, Patrice. *Diccionario de teatro*. Barcelona: Paidós, 1983.

Pérez Yglesias, María. *Pancha Carrasco Reclama. Intr.* San José, Costa Rica: Guayacán, 1993.

Pons, María Cristina. *Memorias del olvido: La novela histórica de fines del siglo XX.* México: Siglo XXI, 1996.

Scholes, Robert. *Fabulation and metafiction.* Urbana: U of Illinois P, 1979.

Soldadera, La. Dirigida por José Bolaños, 1966. Actores: Silvia Pinal, Narciso Busquets, Jaime Fernández, Sonia Infante, Pedro Armendáriz Jr., Victor Manuel Mendoza, Chabela Vargas, Aurora Clavel. Blanco y negro, 86 minutos.

Taibo, Paco Ignacio I. *La Doña.* México: Planeta, 1985.

JULIO CORTÁZAR [1]

EL CONTINUO Y LA REALIDAD ESPACIO-TEMPORAL EN "LA ISLA A MEDIODÍA" [2]

E n su artículo "Los 'desespacios y los destiempos' en los 'wormholes' de Cortázar", Mark Mosher propone una teoría científica actualmente investigada por expertos físicos, para explicar los textos literarios del escritor argentino. Mosher señala que el objetivo de Cortázar es el de conducir al lector hacia "zonas insólitas y exóticas, proporcionándoles una visión extralógica del cosmos".[3] Algunos

---

[1]   Julio Cortázar nació en Bruselas en 1914, de padres argentinos. Regresó a la Argentina en 1918. Hizo la carrera de educación con especialidad en Literatura. Protestó contra la dictadura de Juan Domingo Perón. Durante esta época publicó bajo el seudónimo de Julio Denís y colaboró en *Los anales de Buenos Aires,* revista literaria dirigida por Jorge Luis Borges. Desde 1951 trabajó en París como traductor de la UNESCO. Entre sus libros más famosos están: *Final del juego* (1956), *Todos los fuegos, el fuego* (1966), *Vuelta al día en ochenta mundos* (1967), *Las armas secretas* (1959), *Los premios* (1960), *Rayuela* (1963). Murió en Francia en 1984.

[2]   Este artículo fue publicado en *Hispanic Journal* 23.2 (1997): 317-26.
    En el presente trabajo me he servido de la teoría sobre los "wormholes" presentada por Mark Mosher, mediante la cual el crítico propone una nueva forma de análisis a las obras de Cortázar. De igual manera, me ha sido de gran utilidad el artículo de la lingüista Patricia Lunn, "The Aspectual Lens", para presentar una perspectiva lingüística que puede relacionarse con las ideas críticas de Mosher.

[3]   Mosher indica que los adelantos técnicos han creado nuevas posibilidades para el avance científico de la física moderna. Los medios técnicos de que se disponen han llevado a pensar en una posible serie de interconexiones entre los seres humanos y otros fenómenos que, hasta nuestros días, habían pareci-

científicos han visualizado el universo lleno de "wormholes", algo así como un tapete de espuma en permanente cambio. A medida que en él aparecen nuevas burbujas, otras desaparecen, simbolizando de esta manera las continuas fluctuaciones geométricas del quantum (Wheeler 264).

En la obra total de Cortázar resulta sorprendente la obsesión del autor con los agujeros estilo "queso suizo", según lo presenta Evelyn Picón Garfield (citada por Mosher 71), mediante los cuales Cortázar licencia a sus personajes para que puedan abandonar el espacio euclidiano adentrándose en una especie de conciencia cósmica. Así, personajes como Johnny, protagonista en "El perseguidor", puede hacer sus "'incursiones en los agujeros de la realidad' (16), y desprecia[r] a los que se aferran a las doctrinas científicas anticuadas" (Alazraki 71).

Según las teorías físicas de Toben, estos "wormholes" se dan tanto en las dimensiones espaciales como en las temporales. En estos orificios o agujeros se propician una serie de conexiones que no pueden ser entendidas en los estados normales de conciencia. Tal premisa nos lleva a repensar las palabras del mismo Cortázar para quien el tiempo es una "simultaneidad porosa" (*Vuelta al día* 7), donde la hora, es decir, el tiempo, "puede llegar alguna vez fuera de toda hora, agujero en la red del tiempo... esa hora orificio a la que se accede al socaire de las otras horas" (*Prosa* 7). Esta conciencia poco común a la que los críticos literarios se refieren como a "la apertura a lo desconocido, lo misterioso y lo desconcertante" (Picón *¿Es Julio* 30), y donde no existen abismos conceptuales ni visiones antitéticas de la realidad porque todo se da en la simultaneidad de una suprarrealidad. Dice Mosher que el argumento principal de "Recortes de Prensa" gira alrededor de una duración suprarracional que abarca simultáneamente una pieza de París y un barrio miserable de Buenos Aires, y "que abolía los calendarios" (Cortázar citado por Mosher 77).

---

do absurdos e imposibles. Dice Mosher: "La dualidad onda/partícula, la ecuación E=mc2, que expresa la equivalencia entre la masa y la energía y el continuo del espacio-tiempo, evidencian que tal integración abarca incluso los niveles más fundamentales del universo. De hecho, parece que todo... participa de una hiperrealidad que aún queda desconocida en gran parte" (70).

A pesar de todo lo anterior, es imposible olvidarnos de la realidad literaria, es decir, que todas estas ideas extraordinarias de Cortázar han llegado hasta nosotros a través del lenguaje. Es pertinente recordar la lucha permanente de Cortázar para vencer las limitaciones del lenguaje, dificultad que lo lleva en *Rayuela* (1963) a la creación de un nuevo lenguaje –el glíglico. Es pues necesario analizar cómo ha logrado el autor capturar esa suprarrealidad, ya no en obras extensas como *Rayuela* o *La vuelta al día en ochenta mundos* (1967), sino en cuentos tan breves como "Continuidad en los parques", "Las babas del diablo", "La noche boca arriba" (Ceremonias 1983) o "La isla a mediodía" (*Todos los fuegos el fuego* 1966).

Uno de los recursos lingüísticos del cual se vale el autor argentino para manipular nuestros procesos de cognición, creando diferentes niveles de realidad, es el del contraste aspectual pretérito/imperfecto.[4] Según Patricia Lunn toda selección aspectual puede explicarse como un reflejo de la capacidad cognitiva del individuo para concentrarse o ausentarse de una realidad específica. En términos de la lingüista:

> The preterite/imperfect contrast in Spanish can be analyzed as a linguistic encoding of a speaker's perspective on a verbal situation. Thus, aspectual choices reveal where a speaker is, either physically or psychologically, with respect to a situation. The speaker who chooses the preterite is at a point from which he can view a whole situation in focus; the speaker who chooses the imperfect is at a point from which a situation looks incomplete and out of focus ("Aspectual Lens" 49).

El propósito de este ensayo es el de demostrar la correlación existente entre las teorías científicas de los llamados "orificios de gusa-

---

[4] Podemos definir el aspecto como la "categoría gramatical que clasifica las situaciones verbales según su desarrollo interno y no con respecto al tiempo" ("Aspectual" 214). Para entender lo que es un situación verbal es necesario saber que la relación entre los verbos y sustantivos es lo que forma la estructura básica de la frase en español. Los sustantivos prototípicos (personas, objetos o lugares) se caracterizan por su estabilidad en el tiempo y el espacio, en tanto que el verbo se caracteriza por la falta de ésta. Los verbos prototípicos nombran acciones. En todo contexto las situaciones son variables por naturaleza, y las situaciones más variables son las acciones (*Investigación* 4).

no", y el uso que hace Cortázar del pretérito y del imperfecto para desplazar al protagonista y, con él a los lectores, hacia diferentes planos temporales y/o espaciales. Los transporta a través de una simultaneidad donde todo se integra al orden universal. Este proceso puede ser expresado a través del imperfecto. Don Andrés Bello caracteriza el pretérito como un denotante de absoluta anterioridad y el co-pretérito (imperfecto) como denotante de co-existencia (12-13). Por lo tanto, no debería sorprendernos que Cortázar logre, mediante este recurso lingüístico, que el protagonista se escape a través de estos agujeros de una realidad a la que el hombre, por temor a lo desconocido y en busca de seguridad, ha querido darle límites.[5] En la obra, objeto de este ensayo, el protagonista es liberado de toda barrera –temporal y espacial– para que pueda penetrar en su universo extrarracional y llevar a cabo conexiones no percibibles en estados de conciencia convencionales (Toben 35). Como es indicado por las nuevas teorías científicas, el cerebro humano posee un enorme potencial para realizar infinitas conexiones, proporcionándole al lector una visión extralógica del cosmos, gracias a la ley que mantiene y gobierna la armonía universal. Tabot dice: "We must now suspect that every point in the human brain is connected… to every other point in the universe" (81). Al mirar las teorías de Tabot, Toben y demás investigadores sobre las fluctuaciones geométricas del quantum, es posible apreciar la genialidad de Cortázar y, más aún, la sofisticada profundidad que conllevan algunas de las funciones lingüísticas del español.

Según dice Patricia Lunn el aspecto, como categoría gramatical que clasifica las situaciones según su desarrollo interno y no con respecto al tiempo, permite comparar el uso del contraste aspectual entre el pretérito y el imperfecto con una lente que se ajusta para acercar y situar con claridad o se desajusta para deslizar la imagen hacia zonas de poca nitidez. Lunn dice:

---

[5]   Mosher nos dice que en "Verano", Zulma y Mariano son manipulados por Cortázar para "fijar las cosas y los tiempos" (O 70), lo cual significa una mentalidad cerrada que se opone a la penetración de elementos irracionales" (75).

Preterito usage clusters around focus and imperfect usage around non-focus. When focus is conferred on a situation like those usually referred to in the preterite, or withheld from a situation like those usually referred to in the imperfect, the result is a conventional aspectual choice. When focus is withheld from a typically preterite, or conferred on a typically imperfect situation, the resulting aspectual choice are unconventional. ("The Aspectual" 50)

En "La isla a mediodía", es posible constatar cómo el estilo cortaciano está fuertemente controlado a través de este contraste. En primer lugar, el pretérito con el que comienza "La isla" sirve para narrar una realidad de doble inclusión voluntaria: la del lector que entra en el espacio ficcional de la obra y la de Marini, protagonista de "La isla", atrapado en el espacio limitado de una aeronave italiana en vuelo sobre el mediterráneo. El narrador usa el pretérito para capturar la atención del lector, a la vez que muestra el mundo exterior en el que se mueve la figura central de la historia. A partir de ese instante, uno y otro –lector y protagonista– vivirán juntos la odisea que terminará con la caída y desaparición del avión en las aguas del Egeo. Marini, como auxiliar de vuelo, estaba destinado a la línea Roma-Teherán. Justo al mediodía, tres veces por semana, el avión pasaba sobre la pequeña isla griega, Xiros. Por alguna razón, Xiros ejercía un encanto especial sobre Marini. Semanas después, cuando le propusieron la ruta de Nueva York, ante la sorpresa de su jefe y las secretarias, rechazó la oferta. Su interés lo había llevado a investigar sobre este pequeño punto del mar, ese que apenas se veía desde la ventanilla de la cola del avión, al mediodía, y el que a Marini se le antojaba que "tenía una forma inconfundible, como una tortuga que sacara apenas las patas del agua" (96).

La primera vez que *vió* la isla... [fue] cuando en el óvalo azul de la ventanilla *entró* el litoral... Marini *sonrió*... se *enderezó* y *empezó* a ocuparse de un matrimonio sirio que *quería* jugo de tomate... *empezó* a abrir la lata de jugo y al enderezarse la isla se *borró* de la ventanilla; no *quedó* más que el mar... *miró* su reloj de pulsera sin saber por qué; *era* exáctamente mediodía." (95-96)

En la cita anterior, encontramos que de los diez verbos que están en pretérito y que se refieren exclusivamente a las actividades de Marini, ocho de ellos son verbos de acción, lo que según las funciones convencionales que han sido asignadas al pretérito indicaría que, desde la perspectiva del hablante, tal situación es vista como perfectamente enfocada y en su totalidad. Estas acciones son aislables de su contexto y pueden ser percibidas como un todo. Los verbos de estado, por el contrario, son codificados usualmente en imperfecto, ya que no centran la atención del lector, la cual es aprehendida por las acciones ("Aspectual" 52). En el caso del imperfecto *era*, se trata del tiempo que, como entidad sin límites definibles, siempre estará en imperfecto. Se ha dicho que el aspecto codifica la percepción del hablante y, es ésta, la que lo lleva a elegir entre el pretérito y el imperfecto. "No *quedó* más que el mar" es, según la terminología que Mosher aplica a las obras de Cortázar, "una figura cuya manifestación depende de [los] procesos mentales" del protagonista (73). *Quedó*, aunque es un verbo de estado se halla en pretérito respondiendo a la percepción que Marini tiene de la isla. Posteriormente, como veremos, él estará obsesionado con su "tortuga dorada" y ésta le absorberá en tal forma que la isla pasará a ser su única realidad (99).

Con el paso de los días la obsesión del aeromozo se hace *vox populi* entre los pilotos y, desde entonces, Marini será conocido como "el loco de la isla" (98). Con este antecedente el narrador prepara al lector para que en su momento, pueda continuar el viaje con Marini a través de las burbujas, entre las que se regodea gustoso y anticanónicamente el aeromozo italiano. Pronto, ya no se interesará más por el hijo que Carla le dará, ni por el hermano con quien vive en Roma. Gracias al imperfecto, como recurso creador de continuo espacio-temporal, lector y protagonista comienzan a evadirse de su mundo limitante, adentrándose a través de los pequeños orificios mosherinos en un cosmos sin fronteras. Por otro lado, con la técnica de enfoque asignada al pretérito, el protagonista logra asir, delimitar y poner en un primer plano todo aquello importante a su mundo discursivo. Este mundo no es necesariamente el que nosotros normalmente aceptamos como "la realidad". Si bien es cierto que al hablar del pretérito nos referimos a situaciones verbales que han sido completadas, terminadas en un contexto pasado, esto no implica que en la realidad o en la mimesis que hace Cortázar de ella, el contexto del hablante corresponda exactamente al de todos los seres humanos. Más aún, ni siquiera al de un mismo individuo ya que, hipotéticamente, en él pueden darse incontables posibles estados de conciencia.[6] En *Octaedro*, por ejemplo, Mosher nos dice que el estado soñador de la niña representa en la obra su conciencia receptiva y propensa a la apertura y al movimiento libre. Por el contrario, Zulma y Mariano representan el "impermeable racionalismo de los adultos" (75).

En el mundo cortaciano, salpicado de burbujas que llegan y se van, todo coexiste en la conciencia (Castro Klarén 334, Morello-Frosh 354). En estos estados poco convencionales, la situación verbal logra ser plasmada lingüísticamente mediante el imperfecto. Como preludio al accidente, el lector se entera de que Marini irá de vacaciones a la Isla. Para entonces, según nos dice el narrador, el protagonista,

> no *llevaba* demasiado la cuenta de los días; a veces *era...* todo un poco *borroso*, amablemente fácil y cordial y como *reemplazando* otra cosa, *llenando* las horas antes y después del vuelo, todo *era* también *borroso*, fácil y estúpido hasta la hora de ir a inclinarse sobre la ventanilla de la cola, *sentir el frío del cristal como un límite del acuario* donde lentamente se *movía* la tortuga dorada en el espeso azul. (99)

Se hace evidente en el anterior pasaje, que un nuevo estado domina la mente de Marini. El lector es informado por el narrador que la realidad del aeromozo, como nos fue presentada en el comienzo –la rutina del trabajo, sus relaciones amorosas, sus ambiciones– se esfuma rápidamente. Así, para cuando el avión sobrevuele por última vez a Xiros, Marini se hallará ya en una especie de vigilia o preconciencia que propiciará las posteriores acciones del steward. La realidad de su vida se ha hecho borrosa. Todo le parece "estúpido y fácil". Se siente restrin-

---

6 Tal sería el caso de los enfermos mentales, o los estados producidos por drogas, traumas, etc. De igual forma, se dan en cada individuo "normal" diferentes estados de conciencia en que la mente entra en vigilia, en el sueño por ejemplo.

gido y limitado, donde el avión es como una gran caja con paredes de cristal lo que, metafóricamente hablando, hace sentir a Marini como un pez en un acuario. Al mismo tiempo, todo va siendo reemplazado por una sensación de alivio "amablemente fácil y cordial". Los verbos conjugados –llevaba, era, era, movía– están todos en imperfecto que, como indicador de progresividad, compagina perfectamente su función semántica con la progresividad que también caracteriza a los gerundios "reemplazando y llenando".[7] "This accounts for the sense of reverie evoked by use of the imperfect to described situations that could also have been described, objectively, in the preterite" ("Aspectual" 57). Marini posee esa capacidad de apertura en sus procesos mentales que hace factible una nueva noción del universo, donde el tiempo se caracteriza por una infinita elasticidad.

Mirando el pasaje desde el punto de vista de Mosher, podemos aplicar la metáfora de Wheeler y decir que Marini se pierde entre las burbujas que se van para aparecer en otro lugar de la gran alfombra cósmica. Su viaje imaginario se realiza, simplemente, dejándose llevar. Como en un inmenso tobogán iba deslizándose mientras pensaba que nada era difícil una vez decidido, "un tren nocturno, un primer barco, otro barco viejo y sucio, la escala en Rynos, la negociación interminable con el capitán de la falúa, la noche en el puente, pegado a las estrellas, el sabor del anís y el carnero, el amanecer entre las islas" (99-100). En este viaje el protagonista es elemento pasivo. Lo único que denota vida es el pensamiento que arrastrado por una corriente suprarracional alcanza velocidades no asibles por el sistema verbal conocido. Entonces, los verbos simplemente desaparecen.

Una vez que arriba a su destino, una nueva realidad enmarca la conciencia de Marini. En la mente del steward el mundo que le rodea es ajeno a toda situación externa a su propio mundo interior. Por lo tanto, su conciencia se convierte en el foco de su propia historia y todo

---

[7]   Aspectualmente el pretérito representa la perfectividad de la situación verbal, en tanto que el imperfecto representa progresividad y coetaneidad en el discurso o contexto del hablante. Igualmente el gerundio sirve para señalar una acción en progreso y el participio denota la perfectividad de una situación verbal (*Investigación* 37).

lo que no se encuentra dentro de sus propios parámetros será codificado como fuera de foco. "Se *dejó* llevar por corrientes insidiosas hasta la entrada de una gruta, *volvió* mar afuera, se *abandonó* de espaldas, lo *aceptó* todo en un solo acto de conciliación... *supo* sin la menor duda que no se iría de la isla..." (100).

La situación que se da en el contexto enajenado del protagonista se ve, por momentos, contaminado por la realidad exterior. La emergencia del avión hace que Marini regrese de su mundo. El narrador recoge estos segundos de conciencia con una serie de pretéritos para alertar al lector del accidente y para traer a la conciencia de Marini los pocos chispazos de realidad que pueden entrar a su mente obnubilada. Sin embargo, éstos serán rechazados, una y otra vez, en fluctuaciones que van y vienen de la realidad al alienado estado de conciencia del protagonista, para regresar de nuevo a la apremiante situación que viven los pasajeros del avión. El narrador nos dice: "incapaz de luchar contra tanto pasado abrió los ojos y se enderezó, y en el mismo momento vio el ala derecha del avión, casi sobre su cabeza, inclinándose inexplicablemente, el cambio de sonido de las turbinas, la caída casi vertical al mar" (102).

A pesar de la premura del momento, la ubicuidad de Marini le permite distanciarse del peligro inminente, negándose a morir sin haber estado en Xiros. De nuevo se introduce en la burbuja mosheriana y convierte el accidente en una difícil aventura para llegar a su Isla. Como dice Lunn:

> Human beings can adopt confortable positions with respect to a verbal situation, and from that point of view their aspectual choices will be conventional. Or, they can adopt akward positions with respect to the situation, and produce unconventional aspectual choices from that point of view. ("Aspectual" 59)

Aunque el lector sabe que el avión ha caído en el mar, se lee que el protagonista: "bajó a toda carrera por la colina golpeándose en las rocas y desgarrándose un brazo entre las espinas" (102). Paralela a esta narración en pretérito, dado el esfuerzo de Marini por enfocarse en su mundo de deseos, por mantenerse ajeno al suceso, por negar la realidad, el impacto del hecho hace que ambas realidades –la suya y la del mundo exterior a él– coexistan en su conciencia. El narrador continúa con el pretérito, ahora hablando del accidente: "Marini tomó impulso y se lanzó al agua, esperando todavía que el avión volviera a flotar" (102).

Finalmente, la realidad ficcional de la obra toma de nuevo el control para terminar como empezó, narrando en pretérito la historia del steward italiano que muere en las playas de la isla tortuga:

> *remolcándolo* poco a poco *lo trajo* hasta la orilla, *tomó* en brazos el cuerpo vestido de blanco, y *tendiéndolo* en la arena *miró* la cara llena de espuma donde la muerte ya *estaba* instalada, *sangrando* por una enorme herida en la garganta....Cuando *llegó* Klaios, los muchachos *rodeaban* el cuerpo tendido en la arena, sin comprender cómo *había* tenido fuerzas para nadar a la orilla y arrastrarse *desangrándose* hasta ahí. (102-03)

Los imperfectos y gerundios subrayados señalan los comentarios del narrador que, ante la gravedad de la muerte, carecen de importancia. Ellos sólo revelan una situación textual –real y lingüística– en la que la sensibilidad del ser humano, ante el binomio vida/ muerte, suspende el mundo circundante para adentrarse temporalmente en el espacio sin fronteras del misterio metafísico. Sirviéndonos de las palabras de Cortázar, Marini, como el lector, son parte de figuras que desconocemos: "ligazones de circuitos que se cierran y que nos interrelacionan al margen de toda explicación humana" (Harss, citado por Mosher 72).

Heisenberg nos dice que en los fenómenos que observamos, la naturaleza no es ella misma, sino una naturaleza expuesta a través de nuestros propios métodos para cuestionarla (57). Además, admite el científico que para hablar de ciertas estructuras y fenómenos no podemos acudir al lenguaje ordinario (154). Por lo tanto podemos concluir que el lenguaje y la epistemología forman parte de un todo, cuya cohesividad y unidad se da en base a las interconexiones cósmicas. En ellas, el lenguaje carece de fronteras y acepta su ambigüedad. De igual manera, se niega a ser un elemento limitado o limitante por las concepciones convencionales que se tienen acerca de la estructuración de la lengua, como vehículo que expresa los fenómenos de conciencia del ser humano.

OBRAS CITADAS

Alazraki, Jaime. *La isla final.* Eds. Jaime Alazraki y Joaquín Marco. Madrid: Ultramar, 1983.

Bello, Andrés, Rufino José Cuervo. *Gramática de la lengua castellana.* Buenos Aires: Anaconda, 1941.

Castro-Clarén, Sara. "Fabulación ontológica: Hacia una teoría de la literatura de Cortázar", *La isla final,* 293-321

Cortázar, Julio. *La vuelta al día en ochenta mundos.* México: Siglo Veintiuno, 1969.

_____. *Ceremonias.* Barcelona: Seix Barral, 1989

_____. *Octaedro.* Madrid: Alianza, 1987.

_____. *Prosa observatorio.* Barcelona: Lumen, 1972.

_____. *Queremos tanto a Glenda.* Madrid: Alfaguara, 1981.

_____. "La isla a mediodía". *Todos los fuegos el fuego.* Barcelona: Edhasa, 1984.

Harss, Luis y Barbara Dohmann. "Julio Cortázar, o la cachetada metafísica". *Los nuestros.* Buenos Aires: Suramericana, 1975. 252-300.

Heisenberg, Werner. *Physics and Filology.* London: George Allen & Unwin, 1958.

Lunn, Patricia. "The Aspectual Lens" *Hispanic linguistics* II (1985): 49-61.

Lunn, Patricia, Janet A. Decesaris. *Investigación de gramática.* Boston: Heinle & Heinle, 1992.

Morello-Frosh, Marta. "El personaje y su doble". *Homenaje a Julio Cortázar: Variaciones interpretativas en torno a su obra.* Ed. Helmy Giacoman. New York: Las Américas, 1972. 329-338.

Mosher, Mark. "Los 'desespacios y los destiempos' en los 'wormholes' de Cortázar". *Hispanófila* 2.116 (1996): 69-82.

Tabot, Michael. *The Holographic Universe.* New York: Harper Collins, 1991.

Toben, Bob. *Space Time and Beyond.* New York: P. Duton, 1975.

Wheeler, John A. "Superspace and the Nature of Quantum Geometro Dynamics". *Batelles Rencontres: 1967 Lectures in Mathematics and Physics.* Eds. Cecile M. Dewitt y John A. Wheeler. New York: Benjamin, 1968. 242-307.

MEIRA DELMAR [1]

LA MEMORIA Y EL TIEMPO EN
LAÚD MEMORIOSO

Al centro de casi todo el corpus de la obra de Meira Delmar aparece una figura femenina que se retrae a su mundo íntimo reflejando para el lector una imagen semejante a la de la heroína romántica que emergió durante el siglo XVIII como arquetipo femenino en la cultura europea de la época. Los escritores románticos como Rousseau y Coleridge hicieron de ella un ser con poderes sexuales que podían ser al mismo tiempo tan peligrosos como impredecibles. Desafortunadamente, estos escritores también crearon la imagen de una mujer esencialmente pasiva y sin control de su propio destino.

Dicha proyección fundamentalmente masculina de la mujer se estableció fuertemente en la cultura hasta el punto que, a partir del siglo XIX, puede verse su marcada influencia en la literatura femenina. A pesar de esto, escritoras románticas como Margaret Fuller (1810-50) en Estados Unidos o George Sand (1804-76) en Francia hicieron de sus heroínas románticas figuras activas a través del uso de la intuición y de sus poderes especiales para ver en el corazón mismo de las cosas. De las misma forma, las definieron como seres más sensibles y cercanos a la naturaleza que el hombre.

---

[1] Meira Delmar (1922) es el pseudónimo de Olga Chams, poetisa del Caribe colombiano e hija de inmigrantes libaneses. Estudió en Roma arte y literatura. En 1988 fue designada miembro correspondiente de la Academia Colombiana de la Lengua. El departamento del Atlántico y la ciudad de Barranquilla le ha conferido diferentes premios en reconocimiento a su labor poética, docente y cívica.

Poco después, la mujer pasa a tomar el papel de "ángel del hogar" y es declasificada como ser sexual o, por el contrario, aparece la mujer fatal, objeto del deseo masculino pero nunca considerada por el hombre como digna de formar un hogar y ser madre de sus hijos.[2] Tanto la literatura como la ópera consignaron esta tendencia y centraron el interés de la mujer en la búsqueda de un compañero que presentara las características del hombre romántico. El nuevo enfoque cambia la dinámica de la acción en la obra literaria que será movida, más que por la pasión, por las dificultades creadas para los amantes por las convenciones sociales, los problemas familiares, los padres tiranos y otras fuerzas del destino que separan definitivamente a los enamorados, como en el caso de Violeta en *La Traviata*.[3] Recordemos que Violeta renuncia a su amante para que él pueda casarse con otra mujer joven y, sobre todo "pura", con el objeto de establecer una familia respetable.

A la par, aparece también la mirada crítica y la visión satírica de mujeres como Jane Austen (1775-1817) y George Eliot de Inglaterra (1819-80), Alfonsina Storni de Argentina (1892-1938), Laura Victoria de Colombia.[4] No es raro, por lo tanto, que el siglo XVIII sea reconocido como el de la autobiografía femenina la cual provee un contradiscurso que fustiga la creación de la heroína romántica como armoniosa representación femenina de las fuerzas económicas, socia-

---

[2] La burguesía emergente encontró necesario limitar el número de hijos, enfocando su atención en el control y manejo de la pasión sexual supliendo, de esta forma, la falta de anticonceptivos.

[3] Giussepe Verdi (1813-1901), compositor italiano de la *La Traviata* (1853). Entre sus obras más famosas figuran *Nabucco* (1842), *Rigoletto* (1851), *Il Trovatore* (1853), *La Forza del Destino* (1862) y *Aida* (1871), entre otras.

[4] Gertrudes Peñuela Eslava, conocida como Laura Victoria, nació en Soatá, Boyacá en 1910. Recibió el grado en Pedagogía y llegó a obtener cargos diplomáticos en México e Italia. Escribió *Llamas azules* (1933), *Cráter sellado* (1938), *Cuando florece el llanto* (1960), *Viaje a Jeruzalén* (1985), *Itinerario del recuerdo* (1988) y *Crepúsculo* (1989). A pesar de su erotismo, Irene Mizhari considera que Laura Victoria se integra perfectamente en la categoría de "belleza ideal" propias del romanticismo. Véase "La poesía erótica de Laura Victoria" en *Literatura y diferencia* editada por María Mercedes Jaramillo, Betty Osorio y Angela Inés Robledo. Bogotá: Uniandes, 1995.

les y emocionales que requerían expresión a través del sistema genérico sexual (hombre-mujer). No obstante la existencia de este contradiscurso, aun las heroínas más subversivas de la literatura debían ajustarse al arquetipo romántico, reflejando la construcción de la experiencia femenina dentro de las estructuras sociales y culturales exigidas por el momento sociohistórico. En la escritura femenina del siglo XIX puede verse, entonces, un patrón superimpuesto que permite hablar de una tradición concentrada en la vida interior de la mujer.

En la poesía de Meira Delmar, la voz lírica femenina se ajusta a los parámetros establecidos por el romanticismo presentando a la mujer como ser generoso, noble y estoico. En este ensayo se sugiere que, dentro de la tradición romántica, Meira hace uso del tiempo, la memoria y el olvido como elementos que proveen un camino útil y apropiado para el estudio de su creación. La memoria, retrae del pasado y actualiza los sentimientos personales de la autora acerca del tiempo y la naturaleza, dando a la evocación intimista un marcado sentido autobiográfico. Tiempo, memoria y olvido son fuerzas enraízadas profundamente en la poesía de la escritora. En su creación es posible encontrar la conciencia del poder de estas fuerzas, la interacción del tiempo y la memoria con el arte y el papel estructurador que éstas han tenido en su poética. Mucha de su mejor producción es retrospectiva y sus más sentidas emociones han sido movidas por la rememoración del pasado. De la misma manera, algunos de sus más profundos pensamientos han brotado de esta evocación y de las reflexiones que dichas memorias han desencadenado. En *Laúd memorioso* (1995) la temática se centra en el amante ausente, los recuerdos familiares y la naturaleza. Como la heroína romántica, la voz lírica en este poemario es la de una mujer esencialmente pasiva, ajena a la agentividad de su propio destino. Su vida quedó marcada por "un pequeño descuido de la vida, una leve distracción del destino" (*Laúd* 41). La hablante lírica sufre su destino mientras encuentra solaz en la naturaleza y en los recuerdos de su hogar. Es de anotar, sin embargo que Meira Delmar introduce nuevas técnicas que la separan del movimiento romántico y le dan la posibilidad de crear una poesía diferente donde la hablante lírica es moldeada como protagonista de su propio destino y en total control de su quehacer literario. En él, la poetisa se crea y se recrea

dentro de un espacio propio hecho a base de recuerdos y reminiscencias tautológicas.

Los pronunciamientos de la escritora acerca de su poesía describen
la importancia de la memoria, no porque la poesía tenga su origen en
la emoción revivida en la calma como decía Wordswoth (1770-1855),
sino porque esta recolección de hechos y sentimientos es conscientemente sostenida y mantenida por la autora (citado por Salvesen 1).
Hay, pues, un uso deliberado de la memoria que evoca para crear de
nuevo un sentimiento que revive la emoción de un momento pasado.
Según Meira:

> el hombre, a medida que pasan los años, a medida que ve disminuirse el
> tamaño de sus anhelos, hace un alto en el camino y vuelve la mirada hacia
> atrás, a las horas vividas cuando amanecía apenas el sol del "divino teso-
> ro" de Rubén. Para decirlo de diferente modo, todos volvemos al ayer, al
> único país que conocemos palmo a palmo y que amamos sin remedio.
> (Krakusin 4)

Hoy día se asume la relación de nuestra subjetividad con el tiempo y la conciencia de la duración es una condición bajo la cual se
experimenta la vida, se realiza el trabajo diario y se escribe literatura.
La memoria es instrumento de conservación de la verdad. Ambas
fuerzas actúan en el tiempo el cual no tiene mayor sentido sin una conciencia que lo registre y lo sufra. Según María Cristina Restrepo, no
podemos hacer caso omiso del tiempo puesto que nuestra vida está
inscrita en él y en él encuentra su realidad... La memoria y el olvido
están asimismo inscritos en el tiempo, dependiendo de él, de su trans-
currir y su capricho (13). Nuestra actitud hacia el tiempo, la que a la
vez es un indicativo de nuestra identidad y de la expresión del yo subjetivo, no es tan común como se esperaría y, raramente, se encuentra
en la literatura anterior al siglo XVIII. Antes de este siglo, la autobiografía de cualquier tipo, o recuento de historia personal, es apenas un
modo, si eso, completamente marginal en literatura que, hasta entonces, no exhibía ningún tipo de desarrollo de un sentido del tiempo
interior de los personajes en la narrativa, o del hablante lírico en poesía. Los personajes que hablaban de sí mismos y de su vida se pre-
sentaban directamente, por sus propios méritos, sin beneficiarse de la

introspección o estudiar la retrospección. Es solamente hasta el romanticismo que aparece la conciencia de una clara relación entre el pasado y el presente. El tiempo, entonces, era sentido como una condición de la existencia, una condición universalmente reconocida, aunque privada y un poco diferente para cada individuo. Así, la experiencia evocada y convertida en poesía es el medio del cual se valían los románticos para responder al tiempo y, con él, a la memoria y al olvido.

Geoge Poulet observa en su libro *Studies of Human Time* que el fenómeno de la memoria fue el mayor descubrimiento del siglo XVIII (23-24 Salvesen 3). Este llevó a un nuevo sentido de existencia y de crecimiento personal, del ser que vive en el presente pero que también es el mismo ser que vivió en el pasado, el que existe en sus propios recuerdos y el que murió por el olvido. En la poesía de Meira Delmar se da la localización consciente de los recuerdos personales, de lo experimentado y vivido por el propio yo, de esa memoria que salva del olvido, y de ese olvido que es lo robado a la memoria. A pesar de la constante búsqueda de olvido, tema que trata una y otra vez en su poética, de un olvido que se expresa con desmayo en *Laúd memorioso* con un "se me murió el olvido/ de repente" (25), la poetisa avanza en el tiempo, y a medida que su vida se alarga y el plazo hacia el fin se acorta, la historia de sus olvidos viene a ser tan larga y tan significativa como la de sus recuerdos (Restrepo 14).

De la misma manera que el olvido que no llega es dolor, también es *leit-motiv* y fuente de inspiración como se puede apreciar en los siguientes versos: "Dejé tu nombre una tarde/ a la orilla de la mar./ Que lo borraran las olas,/ que lo mordiera la sal,/ y una gaviota de olvido / se lo llevara al pasar" ("El nombre" 35). La memoria y el olvido son en ella un modo de experiencia que ha llegado a ser objetivada. Si bien es cierto que la escritora centra su interés en sí misma, en su vida íntima, también lo es el que ella haya logrado crear, conscientemente, un lugar para sí misma dentro de su obra. En otras palabras, esta impersonalidad subjetiva es un nuevo modo de experimentar el tiempo, de explotar y explorar la memoria y el olvido y de dar originalidad a su trabajo artístico. Al objetivar su egocentrismo logra añadir un elemento ajeno al romanticismo que enmarca la obra, para colocarla fuera de la simple intuición típica de este movimiento literario,

al convertirla en algo completo y perfectamente planeado con una
clara visión temporal. Para ella recordar es ser poeta.

El tiempo es tratado por Meira de una manera directa, sin elucubraciones filosóficas, psicológicas, físicas, biológicas o históricas. Es
un tiempo experimentado como literatura, vívidamente activo, aun si
sólo es para crear un contexto poético en el cual pueda ser considerada su producción estética, "¿mis temas? El amor, la nostalgia, el olvido, la muerte, todo ello involucrado en el mundo que me rodea", nos
dice la escritora (Literatura y Diferencia 133). Lo anterior sugiere,
entonces, que el recuento del pasado personal es uno de sus grandes
logros, no por la simple rememoración sino por el uso que hace de él
como recurso literario, como representación y expresión a través de la
memoria poética de la unidad esencial de su yo, de sí misma (self) y
de su continuidad en el tiempo.

En el poema "Nombre" nos dice la poetisa en otra estrofa: "Y otro
día de otro tiempo,/ a la orilla de otro mar/vestido de espuma y
algas/tu nombre volví a encontrar/ igual a un barco perdido/ sin aguja
de marear" (35), con lo que establece claramente que la temática de su
obra es el amor, pero también lo es la de la memoria y el olvido expe-
rimentados en el tiempo como leemos en "Los días idos", por ejemplo (59). Dicha temática es formalmente buscada, ya que como dice
Meira: "Conmigo va desde entonces/ ya para siempre jamás,/ y es
inútil que le huya/ por toda la inmensidad;/donde me duela la ausen-
cia/ allí me habrá de alcanzar" (Laúd memorioso 35-6). La escritora
siente el valor de su pasado en el presente mediante la reminiscencia
a la luz del momento de inspiración. El arte para ella, y contrario a lo
que su obra parece sugerir, es arma contra el tiempo, un instrumento
de eternidad",...viva llama, que no cesa/ de arder en el vacío"
("Desvelo", Laúd 43). Es forma de perpetuar la existencia humana: su
propia existencia y la de los seres que ha querido; "son los otros que
vuelven en nosotros. Con ellos recobramos el pasado y ellos recobran
el futuro en nosotros" (Jaramillo, "Influencia sufí" 43). En carta personal a María Mercedes Jaramillo, Meira comenta: "mi poesía es mi
forma 'otra' de vivir" (Literatura y diferencia 133). Pero no todos
experimentamos el tiempo de la misma manera. Si bien Meira lo ha
experimentado a través de los placeres agridulces que le regala la
memoria, otros escritores, como Shakespeare, encuentran su victoria

sobre el tiempo mirando hacia el futuro (Salvesen 7). Ambos, sin embargo, han consignado el paso del tiempo como una realidad de la existencia. Meira es consciente de la fuerza de la memoria en su poesía, de su esencial unidad, de su poder de acumulación y de su continua presencia en nuestras vidas. La memoria en el tiempo es para Meira revelador de la verdad de distintas maneras y a diferentes niveles. Ella puede confirmar hechos o develar errores según se lee en "Desencuentro": "Hace mil años, un día/ dos que se amaban erraron/ el encuentro y se alejaron/ cada uno por su vía. Otro sol aparecía/ cuando de nuevo nos vimos,/ hallarnos por fin creímos/ y tampoco pudo ser:/ sólo nos queda volver/ a ser los que antes fuimos" (39). Asimismo revela omisiones que cambiaron el destino para siempre; la hablante lírica se queja en "Deshora" de aquel silencio que sello sus labios y que le hiere todavía el corazón (41). La poesía de la escritora está basada en momentos, en leves horas, en simples puntos en el tiempo, pero que son su constante fuente de inspiración y objeto de la memoria poética. De estos puntos en el tiempo la memoria se expande e irradia en todas direcciones. A diferencia de Wordsworth a quien se le agotaron los recuerdos, Meira elabora y reelabora sobre las mismas experiencias y sobre las vivencias que han dejado los viejos y los nuevos recuerdos.[5]

Ella crece en su poesía a la par que crecen las memorias y los olvidos pero su memoria no es cronológica. Su conciencia del tiempo y el poder de la memoria, a la vez que la mantienen en el fluir de la existencia la excluyen del tiempo. En su poesía el fluir linear del tiempo choca con el fluir de su conciencia para crear un arte que refleja las continuas repeticiones y renovaciones que se dan en la naturaleza: "Olvidar es ¡ay de mí!/ querer más al que se olvida,/ yo me he pasado la vida/ olvidándome de ti" ("Coplas" 54). El estado de tensión que se crea entre una conciencia que vive el momento presente y la que rememora y revive el pasado presenta una serie de paradojas que debe enfrentar la escritora: por un lado está el mundo organizado de su poesía y por el otro, está el caos y la simultaneidad del presente

---

5 Según Salvesen los recuerdos en Wordsworth simplemte fueron usados y se le agotaron. "Wordsworth's deepest memories were simply perhaps 'used up'"(178).

("Sombra" 51). Por supuesto que esto le abre otras posibilidades como
la de mantener un universo alterno al cual puede retirarse según sus
deseos o necesidades como vemos en "La casa de la sierra", "El mar,
la mar" o "Inmigrantes" (75, 77, 81) y otro mundo real del que puede
huir sin reproches. A través de las operaciones de la memoria, el tiempo y el espacio son irrelevantes. Por esta razón la memoria le resulta
talismánica y posee importancia y validez por sí misma. La inclina-
ción de Meira es la de armonizar y concretar la experiencia en patrones poéticos, inyectándoles una equilibrada energía emocional que le
permitan tomar parte activa en el proceso de creación, no como necesidad de capturar un momento de inspiración, sino como doliente artí-
fice del mismo ("Casidas de la palabra" 79). Esta doble visión, parece fascinar a la poetisa ya que le permite, a la vez, recrear objetiva-
mente la visión y, enlazarla con su vida espiritual, impregnando el
recuerdo con un emotivo sentido de conexión. El fenómeno puede
convertirse para la Meira en pesadilla por la latente amenaza que conlleva el revivir el dolor pasado ("Ausencia de la rosa", "Muerte del
olvido" 11, 25). La respuesta a dicha situación también puede ser
dual; de conflicto entre los sentidos y emociones despertadas por el
momento o, a menudo, como armonía entre ellos, incorporando en
otros patrones poéticos los elementos discordantes para reflejar la
calma, la aceptación y el estoicismo que encontramos en "Allá" o en
"El llamado", poemas que encierran elementos tan cercanos a los conceptos básicos de la filosofía sufí.[6]
     El tiempo sobre el cual descansan la memoria y el olvido también
puede ser equivalente a la suma de la experiencia humana, que alcanza la felicidad a través del sufrimiento y la fortaleza. El tiempo actúa
en conjunción con la naturaleza y en, o sobre la mujer, como parte
integra de ella (naturaleza). Dicha naturaleza, como proceso de vida,
debe ser vista entonces, como creación en el tiempo. Él destruye y
regenera, devora y redime y puede llegar a ser fuerza mística, tema
explorado por María Mercedes Jaramillo en su artículo "La influencia

---

6   María Mercedes Jaramillo explica que el sufismo es una "corriente espiritual
    que se basa en lo inexorable ya que el misticismo es el único repertorio de la
    verdad en todo su sentido, y porque trata sobre todo con lo absoluto, lo infi-
    nito y lo eterno" (42).

Sufí en la poesía de Meira Delmar", ya que amor y misticismo van de la mano. Páez Escobar observa al respecto que: "la distancia entre la poesía romántica y la mística es muy corta. Las cuerdas del corazón se estremecen lo mismo con el amor humano que con el éxtasis divino. A Dios se le ama mejor a través del legítimo amor de los hombres" (citado por Mizhari 116).[7] Los poemas de Meira capturan la armonía de la naturaleza donde se manifiesta la Belleza, la Verdad y la Vida ("Salmo mínimo", "Pavesas" 89-91). En ellos se evoca la perfección que acerca a la presencia divina (Jaramillo, "Influencia sufí" 45). A través de esta visión del cosmos que encontramos en *Laúd memorioso* la vida no es ni infierno ni cielo, tiene más bien una condición purgatorial que aspira a lo absoluto, a lo infinito y a lo eterno, y está siempre en busca de la perfección ("Cedros" 87).

En la poesía de Meira, la memoria puede ser percibida como continuidad existencial donde el ser se niega a entregar al olvido todo lo que fue vida, emoción y sensación. Es también forma de arrancarle al tiempo parte de ese yo que fue y que sigue considerando suyo en una batalla por mantener la unidad e identidad personal. La escritora labora y elabora su poesía sirviéndose de los poderes restauradores de la memoria. El pasado viene a ella para ser serenamente contemplado. Es posible entrever también, cierto distanciamiento que permite al observador observarse en pasividad gozosa, sintiéndose ajena a las coordenadas de tiempo y espacio que con frecuencia desaparecen y pierden para ella toda relevancia. Su poesía emerge en el otro lado del tiempo. Dos de las características más obvias de su obra son la del sentido del tiempo y la de haber escrito tanto sobre sí misma, es decir que su creación es autobiográfica, y conscientemente retrospectiva. En ella se deja claro la importancia del yo que recuerda, estableciendo, de paso, la importancia poética (más que la psicológica o filosófica) del individuo en su relación con el tiempo y con su propio pasado.

Para concluir podemos decir que la memoria, como palimpsesto de la mente, es en Meira un poder poético capaz de múltiples organizaciones, ocupándose así, de las numerosas permutaciones de la experiencia. En *Laúd memorioso,* la escritora representa, a su manera, la

---

[7]   Esta afirmación enlaza con el estudio realizado por María Mercedes Jaramillo
      sobre la influencia Sufí en la poesía de Meira Delmar.

unidad esencial del ser y su continuidad en el tiempo. Aunque la voz lírica está enmarcada dentro de un romanticismo estoico y dieciochesco, ésta trasciende mediante la contemplación de la Belleza, la Verdad y lo Absoluto. La memoria para Meira es don redentor que permite dar voz a la tristeza y al goce, a la vez que es bálsamo en la angustiosa soledad o en la resignada quietud del abandono. Es, además, capacidad para recrear el deleite en la naturaleza y para valorar la tranquilidad y la calma que parece liberarnos del tiempo al disolver sus fronteras. Su poesía es, pues, momento de comunión donde se funden en la palabra los sentidos, el espíritu y el intelecto.

OBRAS CITADAS

Conway, Jill K. *When Memory Speaks*. New York: Random House, 1999.

Delmar, Meira. *Laúd Memorioso*. Bogotá: Carlos Valencia Editores, 1995.

Jaramillo, María Mercedes. "La influencia Sufí en la poesía de Meira Delmar". *Revista de Estudios Colombianos* 22(2001):41-46.

Jaramillo, María Mercedes, Betty Osorio de Negret y Angela Inés Robledo. *Literatura y Diferencia: Escritoras colombianas del siglo XX*. vl. I. Medellín, Colombia: Uniandes, 1995.

Krakusin, Margarita. "Cerca del Magdalena con Meira Delmar: Entrevista". *Meira Delmar y su obra* Barranquilla, Colombia: Uninorte Press, 2003.

López Michelsen, Alfonso. "Prologo" *El olvido en la obra de Marcel Proust*. Medellín: Editorial UPB, 1987.

Mizhari, Irene. "La poesía erótica de Laura Victoria". *Literatura y Diferencia: Escritoras colombianas del siglo XX*. vl. I. Eds. María Mercedes Jaramillo, Betty Osorio de Negret y Angela Inés Robledo. Medellín, Colombia: Uniandes, 1995.

Poulet, Geoge. *Studies of Human Time*. Baltimore: John Hopkins Press, 1956.

Restrepo, María Cristina. *El olvido en la obra de Marcel Proust*. Medellín: Editorial UPB, 1987.

Salvesen, Christopher. *The Landscape of Memory: A Study of Wordsworth's Poetry*. London: Edward Arnold, 1965.

ANA MARÍA JARAMILLO [1]

EROS Y TANATOS: *LAS HORAS SECRETAS* Y LA NOVELA FEMENINA COLOMBIANA DE LA VIOLENCIA [2]

M arcelo Coddou señala que los problemas que enfrenta el críti-co de la literatura femenina son, entre otros, "los de una supuesta existencia de un discurso femenino, las posibilidades de una teoría literaria que les sea aplicable –lo que conlleva la discu-sión del tema sexo y literatura– y la especificidad de métodos críticos de aproximación textual" (29). Si bien es cierto que la literatura feme-nina ha sido englobada es importante recordar que no todas las muje-res escriben de forma similar, ni tampoco todas sus historias les son comunes. Sin embargo, estas historias son susceptibles de análisis en cuanto representan una ruptura ideológica con el discurso masculino, el cual ha impuesto limitantes a la escritora, tratando de comprometer su autonomía artística (Showalter, citada por Toril Moi 50).

La parodia como modo operacional con contenido ideológico pre-senta una opción al discurso femenino por su potencialidad subversi-va permitiendo que la escritura femenina cumpla su objetivo triple de reivindicar la voz y la identidad femenina, de reescribir su imagen y

---

[1]   Ana María Jaramillo nació en Pereira en 1956. Estudió economía en la Universidad de los Andes en Bogotá. Trabajó con el Ministerio de Desarrollo y posteriormente se estableció en la ciudad de México. Entre sus obras se des-tacan su pieza de teatro *Vendo mi muerte* y su novela *Las horas secretas* (1990). Además ha escrito un libro de entrevistas con escritores hispanoame-ricanos y varios libros de cuentos.

[2]   Este artículo fue publicado en *De márgenes y adiciones: Novelistas latinoa-mericanas de los 90.* San José, Costa Rica: Ediciones Perro Azul, 2004.

de deconstruir el discurso masculino.[3] No es de extrañar, entonces, que Ana María Jaramillo haya tocado en su obra la fibra más delicada y debatida de la Colombia de hoy: *La violencia*. Ésta, sin embargo, es mostrada enfocándose en el ser humano, en el guerrillero bullanguero y mujeriego, en un ser que siente la belleza de la naturaleza, la emoción del sexo y la intensidad del amor. Las figuras protagónicas son hombres en busca de una vida colectiva y de honor, y los personajes femeninos son mujeres silenciosas, o participantes directas del quehacer político y social del país, y siempre son afectadas por esta violencia. Los textos de Jaramillo son incluyentes y subvierten la noción de que la violencia colombiana se refiere a una "época de patología generalizada, de locuras, de gente mala, unidimensionalmente mala, llena de defectos y vacía de virtudes, de gente de campo, ignorante y supersticiosa, que mataba sin saber lo que hacía" (Tico Braun 16).

Hablando de la violencia Ariel Dorfman dice que en América la violencia es la prueba de que yo existo (14). Colombia es un país violento y uno de los países más inseguros del mundo, según palabras de Gabriel García Márquez (83). Dicha violencia se ha expresado en la literatura, particularmente en la novela. Dorfman señala:

> Decir que la violencia es el problema fundamental de América y del mundo es sólo constatar un hecho. Que la novela hispanoamericana refleja esa preocupación se advierte en cada página escrita en nuestro continente, esas páginas que son la piel de nuestros pueblos, los testigos de una condición siempre presente. (9)

A pesar de esta aseveración, la base teórica de la violencia ha sido poco estudiada ya que todos creemos saber qué es la violencia (Kohut 61). Algunos críticos distinguen entre la violencia personal, la institucional y la estructural. La primera es definida por Peter Waldman

---

[3]   Sklodowska considera que una de las formas para lograr estos tres objetivos es a través de la parodia ya que la praxis de la escritura femenina hispanoamericana, según la crítica, es esencialmente polémica. *Parodia en la nueva novela hispanoamericana 1960-1985* (144). En este ensayo me he servido extensamente de las teorías que sobre la parodia son expuestas en el libro de Sklodowska.

como una "interacción social que se caracteriza por la imposición de pretensiones y esperanzas o, más simplemente, por el enfrentamiento corporal directo". La institucional es el "poder de mandar sobre otras personas, apoyado en sanciones físicas, que se concede a personas que ocupan ciertas posiciones". La estructural, como es definida por Galtung, es "la causa de la diferencia entre la realización somática y espiritual del hombre y su realización potencial".[4] Como Gustavo Álvarez Gardiazábal, Ana María Jaramillo enfoca sus obras en la violencia estructural y teoriza sobre el poder fijándose, no en los "detalles filosóficos desprendibles de una ejecutoria sino en las minucias humanas de sus protagonistas" (Álvarez Gardiazábal 68). Aquí es pertinente anotar que la violencia estructural no se puede imputar a una sola persona o institución sino que dicha imputabilidad se halla diluida en el conjunto de circunstancias que rodean al individuo. Se refiere a los sistemas políticos, sociales y económicos opresivos que son nocivos o desfavorables para la gente que vive bajo estos sistemas. Podemos decir que la violencia no es un sistema antagónico a la cultura. Según Wolfgang Solfsky:

> La violencia es ella misma un producto de la cultura humana, un resultado del experimento de la cultura. Se la aplica en el nivel respectivo de las fuerzas destructivas. Puede hablar de retroceso sólo aquel que cree en progresos. Empero, desde siempre los hombres destruyen y asesinan con gusto y, por así decirlo, como naturalmente. Su cultura les habilita para dar forma y contorno a esta potencialidad. El problema no reside en la escisión entre las fuerzas oscuras del instinto y las promesas de la cultura, sino en la correspondencia entre violencia y cultura. La cultura no es, en modo alguno, pacifista. Ella forma parte del desastre. (citado por Kohut 62)

Esta problemática, de por sí complicada, se transfiere a la literatura. En la novela la posición del autor se manifiesta a través de sus protagonistas. Además, el autor hace uso de recursos y técnicas para dirigir las simpatías del lector y/o mostrar diferentes perspectivas del problema.

---

4   Las definiciones anteriores están tomadas de las "Reflexiones sobre la violencia política del crítico alemán Karl Kohut", pg. 62.

Como dice Kohut, "la literatura es en su esencia humana y, por ende, debe contribuir a la humanización del mundo. ... Sin embargo, cabe tener en cuenta que el compromiso del escritor con la libertad lo puede llevar, aunque sea inconscientemente, a acentuar la violencia del lado opuesto y a minimizar (o justificar) la violencia del lado propio" (64). La violencia ha acompañado a Colombia desde los inicios de su vida independiente. Liberales y conservadores siempre se han mantenido en pie de lucha y el siglo XX se inaugura con la Guerra de los Mil Días que indirectamente le costó al país su antigua provincia de Panamá. En 1948 el líder liberal Jorge Eliécer Gaitán (1902-48) es asesinado y con este acto se desata una ola de enfrentamientos entre los miembros de ambos partidos, conocida como *La Violencia* propiamente dicha. A partir de los años ochenta, la violencia netamente política se torna en un complejo fenómeno en el que entran en juego el narcotráfico, la guerrilla, los paramilitares y otros grupos subversivos de barrios y comunas que han incapacitado al Estado para garantizar el bienestar y la seguridad del pueblo, y ha llevado a la canalización de gran parte de los recursos económicos del país hacia una lucha sin cuartel que no ha producido resultados positivos. En las dos últimas décadas del siglo XX la lucha se ha intensificado y se vive una violencia más sofisticada y descarnada. La zozobra, el miedo y la paranoia colectiva que vive el país no han sido creados por el fantasma de la dictadura como ha sucedido en la Argentina, Chile, Perú y otros países. A raíz de estos hechos, América Latina ha dejado una literatura y un cine que consigna y archiva este tipo de violencia como puede verse en *Cambio de Armas* (1982) de Luisa Valenzuela, por ejemplo. Paradójicamente, y contrario a lo esperado, Colombia es un país "democrático" donde sólo han habido cortos asomos de dictadura. Sin embargo, la violencia endémica, parte ya de la cotidianidad del colombiano, ha sufrido transformaciones que han establecido patrones *sui generis* dentro del conjunto del subcontinente americano. En las décadas de los ochentas y noventas aparecen los llamados sicarios, o asesinos a sueldo, creando una nueva cultura: la del sicariato.[5] Si

---

[5]   Este fenómeno social ha sido estudiado por los críticos de la literatura y se ha llegado a encontrar elementos comunes entre el pícaro y el sicario de donde ha aparecido el término de *Sicaresca*.

bien el gobierno ha estudiado este tipo de violencia desde el punto de vista sociológico e histórico, es la literatura la que ha recogido el aspecto más humano de dicho fenómeno. Obras como *La virgen de los sicarios* (1994), de Fernando Vallejo, *Noticia de un secuestro* (1996) de Gabriel García Márquez o *Rosario Tijeras* (1999) de Jorge Franco Ramos, se complementan en su interés por comprender la violencia colombiana a través de sus personajes, actores en el espacio urbano de las grandes ciudades del país. Las obras citadas desarrollan y mitifican la figura del sicario dentro de una violencia que explora las intersecciones de este personaje con respecto al orden y la moral vigente (Cabañas 8). En ellas también se encuentra la violencia del Estado propagada por las Fuerzas Armadas del Ejército y la Policía y por los Paramilitares. Por otro lado también encontramos la violencia revolucionaria de grupos guerrilleros como el M-19, Las Fuerzas Revolucionarias de Colombia, FARC y el ELN, o Ejército de Liberación Nacional, añadiéndose a las anteriores la violencia de la narcoburguesía.

Es de anotar que el complejo problema que azota al país ha sido explorado, estudiado o trabajado poco por la mujer. Desde el punto de vista sociológico sobresale el grupo, femenino en su mayoría, de la Corporación Regional de Medellín. *El espejo empañado*, por ejemplo, es un libro dedicado al estudio de la génesis de la violencia en Medellín y los alcances políticos de ésta. Ana María Jaramillo A, homónima de la autora de *Las horas secretas,* ha investigado las transformaciones que, en el transcurso del siglo XX, han tenido lugar en la criminalidad urbana en Medellín" (7). Dicha criminalidad ha evolucionado según la autora, de la prostitución y la delincuencia común, a los juegos de azar frecuentados por los desempleados que, poco a poco, fueron uniéndose al ya numeroso grupo de vagos y rateros. Posteriormente aparecen las *tomaseras* o vendedoras de escopolamina, las *tamaleras* o vendedoras de marihuana, las *escaperas* o ladronas de mercancía en los almacenes y los *extorsionistas* que coaccionan o amenazan para despojar a la víctima de sus pertenencias. Ya a finales del siglo XX aparecen los llamados *Malevos* o delincuentes de barrio dedicados a robos y atracos, algunos de los cuales están vinculados con el narcotráfico. Cuando la descomposición social ha llegado a este punto se comienza a dar un amplio rango de delitos desde los atracos a taxistas, bancos, oficinas, vehículos de carga, hasta los perpetrados por los llamados *estucheros* o expertos en el robo de cajas fuertes. Otro tipo de delincuente es el que está ligado con el narcotráfico: las *Mulas* que transportan la droga al exterior, o los *sicarios* o asesinos a sueldo. Además, se da otro tipo de criminalidad con las bandas de secuestradores, los *chichipatos* o delincuentes de barrio, los jaladores de carros, contrabandistas y las bandas de abigeato o robo de ganado, entre otros. Las fronteras entre la delincuencia común y la política se hacen difusas por la vinculación de núcleos militares a las organizaciones de izquierda. De estas alianzas salieron los que, posteriormente, serían los jefes destacados de la estructura militar al mando del conocido narcotraficante Pablo Escobar. Con el fortalecimiento del narcotráfico organizado se fortaleció la lucha de los grupos guerrilleros del M-19 contra los militares y los simpatizantes de la izquierda, a cargo del narcotráfico, quienes se dedican "al asesinato de dirigentes de la Unión Patriótica y destacados defensores de los derechos humanos, dirigentes sindicales, del magisterio y líderes cívicos"(41). De este conflicto armado también forman parte "los grupos de paramilitares… y agentes de seguridad del Estado" (41).

De la misma Corporación Regional salió el estudio *En la encrucijada: Conflicto y cultura política en el Medellín de los noventa* (1998), donde Jaramillo A, Ceballos Melguizo y Marta Inés Villa Martínez analizan, desde un punto de vista sociológico de gran rigurosidad y profundidad, la ciudad y sus conflictos, haciendo una amplia referencia a los actores de la violencia urbana. Investiga sobre la evolución de las *bandas* y *milicias* urbanas, los *Combos* y los *Rumberos* y su inserción en las comunidades. Dichos grupos se definen como organizaciones político militares "cuyo objetivo es producir transformaciones estructurales en el país y avanzar en la toma del poder para el pueblo" (86). Algunas de estas organizaciones conservan rasgos de esa imagen mítica de Robin Hood con que fueron identificadas en los primeros tiempos. Según este estudio, para mucha gente los milicianos son jóvenes justicieros que, además de protegerlos de maleantes, les ayudan en múltiples espacios de la vida cotidiana, demostrando así su compromiso y opción decidida por los sectores más pobres de la población. Con ellos los barrios han pasado del estado de zozobra y desprotección en la cual los tenía el Estado, a una relativa tranquilidad. A través de la labor ejercida por las milicias, los barrios han llegado a cierto ordenamiento, se han instaurado reglas de comportamiento y una jerarquía en la que las milicias son la máxima autoridad. Gracias a ellas se promueven campañas de limpieza y ornamentación, recolección de basura, elaboración de murales etc. Además, ellas ayudan a resolver conflictos familiares y, en muchos casos, remiten a las partes a las Comisarías de Familia o Bienestar Familiar. En situaciones graves también han empleado medidas de fuerza como amenazas, destierro o asesinato (92).

Jaramillo A. afirma que los estudios realizados muestran la incapacidad del Estado para mantener la paz y dar seguridad a la población. Como respuesta han surgido las organizaciones armadas que se califican así mismas como grupos de autodefensa en posesión de territorialidades marcadas y definidas por la guerra. Dichas organizaciones restringen la circulación o prohiben explícitamente el desplazamiento por ciertos sectores del barrio, creando verdaderas barreras simbólicas o psicológicas entre la población (130). La memoria de una guerra heredada marca, en gran medida, la trayectoria de los jóvenes cuya infancia ha transcurrido en medio de las imágenes de la guerra. Éstas se convierten en referencia ineludible sin importar lo que posteriormente estos individuos hayan visto o vivido.

Aunque las obras mencionadas no son únicas, estas dan cuenta de la historia y evolución de la violencia que dará marco histórico y temático a la creación literaria de Ana María Jaramillo quien, igual que las sociólogas antes mencionadas, muestra una violencia humanizada, si esto es posible. Sus personajes salen de este caos, y los traumas que los han marcado los llevan a conductas conflictivas y contradictorias donde los valores y principios que rigen la sociedad se han cambiado por los que impone la diaria sobrevivencia del marginado. Sus obras no reflejan una violencia partidista como la que encontramos en *Marea de ratas* (1960) o *Bajo Cauca* (1964) de Arturo Echeverri Mejía, pionero de la literatura de la violencia en Colombia, sino la trágica odisea que vive la sociedad de un país sediento de paz,

conocimiento y progreso que, ha pesar del cáncer que lo corroe, se las
ingenia para no quedarse suspendido en el atraso y la ignorancia.

En *Las hora secretas* de Ana María Jaramillo, el espacio textual
paródico que se debate entre la "ambigüedad irónica y la desambigua-
ción satírica", hace que la obra cumpla sus objetivos al mostrar al hombre moderno girando entre paradojas y contradicciones (Sklodowska
144). El trasfondo violento de Colombia y el de la historia misma con-
firman, por sí solos, la naturaleza esencialmente polémica de la novela. La obra descontextualiza la práctica discursiva masculina remitién-
dose a la novela de caballería y al romance de novela rosa, entre otros.[6]
La autora al tomar la novela formulaica como palimpsesto, busca la
desautomatización o desfamiliarización del lector con un objetivo subversivo.[7] La temática de la obra enfatiza su significado combativo y
marginal, ya que se trata de los amores entre un guerrillero y una
muchacha que ha renunciado a su estatus de clase burguesa, y para
quien "la racionalidad se convirtió en estorbo"(34), así que la abandonó para formar un remedo de hogar en una apasionada relación con un
hombre que vivía al margen de la ley, y cuyo oficio era el de luchar
contra los estamentos establecidos, cantar, bailar y tirar, según nos dice
la propia narradora (34). Al héroe lo vemos a través de los ojos de su
amante, mientras ella va relatando en una narración rápida y ágil la historia de la violencia y del movimiento revolucionario de Colombia. Las
actividades del M-19 sirven de fondo a la obra. Los encuentros de la

---

[6]   Las novelas tradicionales de caballería fueron objeto de reescritura paródica
      y satírica en *El Quijote* y la novela rosa de romances amielados, estilo Corin
      Tellado o *Las tentaciones de Harlequín*, también han sido parodiadas por
      algunas escritoras hispanoamericanas como Fanny Buitrago, entre otras.
      Véase "Del romance a la realidad: Erotismo irónico en *Señora de la miel*" de
      Fanny Buitrago. *Romance Notes*. 39.3 (1999): 273-284.

[7]   Como novela formulaica, los libros de caballería (entonces no se llamaban
      novelas) tenían rasgos específicos que les daba fisonomía propia: a. respon-
      den a una mentalidad refinada, que ha superado el estado feudal y sabe de cor-
      tesanías y discreteos amorosos. b. el protagonista emprende sus empresas con
      una finalidad individual y a veces sin objeto. c. la novela de caballería se
      mueve en un marco imaginario. d. el caballero lucha por su dama a la que
      lleva siempre en el corazón y en los labios. e. el héroe siempre es pulido y cor-
      tesano.

pareja, seguidos de largas ausencias, se llevan a cabo en lugares prestados por amigos, lo mismo en un barrio marginal que en una casa o apartamento de clase media o elegante (35). La noción de fidelidad es totalmente desconocida para este caballero andante (14, 47). Como dice María Mercedes Jaramillo: "la obra expone una relación de pareja diferente donde la fidelidad, la estabilidad y el compromiso no son las bases del amor"(319). Sin embargo, los sueños de Tomás el Moro y la utopía de la aldea feliz lo mantienen en la azotea del universo (57-58). La obra termina con la muerte del héroe en la toma, por parte de la guerrilla, del Palacio de Justicia de Bogotá en 1985. Los dos hilos narrativos –el romance y las hazañas heroicas del *negro*– reivindican el discurso femenino, en tanto percepción y manifestación crítica satírica sobre la futilidad de una lucha social que se ha trocado en forcejeo ideológico el cual, a la postre, es sólo una lucha existencial del hombre que no logra trascender su finitud.

La novela es relativamente compleja desde el punto de vista estructural y muy heterogénea debido a los préstamos que hace de diferentes formas discursivas con objetivos paródicos.[8] Es pertinente anotar que la historia de esta pareja es narrada en primera persona, lo que hace asumir que se trata de la autobiografía de una protagonista sin nombre. Sin embargo, el recuento que ella hace no es tanto de los hechos, sentimientos o experiencias personales sino de los de la vida de su compañero, el *negro*, –su origen, su iniciación como guerrillero, sus motivaciones y su desarrollo personal y *profesional*– en medio de la lucha armada, lo que nos hace pensar en una biografía. Tampoco se trata exactamente de una *Bildungsroman* o de una *Roman à clef.* Más aún, la ambigüedad genérica es llevada a límites no previstos, si tenemos en cuenta que la novela parodia las leyendas del ciclo bretón donde las hazañas del rey Arturo y sus paladines introdujeron en la literatura occidental la idealización de los valores caballerescos.[9] En

---

8   Lucía Ortiz analiza la obra desde el punto de vista testimonial y le da una óptica diferente al quehacer literario de Ana María Jaramillo. Ortiz estudia la obra de Jaramillo con las de Behar y Daza para mostrar las obras testimoniales femeninas como deconstrucciones al discurso oficial.

9   Las leyendas del rey Arturo idealizaron los valores caballerescos creando una ficción en la que predominan, el misterio, la fantasía, los mitos y los elemen-

España este material temático que proporcionaron las leyendas artúri-
cas se fundió con las tradiciones de la poesía épica, en las cuales se
glorificaba a un individuo ejemplar relatando sus heroicidades. La
obra de Jaramillo, sin embargo, nos muestra a un héroe, que es más un
antihéroe, y quien teniendo la profesión de abogado constitucionalis-
ta, aún no tiene metas fijas para su vida. Entra a la guerrilla porque
"quería ser jefe y para lograrlo debía ser un guerrillero completo",
razones insuficientes y discutibles que desestabilizan al lector y cau-
san su desfamiliarización con la fórmula (16).

La poética de Jaramillo subvierte la tradición caballeresca, desau-
tomatizando al lector al burlar sus expectativas, a la vez que lo obliga
a abandonar su actitud pasiva frente al juego literario. La autora des-
mantela irreverentemente la figura del caballero medieval que, ani-
mado por el amor de su dama, une el sentimiento individual al espíritu guerrero, como se ve en la primera entrevista que tuvo el *negro*, en
la Picota, con la plana mayor del movimiento rebelde.[10] Aunque la
obra está basada en la idealización de la vida guerrillera, el *negro* no
es movido, en un comienzo, por principios morales o sociales, como
queda establecido en la conversación donde, sin ambages, les deja
claro a los jefes guerrilleros qué es lo él busca al unírseles; dice: "Yo
quiero dirigir esta mierda. Todos ustedes se encuentran presos, además no han sabido cómo es la movida... vengo a ayudarlos y a ser uno
de los jefes de la organización", lo cual no quiere decir que una vez
que entra en la guerrilla sus ideales políticos no se definan y se dé un
proceso de crecimiento y una obsesión por la defensa de los desposeídos (15). Contrario a la gentileza y cortesía que es típica del pre-texto
medieval, la obra de Jaramillo es bastante campechana, con un léxico
poco cortesano y se adapta con bastante fidelidad a lo que Lucía Ortiz
llama "el *sociolecto oral,* producto de una praxis social y política"
(204). A pesar de ello, el lector evidencia que las estrategias narrati-

---

tos simbólicos que luego fueron introducidos en España. Hacia 1170 ya se
encuentran en la Península Ibérica alusiones a los héroes artúricos. Estas alusiones aparecen también en la *General Estoria* de Alfonso el Sabio un siglo
más tarde (Mujica 184).

[10]   La cárcel de la Picota se encuentra en las afueras de Bogotá.

vas de *Las horas secretas* llevan a revisiones e inversiones de la novela caballeresca con objetivos paródicos, los cuales no aspiran a un rebajamiento burlesco del *negro*, sino al descubrimiento de un guerrillero en proceso de humanización. Es necesario hacer notar que Jaramillo, al despojar al *negro* de sus caraterísticas heroicas, sólo revela la dimensión humana de su héroe/antihéroe, presentando la soledad, el desengaño y la desesperanza de todo un pueblo. Los marginados, los frustrados, los idealistas son tratados con cariño y comprensión.[11] No hay disminución o desdén hacia los personajes, sólo un gesto irónico, lleno de nostalgia y el regodeo gustoso que satiriza la inhabilidad del Estado para manejar el Proceso de Paz. Estos antihéroes sociales no pueden ser definidos como "héroes de 'redención individual' sino como sujetos en un proceso de cambio hacia la heroicidad que trasciende como elemento de transformación de la sociedad" (Ortiz citando a Duchesne 202).[12]

Este tipo de narración humorística y desenfadada, a veces toca en la caricatura que, sin dejar de lado la elaboración de una trama cuidada y metódica, presenta al protagonista transitando más por caminos psicológicos, emotivos e idealistas, que por los senderos de la lógica. El *negro* deseaba darle voz al pueblo y obligar al gobierno a cumplir promesas olvidadas, y estaba dispuesto a morir por ello (87). Como iniciación al proceso el *negro,* en su primera misión, debe explotar una bomba en Barranquilla para sabotear las elecciones presidenciales. Tal hazaña fue llevada a cabo con éxito y, en medio de un regocijo carnavalesco, pudo saborear la gloria de su primera victoria personal y definió para siempre su destino (15).

---

[11] Melisa Bower considera que la intimidad, solidaridad y horizontalidad en las relaciones del negro con los desposeídos y marginados son actitudes consideradas como femeninas en una sociedad machista como la colombiana y que, por lo. tanto, revelan cierta emasculinización del personaje. "Representación de la emasculización del protagonista en *Las horas secretas* de Ana María Jaramillo" Ponencia inédita presentada en Honors Day, Alma College, Michigan. Abril 2, 2003.

[12] Juan Duchesne habla del *hombre nuevo* el cual surge de las narraciones guerrilleras como las del *Che* Guevara. Véase Lucía Ortiz.

Jaramillo adapta la novela de caballería a la situación colombiana. La mimesis formal con la apropiación de estrategias y recursos de otro tipo de creación artística lleva a una operación intertextual subversiva que la convierte en alternativa poética que parodia, desmantelando, el discurso oficial. Mientras acata las reglas básicas de la fórmula caballeresca, pone de relieve la dimensión satírica del texto –al deshacerse de los aspectos sensacionalistas y políticos que han rodeado el conflicto colombiano– para dejar el esqueleto, el cual, en última instancia, presenta la perspectiva de la autora sobre la situación política del país. Su visión femino-céntrica se constituye, entonces, en ruptura ideológica con el discurso dominante en las letras colombianas. Esta reelaboración ficticia de un hecho real, presenta en forma grotesca al gobierno, como también, a los distintos estamentos políticos y sociales que directa o indirectamente han estado involucrados en las negociaciones de paz. Irónicamente, los últimos son convertidos en monigotes al servicio de la misma guerrilla que ellos tratan de erradicar. La narradora protagonista destaca con mirada tragicómica las conversaciones entre las partes integrantes del conflicto como sigue:

> El Comando de Diálogo, como se le denominó, se fue a vivir a un hotel, propiedad del Ejército, donde los militares eran sus porteros y meseros... La prensa y los políticos de izquierda y de derecha los visitaban a diario, era el momento en que estaba de moda ser guerrillero. (21)

De la misma manera, el patetismo que acompaña al héroe/antihéroe de *Las horas secretas* en el momento de reconocimiento y admiración, semejando las horas de gloria del Amadis o de Lançelote, son una vuelta de tuerca a la grandeza que alcanza la figura del caballero. Según leemos en la obra, el carisma del guerrillero era tal que, "las jóvenes los consideraban sexys, las señoras no dejaban de reconocer que esos muchachos eran muy simpáticos y preparados y los hombres les admiraban y envidiaban su valor y fama" (21). En estas escenas la escritora revierte la fórmula haciendo una adaptación costumbrista de una realidad histórico-social concreta, las cuales le permiten la transgresión

ANA MARÍA JARAMILLO   159

del pre-texto formulaico.[13] Este sólo "sirve para perseguir objetivos estéticos e ideológicos que sobrepasan el marco de la fórmula" (Sklodowska 113). En *Las horas secretas* el caballero muere sin honor y su nombre es leído por las emisoras de radio y televisión entre los muchos otros de la lista de individuos que perdieron la vida en la confrontación. Para la historia como para la novela misma "la muerte y la conmemoración de ésta son elementos esenciales al mito del héroe, los no honrados son, por definición, no reconocidos y por lo tanto quedan fuera de los anales de la historia" (Franco 129).[14] Tanto los magistrados de la Corte Suprema de Justicia como los audaces guerrilleros mueren sin una razón que justifique esta pérdida de vidas humanas. Todos ellos llegan a ser elementos desechables para la historia oficial, para el jefe del gobierno y aún para todos los colombianos que se han acostumbrado a vivir "entre los muertos".[15] La protagonista afirma en las últimas páginas del libro que: "[Los militares] al fin estaban solos, sin poder judicial, con tanques desfilando por las calles como carrozas con reinas de belleza" (101). Según Fernando Savater, las prescripciones y proscripciones de la fórmula se cumplen aún cuando son violadas por inversión o innovación del autor, cuya originalidad cuenta precisamente con el conocimiento previo, por parte del lector, de la normalidad transgredida (citado por Sklodowska 118).

El segundo hilo del relato se centra en la protagonista y es, a su vez, una parodia de la novela rosa estilo Corín Tellado o *Las tentaciones de Harlequín*.[16] La creencia ha sido de que estos textos son

---

[13] María Mercedes Jaramillo y Lucía Ortiz coinciden en que la obra puede leerse como un *roman à clef* ya que en la obra pueden reconocerse a algunos miembros del M-19 como Alfonso Jacquin (el negro) 195.

[14] La traducción es mía. La cita original reza como sigue: "Death and the commemoration of the dead is central to the hero myth, for they are by definition unhonored and therefore written out of the historical records". Jean Franco en *Plotting women: Gender and representation in Mexico*. New York: Columbia U P, 1989.

[15] En dicha confrontación muere el líder del movimiento M-19, Alfonso Jacquin y el presidente de la Corte Suprema de justicia, Alfonso Reyes Echandía. Este episodio político se dio durante el período presidencial de Belisario Betancur.

[16] La fórmula del romance se basa en: a. la construcción ideológica de lo que es una mujer ideal. b. los romances permiten que la lectora tome parte del

dirigidos a las mujeres "desocupadas", amas de casa por lo regular, quienes los consumen y aceptan sin cuestionar la construcción de la "mujer ideal". Sin embargo en las últimas décadas se ha evidenciado una rápida evolución en este género formulaico. La mujer ideal de los romances ya no es la sumisa y obediente esposa/madre/hija, ésta que causa dolor en el lector, quien al identificarse con la heroína trae al presente las memorias personales que aún le lastiman. La nueva protagonista es una mujer que cuestiona y enfrenta el sistema. Eleonor Ty considera que los romances son leídos hoy en día por todo tipo de mujer ya que revelan una estructura basada en un claro sistema de oposiciones entre fantasía y realidad, sumisión y rebelión, oposiciones que evidencian el diálogo entre el escritor, el texto y el lector (97). Según Bakhtin, el diálogo femenino con el 'otro' es un proceso de autoconstitución que a pesar de darse en un proceso recíproco, de diálogo, departe del modelo familiar jerarquizado para construirse a sí mismo como sujeto, por oposición al 'otro' objetivizado (Ty 106). En *Las horas secretas,* tanto las reflexiones de la protagonista sobre las ideologías de derecha e izquierda que crean las tensiones discursivas, como la dinámica misma entre el texto y el contexto, van elaborando un sistema contestatario que reivindica la voz y la identidad femenina, a la vez que reescriben su imagen y la historia del país. La novela incursiona en terrenos poco transitados por la mujer con un afán dialógico, ya que la escritora existe y se mueve:

> en el seno de la herencia cultural, social y política de fuerzas hegemónicas y no hegemónicas. Asimismo, tiene que tomar en cuenta tanto la influencia de los valores y las formas patriarcales del pasado como de mensajes suprimidos de sus precursoras femeninas. (Przybylowicz 140)

---

romance sin asumir ningún riesgo. c. las sensaciones evocadas por las emociones y la satisfacción física refuerzan el sentido de identidad. d. Proveen un marco en el cual la mujer puede escapar de la tediosa rutina de la vida diaria. e. la estructura del romance presenta un sistema de oposiciones entre fantasía y realidad, libertad y subjeción, sometimiento y rebelión. f. conocimiento recíproco. g. final feliz en el cual el amor llega a su plena realización.

La protagonista de la obra no es la típica heroína de romance como tampoco lo es el paisaje textual que da marco al amor de esta pareja. Esta actitud revisionista es una clara intervención tergiversada y crítica del pre-texto oficial, ya que toda alteración del modelo conlleva su cambio semántico. En *Las horas secretas* este cambio es obvio desde el momento en que el caballero es construido y moldeado por la voz femenina, lo cual, de por sí, crea un efecto desmitificador e irónico. A pesar de que la figura del *negro* es trazada con amor, el héroe de la obra es un ser humano desorientado, que lucha por una utopía y que va en búsqueda de un nuevo "sujeto épico" que trascienda los patrones del héroe caballeresco (Ortiz 203) Es un individuo necesitado de amor para poder sobrellevar su vacío existencial y su lucha sin cuartel por la justicia social. La cosmovisión presentada por Jaramillo es una mirada fresca a los hechos que ha vivido Colombia desde la óptica femenina. La autora examina crítica y contestatariamente una gran variedad de pre-textos masculinos como son la historia y documentación oficial, las crónicas periodísticas, sensacionalistas y aún testimoniales, novelas y ensayos que sobre el conflicto armado y la toma del Palacio de Justicia han sido escritos dentro y fuera del país desde la perspectiva masculina y oficial. Este deliberado cuestionamiento intertextual insinúa, como se ha dicho, una lectura en clave.

La apertura de la obra anuncia un romance excitante, lleno de emociones para el lector, una heroína fuera de las leyes sociales y morales, y un caballero que cambiará el mundo. Como nos dice Jean Franco, el romance es un medio por el cual los sentimientos utópicos reprimidos por la tiranía y el machismo pueden ser expresados, permitiendo la liberación de la figura protagónica al convertirla en heroína legendaria por estar fuera de las convenciones (136). Desafortunadamente todo ha terminado en fracaso, el héroe ha muerto sin pena ni gloria y ella, como él, está moralmente destruida e incapacitada para enfrentar su nueva circunstancia vital (9-10). El *via crusis* vivido por los protagonistas sólo ha llevado a un sacrificio redentor sin redención, que desafía abiertamente las expectativas del lector. Rose afirma que, "al evocar ciertas expectativas de un público solamente para 'decepcionar' o chocar al lector con otro tipo de texto, la parodia le permite al autor atacar las presuposiciones del lector con

respecto a las obras mimético-referenciales" (185). Esto separa, sin
duda a los lectores. Mientras el lector colombiano revive la historia, el
que no lo es pierde el piso y es inducido a una nueva forma de lectura.
    En la obra, la realidad que sirve de marco al romance está trazada
con gran precisión, sólo para desmantelar la plataforma gubernamental, cuestionando toda posibilidad de cambio político-social por las
vías de la violencia. Mientras el *negro* batalla por la justicia y la creación de una conciencia colectiva, la heroína lucha contra las normas
sociales sabiendo, de antemano que, como dice el *negro*, "cuando se
vive al filo de la muerte, las cosas se colocan en su justo lugar, lo que
verdaderamente trasciende es lo que queda en la memoria y es lo que
hay que defender" (Jaramillo 76). La fórmula del romance como la de
la novela caballeresca son trastocadas y los protagonistas actúan en un
carpe diem. En este evanescente mundo de lucha, amor y muerte, de
pasión y de sexo, donde el momento es todo lo que importa, es necesario vivir el instante a plenitud, asiéndolo como si este fuera el último. Podemos decir, entonces, que la obra está estructurada alrededor
del antagonismo entre los instintos de la vida (Eros) y la muerte
(Tanatos) a los cuales Freud les asigna un origen común (citado por
Krakusin 125). El héroe sabe que ha firmado su contrato de muerte, y
ella, simplemente se deja llevar por su pasión amorosa.[17] Esta pasión
que la ha transformado, ya que toda la fuerza y la decisión del *negro*
se le pegaron y, de pronto se sintió invencible. Dice la narradora-pro-
tagonista: "tiré por el suelo los últimos obstáculos en nuestra relación,
decidí vivir el hoy con sus sorpresas y consecuencias" (29-30). Lo
anterior cuestiona la posibilidad de reestablecer un orden, convirtien-
do la lucha guerrillera y el romance de los protagonistas en un fantasma mefistofélico y destructor. Según la protagonista, al *negro* "no lo

---

[17] Según Dorfman, "la violencia usualmente aparece en la novela hispanoamericana en forma de autodefensa. El hombre es violento porque es rebelde y
quiere mantener su dignidad. Los personajes no quieren sufrir sin vengarse y,
de esta manera, crean justicia. Vivir significa tener que matar. Matar significa que no hay vida para el otro. Pero yo también soy el otro: para mí tampoco habrá vida, ya que al amenazar escucho por mis labios la sentencia que me
profiere el otro. Profetizo mi propia extinción" (23-24).

dejaban ser bueno, no lo dejaban construir. ¡Cuánta inventiva e imaginación puesta, por la intolerancia, al servicio de la destrucción!"(57-59). De la misma manera que la protagonista responsabiliza al Estado de la violencia en campos y ciudades, los estamentos oficiales culpan al movimiento revolucionario de desangrar a Colombia y entorpecer su progreso.

Según Slodowska, la particularidad de la escritura femenina consiste en la ambivalencia de ésta con respecto a la tradición, de la cual resulta:

> una actitud esencialmente paródica que tiene que abrazar los valores del discurso patriarcal para luego subvertirlos.... La novelas femeninas tendrán que escoger con esmero particular indicios retóricos para mantener su forma de palimpsesto, o sea el texto que retiene con *diferencia crítica* la memoria de sus antecedentes puesto que solamente de esta manera se puede llamar la atención del lector hacia la parodicidad del discurso e indicarle un código de lectura apropiado. (146)

La escritora hispanoamericana actual incurre en la literatura con agentividad y dinamismo, creando un discurso propio con un nuevo sujeto estético. Desde la óptica de su tiempo y su espacio, Jaramillo busca la desfamiliarización del lector, satirizando, de paso, una sociedad machista, plagada de sinvalores y devaluada, que en su lucha por el poder sólo ha producido alienación. Una sociedad en la que el individuo se ha convertido en un objeto, y la muerte en un fantoche grotesco.[18] La autora, equiparando los genocidios cometidos, tanto por los guerrilleros como por los militares, propone una perspectiva marginal y ex-céntrica para presentar esta realidad degradada. Su programa es de vituperación satírica cuyo blanco es el culto a una virilidad violenta y deshumanizada. Es, además, una parodia mecanizada del acto sexual donde el individuo se ha reducido a sus instintos más pri-

---

[18] Tanto los cuerpos de los guerrilleros como los de las víctimas del sicariato son normalmente llamados "muñecos" que en múltiples ocasiones son encontrados por la policía en los basureros públicos o reconocidos por los zopilotes que revuelan constantemente en las ciudades y campos de Colombia.

mitivos. A pesar de la reivindicación de la mujer por el discurso, el lector observa la influencia que el *negro* ejerce sobre la protagonista, ya que ésta no deja de demostrar su incapacidad para desarticular la efigie de un ser pasivo, sometido al deseo masculino, a los ritos del placer, o a la soledad de la espera.

Podemos concluir que *Las horas secretas* es una obra multifacética, edificada sobre paradojas, impulsada por la violencia y la desesperanza. Como obra postmoderna, la novela enfoca su estrategia literaria en el uso de un nuevo perspectivismo ontológico que cuestiona el propósito de la existencia del hombre y su relación con el universo. Sus personajes son antiheroicos como lo es el hombre moderno. Ellos defienden su individualidad, esa individualidad que los acerca al hombre común que es el lector. Tanto el *negro* como la protagonista son seres que se debaten entre fuerzas contrarias: sentimiento y razón, bondad y maldad, realidad e ilusión, muerte y vida. La parodia y la sátira dan estructura a su novela mientras las vidas de sus personajes se balancean entre la vida y la muerte, la realidad y la ilusión. Estos opuestos hacen que giren entre paradojas y contradicciones y que sean parte de la gran ironía cósmica. Dicha concepción del hombre moderno hace que la obra de Ana María Jaramillo, como la de Nabokov y Kafka, sea una celebración paródica de un orden ya desvanecido.

OBRAS CITADAS

Bakhin, M. M. *The Dialogic Imagination: Four Essays by M.M. Bakhtin,* ed. Michael Holquist. Austin: University of Texas Press, 1981.

Coddou, Marcelo, ed. "Dimensión del feminismo en Isabel Allende", *Los libros tienen sus propios espíritus.* Xalapa: Universidad Veracruzana, 1986.

Dorfman, Ariel. "La violencia en la novela hispanoamericana actual". *Imaginación y violencia en América.* Santiago: Editorial Universitaria, 1970.

Franco, Jean. *Plotting Women: Gender and Representation in Mexico.* New York: Columbia U P, 1989.

Hohne, Karen and Helen Wussow Eds. *A Dialogue of Voices: Feminist Literary Theory and Bakhtin.* Minesota: U of Minesota P, 1994.

Jaramillo, Ana María. *Las horas secretas.* Bogotá: Planeta, 1990.

Jaramillo, María Mercedes. "Helena Iriarte y Ana María Jaramillo. *Literatura y cultura: Narrativa colombiana del siglo XX*. vol III, M.M. Jaramillo, B. Osorio y A. I. Robledo, eds. Bogotá: Ministerio de Cultura, 2000.

Krakusin, Margarita. *La novelística de Alfredo Bryce Echenique y la narrativa sentimental*. Madrid: Pliegos, 1996.

_____. "Del romance a la realidad: Erotismo irónico en *Señora de la miel* de Fanny Buitrago". *Romance Notes*. 39.3 (1999): 273-284.

Moi, Toril. *Sexual/Text Politics: Feminist Literary Theory*. London/New York: Methuen, 1985.

Mujica, Barbara. *Antología de la literatura española: Edad Media*. New York: John Wiley & Sons, 1991.

Ortiz, Lucía. "La subversión del discurso histórico en Olga Behar, Ana María Jaramillo y Mery Daza Orozco". *Literatura y Diferencia: Escritoras colombianas del siglo XX*. M.M. Jaramillo, B. Osorio y A.I. Robledo, eds. vl. II. Bogotá, Colombia: Ediciones Uniandes, 1995.

Przybylowicz, Donna. "Contemporary Issues in Feminist Theory", *Criticism Without Boundaries,* ed. Joseph A. Buttiegieg. Notre Dame, IN: U of Notre Dame P, 1987.

Rose, Margaret A. *Parody /Metafiction*. London: Croom Helm, 1979.

Showalter, Elaine. *A Literature of Their Own: British Women Novelists from Brontë to Lessing*. Princeton: Princeton UP, 1977.

Sklodowska, Elzbieta. *Parodia en la nueva novela hispanoamericana: 1960-1985*. Amsterdam: John Benjamins, 1991.

Ty, Eleonor. "Desire and Temptation: Dialogism and the Carnivalesque in Category Romances". *A Dialogue of Voices: Feminist Literary Theory and Bakhtin*. ed. Karen Hohne and Helen Wussow. Minesota: U of Minesota P, 1994.

JOSEFINA LEYVA [1]

LOS CASOS LÍMITE Y EL MODO AUTO-BIOGRÁFICO: AUTO/REPRESENTACIÓN EN *OPERACIÓN PEDRO PAN: EL EXILIO DE LOS NIÑOS CUBANOS* [2]

L a autobiografía ha sido definida por el diccionario Larousse como "la vida de una persona escrita por ella misma". Tal definición ha resultado bastante simplista a la luz de los nuevos estudios críticos, donde al género autobiográfico se le han asignado grandes complejidades. En 1996 el *New York Times Magazine* anunció el "triunfo" de las memorias literarias enlazándolas a la necesidad terapéutica de una "cultura de confesión" en las que las memorias encajaban a la perfección. Este auge de las memorias engrana con la descripción de la autobiografía como un modo de autoproducción que

---

[1] Josefina Leyva nació en la ciudad de Cienfuegos de la antigua provincia de Las Villas, Cuba en 1938. Ha sido profesora de francés en la Universidad de La Habana. Vivió bajo la dictadura de Fidel Castro hasta 1983, año en que le fue permitido salir, estableciéndose en Venezuela. Actualmente vive en la ciudad de Miami. Ha escrito *Imágenes desde Cuba*, poemario publicado en 1995. Entre sus novelas se cuentan: *Los balseros de la libertad* (1992), *Operación Pedro Pan: El exilio de los niños cubanos* (1993), *El tiempo inagotado de Irene Marquina* (1994), *El aullido de las muchedumbres* (1994), *Rut, la que huyó de la Biblia* (1999), *Las siete estaciones de una búsqueda* (2000), *La canción prohibida de la doctora Fanny* (2001), *La dama de la libertad* (2001) y *Entre los rostros de Tahilandia* (2003).

[2] Este artículo fue publicado en *Fronteras finiseculares en la literatura del mundo hispano*. Madrid: UNDE, 2004.

revela un *YO* racional y representativo como centro de la narración. Sin embargo, es pertinente recordar que la tradición autobiográfica, según ha sido estudiado por la crítica, nunca ha tenido la coherencia que debería, y sus textos canónicos han demostrado ser bastante inestables desde el punto de vista formal y, ciertamente, contienen una gran variedad de voces.[3] Según nos dice L. Gilmore, en el género coexisten fuerzas que "insist of the centrality of speaking of pain, but emerge from different contexts which are themselves impure" (Gilmore, 2001: 2).

Actualmente se da debida atención a la "continuidad" de la narración, creando distinciones entre los testimonios y los diarios, las memorias o las confesiones, las cuales envuelven la revelación de eventos, sentimientos o emociones que normalmente han sido discretamente reservadas al ámbito de lo privado. También se han estudiado casos especiales como el de *Yo* que narra los eventos de su vida pasada, a la par que relata hechos que aún no han ocurrido en el momento de la escritura. Uno de los casos más interesantes es el de la autobiografía de Reinaldo Arenas en la cual el escritor presenta al lector, por anticipado, su propio suicidio.[4]

Según lo establecido por Gilmore en *The Limits of Autobiography*, existen *casos límite* que se distancian del canon tradicional, los cuales son objeto de interés para la crítica, dada la actual cultura de confesión (*New York Times Magazine*). Dichos casos mantienen el discurso de auto-representación sin las restricciones impuestas por la autobiografía. Sus premisas y preocupaciones son las mismas –verdad, identidad, ética y conocimiento– aunque manifestadas o reveladas mediante nuevas alternativas que salen de la jurisdicción de la autobiografía, pero que aún mantienen un discurso de auto-representación. Es decir, la representación del sujeto sin los limitantes de la exactitud

---

3   Para mayor comprensión de la historia de la autobiografía como género y sobre el auge de una "época de memorias", puede leerse "The Age of Literary Memour Is Now" *New York Times Magazine,* may 12,1996, 25-27, de Atlas James, y de Françoise Lionnet *Authogiographical Voices* Ithaca:Cornell University Press, 1989.

4   Se trata de su obra *Antes que anochezca: Autobiografía.* Barcelona: Tusquets Editores, 1992.

de un conocimiento y una verdad que han podido ser modificados por el tiempo, la falsa memoria propiciada por el trauma o el multiperspectivismo resultante de hechos compartidos con otros. Este tipo de discurso se hace a la manera o *modo* autobiográfico pero no es proclamado por el autor como un discurso autobiográfico. En otras palabras, el escritor cambia los limitantes en oportunidades y demuestra, de paso, que el no escribir en *forma* autobiográfica puede convertirse en un logro. El evadir las restricciones del discurso autobiográfico da al escritor la flexibilidad necesaria a su creación literaria sin exponerse al cuestionamiento de la crítica y contribuyendo a la expansión de la auto/representación de historias suprimidas o reprimidas como son las historias de traumas por violencia política, social o sexual, o la misma homosexualidad, entre otros.

En el presente trabajo se estudia el aspecto temático y estructural del caso traumático de los niños cubanos que llegaron sin sus padres a Estados Unidos mediante la "Operación Pedro Pan", según es presentada Josefina Leyva en su libro *Operación Pedro Pan: El éxodo de los niños cubanos* (1993).[5] Se mostrará, además, porqué esta obra puede ser situada dentro de los *casos límite* de la autobiografía, ya que aunque mantiene el discurso de auto/representación no están dentro de los parámetros y convencionalismos del género autobiográfico. Los protagonistas son los niños de entonces presentando los sufrimientos, angustias e incomprensiones que los marcaron para siempre como víctimas de los avatares políticos del siglo pasado.

Es oportuno recordar que el exiliado, sin importar su edad, vive en múltiples realidades sin lograr identificarse con ninguna de ellas.

---

[5] El libro trata de los 14.000 niños que llegaron a Estados Unidos con las visas "waiver" entre el 26 de diciembre de 1960 y el 22 de octubre de 1962. Los fondos para la operación fueron aprobados durante la administración Eisenhower y contó con el apoyo del "Catholic Welfare Bureau" de la ciudad de Miami. Sobre la Operación Pedro Pan pueden verse otras obras como *Kike* (1984) de la escritora cubana Hilda Perera o la obra de Ivonne Conde. Con respecto a las experiencias del exilio de la generación "uno y medio", los libros del cubano Gustavo Pérez-Firmat son bastante iluminadores: *El año que viene estamos en Cuba* (1997) y *Cincuenta lecciones de exilio y desexilio* (2000).

Busca verdades fragmentadas en lugares lejanos y aún desconocidos, perturbantes y llenos de vacíos o irrealidades, y sus relaciones interpersonales son obstruidas por una vaga sensación de insensibilidad o aislamiento. Hemos, sin embargo, de distinguir entre los adultos que llegan al exilio, los niños nacidos en otra tierra y que son hechura del país que los acogió (generación *uno y medio* o generación de transición), o como dice Pérez Firmat, escritor y crítico cubano-americano: "nacido en Cuba, made in the USA", y los hijos de éstos, nacidos en el exilio. El mismo crítico afirma que a su padre no le queda más remedio que ser cubano y no puede ser rescatado de su cubanía, sus hijos, de igual manera, no pueden ser rescatados de su americanidad, ya que pertenecen a la llamada "generación ABC" (American-Born-Cubans). Ellos, según Pérez Firmat, "son cubanos sólo de nombre, o mejor dicho, de apellido" (Pérez Firmat, 1997: xii). Este estudio se enfoca en la representación que hace Leyva del problema enfrentado por la llamada generación *uno y medio* de exiliados o generación de transición. Esta generación bicultural "ocupa una posición intermedia que los singulariza. Pero los singulariza al hacerlos plural, al convertirlos en hombres híbridos y mujeres múltiples" (Pérez Firmat, 1997: xii).

En *Operación Pedro Pan: El éxodo de los niños cubanos,* la escritora trata de capturar las contradicciones de estos individuos para quienes el "exilio es una identidad...que comparte la nostalgia de los padres y el olvido de los hijos" (Pérez Firmat, 1997: xii-xiii), o el rechazo a todo el bagaje cultural y afectivo que fue traicionado por lo que ellos consideran un abandono inaceptable por parte de sus padres. Si desde el punto de vista temático la obra de Leyva es oscilante e imposible de asir por la multiplicidad de testimonios, desde el punto de vista de la estructura es notorio el vaivén y la fragmentación, y la inestabilidad textual como soporte a los desplazamientos internos y externos que constantemente sufren los protagonistas.[6]

---

[6]   Pérez Firmat corrobora la ambivalencia psicológica que vive el exiliado que llega al país adoptivo durante su infancia o su adolescencia en el libro ya mencionado.

En los testimonios narrados en la obra de Leyva se hayan lo que Leigh Gilmore considera el *caso límite* de la autobiografía. Tales memorias presentan vidas privadas que son emblemáticas de un momento histórico y cultural y en las cuales el *Yo* se haya en el centro de la narración.[7] Este discurso auto-representativo se disocia del género autobiográfico con el cual no desea compartir la formalidad y rigidez exigidos a los textos canónicos de este género. Señala, de paso, la inestabilidad formal de la narración autobiográfica y presenta una evidencia más de que el discurso auto-representativo del *Yo* puede darse dentro de una amplia gama de referencias autobiográficas sin que estos textos hayan sido catalogados como autobiografías *per se*. Concrétamente, *Operación Pedro Pan: El éxodo de los niños cubanos* (1993) establece que se dejarán de lado las ansiedades sobre la pureza y los peligros que caracterizan la autobiografía canónica. El ensayo enfatiza las memorias contemporáneas que narran el impacto de las desgarradoras experiencias del exilio vivido por niños y adolescentes en un importante momento histórico del siglo XX: el de la dictadura de Fidel Castro en Cuba a partir de los años 60. Además, señala los medios de los que se vale la escritora para presentar memorias individuales sin someterse a la exactitud en la verdad, lo cual le permite licenciar y dar flexibilidad al personaje para que de sujeto representado pase a ser objeto de representación de otros que, como él, han vivido experiencias traumáticas semejantes.

La obra de Josefina Leyva -*Operación Pedro Pan: El éxodo de los niños cubanos,* explora los efectos del transplante forzado de más de 14.000 niños que fueron enviados solos a los Estados Unidos. Se divide en capítulos impares dedicados al aspecto histórico. En ellos se narran los momentos vividos por los cubanos desde la euforia del triunfo de Fidel Castro y las esperanzas que éste representaba para Cuba y para toda la América Latina, hasta la final y dolorosa aceptación de que la Isla estaba bajo un régimen dictatorial, esta vez de

---

[7] Como dice Luisa Valenzuela, la escritora mantiene en la memoria del pueblo los hechos dolorosos y recientes mediante una red de recuerdos tejida de metáforas para iluminar las zonas oscuras de la historia que se han querido ocultar.

izquierda. Los capítulos pares cuentan cómo se llevó a cabo la organización de la distribución de las *visas waiver,* el envío, recibimiento
y reubicación de los niños en Estados Unidos enlazando en el relato
las anécdotas, cartas, documentos, canciones patrióticas, grabaciones
y el testimonio de las experiencias de diez y siete niños "Pedro Pan".[8]
    Contrario a la autobiografía, *Operación Pedro Pan* tiene un
narrador omnisciente. A pesar de esto, Leyva ensambla la obra en
tal forma que logra la auto-representación de los protagonistas en
sus relaciones interpersonales antes y durante el exilio. Crea un
texto y un contexto que revela un esfuerzo por realzar la identidad
individual, al propiciar el testimonio personal que le permite a cada
uno de los participantes establecer su *Yo* en medio de una densa red
de relaciones, entornos y experiencias. La narración une y separa la
individualidad de los protagonistas del concepto de grupo, familia y
nación, dándole a cada uno de ellos la oportunidad de la autocreación en el discurso textual. A través de este discurso se crea su historia y se recrea la Historia. Luis A. Jiménez ha estudiado la obra
desde el punto de vista testimonial donde, según él, se ha dado prio-
ridad al testimonio de aquellos que fueron testigos presenciales de
la Historia (Jiménez, 2002: 97). Sin embargo, es pertinente mencionar que la veracidad es siempre tema cuestionable. Tanto el narrador
como las confesiones personales de los protagonistas pueden proveer información faltante, inventar versiones de su propia experiencia
para hacerla más interesante, o mitificar el hecho creando verdades
que los mismos acontecimientos no ofrecieron. Tanto la credibilidad
como la legitimidad son asuntos sopesados por Leyva antes de decidir si la estructura de la obra se ajustaría al *modo* o al *testimonio
autobiográfico,* dándose el margen necesario para crear un símbolo

---

[8] La *visa waiver* era un documento que sustituía a la visa norteamericana. "No
    es precisamente una visa; es un permiso que el gobierno de aquí va a dar a los
    niños cubanos para entrar a este territorio", le dice el padre Walsh a Sara del
    Toro, una de las personas que se encargó de distribuir clandestinamente este
    tipo de permiso (24). Luis A Jiménez amplia la información sobre las Visas
    Waiver en su artículo "Enmarcando la Novela-Testimonio en *Operación
    Pedro Pan* " (98).

de la fragilidad y el costo de la libertad al entretejer la Historia con la ficción y el arte con la vida.[9]

En esta novela híbrida y múltiple, como lo son sus protagonistas, Leyva combina lo histórico con las vivencias personales que se universalizan al colectivizar la experiencia particular. Aunque gran parte de la obra es narrada en tercera persona, los personajes parecen rebelarse contra el narrador al que continuamente le roban la palabra, participando directamente en algunos aspectos importantes del relato de sus experiencias, su desarraigo, su trauma, su pérdida de identidad, la búsqueda de una nueva y su batallar entre la necesidad de pertenencia y la lealtad, por un lado, al país que consideran como su patria y, por el otro, al país que los ha hecho hombres y mujeres de bien. Si bien es cierto que el libro presenta la autoconciencia de cada uno de los participantes a través de sus testimonios, la escritora se mueve en los mismos límites del discurso autobiográfico, lo cual sugiere que tal discurso ofrece la oportunidad de la autotransformación, es decir, la posibilidad de llegar a ser otro. En otras palabras, permite la reconcepción del sujeto y de la experiencia vivida, lo cual no implica que la obra sea la suma de ficciones o experiencias ficcionalizadas. Simplemente advierte que, aun en el caso de que esto fuera verdad, la obra es inclusiva de la verdad sin excluir el proceso creativo que puede resultar de una recontextualización de los hechos como producto del tiempo transcurrido, del trauma o de la memoria selectiva o fantasiosa.[10] No podemos olvidar que el trauma afecta el cuerpo, el alma y la memoria misma.

---

[9]   Según de Buell hay una gran variedad de textos que tienen una dimensión fuertemente autobiográfica pero que finalmente no califican como autobiografías. Estos textos residen en los límites y son los que Buell llama "modo autobiográfico, el cual es privilegiado sobre el género autobiográfico por algunos escritores" (97).

[10]   Gilmore nos habla la *falsa memoria* resultante, muchas veces, del trauma que no logra expresarse sino a través de "flashbacks" o fragmentos de la experiencia vivida y los cuales han de ser elaborados por el sujeto para presentar una narración coherente interpretativa de los hechos (29). Freyd prefiere el término "aislamiento de conocimiento", ya que se trata de un concepto más amplio donde se puede incluir la represión, disociación, amnesia, términos que conllevan una considerable idea de imprecisión (26).

También, es imposible saber si el trauma vivido por estos niños ha impactado la auto-representación de los protagonistas lo cual es entendible y aceptable, ya que la memoria y la madurez han llegado a ser especialmente importantes para el significado y la ubicación de la identidad misma de cada sujeto.

Esta experimentación literaria que une lo público con lo privado, representa la afirmación confiada del *Yo* personal, del *Yo* del grupo de niños Pedro Pan y, aún ofrece la posibilidad de representar al *Yo* nacional cubano. Cada uno de los diez y siete protagonistas de la obra es, a veces, dejado de lado para dar cabida a otros, y al mismo tiempo cada uno de ellos se convierte en representante de los demás. Si a este hecho añadimos la participación de otros, como las monjas, sacerdotes u otros niños que escribieron cartas desde el exilio a los padres de sus compañeros, hermanos o pupilos, es imposible pensar en la perfecta veracidad de los acontecimientos relatados por las diferentes fuentes testimoniales. Jiménez, por ejemplo, nos habla de "un coro multifacético de más de catorce mil niños refugiados" sin indicar si el coro repetía información vivida personalmente o aquella experimentada por otros la que, poco a poco, llegó a ser patrimonio de todos (Jiménez, 2002:98). Leyva captura la fugacidad e inestabilidad del yo individual que se reconoce a sí mismo, uno y múltiple, en un permanente vaivén que oscila entre lo real y lo ficcional, lo propio y lo ajeno. También se perciben las fluctuaciones de los protagonistas entre su identidad cubana y la americana, entre el trauma personal y el sufrido por todos ellos como grupo, y entre un nacionalismo que la Historia ha dividido entre castrista y anticastrista, todo lo cual está reflejado en la estructura de la novela que va de la Cuba real y su Historia, a la Cuba concebida y atesorada, embellecida por el recuerdo, o difusa en la memoria de los adultos que fueron, hace más de cuarenta años, niños exiliados.

De la misma manera, la obra señala la voluntad de los participantes en las entrevistas llevadas a cabo por Leyva, de presentar su propia experiencia traumática para que, a su turno, ésta fuera representada por la escritora. En otras palabras, Leyva maneja la dinámica de la auto-representación que acepta ser representada en un modo autobiográfico donde la *falsa memoria* y la ficción van de la mano con las vivencias personales y la Historia.[11]

Además, el lector no puede olvidar que Leyva y su familia también son exiliadas y tienen su propia historia de desarraigo en Venezuela y en Los Estados Unidos. Para considerar a *Operación Pedro Pan* como un *caso límite* de la autobiografía, también es importante mantener presente lo que Gilmore llama la *demanda auto/biográfica,* es decir, las exigencias que presenta el yo autobiográfico de la autora que, consciente o inconscientemente, intercala sus vivencias personales en la narración, y las *demandas de la biografía* que reclama la objetividad en el recuento de las historias de los protagonistas. Cuando las experiencias personales de Leyva coinciden con las de los niños, reviven el mundo afectivo de la escritora y las vivencias similares reciben la carga emocional del auto/biógrafo. El género autobiográfico "offers writers the opportunity to promote themselves as representative subjects, that is, as subjects who stand for others" (Gilmore, 2001: 4). Por lo tanto, la narración auto/biográfica conlleva dilemas insolubles ya que dividen y duplican al sujeto de la escritura con relación al propio acto de la creación literaria. ¿De quién es la historia, del escritor o de los protagonistas? ¿cuánto hay del uno y cuánto de los otros? Estas interrogantes siempre estarán presentes en la mente del crítico, aunque pasen desapercibidas en la narración ya que constantemente, y de manera inevitable, se podrá dar el fenómeno de la transferencia mutua. Cuando Leyva describe la salida de los niños en el vuelo que los llevaría a Miami es la autora la que está expresando sus propias emociones y no las de los niños aterrorizados por el miedo que les producía el prospecto de enfrentarse solos a su nueva vida en el exilio. Muchos de ellos eran tan pequeños que no alcanzaban a captar la importancia del momento y lo que esto significaba para su futuro (Leyva, 1993: 64). Menos aún estarían pensando en los versos de Martí o de Heredia que la mayoría no conocía todavía (Leyva, 1993:

---

[11] En *The Limits of Autobiography,* Gilmore habla de cómo se ve afectada la memoria por el trauma: "trauma acquired this additional sense of wounding by being linked to memory, such that trauma's wound no longer injured only the body but the soul and though it, memory itself" (25).

57). Sin embargo, no se descarta la idea de que estos hayan sido incluidos por los Pedro Pan que fueron entrevistados por la autora durante la elaboración del libro. Como se decía, los protagonistas de la obra cuentan sus memorias, a veces elaboradas por una serie de experiencias posteriores o por vivencias colectivas que el tiempo ha ido puliendo o completando. Por esta razón Leyva, como otros escritores, "move away from recognizably autobiographical forms even as they engage autobiography's central questions" (Gilmore, 2001: 7). Estas experiencias son, sin embargo, parte de la vida diaria de los sobrevivientes de la diáspora infantil que arrancó de sus hogares a tantos niños, algunos de sólo unos pocos años de edad. Como afirma la misma autora acerca de *El teatro de Jean Genet*,

> toda obra literaria es un producto social y no puede ser comprendida en su unidad sino a partir de la realidad histórica, sino que también, e inversamente, el análisis estructural de la vida cultural, y en especial de la obra literaria, constituye un medio de acceso particularmente importante para comprender la estructura de la conciencia y de la práctica de los grupos sociales existentes. (Gilmore, 2001: 65)

Como se ha visto, *Operación Pedro Pan* invita al lector a una mejor comprensión de lo que *no* es el género autobiográfico a través de lo que Gilmore llama los *casos límite* de la autobiografía. Estos casos crean sus propios significados, y clarifican algunos de los cuestionamientos sobre la auto-representación y la presentación de la experiencia individual y colectiva, en especial si esta ha sido traumática. Además, aunque la verdad, la identidad, la ética y el conocimiento son elementos de importancia en el discurso auto-representativo, el escritor no siempre está dispuesto a ajustarse a las convenciones de la autobiografía. En los *casos límite*, por lo tanto, el *Yo* inventa su propia alternativa para auto-representarse al encontrar nuevos caminos para que el sujeto poseedor del conocimiento sea aceptado como tal, aunque no sea reconocido como único representante de sí mismo. El *modo* autobiográfico, por lo tanto, abre espacios de reflexión y crea posibilidades para repensar, no la veracidad de la verdad, como nuestras relaciones con la verdad, al mismo tiempo que explora cómo se produce esta verdad, quién la produce y de qué forma lo hace.

OBRAS CITADAS

Birnbaun, Miriam. "This is the Essence of Spiritual Exile", *Torah of the Mothers*. Cambridge: Harvard U. P., 2000: 357-378.

Buell, Laurence. "Authobiography in the American Renaissance". *American Authobiography: Retrospect and Prospect,* Wisconsin: U. of W. Press, 1991: 47-69.

Diccionario Larousse. París: Ediciones Larousse, 1993.

Foucault Michael. "An interview with Michael Foucault" *Death and the Labyrinth: The Works of Raymond Roussel*. London: Athlone Press, 1986: 169-86.

Freyd, Jennifer J. *Betrayal Trauma: The Logic of Forgetting Childhood Abuse*. Cambriidge, Mass: Harvard U. P., 1996.

Gilmore, Leigh. *The Limits of Autobiography: Trauma and Testimony.* Ithaca: Cornell University Press, 2001.

Goldmann, Lucien. *El hombre y lo absoluto*, Barcelona: Ediciones Península, 1968.

_____. *El teatro de Jean Genet*. Caracas: Monte Ávila, 1998.

Jiménez, Luis. "Enmarcando la Novela-Testimonio en *Operación Pedro Pan*". *Entre el exilio y la memoria: Josefina Leyva y su obra*. New Orleans: University Press of the South, 2002.

Krakusin, Margarita, ed. *Entre el exilio y la memoria: Josefina Leyva y su obra*. New Orleans: University Press of the South, 2002.

Lejeune, Philippe. *Le pacte autobiographique*. Paris: Seuil, 1975.

Leyva, Josefina. *Operación Pedro Pan: El éxodo de los niños cubanos*. Coral Gables, Fl: Editorial Ponce de León, 1993.

Atlas, James. "The Age of Literary Memoir Is Now", *New York Times Magazine*, mayo 12, 1996: 25-27.

Operación Pedro Pan.. Homenaje a José Martí y Presentación de *Operación Pedro Pan: El éxodo de los niños cubanos* por Josefina Leyva. Miami: 1-28, 1994.

Pérez-Firmat, Gustavo. *El año que viene estamos en Cuba*. Houston: Arte Públio Press, 1997.

VOCES DE LA MARGINALIDAD:
RUT, LA QUE HUYÓ DE LA BIBLIA [12]

E n *Rut, la que huyó de la Biblia* (1998) de Josefina Leyva, la vida
de los personajes se lleva a cabo en cuatro laberintos, marcados
como tales por la autora: el laberinto de la soledad, el de lo inesperado, el de la incertidumbre y por último, el hondo laberinto del destino. [13] En todos ellos siempre se halla presente la figura de dos hombres: la de tío Pablo y la del Gran Protector, minotauros impertérritos,
seguros de que todos los pasos de sus víctimas sin remedio las lleva-
rán a ellos. Este ensayo intenta desglosar el mundo laberíntico en el

---

[12] Este artículo fue publicado en *Romance Languages Annual.* XII (2000). pur-
due.edu/RLA/2000
Josefina Leyva es cubana, exiliada por varios años en Caracas, Venezuela.
Actualmente reside en la ciudad de Miami. Es autora de un libro de poesía,
Imágenes desde Cuba (1995) y de varias novelas del transfondo histórico
cubano del régimen castrista, entre las que se encuentran: *Los balseros de la
libertad* (1992), *Operación Pedro Pan* (1993), *El tiempo inagotado de Irene
Marquina* (1994), *El aullido de las muchedumbres* (1995) y *Rut, la que huyó
de la Biblia* (1998). En 1999 publicó *La dama de la libertad*, cuyo marco histórico es la Caracas colonial y acaba de salir al mercado una nueva novela
situada en Puerto Rico cuyo título es *Las siete estaciones de una búsqueda*
(2.000). Leyva ha sido profesora universitaria, traductora y periodista.

[13] *Ruth, la que huyó de la Biblia*, novela ganadora del premio *Alberto Gutiérrez
de la Solana,* es la historia de una mujer de clase alta que debe vivir bajo el
régimen totalitario del dictador de su país y bajo el estricto control y abuso
sexual y psicológico de "su tío". Aunque Rut trata de liberarse, termina per-
petuando la opresión del sistema falocrático en el que ha sido formada. La
protagonista ha internalizado el sistema hasta el punto de ser una réplica del
opresor: por un lado ella es víctima y por el otro, victimario. Rut fracasa en
todas sus relaciones interpersonales, incluyendo la de su matrimonio, porque
su comportamiento es un reflejo del sistema patriarcal en cuanto a la conducta y prejuicios sociales y sexuales.

que se mueven los personajes femeninos, y cómo Leyva, sirviéndose de ellos, abre un diálogo con la crítica feminista ya que *Rut, la que huyó de la Biblia* es una obra que se constituye en un metadiscurso evaluativo donde la autora identifica una pluralidad de sitios de opresión, a los cuales se oponen una diversidad de espacios esporádicos de resistencia sin que con ello se logre la liberación de la mujer. De esta manera, la autora valida la necesidad de un acercamiento múltiple teórico del feminismo que responda a las diferencias entre las mujeres y los contextos en los que ellas habitan. Como dice Susan Stanford Friedman:

> Gender can never be experienced in 'pure' form, but is always mediated through other categories like race, ethnicity, religion, class, national origin, sexual preference, abledness, and historical era. This multiplicity of contexts, of the components of any woman's identity, suggests that any monolithic theory of praxis is doomed to privilege one set of contexts over another, one kind of feminist agenda over another, one kind of woman over another. (470-71)

En la obra, Leyva retorna al tema de la dictadura cubana y centra la novela en la mujer. Aunque la trama se desarrolla en un país imaginario es fácil encontrar su correspondencia con la Cuba castrista, contextualizando así la narración y haciendo explícito el referente histórico. Su propósito parece ser el de crear un texto que, como un hecho cultural más, presente una propuesta de diálogo entre los/las feministas al señalar la complejidad del sujeto femenino y sus circunstancias como objeto de estudio crítico.

La estructura binaria de la obra cuestiona y mantiene en permanente contrapunto los sistemas políticos falocráticos y la forma en que la mujer ha respondido a ellos, creando dentro de su propio universo diferentes estratos que resultan ser tan marginalizantes y opresivos como los heredados del mundo hegemónico en el que fue labrada. Por un lado, está el capitalismo vivido en el país antes de la revolución del Gran Protector, y por el otro, el socialismo que, según los postulados de Karl Marx y Friedrich Engels, debería haber traído para los trabajadores un sistema libre de toda explotación capitalista (Funk &

Wagnall 24: 60-61). En el texto y en el contexto de *Rut*, en ninguno de los dos sistemas existe la consideración de igualdad para el sexo femenino. Lo anterior obedece a que lo genérico sexual (por oposición al sexo biológico), como construcción social, posiciona jerárquicamente al sujeto dentro de un contexto clasista previamente constituido (Laurentis 4, citada por Muñoz 17).[14] Deducimos, entonces, que los sistemas hegemónicos configuran su sociedad según sus intereses y necesidades lo cual está íntimamente relacionado con los estamentos que ostentan el poder y de los que tradicionalmente se ha excluido a la mujer.

En *Rut*, al frente de cada sistema encontramos dos hombres poderosos, silenciosos e inaccesibles: Pablo, el tío de la protagonista, y el Gran Protector, jefe único de este país ficcional. Es más, el Gran Protector nunca aparece en escena y Pablo funciona como una sombra que se impone con su figura hermética. De él no sabemos más que lo que cuenta su sobrina a Amalia, vecina de Rut, o por los comentarios de ésta. Sólo al final se escucha conversar a Pablo con Pepe Rodríguez, esposo de la protagonista, y quien al día siguiente de tal conversación aparece misteriosamente muerto.

Pablo y su sobrina Rut, ahora una mujer de cuarenta años, pertenecen a la aristocracia del antiguo sistema, y a pesar de estar ahora bajo un régimen totalitario, ambos presumen de su color, su sangre y su clase, y tratan de mantenerse rodeados de un microcosmos capitalista, como forma de conservar el mundo al que han pertenecido y con el que aún mantienen lazos a través de la familia que tienen en el País del Norte. Este contexto sienta las bases para el estudio del papel de la mujer dentro de la llamada libertad capitalista. Pablo y Rut han mantenido una relación incestuosa desde que ésta era pequeña, relación que continúa en su secreto mundo, al que hasta ahora nadie ha tenido acceso. Ruth le dice a su amiga: "Yo era su sobrina preferida. Su ahijada. Pero había un juego que él me hacía que me aterrorizaba,

---

14   Según los últimos estudios culturales hay que hacer una diferenciación entre lo "genérico sexual" y el "sexo biológico". El primero ha de entenderse como una construcción social, cultural y psicológica impuesta sobre la diferencia sexual biológica (Muñoz 16).

si supieras" (12). Aunque en vida la madre se enteró y se rebeló contra tal hecho, no logró cambiar las cosas ya que siendo la amante de Pablo prefirió aceptar la situación a perderlo. El texto hace evidente el poder de Pablo sobre ambas mujeres a las que ha reducido a sus objetos particulares de placer y cuyas normas de conducta les son impuestas arbitrariamente por él. Sería razonable pensar que "así como lo genérico sexual asigna la posicionalidad del sujeto social, éste también tiene el poder de afectar la constitución de lo genérico sexual, hecho que le confiere al sujeto la facultad de moldear tanto su propio destino como la micropolítica de su entorno" (Muñoz 17). Desafortunadamente, lo que en teoría parece sensato, en la práctica no siempre funciona. El sistema no está dispuesto, ni preparado para aceptar sin reparos un cambio en su posición de poder. Posteriormente, el lector es informado, sin razones, de la muerte de la madre. A pesar de que el discurso es bastante ambiguo al respecto, es razonable concluir que aunque las causas de la muerte de la madre no se establecen con claridad, ésta resulta bastante conveniente puesto que con la desaparición de la madre también desaparecen los problemas para Pablo en su relación con Rut. El asunto parece menos peregrino cuando nos enteramos del sentimiento de culpa que guarda Rut, quien para sentirse mejor visita la tumba de su madre en una especie de diario ritual y no desea dejar el país porque sería una traición dejar desamparada a la madre (19). Hay momentos en que este sentimiento de culpa parece perseguirla, sin embargo, hay otros en que Rut dice: "No le puedo decir a nadie que, aunque la adoro y sufro tanto por haberla perdido, hay momentos en que la odio"(85).

Pablo, es un hombre cerrado e imperturbable, adora el juego de azar y la vida carece de importancia para él: "Es la cumbre de un jugador jugarse a un ser humano", dice Pablo (37). No es de extrañar que este hombre nunca se haya detenido a pensar en el daño que le ha ocasionado a su sobrina y es evidente que a pesar de la edad de Rut, el tío sigue ejerciendo sobre ella un control psicológico enfermizo (87). De la misma forma la madre, desde su callado retrato, gobierna con su mirada la sala de la casa y la vida de su hija (33), dominándola con la tenacidad de una garra de bronce, según nos dice la propia Rut (84). Sometida psicológicamente por ambos, el discurso de Rut se hace bitextual ya que presenta su necesidad de dialogar con las tradiciones masculinas que ha internalizado inconscientemente y cuyos paradigmas han normado su vida hasta los cuarenta años, tradiciones por las que siente "una sensación de náusea que la sobrecoge" (76). También desea dialogar con las propuestas femeninas, de las que naturalmente forma parte, tratando de indagar a través del discurso, sobre las diferentes opciones que se le presentan para realizarse como mujer. Mientras su subjetividad está enclavada en experiencias impuestas por un mundo tradicional, clasista, falocéntrico, ella no está dispuesta a ignorar su sexualidad y crea su propio espacio textual para expresar su erotismo (61). Este mundo no es claro para ella, y mucho menos para el lector. Unas veces Rut se recrea pensando y envidiando las pasiones nocturnas de la Jinetera (prostituta 28) o espiando a los hombres que visitan a su vecina, Amalia (17). Otras, añora el amor de su novio de juventud (57) a la vez que ansiosa espera el momento de presenciar el baño de Amalia para ver su cuerpo desnudo a través de la cortina del baño (21, 56). Esta ambigüedad del texto erótico que al principio parece una aberración, poco a poco llega a ser más comprensible para el lector al enterarse que el desarrollo sexual de la protagonista se dio en medio de circunstancias fuertemente anormales. Rut, antes de tener plena conciencia de su individualidad, ya había sido abusada sexualmente por su tío (22, 28). Por lo tanto, el discurso sólo manifiesta la inestabilidad psicológica del personaje a quien el sistema falocrático de derechas le negó una vida íntima normal. Por un lado, Pablo la ha usado y, por el otro, la ha silenciado sirviéndose de la tradición religiosa de la que forman parte Rut y su familia, la cual ha impuesto, desde hace siglos, la represión de las pulsaciones sexuales y "ha impedido a la mujer reconocer su libido y asumir su cuerpo" (Araújo 21). Porque, según afirma Araújo: "decir cuerpo es decir deseo, y en la sociedad patriarcal la mujer no sobrevive sino bajo la prohibición del deseo" (21-22). Además, la ha obligado a callar por temor al repudio social, haciéndola culpable de un delito que no es suyo. A pesar de esto, podemos ver que el texto enfatiza la posición de resistencia de la protagonista ya que ésta se permite la exploración de su propia sexualidad, discurriendo sobre un amplio rango de conductas sexuales. Rut se espanta de ver a su madre como en realidad era (44) y se recrea en

el goce sexual mientras piensa que ésta es su venganza contra Pablo"
(86).

Si por un lado Leyva presenta un discurso centrado en la tradición
del patriarcado dentro del sistema capitalista, por el otro, la autora
crea un contradiscurso. A través de este sistema binario de oposiciones, se muestra también la vida de la mujer dentro de la armazón totalitaria. El énfasis se centra en señalar que en un mundo falocrático no
importa el sistema económico o filosófico que sirva de marco histórico a la mujer, éste siempre ha sido normativo, prohibitivo y limitante
para ella. Inconscientemente la mujer internaliza el discurso patriarcal
del medio en que se mueve, y en cuya jerarquía ella ocupa una posición marginal. Aunque en apariencia, en el sistema totalitario que se
vive bajo el régimen del Gran Protector todos los personajes disfrutan
de una pregonada igualdad, en él encontramos a la Jinetera y al
Carilindo (al que se incluye en el grupo marginado de las mujeres)
viviendo de la prostitución que ejercen en la zona turística, y como
ellos, Amalia, la vecina de Rut, también vive de la venta de su cuerpo. No solamente ellos viven canibalísticamente, de sí mismos, sino
que el sistema los empuja a su propia degradación. Dice Rut: "una
persona decente, como yo; una mujer con principios morales sólidos,
está condenada a morirse de hambre en este país" (69). A pesar de la
ironía que esta afirmación conlleva, el texto revela al lector que el
poder encuentra bastante cómodo ignorar la ignominia a la que se ven
obligadas las mujeres para poder subsistir. Sin embargo, aún más
inadmisible es el caso de Juanita, mujer de color que vive de un
pequeño restaurante de comida criolla. Ella parece ser un eslabón perdido en el texto, el único de su raza y, además, parece asexuada. Ella
no habla de sexo, no parece sentir las pulsaciones de su líbido, a pesar
de vivir en medio de un mercado de carne humana. A ella se le ha asignado un papel ínfimo en la cadena de servicios que deben ser prestados por la mujer, y está codificada en el discurso como instrumento de
placer gastronómico para el hombre. Este espacio marginal destinado
a la mujer negra, dentro de la ya desplazada territorialidad femenina,
se filtra en los intersticios narrativos para exponer la verticalidad
jerárquica de esta sociedad. Los servicios prestados por todas las
mujeres de la obra son complementarios, aunque la mujer negra,

como objeto sexual, es codificada en el discurso como *prone* o "boca abajo"(Stokely Carmichael citado por Showalter 1989b 352). La alteridad racial es presentada en el texto utilizando el lenguaje falogocéntrico, lo cual condiciona la naturaleza de la percepción. Todas estas mujeres han internalizado la estructura de la realidad social y su relación con la mulata no puede más que reflejar su propia descentralización en dicha sociedad, lo cual les impide articular un discurso de resistencia u oposición al sistema.

La identidad de estas mujeres no es exclusivamente de orden intrínseco, sino que es producto de sus relaciones con otros sujetos, dada la labor que realizan, la cual está basada en la servidumbre. Irónicamente, esta economía de servicio que se ha organizado bajo la mirada permisiva del sistema igualitario del Gran Protector está enteramente basada en el uso y abuso de la mujer como elemento de placer. Como contra partida, en el mismo sistema las (únicas) figuras masculinas de la obra, el Gran Protector, Pablo y Pepe, son hombres blancos que viven holgadamente. Pablo viaja y apuesta a la ruleta con frecuencia o juega al ajedrez, y en su habitación nunca falta un buen licor. Pepe posee un carro extranjero y gasta dólares sin problema en la zona turística y es calificado de neoburgués por La Unión de Defensores de la Libertad. En el esquema piramidal de la sociedad, sea ésta totalitaria o capitalista, se oprime a la mujer blanca y a la población negra. Esto a su vez señala la necesidad de una redefinición de la identidad, la exclusión y la marginalidad de la mujer de color.

La novela es bastante pesimista y el determinismo parece gobernar la vida de todos los personajes femeninos. En ambos sistemas parece que lo biológico impone el destino de cada una de estas mujeres. Todas ellas parecen moverse en un laberinto sin salida. Amalia le habla a Rut así: "tú nunca podrás escapar de esa trampa. No importa lo que hagas por intentarlo. Eres la prisionera de tu tío y de su mundo. Y lo peor es que tú misma no lo sabes" (73). Leyva establece que la falocracia perpetúa la abyección de la mujer mediante la degradación del cuerpo femenino pero a la vez identifica espacios de resistencia hacia el sistema. Las mujeres del vecindario crean un clan espontáneo de solidaridad para ayudarse mutuamente en colaboración con la jefe de la Unión de Defensores de la Libertad. Esta mujer que representa

el poder del Gran Protector es la primera en desafiar el sistema opresivo y no teme burlar la ley, cuyo cumplimiento ella tiene a su cargo.
Así mismo, el día del matrimonio de Rut con Pepe, las mujeres del
barrio se enfrentan a Pablo y se niegan a darle la dirección del lugar
donde se llevará a cabo la ceremonia (102), y el Carilindo celebra que
Rut haya abandonado su soledad (89).

A pesar de la fraternidad demostrada por las mujeres, la autora presenta lo genérico sexual como "una interpretación múltiple del sexo"
en el que se cruzan numerosas fuerzas sociales (Butler 6). Su existencia sólo tiene significación como una relación en oposición a otra significación. Es decir que lo genérico sexual está constituido por un sistema de relaciones (Muñoz 51). En medio de la verticalidad pintada
por el texto, donde la cabeza domina al cuerpo y donde el hombre
domina a la mujer, la horizontalidad del mundo femenino se ve afectada por numerosas fisuras. Leyva codifica de manera directa y clara,
una serie de variantes que afectan el texto y el contexto de la mujer
tales como: la clase, la educación, el color y la preferencia sexual. Rut
pertenece a la vieja aristocracia y a pesar de la escasez, la miseria y la
aparente igualdad que ha traído el régimen del Gran Protector, ella
mantiene su fachada de finura y superioridad. Es incapaz de sustraer-
se a la tradición patriarcal, y permanece dentro de los parámetros del
hogar, rumiando su soledad y frustrada por la imposibilidad de satisfacer sus deseos. También le remuerde la conciencia por haberse enamorado de un hombre que su clase social no aceptaría jamás (61), y
no le importa declarar abiertamente que admira a los gobernantes
fuertes que mantienen sometidas a las masas (18). Tal hecho la mantiene alejada de sus congéneres y la ha confinado a un espacio muerto, a la geografía de un mundo que ya ha dejado de existir: el de la
aristocracia representada por el tío y por la madre muerta, y el de la
tradición que ella constantemente recuerda en cada objeto de su casa
(3). Contrario a lo que era de esperarse, Rut se esfuerza por preservar
el estado de las cosas (77). A pesar de sus frustraciones, Rut perpetúa
el sistema que la oprime. Como Pablo, ella se siente superior y disminuye a los demás para asegurarse una identidad que la diferencie del
resto de la vecindad y la reivindique ante sí misma. Aunque acepta
que es dominada por Pablo y lo odia porque ha hecho de ella lo que él

desea, a su vez ella pretende ejercer su poder sobre los que no pertenecen a su clase. A Pepe lo mantiene subyugado, dominado a través del sexo, de una virginidad cuestionable, de su clase social y una educación superior (93). Sólo Amalia es su amiga pero se molesta cuando ella no se deja dominar (46). A los demás les deja saber lo poco que valen para ella. Leyva deja establecido que aunque la barrera entre las clases sociales se atempere, ésta no desaparece totalmente cuando el sistema político que ha estado vigente haya sido sustituido por otro.

Pero Rut no solamente margina a los que no considera socialmente sus iguales sino que al Carilindo, por su preferencia sexual, lo trata con frialdad o simplemente lo ignora (89). Es fácil ver que ello se debe a la educación tradicional y religiosa que Rut ha recibido como parte del sistema patriarcal que, inconscientemente, aún norma su vida. Paradójicamente, su relación con Amalia nos la muestra muy cerca del lesbianismo. Leyva, tímidamente, intenta descolonizar el cuerpo humano y liberar su sexualidad de las normas establecidas. Tanto el Carilindo como Rut tienen un espacio textual en la obra para transgredir, destruir y trascender las definiciones y limitaciones impuestas por el orden patriarcal. Sus exploraciones sexuales representan una poderosa forma de liberación cuya política tiene como fin recuperar el cuerpo y redefinir su sexualidad. El racismo tampoco le es ajeno a Rut. Este está explícitamente planteado cuando la protagonista presenta a Hitler como héroe genial, injustamente calumniado por haber querido purificar la raza aria (18), y mira de reojo con evidente actitud de rechazo a las personas de raza negra (3). Irónicamente es Juanita, la mulata del vecindario, quien le presta ayuda y le da de comer cuando le duele el estómago de hambre. Es esta mujer de color el elemento cohesor en el espacio textual en el que se mueven los personajes.

Como la clase social, la educación también es un marcador de estatus. Rut es conocida como doctora, aunque en realidad no sabemos si lo es, ya que don Cecilio asegura que ella "nunca se doctoró en nada, como dice" (30). En ella todo es posible ya que Rut afirma que su vida es toda una mentira (70). Su aristocracia la ha ayudado a fabricarse una imagen importante. Lucía Guerra propone que la máscara y el antifaz manifiestan claramente que se trata de "un acto de (auto)usurpación, que debe ser transgredido para rectificar la ilegalidad que le ha impedido a la mujer codificar su legítima subjetividad" (138). En la obra esto implica que Rut trata de ocultarse a sí misma, se sale de los límites propios para exiliarse en los espacios hegemónicos de modelos masculinos (138). Es evidente que el texto intenta ficcionalizar la historia del proceso de la liberación de la mujer hispanoamericana, proceso que para la autora, apenas está en sus comienzos. Leyva, además, pone de manifiesto que dicho proceso es complejo y controversial ya que, primero, la mujer debe desinternalizar el discurso falogocéntrico que la ha normado y limitado para, luego, liberarse de tales restricciones y de los paradigmas sociales que la han alienado. El discurso también dialoga con la crítica al señalar los intersticios existentes en el feminismo donde la raza, el color, la clase social, la educación y la preferencia sexual son variantes de una misma ecuación.

OBRAS CITADAS

Araújo, Helena. *La Scherezada criolla: Ensayos sobre la escritura femenina latinoamericana.* Bogotá: Universidad Nacional de Colombia, 1989.

Butler, Judith. *Gender Trouble: Feminism and the Subversion of Identity.* New York/ London: Routledge, 1990.

Curtis, Jack H. *Psicología social.* Barcelona: Martínez Roca, 1971.

Friedman, Susan Stanford. "Post/Post-Structuralist Feminist Criticism; The Politics of Recuperation and Negotiation. *New Literary History* 22 (1991): 465-90.

Funk & Wagnall. *New Enciclopedia* vl. 24. 1896.

Guerra Cunningham, Lucía. "Las sombras de la escritura: Hacia una teoría de la   producción literaria de la mujer latinoamericana". *Cultural and Historical Grounding for Hispanic and Luzo-Brazilian Feminism Literary Criticism.* Ed. Hernán Vidal. Minneapolis: Institute for the Study of Ideologies and Literature, 1989: 129-64.

Gutiérrez, Mariela A. "Tentar a un Dios que no existe: Jean Paul Sartre en *Rut* de Josefina Leyva". *Entre el exilio y la memoria: Josefina Leyva y su obra.* Ed. Margarita Krakusin. New Orleans: University Press of the South, 2002.

Krakusin, Margarita ed. *Entre el exilio y la memoria: Josefina Leyva y su obra.* New Orleans: University Press of the South, 2002.

Leyva, Josefina. *Rut, la que huyó de la Biblia.* Miami: Editorial Ponce de León, 1999.

Marcuse, Herbert. *Eros y civilización.* Trad. Juan García Ponce. Barcelona: Ariel, 1989.

Muñoz, Willy. *Polifonía de la marginalidad: La narrativa de escritoras latinoamericanas.* Chile: Cuarto Propio, 1999.

Paz, Octavio. *El laberinto de la soledad.* México: Fondo de Cultura Económica, 1959.

Showalter, Elaine. "A Criticism of Our Own: Autonomy and Assimilation in Afro-American and Feminist Literary Theory". *The Future of Literary Theory.* Ed. Raph Cohen. New York and London: Routledge, 1989: 347-69.

ÁNGELES MASTRETTA [1]

CIXOUS Y BAKHTIN: UTOPÍA Y SUBVERSIÓN EN *MAL DE AMORES* DE ÁNGELES MASTRETTA [2]

> ¡Cuán rápido pasamos por la tierra! Antes de que conozcamos el uso de la vida, ya se ha ido el primer cuarto; el último huye cuando hemos cesado de disfrutarla. Primero no sabemos vivir; en breve ya no podemos; y del intervalo que separa estos extremos inútiles, los tres cuartos del tiempo restante se los llevan el sueño, el trabajo, el dolor, la sujeción, todo género de penalidades.
>
> (Rousseau *Emilio,* IV)

A pesar de las numerosas críticas, tanto positivas como negativas, que la obra de Ángeles Mastretta a suscitado, pocos estudios se han detenido en el permanente diálogo y en la subversión inquisitiva que la escritora mexicana mantiene en sus novelas. Joanne S. Frye comenta que aún hoy día, las novelas cuyo argumento está basado en cualidades como la fortaleza, la autonomía y las legítimas aspiraciones de la figura central, están reservadas en su mayoría a los protagonistas masculinos (1). No es sorprendente, por lo tanto, que críti-

---

[1] Ángeles Mastretta nació en Puebla, México en 1949. Es periodista, poeta y narradora graduada en Comunicación de la UNAM. Entre sus obras más conocidas están: *Arráncame la vida,* Premio Mazatlán de literatura 1985, *Mujeres de ojos grandes* (1991), *Mal de amores* (1996).

[2] Este artículo fue publicado en *Revista de Estudios Hispánicos.* 2 (2000): 127-135.
    En el presente ensayo me he servido sustancialmente de "'The Locus of the Other': Cixous, Bakhtin, and the Women's Writing" de Lisa Gasbarrone.

cas como Carolyn Heilbrun se lamenten de la dificultad para encontrar heroínas autónomas que escapen a las expectativas de la trama tradicional (71 ff.). Más aún, tal situación ficcional no nos resulta tan extraña si recordamos que la ideología cultural que rodea y codifica las acciones de la mujer latinoamericana, no difiere en mucho de aquella de las tramas novelísticas. Según éstas, la vida de la mujer deriva su sentido del matrimonio y la maternidad, y fuera de ello sólo existe una dolorosa soledad. Por lo general, la mujer es definida ideológicamente a través de su sexualidad, dejando de lado sus demás cualidades. De esta forma, ella siempre está navegando en un mar de conflictivas oposiciones: sexualidad vs. autonomía, cuerpo vs. mente, familia vs. trabajo y realización personal.

Sin embargo, en las obras de Ángeles Mastretta sus heroínas son, por lo general, mujeres subversivas, insatisfechas con sus destinos y en permanente búsqueda de un *locus* para el *otro*. A pesar de ello, en sus novelas Mastretta aún no ha hallado un método plausible que conduzca a una identidad femenina independiente, fuerte y que rompa con el monológico mundo hegemónico. Aun así, resulta interesante analizar la tortuosa ruta por la que se deslizan las figuras femeninas de sus obras y la forma en que éstas van a la zaga de un diálogo intertextual y contextual que comporte una efectiva solución a la actual encrucijada femenina. El propósito de este trabajo es el de señalar que el dialogismo de *Mal de amores* con el que Mastretta intenta transgredir y subvertir el monológico mundo masculino es un intento fallido por parte de la autora. Su discurso logra transtornar e interrumpir el mito patriarcal, pero no logra desmantelarlo, por el contrario lo rehace a su manera.

Desde su comienzo como escritora, Mastretta ha tratado de dar voz a un sujeto femenino polisémico, capaz de hablar y revelar los conflictos y contradicciones de su situación social. En *Arráncame la vida* (1985), la escritora examina el proceso de formación de su país, a la vez que analiza las raíces históricas de su propia circunstancia. La obra enfatiza la necesidad del cambio y la importancia del batallar individual en la construcción de una sociedad más equitativa para la mujer. En *Mujeres de ojos grandes* (1990), Mastretta presenta, a través de la sobrina narradora, una colección de minibiografías de "las tías", todas ellas mujeres canónicamente transgresoras, socialmente respetadas y sexualmente liberadas. En esta obra, la parodia y la risa son armas discursivas que Mastretta utiliza ágilmente en la desconstrucción de la sociedad patriarcal, arrasando con el concepto del machismo latinoamericano mediante el humor y la sátira. Como en el dialogismo novelesco de Bakhtin, el discurso de las dos primeras novelas de Mastretta es "a living mix of varied and opposing voices, a process of interanimation in which self and other create one another continually" (Gasbarrone 5). Este discurso trasciende las fronteras textuales en una asidua búsqueda de interlocutores que participan activamente en el proceso de creación, tanto artística como social.

Mal de amores (1996), la última novela de Mastretta, parece ser la continuación de estas historias de mujeres. En esta obra se regresa históricamente al siglo XIX, a la época del porfiriato, para dar comienzo a la vida de Emilia Sauri y Daniel Cuenca. Con ellos, el lector recorre las circunstancias que llevaron al derrocamiento de la dictadura de Porfirio Díaz hasta colocarlo de nuevo en los azarosos años de la Revolución de 1911 y su período de postguerra, escenario ya transitado por los lectores de Arráncame la vida. La familia del Dr. Cuenca, padre de Daniel, Diego Sauri, padre de Emilia, y su tía Milagros en sus afanes antiporfirianos, van narrando los acontecimientos de la vida política de México en los años de la dictadura a través de su participación activa en los sucesos que llevaron a Madero al poder. Al estallar la Revolución, son Daniel y Salvador su hermano, es decir, la nueva generación, quienes asumen el papel activo en los destinos de su patria y matienen viva para el lector los hechos fraguados durante el período revolucionario. Los muchachos, endoctrinados en un ambiente de libertad y respeto a los legítimos derechos del pueblo, llegan a ser miembros de las fuerzas maderistas que derrocaron a Díaz y, posteriormente, de los ejércitos huertistas y de las huestes carrancistas. Esta nueva generación de poblanos toma parte en los diez años de revueltas, hasta que la nación retorna con Obregón y Calles a una paz sobresaltada e insegura.

De esta forma, Mal de amores presenta al México de las décadas del 20 al 40 del siglo XX. En estos años México entra en su período de modernización e industrialización y es, por lo tanto, el momento de decisiones cruciales sobre el rumbo que el país y su economía deberían tomar. Es la época de su inclusión dentro del marco del capitalismo, produciéndose el llamado Milagro Mexicano, lo que según Héctor Aguilar: "fue una mezcla de dominación política tradicional –clientelar, paternal, centralizada, autoritaria– puesta al servicio de un proyecto económico particularmente exitoso –modernizador, industrial, urbano, capitalista" (127). Este importante período de la historia que contiene las raíces del México moderno sirve en la novelas de Mastretta (*Arráncame la vida* y *Mal de amores*) como telón de fondo a otras luchas, unas de orden social y otras de carácter individual. Concretamente, en *Mal de amores se* refleja la incertidumbre como denominador común con respecto a la identidad personal y el futuro nacional.[3] Mientras unos personajes crecen física, emocional e intelectualmente, otros se hunden en el proceso, a la vez que el México post-revolucionario retoma el control de su destino.

En *Mal de amores* y dentro de este contexto histórico, Mastretta hace que su protagonista, Emilia Sauri, camine por los senderos sugeridos por la crítica Hèléne Cixous. En sus comienzos, la feminista francesa señala en *La risa de la Medusa* que,

> writing is... the ensemble of the one and the other, not fixed in sequences or struggle and expulsion or some other form of death but infinitely dynamized by an incessant process of exchange from one subject to another. (245-64)

---

[3]   Según Schaefer, éste es un tiempo en que la sociedad pasa por una serie de transtornos y cambios como la masiva migración a los centros urbanos, la rápida industrialización, y la incorporación a los esquemas internacionales de producción y consumo, es decir, que el proceso político-social de México hacia una vida adulta, resulta bastante problemático (90). Refiriéndose al libro de Franco Moretti, *The Way of the World: The 'Bildungsroman' in European Culture*, Schaefer dice: "Uncertainty rather than assurance becomes a common denominator for the identity of the individual in this 'novel of transition,' because social roles are in a state of flux" (4).

Como en las primeras páginas de *La risa de la Medusa,* donde Cixous se muestra bastante atemperada y afanosa por encontrar una forma de diálogo que lleve a un mejor entendimiento entre los sexos, Mastretta, al principio de la novela propone, por un lado, un México moderno cuyas raíces se afincan en la lucha por la igualdad de clases y razas. Por otro, presenta a Emilia Sauri, quien como figura central de la obra y como representante de la mujer moderna, construye su vida sobre una base de igualdad entre los sexos, acusando la misma fortaleza y capacidad que sus aliados de niñez, juventud y madurez. Con ellos comparte sus éxitos y fracasos, sus debilidades y su amor. De esta manera el intertexto evidencia que el proceso por el que atraviesa el país es paralelo al proceso de crecimiento y madurez de los protagonistas. El eje México/mujer sugiere que el tiempo y el espacio se combinan en un cronotopo (fusión de tiempo y espacio) como momento crítico en la transformación en los hipotextos (*Mujeres de ojos grandes.* y *Arráncame la vida*) que la autora ha venido trabajando desde sus comienzos como novelista. Así, Mastretta sugiere que ni México ni la mujer mexicana han logrado aún el objetivo de su lucha.

En las tres novelas de Mastretta se hace evidente la intertextualidad y las primeras son, sin lugar a dudas, los hipotextos sobre los cuales se construye la tercera. En *Arráncame la vida*, la escritora indaga las causas de la marginalidad social de la mujer y su liberación final. En *Mujeres de ojos grandes* analiza, a través de las historias de las tías, las necesidades, deseos y derechos de la mujer, y las realidades sobre las cuales el hombre basa su poder marginalizante y opresivo. Y, en *Mal de amores* se señala el proceso de cambio social de la mujer y de México y la búsqueda de una comunidad ideal, aunque utópica, según es presentada por la autora. La ciudad de Puebla, escenario principal de la acción, representa la invasión del progreso y la vertiginosa transformación de la mujer mexicana. Emilia, la sobrina, es el resultado de un duro y prolongado esfuerzo por parte de mujer. Ella es símbolo de un mundo femenino totalmente liberado, autónomo, modelo para las otras mujeres que no han logrado superar el miedo a sus diarios encuentros con la sociedad y consigo mismas.

El orden falocéntrico que la escritora busca destruir tiene bastante en común con el mundo bakhtiniano de la épica y con las teorías de

Cixous. Este discurso monológico es sordo a otras voces y subvertible solamente a través de las leyes lingüísticas y literarias que lo gobiernan. No cabe duda de las resonancias que las teorías de Cixous y Bakhtin han tenido en la obra de Mastretta. Ambos críticos han tratado de describir la nueva relación que el *yo* (self) y el otro desean establecer a través de la expresión literaria. Dicha relación, que podría llamarse dialógica, está en clara oposición al usual monólogo patriarcal. Sin embargo, cuando Cixous hace su llamado para que la mujer hable con su propia voz, descubra "el futuro femenino" y a través de la escritura "foresee the unforeseeable" (*The Laugh of the Medusa* 245), su violento lenguaje reclamando el derrocamiento del falocentrismo está en abierta oposición a los principios bakhtinianos que privilegian el intercambio dialógico que deberá conducir a la ruptura definitiva del mito patriarcal y del de la épica. Esta es también la postura asumida por la protagonista de Mastretta, Emilia Sauri.

En *Mal de amores*, y desde las primeras páginas, la escritora mexicana conecta el mundo natural y libre, con el mar y el cielo destapado para justificar la Revolución del pueblo y la de la mujer.[4] El mar y sus murmullos también son imágenes de la pasión y la energía que Diego transmite y comparte con Josefa y que ambos legan en herencia a su hija Emilia, nombre y circunstancias que sugieren un paraíso rousseauniano y expresan claramente su deseo por obtener una absoluta libertad que, como veremos, no pasará de ser una utopía.[5] Como

---

4   La obra insiste en el ambiente paradisíaco de donde proviene Diego y en la inocencia de Josefa, la cual es preservada al lado de su marido. Es pertinente recordar que Diego conoció a su esposa cuando ella sólo era una niña de doce años y se casa con ella quince meses después (13). El énfasis sobre el hecho es importante para dar base y explicación a la educación liberal que la pareja imparte a su hija. Por otro lado, se mencionan los volcanes que circundan a Puebla con el ulterior propósito de indicar la exaltación de las pasiones políticas y sociales que bullían en la ciudad y la rebeldía que encerraba en el corazón del poblano/a. Lo anterior dará explicación al hecho de haber sido en Puebla el lugar donde se inició la primera protesta contra la dictadura porfiriana y donde se dan mujeres, como Milagros y Emilia, capaces de cuestionar y enfrentar el canon vigente al que debe someterse la mujer.

5   Esta aseveración resulta menos peregrina al leer la conversación que tienen los esposos Sauri sobre el nombre que pondrán al nuevo bebé. En ella Diego

Cixous, Mastretta encuentra en el discurso la más efectiva forma de expresión para su utópico deseo (Gasbarrone 5). Es claro que para ambas autoras, la escritura idealiza y mitifica la práctica literaria como portadora de un lenguaje diferente a ese otro contra el cual ellas luchan, el lenguaje patriarcal. Así, y a medida que la obra avanza, Mastretta se aleja cada vez más del diálogo bakhtiniano y se ahonda en las profundas y radicales teorías de Cixous. Ya en *Arráncame la vida*, Schaefer hacía notar: "Catalina connects her fleeting instants of liberation with the image of the sea, whose vast open space and constant mumur seem to remind her continually of her inner desires, in spite of and in contrast of the surrounding society" (103).[6] No es raro, por lo tanto, que la protagonista de *Mal de amores* arrase definitivamente con el canon establecido y se centre en su propio mundo. El corolario es, entonces, el cambio de un mundo falocéntrico a otro feminocéntrico igualmente cuestionable y monológico. De esta manera, tanto Cixous como Mastretta están en oposición directa a los principios dialógicos de Bakhtin para quien no es suficiente la desmitificación del monológico mundo autorial si a cambio, y únicamente, logra establecerse en su lugar otro tipo de mito o de monólogo.

A pesar de la apariencia de apertura dialogante entre los mundos enfrentados por el discurso mastrettiano éste encierra una codificación cerrada. El texto enfatiza la importancia del papel de la mujer y los logros que con respecto a sus derechos han alcanzado mujeres como Milagros, tía de Emilia. Claramente, Mastretta busca que sus personajes encarnen a mujeres decididas que abran el camino para que la vida de otras pueda ser vivida en autonomía y libertad. Milagros, por

---

le asegura a su esposa que tendrán una niña y la pondrán Emilia "para honrar a Rousseau y hacerla una mujer inteligente" (20).

6 En nota de pie de página Schaefer hace hincapié que en las obras de Mastretta existe la recurrencia del tema del mar relacionado con los deseos liberadores e íntimos de la mujer. Comenta que en el pequeño cuento/artículo "Gilberto" después de un devastador huracán, Mastretta refuerza la conexión entre la pasión humana y la pasión del mar. "She writes: 'El mar es una cosa seria, saben los que viven junto a él. El mar es un amante impredecible: desconoce, abandona, lastima, pero brilla, acompaña, alimenta. El mar traga, roba, vomita. El mar abraza. El mar es un amante y quienes lo aman, entienden su locura y lo perdonan'" (citado de *Nexoss* 131 [nov. 1988]: 5)

ejemplo, expone su tranquilidad y su seguridad personal para lograr el
cambio social. Ella se ha convertido en dinámica arma transgresora de
la norma social. Está al tanto de las restricciones que la dictadura ha
puesto sobre su propia libertad de expresión y la coerción ejercida
sobre la oposición gubernamental. Sus incursiones en la sociedad y en
la política son cada vez más arriesgadas, hasta llegar a convertirse en
ícono de lucha y libertad para la mujer burguesa. Es ferviente comba-
tiente contra la injusticia, sea ésta contra la mujer o contra cualquier
otro miembro marginado de la sociedad. Además, Milagros como activa disidente de la política vigente, asiste a reuniones clandestinas y en
las noches reparte volantes subversivos contra Díaz. Se enfrenta al
mito del poder político y sus orquestados movimientos, pagando su
osadía con la cárcel. Como dice el gobernador: "Milagros Veytia está
presa porque es un peligro viviente" para el gobierno (*Mal de amores*
178).

En la novela, las historias de Milagros, de Josefa la madre de
Emilia y de Sol su amiga intercambian ideas, de la misma manera que
Mal de amores dialoga con los hipotextos, es decir, con las dos novelas anteriores de la autora. Igual que Cixous, Mastretta ofrece en sus
comienzos una atractiva teoría muy cercana a las ideas expresadas por
Bakhtin sobre las grandes promesas que la escritura femenina tiene
reservadas. En otras palabras, la escritura de la mujer es femenina,
diferente de la patriarcal, pero radicalmente inclusiva. Esta escritura
es la que Cixuos llama escritura *bisexual* en la cual las diferencias se
preservan pero nunca se neutralizan. Tal escritura se regocija en el
intercambio que se multiplica (264).

Sin embargo, al entrar en el análisis de Emilia, la sobrina de
Milagros y figura central de la obra, parece que el discurso
Mastrettiano establece una nueva e incluyente relación con el *otro*,
pero solamente con cierta clase de *otro*. Esta inclusión de un *otro* que
excluye al *otro* genérico sería implícitamente irónica ya que a partir
de este momento la escritura de Mastretta se vuelve excluyente y aún

---

7   En su artículo, "Femmes écrites, Bilan de deux décennies", Laurence Enjolras
    has noted the irony of a feminine *écriture* that becomes exclusive, even
    repressive in its turn. Textos como "La risa de la Medusa", escribe ella, "con-

represiva.[7] Según nos dice Gasbarrone en su artículo, "The Locus for the Other", la escritura femenina "in its claim for authenticity, to an unmediated feminine truth, women's writing repeats a gesture uncomfortably similar to the tradition with which it seeks definitively to break". Para Bakhtin, por el contrario, un punto de partida excluyente, sea este patriarcal o feminista, es un salto al fracaso (7). Mastretta, como Cixous, anticipan el objeto de su discurso y su alienante universo, proponiendo una Eva mítica en el lugar del mítico Adán trabajado ya por la escritura patriarcal. Según nos dice Bakhtin, cualquier tipo de discurso que se proclama a sí mismo como "especial" corre el riesgo de convertirse en "a unitary and singular Ptolemaic world outside of which nothing else exists and nothing else is needed" (Discourse 286).

Este tipo de discurso es el que cierra la última obra de Mastretta. Emilia, modelo propuesto por la autora, es el resultado de la constante labor liberadora de la tía Milagros. A los 17 años inicia sus amores con Daniel en su propia casa. Sin ningún recelo ni recato informa a sus padres de lo ocurrido y lo hace con tanta naturalidad que la misma tía se complace al reconocer en su sobrina el fruto de su labor (180). Después de esto, su mente y su voluntad, al igual que México, son sometidas a los rigores de la guerra y la madurez les irá llegando, a una y otro, tras una serie de triunfos y derrotas, de aprendizajes, angustias y sufrimientos. Con Daniel, Emilia vive el desenfreno y la exaltación de la pasión momentánea que acompañará sus amores hasta su edad madura. Con el Dr. Zavalza, su esposo, le llega el amor pacífico, generoso y comprensivo. También con él recobra la estabilidad y la seguridad de una familia y es por esto que ella lo "escoge" para padre de sus hijos y abuelo de sus nietos (nota 7).

La voz de Emilia es la voz de una mujer independiente, autónoma y que es consciente de su riqueza intelectual y emocional. Los dos

---

vey nonetheless, even as the claim to denounce, undo, annihilate them –and it's perhaps the enormity of the paradox that is so infuriating– the same repressive elements, intrinsic to the system and established by men, which have allowed the latter, since time began, to keep women in a subordinated position (Gasbarrone footnote 11, pg. 18).

hombres de su vida han tenido que aceptar que en ella habitan muchas mujeres y que cada uno de ellos sólo ha logrado conocer a unas cuantas de ellas.[8] Emilia despierta en sus amantes admiración y frustración pero nunca piedad o indiferencia. Desde sus 17 años su persistencia y resistencia doblegan a Daniel. El nunca pudo conseguir que la muchacha cumpliera todos sus deseos, que lo siguiera en sus ideales políticos, ni que la pospusiera por ellos. A Emilia las pasiones políticas de Daniel le tocaban su amor propio porque sentía "la sensación de ser tratada como algo menos importante que la patria" (244). A pesar de ello, este sentimiento no la conduce al final de esta relación, simplemente la lleva a una revaluación de ella y de sí misma. A partir de ese momento, Emilia decide que con Zavalza formará su familia y con Daniel tendrá la locura que le brinda su apasionado amor. Como Daniel, tampoco Zavalza puede impedir los amores de su mujer con el otro hombre de su vida. Aunque ambos sienten celos deben aceptarla como es. Mastretta ha invertido los papeles prevalentes en el narcisista mundo patriarcal. Para ella, como para Cixous, el remedio parece estar en otra forma de narcisismo. El encuentro con el otro es, simplemente, un encuentro consigo misma, dando por resultado, la desaparición de la tensión dialéctica entre el yo y el otro.

En el texto, Emilia barre con el orden social tradicional y establece su propio orden individual, familiar y social. Y, aunque se señala la versatilidad y capacidad de la mujer, el discurso contiene utópicas premisas semejantes a lo que Julia Kristeva llama "pseudo-transgresión" (152). La novela propone un nuevo orden individual tan arbitrario y egocéntrico como el orden falocéntrico que trata de subvertir. La solución presentada por Mastretta es la de expandir los dominios del yo femenino para excluir cualquier otra forma de oposición. En el fondo esto no es otra cosa que el cambio de un mito por otro. Según Cixous,

---

8   Las mujeres de Mastretta hacen evidentes las diferentes facetas de su mundo femenino. En *Arráncame la vida*, por ejemplo, el general Ascencio así lo reconoce cuando le dice a Catalina: "Se que te caben muchas mujeres en el cuerpo y yo sólo conocí a unas cuantas" (214). De igual manera llega a admirar a Catalina en medio de una terrible frustración por los engaños de su mujer. Andrés le dice: "no me equivoqué contigo, eres lista como tú sola, pareces hombre, por eso te perdono que andes de libertina" (211).

en la versión oficial, Perseo silencia a la Medusa por miedo a ser silenciado. En la versión subversiva no-oficial de Mastretta se acata el ilimitado mundo femenino del deseo en el que se excluye toda manifestación proveniente de Perseo. Vemos, entonces, que en ambos casos se mantiene el vacío que separa al yo del otro a través del dominio y la sujeción.

Es sorprendente, sin embargo, que a pesar de la vida afectiva poco convencional de Emilia, ésta es excelente madre y eficiente profesional, aunque en todo se rige según sus propios parámetros e independientemente de lo establecido por el canon. También es consciente de que sus hijos y nietos pueden disentir de su filosofía social y moral, y por esto nunca admite ante otros que ellos pueden ser hijos de padres diferentes.

Mastretta hace que el lector se pregunte sobre los objetivos reales de la lucha femenina por la igualdad de derechos al combinar en Emilia la total libertad sexual, intelectual y moral con una responsabilidad moldeada a su medida. Lo que queda implícito y sin respuesta clara es el corolario que se desprende de este mundo rousseauniano y sus implicaciones familiares, sociales, educativas. También es cuestionable si la ilimitada liberalidad, ahora propuesta por Emilia y no en el *Emilio* (1762),[9] no conlleva la violación de ciertos derechos, como el de la paternidad por ejemplo. Emilia le niega a Daniel el derecho a sus hijos, aunque abiertamente la novela sugiere que varios de los hijos y de los nietos de Emilia lo son también de Daniel (394). A pesar de esto, el perspectivismo de la obra invita al diálogo entre las diferentes posturas sociales y morales expuestas en la trama. *Mal de amores* es, por lo tanto, heterodoxia que trasciende el espacio textual y obliga al lector a un análisis concienzudo de cada una de las alternativas propuestas. Y, a la vez que invita a la discusión, se abre al estudio de nuevas opciones para la mujer. Mastretta, como su protagonista Emilia, es una mujer liberal que presenta con claridad sus ideas y busca escuchar las posturas ajenas. Su escritura, igual que la de

---

[9]   En su influyente novela, *Émile,* Rousseau expone su nueva teoría sobre la educación, enfatizando la importancia de la expresión y, no de la represión, para producir una generación bien balanceada de jóvenes librepensadores.

Cixuos, no ha logrado encontrar una forma viable para dar salida a las aspiraciones de la mujer, pero es reflejo de su continua contribución en la búsqueda por una mayor equidad social para la mujer latinoamericana.

OBRAS CITADAS

Aguilar Camín, Héctor. "La transición mexicana". *Nexos* 124 (April 1988): 127.

Cixous, Hélène. "The Laugh of the Medusa", trans. Keith Cohen and Paula Cohen. *New French Feminism: An Anthology.* ed. Elaine Marks and Isabelle de Courtivron. New York: Schocken, 1981. 245-64.

Gasbarrone, Lisa. "'The Locus for the Other': Cixuos, Bakhtin and Women's Writing". *A Dialog of Voices.* Eds. Karen Hnhne and Helen Wussow. Minnesota: U of Minnesota P, 1994.

Frye, Joanne S. *Living Stories, Telling Lives: Women and the novel in Contemporary Experience.* Ann Arbor, Michigan: U of M Press, 1989.

Heilbrun, Carolyn. *Reinventing Womanhood.* New York: Norton, 1979.

Kristeva, Julia. *Sémiotikè, Recherches pour une sémanalyse.* París: Seuil, 1969, 143-73.

Mastretta, Ángeles. *Arráncame la vida.* Barcelona: Seix Barral, 1992.

_____. *Mujeres de ojos grandes.* México: Cal y Arena, 1992

_____. *Mal de amores.* Madrid: Alfaguara, 1996.

_____. "Gilberto". *Nexos,* 131 (nov. 1988): 5.

Moretti, Franco. *The Way of the World: The 'Bildungsroman' in European Culture.* London: Verso, 1987

Rousseau, J.J. *Emilio.* Madrid: EDEAF, 1982.

Schaefer, Claudia. "Popular Music as the Nexus of History, Memory, and Desire in Angeles Mastretta's *Arráncame la vida*". *Textured Lives: Women, Art, and Representation in Modern Mexico.* The U of Arizona P, 1992. 88-110.

LORENZO MARROQUÍN
y
JOSÉ MARÍA RIVAS GROOT

NOVELA HISTÓRICA E INTERTEXTO
MUSICAL: WAGNER Y VERDI EN *PAX* [1]

En Colombia las primeras dos décadas del siglo XX fueron de gran agitación política, dando lugar a un contradiscurso liberal encabezado por Miguel Antonio Caro.[2] Paralelo a éste, surgió el grupo intelectual de Los Nuevos y en Barranquilla salió al mercado *Voces*, medio de difusión liberal, proporcionando a los intelectuales una alternativa para expresar sus ideas. Además, se organizó el Partido Socialista (1919) y el Partido Comunista (1920) como anticipación a

---

[1] La biografía de los escritores puede encontrarse en el presente estudio en las notas de pie de página 9 y 10. Este artículo fue publicado en *Literatura y cultura colombiana: Narrativa del siglo XX*. Vl.I. Bogotá: Colcultura, 2000. 131-48.

[2] Como preámbulo al estudio de algunas de las novelas de tema histórico de la primeras décadas del siglo XX es pertinente recordar que entre los años de 1886 y 1909 el ambiente político era dominado por Rafael Núñez y el literario contaba con el liderazgo de José Manuel Marroquín, quien con Miguel Antonio Caro encarnaban el espíritu de la Regeneración y a cuya sombra se gestó la Constitución del 86. Los conservadores del momento buscaban la centralización política y para 1890, el entonces presidente Caro y su administración mantenían un fuerte control sobre los medios de comunicación. Pronto el conflicto entre un estado autoritario y los intelectuales (La Gruta Simbólica, en especial) y políticos liberales se hizo insostenible y, bajo la presidencia de Manuel Antonio Sanclemente, Colombia entró en la Guerra de los Mil Días (1899-1903). Durante el quinquenio de 1904 a 1909 el Presidente Rafael Reyes trató de encontrar una solución al conflicto. Así, en 1910 ambos partidos llegaron a un acuerdo y el liberal Carlos E. Restrepo fue elegido

los múltiples conflictos laborales que caracterizaron la década de los años veinte.[3] Del treinta al cincuenta se dio una rápida modernización e industrialización bajo los gobiernos liberales de Enrique Olaya Herrera (1930-34)[4] y Alfonso López Pumarejo (1934-38, 1942-45), pero con la división interna del partido liberal llega al poder el conservador Mariano Ospina Pérez.[5] Durante el gobierno de Ospina se da el *bogotazo* (1948) y con este hecho se inicia el período conocido como *La Violencia*, tema recurrente en la novelística colombiana. No es raro, entonces, que en medio de tanta inestabilidad política los intelectuales colombianos hubieran buscado expresar sus ideas a través del texto literario, particularmente en forma de ensayos, discursos y diatribas. La novela, por el contrario, tuvo una gestación lenta y un desarrollo tortuoso debido, en gran parte, al regionalismo y a la tradición colonial de lo que Ángel Rama llama la *ciudad letrada*.[6]

Presidente y líder de la nueva coalición, seguido por el gobierno conservador de José Vicente Concha (1914-18).

[3]   Uno de los mayores conflictos fue el de las bananeras en Ciénaga (1928), más tarde novelado por Alvaro Cepeda Samudio y Gabriel García Márquez. Por otro lado, el indio Manuel Quintín Lane organizó un movimiento político en pro de los derechos de los indígenas que creó un ambiente de agitación entre los años de 1914 y 1918.

[4]   Se organizaron programas de educación, salud y vivienda. Se dio especial énfasis al desarrollo vial del país dando accesibilidad a gran parte de las regiones del país, hasta entonces completamente aisladas.

[5]   En el gobierno de Alfonso López Pumarejo se llevaron a cabo medidas más agresivas como la Ley 200 que comenzó con la Reforma Agraria. Desafortunadamente, al gobierno de López siguió el de Eduardo Santos, mucho menos progresivo, que trajo de vuelta a López a la presidencia de la República. Durante el segundo gobierno de López, cargos de corrupción llevaron a la división del partido Liberal. Corolario de tal división interna fue la elección del conservador Mariano Ospina Pérez como presidente en 1946.

[6]   Raymond Williams en *The Colombian Novel, 1844-87*, provee un excelente estudio sobre el desarrollo de la novela en Colombia y cómo desde los 1840, cuando se publicaron los primeros panfletos novelescos, el valor estético de la novela siempre ha estado ligado a las contingencias políticas y a la cultura (escrita y oral) representada por los dos partidos fundadores: Conservador y Liberal.

Raymond Williams en su libro *The Colombian Novel, 1844-1987* liga la producción de la novela colombiana a la tradición de una de las cuatro zonas culturales en las que él divide el país: la tradición del altiplano Cundiboyacense con novelas como *Manuela* (1858) de Eugenio Díaz, *Diana Cazadora* (1915) de Clímaco Soto Borda, y *La Vorágine* (1924) de José Eustasio Rivera; la tradición de la Costa con obras como *Ingermina* (1844) de Juan José Nieto y *Cosme* (1927) de José Félix Fuenmayor; la tradición de Antioquia que tiene en su haber novelas como *Frutos de mi tierra* (1896) y *La marquesa de Yolombó* (1928) de Tomás Carrasquilla, *Toá* (1933) de César Uribe Piedrahita y *Risaralda* (1935) de Bernardo Arias Trujillo; y en la tradición del Cauca están, entre otras, *María* (1867) de Jorge Isaacs, *El alférez real* (1886) de Eustaquio Palacios, ambas obras provenientes de un medio cultural elitista propio de *la ciudad letrada*. Esto no excluye casos como el del chocoano Arnoldo Palacios, autor de *Las estrellas son negras* (1949), obra perteneciente a una cultura popular enraízada en la tradición oral (Williams 165).

En cuanto a la novela histórica, Seymour Menton considera que en Latinoamérica las obras producidas entre 1826 y 1949 son, por lo general, novelas identificadas con el romanticismo y que fueron evolucionando durante la primera mitad del siglo XX dentro de la estética del modernismo y el criollismo (18). Menton divide la novela histórica latinoamericana en dos categorías: la Novela Histórica Tradicional y la Nueva Novela Histórica. La Tradicional comprende, como ya se dijo, las obras escritas entre 1826 y 1949, año en el que aparece, según este crítico, la primera y verdadera nueva novela histórica de Latinoamérica –*El reino de este mundo* de Alejo Carpentier (20). En Colombia, después de 1949 han aparecido numerosas novelas que han sido catalogadas por Menton como históricas. Entre ellas se puede citar: *La tejedora de coronas* (1982) *Los cortejos del diablo (1970) El signo del pez* (1987), *Sinfonía desde el nuevo mundo* (1990) y *Los ojos del basilisco* (1992) de Gemán Espinosa, *La otra raya del tigre* (1976) de Pedro Gómez Valderrama, *El amor en los tiempos del cólera* (1985) y *El general en su laberinto* (1989) de Gabriel García Márquez, *El fusilamiento del diablo* (1986) de Manuel Zapata

Olivella, *El sendero de los ángeles caídos* (1989) de Andrés Hoyos,
entre otras.

Según lo anterior, las novelas históricas colombianas del siglo XIX
y primera mitad del XX entran en la categoría de la novela histórica
tradicional. En el siglo pasado, *Ingermina* y *El oidor Cortés de Meza*
(1845) de los colombianos Juan José Nieto y Juan Carlos Ortiz, respectivamente, alternan con *La hija del judío* (1848-50) del mexicano
Justo Sierra, con *La novia del hereje* (1845-50) del argentino Vicente
Fidel López, con *Guatimozín* (1846) de la cubana Gertrudis Gómez de
Avellaneda y con *O Guaraní* (1857) e *Iracema* (1865) del brasileño
José de Alencar. Mientras la novela del siglo XIX privilegió el romanticismo y el realismo costumbrista, así como también el modernismo
decadentista finisecular, para algunos de los novelistas de principios
del XX, que aunque continuaban escribiendo dentro de los parámetros
de dichos movimientos literarios, la meta de su obra era, por lo general, "to contribute to the creation of a national consciousness by fami-
liarizing the readers with characters and events of the past, and to
bolster the Liberal cause in the struggle against the Conservatives,
who identified with the political, economic, and religious institutions
of the colonial period" ("la de contribuir a la creación una conciencia
nacional mediante la familiarización del lector con los personajes y
hechos del pasado, reforzando la causa liberal en su lucha contra los
conservadores a quienes identificaban con las instituciones políticas,
económicas y religiosas del período colonial" [Menton 18]).[7] Para
otros, sin embargo, sólo interesaba "el arte por el arte".

Posteriormente y dentro de la tendencia modernista, que en
Colombia se mantiene unida al romanticismo, el escritor se espiritua-
liza más y rechaza de plano el naturalismo europeo. Pertenecen a este
movimiento Ángel Cuervo, Emilio Cuervo Márquez, Clímaco Soto
Borda, Lorenzo Marroquín y muy especialmente José María Rivas
Groot. (Curcio 179). Ejemplo de esta tendencia es *Phineés* (1909) de
Emilio Cuervo Márquez, cuyo telón de fondo es la Tierra Santa.[8]

---

[7] Las traducciones son mías, de lo contrario será indicado.
[8] De este período son *La gloria de don Ramiro* (1908) del argentino Enrique
     Larreta y, aunque publicada más tarde, *Sor Adoración del Verbo Divino*

Aunque este movimiento literario se enfrentó al modernismo decadente, guardó de él cierto aire de elegancia y de maneras que se hacen evidentes en *Pax* (1907), por ejemplo, novela escrita por Lorenzo Marroquín[9] en colaboración con Rivas Groot.[10] Aunque algunas de las obras de Rivas están temporalizadas en escenarios lejanos como *El conquistador de Roma,* otras como *El discípulo de Nietzsche,* vuelven a los motivos nacionales en la crítica de los vicios políticos del país. De esta primera década del siglo XX también son *Insondable* (1904-06) cuyo escenario es la Guerra de los Mil Días y *Mercedes* (1907) de Marco Antonio Jaramillo. *Mercedes* está enraízada en la picaresca y se desarrolla en Sonsón, Antioquia. Es, además, una protesta contra las guerras civiles, en favor del clero perseguido, y tiene como marco histórico la contienda de 1860.

A partir de 1915 y hasta 1945 la novelística latinoamericana regresa al mimetismo realista y a la búsqueda de una identidad nacional. Vuelven a plantearse los problemas socioeconómicos y de racismo dentro de un escenario histórico (Menton 19). En esta época y en un ambiente bogotano con toques naturalistas, se concibe *Diana cazadora* (1915) de Clímaco Soto Borda. La obra fue escrita en la guerra de 1900 y no habla de la diosa mitológica sino de una ventera que se da a la caza de un muchacho de clase alta. La obra de Soto retrata, con humor y sostenido interés, la vida bohemia de los bajos fondos del Bogotá de principios de siglo. En la década del veinte sobresalen

---

(1923), del mexicano Julio Jiménez Rueda, presenta características semejantes.

[9] Lorenzo Marroquín nació en Bogotá en 1856 y murió en Londres en 1918. Fue hijo de José Manuel y, como éste, fue literato y participó activamente en la política del país. Escribió, además de *Pax, Estudio sobre el poema del Mio Cid,* la comedia *El doctor Puracé,* el drama *Yo y Cartagena la heroica,* algunas biografías, poesía y artículos políticos (Nota en *Pax ,* 1946)

[10] Rivas Groot nació en Bogotá en 1863 y murió en Roma en 1923. Promotor de la renovación poética a través de la publicación *La lira nueva* (1886) donde se dieron a conocer José Asunción Silva, J. González Camargo, Diego Uribe e Ismael Enrique Arciniegas. Entre sus obras se cuentan: *Páginas de la historia de Colombia, El Nuevo Reino de Granada en el siglo XVIII, Víctor Hugo en América,* entre otras.

Cosme (1927) de José Felix Fuenmayor cuya excepcionalidad descansa en la ausencia de un héroe tradicional, hecho interesante por tratarse de una época de la novela colombiana donde todos los protagonistas masculinos eran héroes. El humor y la retórica juguetona une a *Cosme* con la ficción costeña de García Márquez.[11] En Antioquia goza de especial interés *La marquesa de Yolombó* (1928) del maestro Tomás Carrasquilla. *Zoraya* de Daniel Samper narra episodios de la vida del virrey Solís y en su momento fue considerada como una de las mejores novelas nacionales (Ortega 790). Por esta misma época aparece también *Mi Simón Bolívar* (1930) de Fernando González, obra que presenta el perfil ético-político del Libertador.

Desafortunadamente, en las primeras décadas del siglo XX en los países latinoamericanos se publicaron pocas novelas históricas, y en este género la contribución de Colombia también fue bastante pobre.[12] En el presente ensayo se estudiará a *Pax* como novela histórica con claras tendencias románticas y modernistas. Como ya se ha expuesto, la obra es una coproducción de Marroquín y Rivas Groot, según consta en la carta del 31 de marzo de 1907 enviada por Marroquín a Rivas.[13] La novela retrata la situación desastrosa en que quedó el país después de la Guerra de los Mil Días. *Pax* es considera-

---

[11]   Al respecto es interesante la afirmación de Alvaro Cepeda Samudio quien señala que los escritores del Grupo de Barranquilla (siendo los más notables García Márquez y el mismo Cepeda) todos vienen de Fuenmayor (Williams 107).

[12]   De este período son: *Matalaché* (1924) del peruano Enrique López Albújar, *Lanzas coloradas* (1931) de Arturo Uslar Pietri y *Pobre negro* (1937) de Rómulo Gallegos, ambos, autores venezolanos. Dentro del criollismo, merece especial mención la novela histórica *O continente* (1949) del brasileño Erico Verissimo. *El continente* forma parte de la trilogía *O tempo e O vento* (*El tiempo y el viento*) que presenta la historia de Brasil desde la perspectiva del Rio Grande do Sul de los 1930 y 1940.

[13]   En dicha carta Marroquín escribe: "Hoy tengo el gusto de remitirle el primer ejemplar que sale de la prensa (el último pliego en prueba todavía), por donde verá que a pesar de que no hay capítulo ninguno que no tenga incidentes nuevos, modificaciones más o menos profundas, supresiones, adiciones y cambios, más o menos sustanciales, el plan general de la obra y los caracteres se han conservado tal como los combinamos y los diseñamos juntos" ("Advertencia" *Pax* 1946).

da como un *roman à clef* (*novela en clave*) en la que el público lector creyó ver la representación de numerosas figuras sociales y políticas de la época, lo que llevó a Marco Fidel Suárez a escribir una dura y detallada crítica sobre los fallos lingüísticos y estilísticos de la obra con el título de *Análisis gramatical de Pax*.[14] De igual manera, los empeños de *Pax* por exaltar los fueros nobiliarios desataron la ironía dolida de Suárez. Antonio Curcio Altamar afirma que: "fue *Pax*, sin duda, la novela que más encono y resquemores así como mayor cantidad de desmedidos elogios produjo en Colombia" (184).[15]

Pax privilegia la belleza en cualquier forma de arte y da voz al sentimiento religioso de la época, a la vez que se extiende en digresiones y extensas descripciones de cuadros costumbristas. Los personajes se polarizan en seres diabólicos y fatídicos o en personajes angélicos exceptos de toda falta. Sin embargo, "hay caracteres bien estudiados y con vida propia, como los de Roberto, Alejandro, Bellegarde y la hermana San Ligorio"(González x). Igualmente es un documento histórico sobre el "refinamiento cultural un tanto afrancesado, delicadeza de maneras, respeto caballeroso a la mujer, catolicismo tradicional,

---

[14] En Karlonoff la crítica señaló a Francisco Javier Vergara; en el poeta Mata, a José Asunción Silva; en Montellano, a Pepe Sierra; en Sánchez Méndez, a Carlos Martínez Silva; en Roberto, a Roberto de Narváez; en el general Landáburo, al general Rafael Uribe Uribe; en González Mogollón, a Leonidas Posada Gaviria; en Alejandro, a Alejandro Urdaneta. Dice Curcio que Ortega Torres advierte que no es tan exclusiva la personificación. Por ejemplo, en Mata se puede ver no sólo a José Asunción Silva, sino también al Guillermo Valencia de *Palemón el Estilista*. De igual forma que también han quedado personificados los propios autores de *Pax* (Nota de pie de página en Curcio 183).

[15] Aparte del A*nálisis gramatical* de Suárez, *El Republicano* de Bogotá publicó en sept. 6 de 1907 "*Pax* y la familia de D.R. González Mogollón"; en el mismo diario también aparecieron, en agosto 9 y Sept. 10 de 1907, "Cazando en predio ajeno" y "*Pax*, paciencia y muerte con penitencia" de Jesús del Corral; en octubre 22 y 31, y noviembre 6 y 18, 1907 aparecen en "Cartas de Abejorral" de "Inocencio Abejorro" algunos comentarios y estudios críticos sobre la obra de Marroquín y Rivas Groot. Por la misma época aparecieron muchos otros artículos en *El Nuevo Tiempo* de Bogotá, *El Correo Nacional*, *Boletín militar de Colombia, El Porvenir etc.* (Curcio 184-85).

inquietudes intelectuales alrededor de Nietzsche, el decadentismo, la
música wagneriana y desde luego la política" del Bogotá aristocrático
de 1900 (González x-xi).

Como lo expresa Francisco José González, la música del compositor alemán como la del italiano Verdi y (la ópera) *Werther* de
Massenet, basada en la obra de Goethe, son parte integrante del corpus de *Pax*.[16] También son intertextos importantes que, además de
documentar el elitismo cultural de la época, parodian y anticipan la
trama y estructura de la novela. El romanticismo de Wagner y de
Verdi indican la tonalidad de *Pax* incluso en el fondo bélico que le
sirve de marco. La historia del conde Bellegarde sigue de cerca a
Werther. Su amor por Inés (nombre que también nos recuerda la
heroína de *Don Juan Tenorio* [1835] del romántico José Zorrilla),
nos trae a la memoria el amor no correspondido de Werther por
Carlota. Lo importante es que "el drama musical vive de acción;
pero de acción interior, moral, de pasiones profundas..." según se
explica en la conversación sostenida entre Roberto, Alejandro y el
conde Bellegarde mientras esperan que se inicie la presentación de
la ópera de Massenet (vl.I, 128). En la obra de Goethe, sin embargo, y en medio de un ambiente paradisíaco, el lector navega en la

---

[16] El italiano Giuseppe Verdi (1813-1901) se destacó entre los grandes compo-
sitores en la historia de la ópera. Fue director de La Scala y entre sus obras
sobresalen *Nabucco* (1842), *Macbeth* (1847), *Rigoletto* (1851), *Il Trovatore* y
La Traviata (1853), *La Forza del Destino* (1862), *Aida* (1871), *Otello*
(1887).
Richard Wilhelm Wagner (1813-87). Compositor alemán y una de las figuras
europeas más influyentes del siglo XIX. Entre sus obras más importantes está
Rienze (1842), *Der fliegende Holländer* (1843), *Tannhäuser* (1845),
Lohengrin (1848). La trilogía conocida como *Der Ring des Nibelungen* fue
terminada en 1856, *Tristan und Isolde* (1857-59), *Die Meistersinger von
Nürnberg* (1867). Escribió algunos trabajos teóricos como *Oper und Drama*
(1850-51), *Über die Anwendung der Musik auf das Drama* (Sobre la aplicación de la música al drama 1879), *Dans Kunstwerk der Zukunft* (El arte del
futuro 1849). La reputación de Wagner está basada en sus creaciones musicales, las cuales representan la más alta expresión del romanticismo europeo en
música, y también en la revolución por él efectuada en la teoría y la práctica
de la composición operática.

ambigüedad sobre los verdaderos sentimientos de Carlota hacia Werther, de la misma manera que en *Pax* nunca se habla con claridad sobre los sentimientos amorosos de Inés (vl. I, 129). Aunque a veces parece amar a su primo Roberto, otras sólo permiten detectar un profundo cariño y un algo de compromiso familiar. Por otro lado, desde siempre doña Ana de Ávila, madre de Roberto, y doña Teresa, madre de Inés, soñaban con ver realizada la unión matrimonial entre sus dos hijos. Inés también deja ver su interés por Bellegade sin que el lector llegue nunca a despejar la incógnita sobre los sentimientos reales que ella alberga por el conde.

Por su parte Bellegarde, a pesar de ser un hombre de negocios eficiente y práctico, está influido por la evanescencia del modernismo a la vez que posee una gran sensibilidad romántica. Aunque se ha enamorado profundamente de Inés, calla su amor por el respeto y la amistad que lo unen a Roberto. Mientras su sensibilidad hacia la mujer amada es romántica, el modernismo del conde Bellegarde se refleja más en las acciones de su vida profesional y en sus deseos de traer industria y desarrollo a Colombia. Su proyecto es la canalización del río Magdalena con la ayuda del general Ronderos, Ministro de Guerra, quien busca cimentar la paz del país en la prosperidad, la libertad y el contento general (*vl. I,* 48). Pero es con el poeta Mata que los autores –Marroquín y Rivas Groot– logran consignar en la obra la estética de simbolistas, parnasianos y modernistas. José Asunción Silva y Guillermo Valencia, son parodiados en "Palemón el Estilista" (Valencia) y "Nocturnos" (Silva) en el capítulo titulado "Pax", como un símbolo de unión entre las diferentes tendencias vigentes en el país en el orden cultural, político, social y económico (vl.I, 122-26). El modernismo también está presente en las "crisis de tétrico *spleen*" por las que periódicamente pasa Alejandro y en el afán innovador de los protagonistas (vl I, 192). Y, además del eclecticismo propio de este movimiento estético, la obra deja sentir las preocupaciones nietzschianas (vl. I, 30) y los deseos de capturar la exaltación romántica a través de la música de Verdi y de Wagner.

Aida (1871) de Verdi es intertexto importante ya que introduce para el lector a los futuros contrincantes en la Guerra de los Mil Días y como en *Aida*, cuyo escenario es la guerra entre etíopes y egipcios

sobre las riberas de El Nilo,[17] la guerra colombiana que da fondo a la
novela se lleva a cabo a orillas del Magdalena. El intertexto operático
también hace posible la presentación y el desarrollo del segundo
romance de la obra, el de Dolores, la única heredera del inculto, ambi-
cioso y rico hacendado, Montellano. Es Alejandro Borja, primo de
Roberto, quién anticipa el romance al saludarlo con un "Salud,
Radamés" mientras tararea la marcha de *Aida*.[18] En la ópera, la egip-
cia Amnerís y Aida, esclava etíope a su servicio, están enamoradas de
Radamés, general del ejército egipcio, pero a diferencia de Roberto,
protagonista de *Pax*, el lector no tiene duda de que Radamés sólo ama
a Aida. En *Pax* las dos protagonistas femeninas tienen interés en
Roberto pero, ni para Dolores ni para Inés los sentimientos de éste son
diáfanos y, ni el lector, ni el mismo Roberto llegan a saber hasta el
final, cuando él está muriendo, que en realidad existía un verdadero
amor entre ambos primos.

La dificultad para entender ese amor es la gran espiritualidad que
demuestran los personajes de linaje aristocrático y que confunden al
lector que no puede ver con claridad el motivo de tal conducta. A veces,
podría pensarse que la delicadeza, el respeto y caballerosidad pueden
adjudicarse a la esmerada educación que esta clase social ha recibido.
Otras, parece ser que todo el ambiente está enrarecido por una religio-
sidad exacerbada que resultaría comprensible si sólo se tratara de las
dos matronas –doña Ana y doña Teresa. Sin embargo, esta conducta
resulta un poco inquietante por tratarse de Roberto, Alejandro y el
conde Hugo Dax-Bellegarde. La sensibilidad espiritual de los protagonistas masculinos va muy a tono con la del doctor Miranda, sacer-

---

17   *Aida* fue compuesta por Verdi por encargo del gobierno egipcio para la inau-
     guración del Canal del Suéz cuyas obras fueron terminadas dos años antes.
     La première de El Cairo, la víspera de Navidad de 1871, fue paralela a la pre-
     mière de La Scala de Milán.

18   En *Aida* la contienda es entre Egipto y Etiopía. Radamés es nombrado gene-
     ral de los ejércitos de Egipto y espera regresar vencedor para ofrecerle la vic-
     toria a Aida. El conflicto surge cuando Aida se entera que Amonasro, el rey
     etíope y su padre, es quien irá a la cabeza de las tropas, lo que anticipa el
     enfrentamiento armado entre Radamés, el hombre a quien ella ama, y su pro-
     pio padre (Martin 460-75).

dote amigo de la familia, y capellán de los ejércitos, quien introduce por primera vez en la conversación a Wagner. A partir de este momento, la filosofía, técnicas y teorías wagnerianas se evidencian como intertexto estructurador de la obra en su conjunto. En *Rienzi* (1840), por ejemplo, Wagner incluye en la marcha armada hacia una guerra civil a monjes, sacerdotes de alta jerarquía y senadores, de la misma forma que en *Pax* la marcha hacia la Guerra de los Mil Días cuenta en sus huestes con la presencia del Dr. Miranda, la hermana San Ligorio, enfermera de campaña, y el Ministro Ronderos, terminando con la entrada a caballo del victorioso protagonista. Es claro que los efectos dramáticos espectaculares que buscaba Wagner han sido integrados también al texto de la novela de Marroquín y Rivas Groot.

Wagner, como compositor y teorizante musical, fue una de las figuras más importantes del siglo XIX en Europa y personaje admirado por la élite y por los intelectuales de América. No sólo influyó en las artes, sino también en las ideas políticas del momento en cuanto al nacionalismo, al idealismo social y con sus ideas antisemitas. En *Sobre la ópera y el drama* (*Oper und Drama* 1850-51), Wagner trató de reformar el arte operático mediante la integración de los elementos dramáticos, visuales y musicales de la obra. Para él, el principio fundamental del drama musical es que todas las artes, incluyendo la música, deben estar al servicio de las necesidades dramáticas de la historia y a través de los "elementos temáticos recurrentes dominantes" (leitmotif or leading motif) se logra la continuidad en el desarrollo temático y el efecto dramático de la composición. Cada *leitmotif,* y la interrelación de éstos, realzan el significado emocional del drama (*New Encyclopedia*.vl.27, 122).[19] Los *motivs* son los que mueven o inducen a la persona a actuar de determinada manera. Los primeros tienen que ver con la estructura de la obra y los segundos con los impulsos emocionales de los personajes. Así, en *Der Ring des Nibelungen* (*El anillo de los nibelungos*) el anillo y su maldición son

---

[19] El *American Heritage Dictionary* (Boston, 1982) define *motif* como "el elemento temático recurrente usado en una obra artística o literaria". *Motive* está relacionado con emociones, deseos, necesidades e impulsos. Esta distinción ortográfica es importante tenerla en cuenta al estudiar la teoría wagneriana.

motifs, temas dramáticos, a la vez que son impulsos, *motivs* o emociones motivantes (Grey 320).

La anterior aclaración importa, ya que los autores de *Pax* se sirven de las ideas reformistas de Wagner para la composición de la novela. Por un lado vemos que el sincretismo artístico de Wagner, característica compartida con el modernismo, es evidente en *Pax*: la pintura (vl. I, 15-19, 195), la música (vl.I,31-35), la filosofía (vl.I,8, 28-30), la literatura (6-8, 11, 24-30), el canto (11), las artes marciales, ayudan a construir los efectos dramáticos y literarios de la obra. Por otro, todos ellos se constituyen en *motifs* (temas recurrentes), *leitmotif* (tema recurrente dominante) *o motivs* (impulsos, emociones) según las premisas wagnerianas. El primer *leitmotif* que encontramos en *Pax* es el de la leyenda de la dama Castellana con que comienza la obra y que es narrada por el Dr. Miranda durante la comida celebrada en honor del conde Bellegarde. Allí aparece el halcón, prefiguración del Dr. Alcón, las rosas de Castilla que a su vez se tornan en *leitmotif* ya que ellas son símbolo del amor del conde por Inés, de la decadencia de la familia Ávila, la falta de clase de los Montellano y de la póstuma declaración de amor de Bellegarde a Inés. Así, un *motif* de menor importancia, alcanza relevancia y complejidad por las conexiones y transformaciones que éste sufre y que expanden o alteran su significado.

Además, es durante la narración de la leyenda que se plantea por primera vez la guerra y la paz como telón de fondo de la novela y como opciones reales para la Colombia del momento. En la recepción, el conde se siente atraído por un díptico de óleos que cuelga en la pared del salón de música en casa de doña Teresa. El primer cuadro es de un hipódromo y está lleno de un gran "sentimiento de color... brillo, franqueza, energía... Es un estudio al aire libre lleno de movimiento: cabezas en que se pinta la ansiedad, el apiñamiento de la muchedumbre, y aquí y allá, alegrando el conjunto, toques rojos, azules, amarillos, en los gallardetes, en los trajes, en las chaquetas de los *jockeys*"(vl.I 16).[20] El segundo de los cuadros presenta "el paisaje

---

[20] La escena con los colores de la bandera colombiana, los uniformes, jinetes y demás, bien pueden tomarse como símbolo de los momentos de gloria o como preludios de los hechos que se avecinaban para el país.

gris. Una sola mancha, uniforme, monótona, casi desapacible, con intensidades misteriosas en las sombras... En el fondo, entre las brumas, resplendores rojizos, que dejan adivinar una batalla... Acá, solo en primer término un oficial tendido en la tierra, abandonado cerca de una hoguera extinguida; el hilo de humo que se alza al lado del moribundo le da al cuadro un carácter de soledad lamentable" (vl.I 16). *Guerra y Paz* es precisamente el título que el general Ronderos da a los dos bocetos que Alejandro, primo de Inés y de Roberto, ha pintado para doña Teresa y cuyo modelo es el propio Roberto. Después de la descripción que hace Bellegarde y la apreciación de su valor artístico, el nombre que deberían llevar los bocetos es motivo de discusión (15-17). Cada uno de los nombres sugeridos –*Luz y Sombra, Día y Noche, Gloria y Duelo, Guerra y Paz*– prefiguran el texto y el contexto de la obra, así como también, los conflictos interiores de las figuras protagónicas. Discutidos cada uno de los títulos sugeridos, finalmente se acuerda que deberían llevar el nombre de *Pax* que, a su vez, es el título de la novela que el lector tiene entre sus manos. Esto hace que el texto pictórico de los bocetos emerja como un *leitmotif* conformado por numerosos *motifs* y *motivs,* cada uno de los cuales ayudará a dar continuidad al desarrollo temático y dramático de la novela, a la par que sintetizan la trama y estructura de la obra.

Como se ha anticipado en los bocetos, Roberto es el epicentro del mundo ficcional de *Pax*. Sus conflictos interiores, sociales y económicos, como también sus ideas políticas son *motifs*, o temas del drama que se representa en *Pax* y, a la vez, son *motivs* que impulsan las acciones del protagonista. El díptico *Pax* es, por lo tanto, el boceto pictórico y la síntesis del texto escrito. Bellegarde, al describir la interpretación que hace de ellos, asume el papel de narrador omnisciente de la obra pictórica. También es oráculo que devela la acción que tomará lugar en la novela y en la guerra que aún se está gestando. Landáburo, general rebelde e iniciador de la Guerra de los Mil Días, aún no había llegado a Colombia y ya Bellegarde habla de la guerra y de los devastadores resultados del conflicto armado. Los bocetos, además, se ven envueltos en un halo de misterio, de aire premonitorio o enigmático. Ahora bien, si Bellegarde es el oráculo para los "buenos" el doctor Agüeros lo será para el bando de los "malos". En *Pax* se da una fusión entre lo fantástico y lo real –aparición de sombras (vl. I, 210) y blancas figuras (vl. I, 206)–, lo que a su vez es elemento esencial en la ópera romántica alemana.[21] La relación entre lo natural y lo sobrenatural creó en su entonces un mundo nuevo de ficción operática y la integración de ambos elementos fue precisamente el punto de partida para Wagner. A su vez, esto puede ser considerado como un preludio en su búsqueda del sentido universal de la leyenda, y del desarrollo de su talento para crear una atmósfera única, especial, para cada una de sus creaciones operáticas. En la obra de Marroquín y Rivas Groot la simbiosis entre lo real y lo sobrenatural adelantan la noción de lo fantástico, al estilo de Jorge Luis Borges, donde antes de comenzar la acción, el lector es informado del final.

La pintura y la música son intertextos y *leitmotifs* que permiten al lector adentrarse en los sentimientos y emociones de los tres protagonistas masculinos y le ayudan a comprender los *motivs* que están detrás de las acciones de los personajes. Bellegarde, como Wagner, se identifica en ocasiones con Beethoven y, a través de la interpretación que el conde hace en el piano de la *Cuarta sinfonía en si bemol* del músico alemán, revela el futuro de sus propios sentimientos hacia Inés, a quien apenas acaba de conocer (vl. I, 35). Por otro lado, Alejandro explora el ambiente conventual de la hermana San Ligorio y su interpretación del fresco de la capilla, –*La Magdalena*–, se revela como *motif* o tema dramático de la novela, además de aclarar el *motiv* o reacción final de Alejandro y su profunda tristeza por la muerte y sepultura de la monja en el campo de batalla. Su secreto amor y su admiración por ella son *motivs* que explican su devoción, su desprendimiento, su espiritualidad y su soltería (vl.I,208). Los *leitmotifs* wagnerianos adquieren poco a poco su sentido en *Pax* y la música contribuye a este significado creando una reciprocidad entre los motivos musicales, los pictóricos y los dramáticos. Como Wagner, Marroquín y Rivas Groot no querían adherirse a la rigidez de un solo

---

21 Weber fue el primero en establecer la relación entre lo natural y lo sobrenatural y lo no tangible en *Der Freischüts* (1821). En *Die Feen* la música provee las impresiones y emociones mientras el texto se adhiere a las convenciones recitativas como las arias (White 9).

sistema. Por el contrario, buscaban experimentar nuevas formas. La interpolación en *Pax* de la *Cuarta sinfonía* es una alusión a la técnica sinfónica, derivada de Beethoven, mediante la cual Wagner implementó su reforma sirviéndose de pequeños motivos, de modulaciones frecuentes, de una textura flexible y del contrapunto (White 72).

Es evidente que Marroquín y Rivas Groot eran grandes conocedores de la obra de Wagner y estaban profundamente impresionados con las reformas que éste había llevado a cabo en el campo de la ópera. Uno de los aspectos que más interesó al compositor fue el de la problemática inherente a la naturaleza misma de la ópera, la cual exige la combinación de artes independientes y autosuficientes –música y drama. Dos importantes aspectos de este complejo problema son: primero, el de las limitaciones expresivas o el poder articulatorio de la música; y segundo, el conflicto entre la estructura dramática y la musical. Si bien la música puede articular emociones, no maneja efectivamente los detalles específicos de la acción dramática. Para expresar la emoción, la música sigue la lógica de su propia estructura interna (en términos de repetición, balance y forma), la cual entra en conflicto con el desarrollo y avance de la acción (White 70). Marroquín y Rivas Groot parecen haber tomado estas ideas para crear una obra genéricamente híbrida donde la música, la literatura y la pintura se integraran estructural y temáticamente con el objeto de reforzar la acción novelística. En la novela cada una de estas artes trabaja en armonía con las demás para producir una especie de sinfonía artística que a la vez que adelanta la acción, mueve la reacción emocional de personajes y lectores. Como en la ópera, donde el liderazgo es asumido por diferentes instrumentos con un propósito poético, en *Pax* vemos que unas veces cobra mayor importancia la pintura –bocetos–, otras, la música –*Werther, Aida, Rienzi* etc.– y otras el texto literario, logrando así pasajes de alta emotividad que alternan con pasajes menos dramáticos o con otros textos de menor sofisticación literaria con el objeto de balancear la tensión dramática.

Estas tres artes tienen su función propia e importante dentro de la obra. Sin embargo es pertinente recordar que el lector no tiene acceso a la pintura real o a la música de Wagner, Verdi, Beethoven o Massenet, y solamente se enfrenta al texto literario, a lo que E.M.

Foster llama una "masa de palabras". La música y la pintura son simples creaciones ficcionales dentro de esa otra creación ficcional que es la literatura. Por lo tanto, y en un sentido amplio, *Pax* goza de las características propias del meta-arte al crear un texto artístico dentro de otro.

De igual forma que la música y la pintura tienen su misión dentro del texto, cada uno de los tres protagonistas masculinos tiene una función definida claramente: Roberto es la figura central del texto literario, y dentro de él, los demás protagonistas masculinos sólo son elementos que ayudan a realzar la acción de la novela. Bellegarde, por su parte, es el personaje que tiene a su cargo el texto musical que anuncia la estructura de la novela y el pictórico que sintetiza la trama. Alejandro mantiene el control del contexto histórico ya que fue él quien pintó el díptico y el que trae las noticias de la llegada del rebelde Landáburo, de la agitación política y de la guerra, además de su función como líder militar de la contienda. También, es él quien añade el elemento de misterio. Durante toda la obra nunca se mencionan sus sentimientos por la hermana San Ligorio pero, al final, se hace evidente que tanto el Dr. Miranda como Roberto estaban enterados de este secreto amor. Por otro lado, las contrapartes femeninas representan lo etéreo, lo imposible de la filosofía romántica. Inés es inaccesible para Bellegarde por ser la prometida de su amigo, y también lo es para Roberto por no tener fortuna que ofrecerle. La hermana San Ligorio representa lo inalcanzable para Alejandro por sus votos religiosos. El amor de Dolores resulta imposible para el Dr. Alcón por estar enamorada de Roberto. Y, doña Teresa y doña Ana nunca logran sus deseos de ver unidas las vidas de sus hijos –Inés y Roberto.

Si los *leitmotifs* son un factor primordial en la unidad de la obra y en la articulación de la trama, otro aspecto de gran importancia derivado de las reformas wagnerianas es el de los elementos de tensión y relajamiento con el objeto de preparar al espectador para el momento del clímax. Tanto en éstos como en los *leitmotifs,* Marroquín y Rivas Groot han explorado la posibilidad de la participación activa del lector, adelantándose a la noción de "lector macho" (activo) de Cortázar. El lector debe ser capaz de un cuidadoso seguimiento de los *motifs,* de hacer las conexiones necesarias entre ellos y de ver las transformaciones que éstos han sufrido para poder tener una comprensión profunda de la trama y de la estructura de la obra. Por ejemplo, el humo que se ve en el díptico lo volvemos a encontrar en las hogueras donde los soldados preparaban las comidas y marcan la continuación de la guerra, otras veces el humo es símbolo de destrucción, y finalmente señalan la muerte del protagonista y el fin de la obra. Este *motif* también se transforma en bruma que impide la visión del futuro (de la novela y de Colombia) o se presenta como recurso para dilatar la acción y mantener el suspenso en el lector, o para indicar lo efímero o lo inasible. Esto se evidencia con el incienso de la capilla o la neblina que cubría el convento de la hermana Ligorio cada vez que Alejandro iba de visita. La bruma reaparece en los cerros el día de la muerte de la monja. La misma neblina cubre la *Alondra,* hacienda donde Roberto está recuperándose de sus quebrantos de salud. Inés la describe como "las nieblas...en movimiento ascendente, proyectando sombras violáceas sobre la cordillera, flotan en el éter azul, siguen alzándose" y Roberto se detiene a pensar cómo: "se van alzando las nieblas, allá, con lentitud, como despidiéndose con tristeza de la tierra" (vl.I, 265). Si bien es cierto que algunas veces la asociación del *motif* o del *motiv* es clara o el motivo en sí es consistente, otras cambia su significado de específico a genérico o viceversa.

La obra de Marroquín y Rivas Groot despertó en su momento de publicación un gran interés en el público lector por su transfondo histórico y político. Noventa años después importan más las técnicas literarias y el uso que los autores hacen de las ideas reformistas de Wagner para concebir la obra como un conjunto artístico, cuyo corpus es elaborado artesanalmente en un entretejido de textos de diferente procedencia. Este eclecticismo que gobierna el conjunto coloca a *Pax* dentro de los parámetros modernistas. Además, la libertad de forma y expresión, común a modernistas y románticos, se ve acompañada de un gran afán innovador y experimental que anticipan a Borges y a Cortázar, entre otros. A pesar de esto, su aspecto más interesante, a mi modo de ver, es el uso del intertexto musical y del pictórico por ser éstos nuevas ficciones estructurantes que cobran especial vitalidad al convertirse en elementos claves de esta creación literaria.

OBRAS CITADAS

Curcio Altamar, Antonio. *Evolución de la novela en Colombia.* Bogotá: Empresa Nacional de Publicaciones, 1957.

Foster, E.M. *Aspects of the Novel.* New York: Harcourt, Brace and Company, 1954.

González, Francisco José. "Introducción" *Pax.* Bogotá: Prensas de la Biblioteca Nacional, 1946.

Grey, Thomas S. *Wagner's Musical Prose: Text and Context.* Great Britain: Cambridge, 1995.

Martin, George. *Verdi: His Music, Life and Times.* New York: Dodd, Mead & Company, 1963.

Marroquín, Lorenzo. *Pax.* Intr. Francisco José González. Bogotá: Prensas de la Biblioteca Nacional, 1946.

Menton, Seymour. *Latin America's New Historical Novel.* Austin: U of Texas P, 1993.

New Encyclopedia. Vl. 27. Funk & Wagnalls. 1984.

Ortega T., José J. *Historia de la literatura colombiana.* Bogotá: Cromos, 1935.

White, Chappell. *An Introduction to the Life and Works of Richard Wagner.* New Jersey: Prentice Hall, 1967.

Williams, Raymond L. *The Colombian Novel, 1844-1987.* Austin: U of Texas P, 1991.

EUNICE ODIO [1]

LA REALIDAD ESPACIO-TEMPORAL EN "HABÍA UNA VEZ UN HOMBRE" [2]

En los años cincuenta y sesenta, las mujeres en los países industrializados estaban despertando a su "dreadful destiny" (George Eliot), al espantoso destino de mirarse a sí mismas como miembros de una sociedad en la que el "access to knowledge and culture and the power that goes with them" eran elementos vedados para ellas (Jacobus 8).[3] Este fenómeno se acentúa después de la segunda guerra mundial cuando los hombres regresan del campo de batalla y sustituyen a la mujer que, hasta entonces, había actuado con perfecta competencia en las fábricas y oficinas en los puestos de trabajo que sus esposos, padres y hermanos habían dejado vacantes con el llamado a la guerra (Saine 63). Terminada la contienda, con el regreso de los sol-

---

[1] Eunice Odio Boix y Grave Peralta, poeta, narradora y ensayista costarricense, nació en San José en 1922. En 1945 publica *Repertorio Americano,* y en 1948 *Los elementos terrestres*, libro con el cual se hizo acreedora al Premio Centroamericano de Poesía "15 de Septiembre". En 1955 se establece en México hasta su muerte acaecida en 1974. Colaboró regularmente en *El Diario de Hoy* y en la revista *Kena.* Otras de sus publicaciones son: Zona en territorio del alba (Argentina, 1953), El tránsito de fuego (El Salvador, 1957). Entre sus cuentos están "Había una vez un hombre" y "El rastro de la mariposa" publicados en México (s.f.)

[2] Este artículo fue publicado en *Palabra Innumerable: Eunice Odio ante la crítica* San José: Editorial de la universidad de Costa Rica, 2001. 289-306.

[3] George Eliot habla del "dreadful destiny" o "espantoso destino" de la mujer como parte de una sociedad en la que se le niega el acceso al conocimiento y a la cultura y al poder real que estos elementos tienen en esa misma cultura, según lo explica Mary Jacobus (8).

dados se da también un nuevo proceso de aculturación y el varón se da a la tarea de reconstruir un pasado idílico muy conveniente para él. La sociedad dirigida por el hombre deseaba el regreso de la mujer a su antiguo papel de esposa y madre con un único objetivo: dedicar su vida al bienestar del marido y de los hijos mientras el hombre retomaba su posición de poder.

Si bien es cierto que la mujer anglosajona comienza en la década de los sesenta a mostrar su descontento e insatisfacción de una manera radical, y con ello despierta la conciencia de miles de otras mujeres que luego se le unen en el llamado *movimiento de liberación femenina*, el proceso de rebeldía e insatisfacción de la mujer latinoamericana tiene un historial aún más antiguo, aunque no así de logros tan efectivos. Según nos dice Alice Echols, el radicalismo femenino alcanza su clímax en los Estados Unidos en 1967 pero es sólo en 1975, durante la Conferencia Femenina de la ciudad de México, que se incluye a numerosas mujeres del Tercer Mundo como la minera boliviana Domitila Chungara, y la mujer latinoamericana responde activamente al llamado del movimiento feminista. Recordemos, sin embargo, que en las guerras de independencia y, ciertamente en la Revolución Mexicana de 1911, la mujer hispanoamericana fue parte íntegra del proceso de lucha. Muchas mujeres activistas fueron verdaderos pilares sobre los que descansaron las acciones rebeldes y las soldaderas alcanzaron verdaderas posiciones de poder y mando y, con éstas, el respeto de sus subordinados varones (Krakusin).[4] Lo que si no pudo obtener fue el reconocimiento por parte de los estamentos de poder que se dieron a la tarea de reescribir la Historia para que estas valerosas acciones no fueran conocidas, llegando casi a borrar un pasado importante para la mujer, el cual sólo hasta ahora, lentamente, ha comenzado a recobrarse.

---

[4] Estas acciones han sido mencionadas brevemente en los libros de historia de cada país pero ha sido el arte el que ha consignado y consagrado la labor de la mujer. El cine, el teatro y la novela han tratado de rescatar estas historias. Tal es el caso de Gertrudis en *Como agua para chocolate* (1990) de Laura Esquivel, de Emilia Sauri en *Mal de amores* (1996) de Ángeles Mastretta o de Francisca Carrasco Jiménez en *Pancha Carrasco reclama* (1993) de Leda Cavallini y Lupe Pérez.

Desafortunadamente lo que la mujer latinoamericana logró en un momento de guerra e infortunio común, poco se ha dado en el ámbito de lo intelectual. En este campo la persecución, la exclusión y el olvido han sido el frustrante y "terrible destino" de la mayoría de las escritoras hispanoamericanas. No son sorprendentes, por lo tanto, los numerosos suicidios, muertes en extrañas circunstancias o en una total soledad que han acompañado la historia de muchas de ellas: Dolores Veintimilla de Galindo, Alfonsina Storni, Rosario Castellanos, Alejandra Pizarnik, Sylvia Plath, Ingeborn Backman y Eunice Odio, entre otras (Saine 66).

Es pertinente aclarar que si en el campo de la poesía y la novela algunas mujeres han sido reconocidas como es el caso de Gabriela Mistral, Juana Ibarbourou, Nancy Morejón, Blanca Varela, Sara de Ibáñez, hay muchísimas otras que apenas ahora comienzan ha ser incluidas en las antologías. En cuanto al ensayo femenino, este ha sido un género en el cual la mujer ha sido totalmente ignorada. Es sólo hasta el último cuarto del siglo XX que comienzan aparecer algunos estudios sobre él, ya que tradicionalmente se ha considerado que este género literario cae exclusivamente en el dominio masculino. Los ensayos escritos por mujeres han sido excluidos del canon, marginalizados y devaluados por no conformarse a las expectativas de una sociedad dominada por el hombre.[5] A pesar de los esporádicos esfuerzos de algunos críticos modernos como William Foster, quien dedica un aparte de su libro a la obra ensayística de Victoria Ocampo; Celia Correa de Zapata, quien estudia la ensayística de Marta Traba, Syria Poletti, Luisa Mercedes de Levinson, Juana de Asbaje y Sara de Ibáñez o, Doris Meyer, quien publica en 1995 una edición en inglés de veintidós ensayos de escritoras, el ensayo femenino latinoamericano permanece virtualmente desconocido e inexplorado. Además de la carencia de interés, es justo mencionar que la tarea del crítico es bastante tediosa, lenta y difícil por la inaccesibilidad de este material, el

---

[5] Véase "structures of exclusion" y "structures of value" en "Don't Interrupt Me: The Gender Essay as Conversation and Countercanon" de Mary Pratt, el cual se encuentra en *Reinterpreting the Spanish American Essay: Women Writers of the 19th and 20th Centuries.*

cual fue publicado, por lo general, en revistas locales poco conocidas y que en la actualidad se hayan, en su mayoría, fuera de circulación (Meyer ix).

En el caso de Eunice Odio, tanto su poesía como su narrativa, han corrido la misma suerte que las de otras muchas escritoras, ya que exceptuando a Juan Liscano, quien siempre reconoció el gran talento de Odio, y *Zona Franca, El Cuento, Repertorio Americano y Revista Cultura,* donde se publicaron algunas de sus poesías, cuentos y ensayos, es sólo hasta los años ochenta que la escritora y crítica Rima de Vallbona comienza a recuperar la obra de esta importante poeta, ensayista y narradora costarricense.

Podríamos decir, sin temor a equivocarnos, que Eunice Odio es una de las primeras practicantes hispanoamericanas del ensayo en su concepción postmoderna. Siguiendo las huellas de Plutarco y, a diferencia de la mayoría de las ensayistas del siglo XX, Eunice Odio es globalizante e inclusiva. Tiene en mente un público sin fronteras. Transciende la selecta minoría culta y está por encima de todo feminismo. Ella, como Victoria Ocampo, aboga por la justicia, no por la igualdad. Ocampo afirma, "benditos sean aquellos que tienen hambre y sed de justicia, no de igualdad. La primera, según Ocampo, puede ser alcanzada. La segunda es un imposible porque todos los seres humanos son diferentes" (Ocampo en Meyer 122).

Compartiendo esta filosofía de vida, Eunice Odio se dirige a su público. En sus ensayos no teme enfrentar al gran muralista mexicano Alfaro Siqueiros para reprobarle la crítica destructiva y el negativismo que usa para acercarse a la pintura de Tamayo.[6] Tampoco se siente cohibida al señalar que los personajes de Carlos Fuentes son "repeticiones estereotipadas de otros autores", aunque reconoce de inmediato el potencial del joven escritor ("Carlos Fuentes" 215). Pero, por el contrario, en la pintura de Tamayo y de Zanabria la ensayista se regodea gustosa en "el reino de la luz" de Tamayo[7] y en "el tiempo

---

6   Hago referencia al ensayo de Eunice Odio, "Letras desde México", publicado en *Revista Cultura* 1 (enero-febrero 1955): 150-52 y reproducido en *la obra en prosa de Eunice Odio*, editada por Rima de Vallbona.

7   Ensayo publicado en *Cuadernos de Bellas Artes* 3.7-8(1992):62-84 y reproducido en *la obra en prosa de Eunice Odio*. 95-112.

luminoso" de Rodolfo Zanabria,[8] y con Alí Chumacero siente "nostalgia del Paraíso". Según nos dice la escritora en su ensayo sobre este poeta, Chumacero "pone en claro –no oscurece–, objetos y movimientos del alma. Aclara, hace trascender, pone al descubierto lo escondido..." (86).[9] En este estudio crítico, Eunice Odio deja ver su gran fascinación por la lengua y lo que ésta comunica a través de un lenguaje metafísico como el de Góngora en *Soledades* (Odio en Vallbona 89), o como el de Zanabria en la pintura. Cada uno de ellos, en su mundo, hace uso de "una gramática divina...como paso previo para llegar al mundo de la *especulación metafísica....* (la cual lleva a una) participación activa en la tarea de desentrañar la *realidad* de *verdad,* es decir la no *aparente* de las cosas".[10]

Si bien es cierto que Eunice Odio fue una poeta, ensayista y crítica excelente, ansiosa de ver la escencia misma de cada obra de arte, y de comprender el mundo del pintor a través de su lenguaje de luz y sombra, en la obra literaria buscaba los recursos utilizados por el escritor para trascender su realidad y expresar los grandes fenómenos anímicos y metafísicos. La preocupación personal de la autora era la de llegar a esa otra realidad de las cosas mediante el perfecto dominio de la lengua para hacer que cada uno de sus vocablos comprendieran otras acepciones de orden más extenso (citada por Vallbona 48). En su ensayo, "En defensa del castellano", escrito a Salvador Elizondo, demuestra que "cuando se escribe en español, se puede ser tan abstracto como Borges, tan sensual como García Márquez, tan ríspido y sensual como Lizalde, tan ríspido y espiritual como Mejía Sánchez, tan dulce como Martínez Rivas" (174).[11] La escritora considera que el

---

[8]   Ensayo publicado en *Cuadernos de Bellas Artes* 5.3(1964):52-65 y reproducido en *la obra en prosa de Eunice Odio*, 121-32.

[9]   El ensayo sobre Chumacero fue publicado en *Revista Cultura* 19 (enero-marzo 1961): 62-67. La cita fue tomada de la reproducción de "Nostalgia del Paraíso" que se encuentra en la obra de Vallbona, *La obra en prosa de Eunice Odio,* 65-93.

[10] La autora añade la siguiente nota de pie de página: "Recordemos que verdad, en español quiere decir: facultad que tiene una cosa de no variar, permaneciendo siempre la misma; y que, apariencia, también en español, significa cosa que parece y no es" (en Vallbona 124).

[11] Elizondo aconsejaba, con Borges, "despojar al castellano de su riqueza sensual, desatenderse de su tradición 'realista' e instaurar nuevas formas suscep-

idioma español es totalmente idóneo para expresar todo lo aparente, todo lo real y aun aquello que está vedado a nuestros cinco sentidos. En esta concepción de un mundo no evidente, pero tan real como el que vemos, se basará este estudio sobre "Había una vez un hombre" y en los recursos lingüísticos de los que se sirve la escritora para trascender al individuo y su circunstancia.

En "Había una vez un hombre" Odio analiza la realidad como un continuo de espacios y de tiempos, donde el lenguaje de símbolos se transforma en "pasión que ata y purifica y, simultáneamente, des-ata, des-encadena a la criatura (protagonista) dándole infinita movilidad, es decir, libertad... como camino ascendente hacía planos superiores –mediatos e inmediatos– de la conciencia; hacia el apogeo de la vigilia" ("El tiempo..." 131). En realidad ella explora, como su contemporáneo Julio Cortázar, "los desespacios y los destiempos" para conducir al lector hacia "zonas insólitas y exóticas, proporcionándoles una visión extralógica del cosmos" (Mosher).[12] Estos desespacios y destiempos, crean agujeros en la realidad mediante los cuales Odio, como el autor argentino, licencia a sus personajes para que puedan abandonar el espacio euclidiano adentrándose en una especie de conciencia cósmica.

Lo anterior no resulta tan peregrino si consideramos la visualización que del cosmos tienen algunos científicos. Para John A. Wheeler, por ejemplo, el cosmos es como un gran tapete de espuma en permanente cambio. A medida que en él aparecen nuevas burbujas, otras desaparecen, simbolizando de esta manera las continuas fluctuaciones geométricas del quantum (264). Según las teorías físicas de Toben,

---

tibles de expresar las categorías más puramente abstractas del pensamiento" (167-68).

12 Mosher indica que los adelantos técnicos han creado nuevas posibilidades para el avance científico de la física moderna. Los medios técnicos de que se disponen han llevado a pensar en una posible serie de interconexiones entre los seres humanos y otros fenómenos que, hasta nuestros días, habían parecido absurdos e imposibles. Dice Mosher: "La dualidad onda/partícula, la ecuación $E=mc^2$, que expresa la equivalencia entre la masa y la energía y el continuo del espacio-tiempo, evidencian que tal integración abarca incluso los niveles más fundamentales del universo. De hecho, parece que todo... participa de una hiperrealidad que aún queda desconocida en gran parte" (70).

estos agujeros se dan tanto en las dimensiones espaciales como en las temporales. En los orificiosos o agujeros se propician una serie de conexiones que no pueden ser entendidas en los estados normales de conciencia. Tal premisa nos lleva a repensar las palabras de la autora refiriéndose a la obra de Zanabria, en la cual el pintor mantenía una actitud vigilante que no significaba búsqueda "de una conciencia en el plano de la realidad superficial e insignificante, sino de la supraconciencia que entrega las llaves del conocimiento del propio misterio y del universo mágico" ("El tiempo luminoso" 131). Conciencia poco común, apertura a lo desconocido, lo misterioso y lo desconcertante, y donde no existen abismos conceptuales ni visiones antitéticas de la realidad porque todo se da en la simultaneidad de esa suprarrealidad. Odio nos cuenta, por ejemplo, que mientras vivía en Nueva York vio una torre transfigurarse,

> estaba situada a varios kilómetros de distancia, quizá cinco o seis de mi observatorio. La primera vez que pude observar el suceso apunté la fecha. En sucesivos años lo aguardé con impaciencia cada vez mayor. Antes de ver la transfiguración de la torre, yo la observaba muy a menudo durante el día, porque me agradaba su silueta indefinible. Cierto día el sol se puso exactamente detrás de ella. Entonces la sumergió en un océano de luz que totalmente le disolvió la materia. Por algunos instantes, la torre fue, desde lejos, un prodigioso ser de oro gaseoso, una figura feliz entregada al paraíso de la luz. Lo que relato no es el producto de mi fantasía. Con ser prodigioso e inefable, es rigurosamente exacto y verídico. (Odio en Vallbona 107)

Igual que el anterior fenómeno presenciado por la autora, el argumento principal de "Había una vez un hombre" (1965)[13] gira alrededor de una duración fuera del tiempo que conocemos y que abarca simultáneamente al hombre que había sido Pedro, al hombre que es, y de quien se nos narra su historia, y al hombre que será cuando el cuento haya concluido ("Había un hombre" 225). Por esto nos dice el narrador que Pedro, protagonista de la obra, escuchaba sus palabras

---

[13]   Todas las citas son tomadas de los cuentos de Odio publicados en la edición de sus obras por Rima de Vallbona, *La obra en prosa de Eunice Odio*.

"como desde lejos y lentamente; igual que si cada una durara siglos o segundos, y siglos y segundos fueran la misma cosa" (225). La escritora disuelve un poco la materialidad de sus protagonistas, compensándolos con fuerzas interiores que potencian vidas y visiones fuera de lo conocido. Según nos dice Rima de Vallbona acerca de "Había una vez un hombre", Eunice Odio presenta "la cara positiva de 'La metamorfosis' de Kafka, pues replantea el tema de la enajenación del hombre que vive agobiado por el trabajo y las miserias, pero en el cual se opera un proceso de liberación que culmina supuestamente en la más bella metamorfosis" (55).

Siendo todo lo anterior de gran interés para el crítico literario, es imposible para el lingüista olvidarse que la realidad literaria de la que habla E.M. Foster, es decir, esa masa de palabras que es la obra escrita, es la que transmite al lector las ideas extraordinarias de Eunice Odio a través de su instrumento de trabajo –el castellano.[14] Recordemos que Cortázar, gran creador de otras realidades, luchó permanente para vencer las limitaciones del idioma, dificultad que lo lleva en *Rayuela* (1963) a la creación de un nuevo lenguaje –el glíglico. Eventualmente, sin embargo, logra capturar la suprarrealidad, ya no en obras extensas como *Rayuela* o *La vuelta al día en ochenta mundos* (1967), sino en cuentos tan breves como "Continuidad en los parques", "Las babas del diablo", "La noche boca arriba" (Ceremonias 1983) o "La isla a mediodía" (*Todos los fuegos el fuego* 1966). Eunice Odio, por el contrario, considera que el idioma español es de extraordinaria riqueza, si bien "todos hemos experimentado tropiezos al principio de nuestros tratos con la palabra (o con cualquier otro vehículo de expresión); pero después de trabajar durante mucho tiempo tenaz, apasionadamente, con respeto y devoción por el propio trabajo y la materia con que trabajamos, llegamos a decir todo lo que deseamos" ("En Defensa…" 192). Afirma, además, que el español es el único idioma occidental que puede expresar los fenómenos parapsicológicos mediante los contrastes de *ser* y *estar*. Para ella, *estar* es físico y espacial, en tanto que *ser* se relaciona con lo intemporal y lo invariable (188).

---

[14]   Véase E.M. Foster en *Aspects of the Novel*. New York: Harvest Books, 1927.

Dado el interés de Eunice Odio por el español, el lector puede apreciar el uso que hace la autora en la estructuración de "Había una vez un hombre" (1965) de otro de los excelentes recursos que nos brinda el español –el contraste aspectual entre el pretérito y el imperfecto–, contraste trabajado con maestría por Cortázar.[15] Con este contraste aspectual, Eunice Odio manipula nuestros procesos de cognición, creando diferentes niveles de realidad.[16] Don Andrés Bello caracteriza el pretérito como un denotante de absoluta anterioridad y el co-pretérito (imperfecto) como denotante de co-existencia (12-13). Por lo tanto, no debería sorprendernos que Odio logre, mediante este recurso lingüístico, que el protagonista se escape a través de estos agujeros de la realidad a la que el hombre, por temor a lo desconocido y en busca de seguridad, ha querido darle límites. En "Había una vez un hombre" los protagonista son liberados de toda barrera –temporal y espacial– para que puedan penetrar en su universo extrarracional y llevar a cabo conexiones no percibibles en estados de conciencia convencionales (Toben 35). Como es indicado por las nuevas teorías científicas, el cerebro humano posee un enorme potencial para realizar infinitas conexiones, proporcionándole al lector una visión extralógica del cosmos, gracias a la ley que mantiene y gobierna la armonía universal. Tabot dice, por ejemplo, que: "We must now suspect that every point in the human brain is connected... to every other point in the universe" (81).

---

15   Véase Mosher en "Los 'desespacios y los destiempos' en los 'wormholes' de Cortázar" y Margarita Krakusin en "El continuo y la realidad espacio-temporal en 'La isla a medio día' de Julio Cortázar".

16   Podemos definir el aspecto como la "categoría gramatical que clasifica las situaciones verbales según su desarrollo interno y no con respecto al tiempo" ("Aspectual" 214). Para entender lo que es un situación verbal es necesario saber que la relación entre los verbos y sustantivos es lo que forma la estructura básica de la frase en español. Los sustantivos prototípicos (personas, objetos o lugares) se caracterizan por su estabilidad en el tiempo y el espacio, en tanto que el verbo se caracteriza por la falta de ésta. Los verbos prototípicos nombran acciones. En todo contexto las situaciones son variables por naturaleza, y las situaciones más variables son las acciones (Lunn, *Investigación* 4).

Mirándolo desde el punto de vista del lenguaje, Patricia Lunn dice
que toda selección aspectual puede explicarse como un reflejo de la
capacidad cognitiva del individuo para concentrarse o ausentarse de
una realidad específica. En términos de la lingüista:

> The preterit/imperfect contrast in Spanish can be analyzed as a linguistic
> encoding of a speaker's perspective on a verbal situation. Thus, aspectual
> choices reveal where a speaker is, either physically or psychologically,
> with respect to a situation. The speaker who chooses the preterit is at a
> point from which he can view a whole situation in focus; the speaker who
> chooses the imperfect is at a point from which a situation looks incom-
> plete and out of focus. ("Aspectual Lens" 49)

En "Había una vez un hombre" es posible constatar cómo el estilo de
Odio está fuertemente controlado a través de este contraste. En primer
lugar, el imperfecto incluido en el título de la historia, y con el que
luego comienza el cuento, sirve para indicar una doble inclusión
voluntaria: la del lector que entra en el espacio ficcional, abierto, sin
fronteras de la obra, y la de Pedro, figura central del cuento, quien se
escapa hacia un mundo de límites difusos huyendo de su vida cotidiana. Pedro se siente atrapado por el espacio enajenante de un basurero
de ciudad donde trabaja cada día. El narrador usa el imperfecto para
invitar al lector a fugarse del mundo exterior en el que se mueve la
figura central. A partir de ese instante, uno y otro –lector y protagonista– vivirán juntos la odisea que transformará a Pedro en Celestrina
de verano (237). La aventura se inicia cuando las fronteras entre la
realidad y la ficción se hacen borrosas y "Pedro no _sabía_ si le _obse-
sionaba_ más la palabra que le _era_ imposible traer a la memoria, o el
hombre que la _pronunció_" (225). Los tres imperfectos subrayados nos
presentan a un protagonista que comienza a hundirse en los agujeros
que conectan la realidad por él conocida, con otros mundos limítrofes
y nebulosos, en tanto que el pretérito _pronunció_ lo mantiene atado al
entorno de su vida cotidiana. Mientras el imperfecto habla del ente
que comienza a ser Pedro, el pretérito señala al hombre que comienza
a dejar de ser.

Lunn señala con respecto al aspecto, que éste, como categoría gramatical que clasifica las situaciones según su desarrollo interno y no con respecto al tiempo, permite comparar el uso del contraste aspectual entre el pretérito y el imperfecto con una lente que se ajusta para acercar y situar con claridad o se desajusta para deslizar la imagen hacia zonas de poca nitidez ("The Aspectual" 50). En "Había una vez un hombre" el lector comienza a darse cuenta de la situación vivida por Pedro, cuando el narrador señala los cambios que se están operando en él:

> A Pedro le *pareció* que (sus ojos) <u>fosforecían</u> con el mar, cuando es transparente y le da el sol. Pero eso quizás se *debió* a que, últimamente, sus propios ojos no <u>andaban</u> bien... Le <u>picaban</u> los bordes; le <u>lloraban;</u> cualquier reflejo, y hasta la misma luz del día, lo <u>deslumbraban</u>. No <u>podía</u> confesarse que le estaban naciendo vellos dentro de los ojos. (226)

Todos los imperfectos, <u>fosforecían, andaban, picaban, lloraban, deslumbraban, podía</u> y <u>estaban,</u> señalan que en Pedro la transformación se ha iniciado y ahora sus ojos tienen características muy peculiares, en tanto que los pretéritos lo aferran a su cotidianidad. Sin embargo, se puede apreciar que aun estos pretéritos no presentan a un protagonista seguro de sí mismo. Por el contrario, muestran a un Pedro que duda, que sólo le *pareció*, o que *quizás se debió*, porque su realidad se halla desenfocada, es poco nítida.

Una vez iniciada la transformación, el universo de Pedro fluctúa entre el mundo que le es familiar y una nueva realidad que comienza a tomar control de su mente y de su cuerpo, pero que aún no está listo para aceptar. En este período de transición Pedro, asido a su diario batallar, *recordó* que el domingo pasado *fue* ayer (228) y que el vendaval de basurero "lo *levantó* del suelo unos centímetros y *volvió* a dejarlo, de pie, donde lo *arrebató*" (228). Pero a continuación nos dice que "*sentía* la cabeza tan grande.... Al extender la mano...*vio* que... se le <u>había</u> desprendido un gran trozo de piel...". (228). Pedro, sin embargo, se niega a admitir que algo le sucede. Quiere retener su mundo, representado por los verbos en pretérito, que por ser el que conoce le da seguridad. Entonces, *echó* a andar, *llegó* a la esquina, *no aguardó* el bus, *abrió* la puerta, *hizo* poco ruido y se *durmió* como pudo (228). Pedro prefiere pensar que nada está cambiando, que todo seguirá igual cuando despierte en la mañana. El narrador deja claramente establecido que estas transformaciones sólo están ocurriendo en la mente de Pedro, ya que a pesar de que al vestirse al día siguiente el protagonista siente, como consecuencia de su mente obnubilada, que los pantalones le venían grandes y brillaban, y también tenía un polvo azul claro en los dedos, su hermana no nota un cambio físico especial cuando le sirve el desayuno. Ella solamente comenta que su hermano ha comido poco últimamente y le quedan grandes los pantalones (228-29). Además, en el bus el puede hablar en voz alta aunque está débil, según puede deducir el lector, porque le han tenido que ayudar a subir. Pero es mientras viaja, que se lleva a cabo una regresión psicológica y Pedro vive de nuevo sus experiencias en la escuela elemental, cuando tenía nueve años. Habla con Fray Gabriel, su maestro, quien le enseñó que los días se guardaban "unos dentro de otros" (232), y esto es lo que está haciendo Pedro en la actualidad: recoge sus días hasta volver a su origen. Entonces el narrador dice:

> *Dejó* de pensar aunque debía, forzosamente, en tantas cosas… la inmovilidad de su vecino y la conciencia del gran reposo, lo invadían como un torrente de ruidos enigmáticos. No podía pensar siquiera en cuánto tardaría en recorrer el camino, entre la esquina donde lo dejaba el autobús, y su camastro. Primero *fue* la conciencia del gran reposo. Después, el gran reposo sin conciencia. (235)

Ambos verbos, *dejó* y *fue*, cumplen las funciones convencionales que han sido asignadas al pretérito indicando que, desde la perspectiva del hablante, tal situación es vista como perfectamente enfocada y en su totalidad. A pesar de esto, semánticamente indican un proceso de abandono, un ausentarse de la realidad diaria del hombre que vivía de los desechos ajenos. Los verbos –debía, podía, dejaba–, presentan un mundo vago, farragoso, incomprensible que aún no logra afirmarse en ninguna realidad. La evolución del protagonista es cada vez más radical. Para Pedro, mientras más pasa el tiempo, menos conciencia tiene de éste. Se adentra cada vez más en los agujeros del mundo exterior y se decide a realizar su viaje a través de las burbujas de Wheeler para reaparecer en otra suprarrealidad.

Gracias al imperfecto, como recurso creador de continuo espacio-temporal, lector y protagonista comienzan a evadirse de su mundo limitante, adentrándose a través de los pequeños orificios mosherinos en un cosmos sin fronteras. Por otro lado, con la técnica de enfoque asignada al pretérito, el protagonista logra asir, delimitar y poner en un primer plano todo aquello importante a su mundo discursivo. Este mundo no es necesariamente el que nosotros normalmente aceptamos como "la realidad". Si bien es cierto que al hablar del pretérito nos referimos a situaciones verbales que han sido completadas, terminadas en un contexto pasado, esto no implica que en la realidad o en la mimesis que hace Odio de ella, el contexto del hablante corresponda exactamente al de todos los seres humanos. Más aún, ni siquiera al de un mismo individuo ya que, hipotéticamente, en él pueden darse incontables posibles estados de conciencia.[17]

Una vez que se ha dado la transformación, nos dice el narrador que Pedro "no *durmió. Reposó* cayendo en ilapso, en la caída hacia arriba, como si jamás hubiera nacido o despertado" (235). Esto es, según la terminología que Mosher aplica a las obras de Cortázar, "una figura cuya manifestación depende de [los] procesos mentales" del protagonista (73). Los pretéritos responden a la percepción que el narrador desea que el lector tenga de la nueva circunstancia que rodea a Pedro. Posteriormente, como veremos, Pedro estará obsesionado con su "nueva identidad" y ésta le absorberá en tal forma que pasará a ser su única realidad: "lo *poseyó* la alegría de tener mucho espacio para él; un gozo de mirar todo el espacio y tenerlo por suyo y único. Se *embebió*. No *transcurrió*" (236).

A partir de este momento, Pedro disfrutará de una nueva conciencia y de una realidad extralógica, que en su mente será la única y ver-

---

[17] Tal sería el caso de los enfermos mentales, o los estados producidos por drogas, traumas, etc. De igual forma, se dan en cada individuo "normal" diferentes estados de conciencia en que la mente entra en vigilia, en el sueño por ejemplo.

dadera. Por lo tanto, ésta estará marcada en el discurso con el pretérito y su vida anterior con el imperfecto. Como dice Lunn:

> Preterit usage clusters around focus and imperfect usage around non-focus. When focus is conferred on a situation like those usually referred to in the preterit, or withheld from a situation like those usually referred to in the imperfect, the result is a conventional aspectual choice. When focus is withheld from a typically preterit, or conferred on a typically imperfect situation, the resulting aspectual choice are unconventional. ("The Aspectual" 50)

Por esto leemos que Pedro: "*fue* hacia el pequeño grupo. Al aproximarse, *notó* que <u>oía</u> sus voces, no a lo lejos, en el espacio, sino a meses de distancia, con oído temporal.... Pedro se <u>hallaba</u> tan cerca...¡Y ellos <u>parecían</u> tan lejanos!" ("El hombre" 236). Puede decirse que tanto Pedro como el lector que le ha acompañado en su viaje a través de las burbujas que conectan el universo cósmico, han arribado a su destino y una nueva realidad enmarca la conciencia del protagonista. En su mente el ambiente que le rodea es ajeno a toda situación externa a su propio mundo interior. Por lo tanto, su conciencia se convierte en el foco de su propia historia y todo lo que no se encuentra dentro de sus propios parámetros será codificado como fuera de foco. Los verbos en imperfecto –<u>oía</u>, <u>hallaba</u>, <u>parecían</u>– señalan lo que ahora es lejano y borroso para él, y el pretérito –*notó*– representa su circunstancia actual. Se hace evidente en el anterior pasaje, que un nuevo estado domina la conciencia del protagonista. Como dice Lunn:

> Human beings can adopt confortable positions with respect to a verbal situation, and from that point of view their aspectual choices will be conventional. Or, they can adopt awkward positions with respect to the situation, and produce unconventional aspectual choices from that point of view. ("Aspectual" 59)

El lector es informado por el narrador que la realidad del recogedor de basura, como nos fue presentada en el comienzo –la rutina del trabajo, sus pobres aspiraciones de recoger botones para hacerse a unos pocos centavos más–, se esfuma rápidamente y Pedro se haya en una especie de vigilia o preconciencia que propiciará sus posteriores acciones. Ahora todo le parece diferente y lleno de alegría. Todo va siendo reemplazado por una sensación de alivio amablemente fácil y cordial. Como se ha indicado, tres de los cuatro verbos del pasaje se hallan conjugados en imperfecto. "This accounts for the sense of reverie evoked by use of the imperfect to described situations that could also have been described, objectively, in the preterit" ("Aspectual" 57). Pedro posee esa capacidad de apertura en sus procesos mentales que hace factible una nueva noción del universo, donde el tiempo se caracteriza por una infinita elasticidad. Eunice Odio nos presenta un universo salpicado de burbujas que llegan y se van, y donde todo coexiste en la conciencia. Mirando el pasaje desde el punto de vista de Mosher, podemos aplicar la metáfora de Wheeler y decir que Pedro se pierde entre las burbujas que se van para aparecer en otro lugar de la gran alfombra cósmica. Pedro

> *vio* sus pies desaparecidos... Y *comprendió*. *Llegó* fatigado a lo más alto de la copa (del árbol), a la última hoja de laurel.... *Alzó* verticalmente sus alas de Celastrina del verano. Y *se tendió*. <u>Tenía</u> el color de Dios y <u>yacía</u> Mariposa dormida. (237)

Finalmente, la realidad mental de la figura central toma de nuevo el control, narrando en pretérito –*comprendió, llegó, alzó, tendió* – el final de la historia del hombre que vivió relegado en un basurero público y que muere sobre un laurel. Cuando su vida ha concluido, Pedro entra definitivamente en un universo sin fronteras, sin tiempo y sin espacio limitados. En estos estados poco convencionales, como es el de la realidad después de la muerte, la situación verbal logra ser plasmada lingüísticamente mediante el imperfecto –*Tenía* y *yacía*. La historia, entonces, termina como comenzó. Los imperfectos sólo revelan una situación textual –real y lingüística– en la que la sensibilidad del ser humano, ante el binomio vida/muerte, suspende el mundo circundante para adentrarse temporalmente en el espacio sin fronteras de este misterio metafísico. Sirviéndonos de las palabras de Cortázar, Pedro, como el lector, son parte de figuras que desconocemos: "liga-

zones de circuitos que se cierran y que nos interrelacionan al margen
de toda explicación humana" (Harss, citado por Mosher 72).

Heisenberg nos dice que en los fenómenos que observamos, la
naturaleza no es ella misma, sino una naturaleza expuesta a través de
nuestros propios métodos para cuestionarla (57). Además, admite el
científico que para hablar de ciertas estructuras y fenómenos no podemos acudir al lenguaje ordinario (154). Por lo tanto podemos concluir
que el lenguaje y la epistemología forman parte de un todo, cuya
cohesividad y unidad se da en base a las interconexiones cósmicas. En
ellas, el lenguaje carece de fronteras y acepta su ambigüedad. De igual
manera, como dice Eunice Odio en "Defensa del castellano", se niega
a ser un elemento limitado o limitante por las concepciones convencionales que se tienen acerca de la estructuración de la lengua, como
vehículo que expresa los fenómenos de conciencia del ser humano.

OBRAS CITADAS

Bello, Andrés, Rufino José Cuervo. *Gramática de la lengua castellana.*
Buenos Aires: Anaconda, 1941.

Clemente, José Edmundo. *El ensayo.* Buenos Aires: Ediciones Culturales
Argentinas, 1961.

Correas de Zapata, Celia. *Ensayos hispanoamericanos.* Buenos Aires:
Ediciones Corregidor, 1978.

Foster, David William. *Para una lectura semiótica del ensayo latinoamericano.* Madrid: Porrúa Turanzas, 1983.

Harss, Luis y Barbara Dohmann. "Julio Cortázar, o la cachetada metafísica". *Los nuestros.* Buenos Aires: Suramericana, 1975. 252-300.

Heisenberg, Werner. *Physics and Filology.* London: George Allen &
Unwin, 1958.

Jacobus, Mary. "Is There a Woman in This Text?" *Reading Woman:
Essays in FeminismCriticism.* New York: Columbia University,
1987.

Krakusin, Margarita. "La reconstrucción de una heroina: *Pancha
Carrasco Reclama* de Leda Cavallini y Lupe Pérez". Káñina. 23.1
(1999): 9-15.

_____. "El continuo y la realidad espacio-temporal en 'La isla a
Medio día' de Julio Cortázar" Hispanic Journal 23.2 (1997): 317-26.

Lunn, Patricia. "The Aspectual Lens" *Hispanic linguistics* II (1985): 49-61.

Lunn, Patricia, Janet A. Decesaris. *Investigación de gramática*. Boston: Heinle & Heinle, 1992.

Medina Domínguez, Alberto. "Torres vs. Feijoo: 'Ensayos' y usos del escepticismo en el XVIII español". *Hispania* 83.4 (2000): 745-56.

Meyer, Doris Ed. *Rereading the Spanish American Essay*. Austin: U of Texas P, 1995.

Mosher, Mark. "Los 'desespacios y los destiempos' en los 'wormholes' de Cortázar". *Hispanófila* 2.116 (1996): 69-82.

Ocampo, Victoria. "Babel". *Rereading the Spanish American Essay*. Ed. Doris Meyer. Austin: U of Texas P, 1995.

Odio, Eunice. "Letras desde México" en *La obra en prosa de Eunice Odio*. San José: Editorial Costa Rica, 1980. p 81-83.

_____. "Nostalgia del Paraíso" en *La obra en prosa de Eunice Odio*. San José: Editorial Costa Rica, 1980. p. 85-93.

_____. "Tamayo y el reino de la luz" en *La obra en prosa de Eunice Odio*. San José: Editorial Costa Rica, 1980. p. 95-119.

_____. "El tiempo luminoso de Rodolfo Zanabria" en *La obra en prosa de Eunice Odio*. San José: Editorial Costa Rica, 1980. p. 121-32.

_____. "En defensa del castellano: Carta a Salvador Elizondo" en *La obra en prosa de Eunice Odio*. San José: Editorial Costa Rica, 1980. p. 167-93.

_____. "Carlos Fuentes: *Las buenas conciencias*" en *La obra en prosa de Eunice Odio*. San José: Editorial Costa Rica, 1980. p. 215-17.

Oviedo, José Miguel. *Breve historia del ensayo hispanoamericano*. Madrid: Alianza Editorial, 1990.

Saine, Ute Margaret. "Female Representation and Feminine Mystique in Alicia Yáñez Cossío's 'La mujer es un mito'" *Letras Femeninas* 26.1-2 (2000): 63-79.

Stabb, Martin. *The Dessenting Voice: The new Essay of Spanish America, 1960-1965*. Austin, TX: University of Texas Press, 1994

Tabot, Michael. *The Holographic Universe*. New York: Harper Collins, 1991.

Toben, Bob. *Space Time and Beyond*. New York: P. Duton, 1975.

Vallbona, Rima de. *La obra en prosa de Eunice Odio*. San José: Editorial Costa Rica, 1980.

Wheeler, John A. "Superspace and the Nature of Quantum Geometro Dynamics". *Batelles Rencontres: 1967 Lectures in Mathematics and Physics.* Eds. Cecile M. Dewitt y John A. Wheeler. New York: Benjamin, 1968. 242-307.

ELENA PONIATOWSKA [1]

LA FICCIÓN AUTOBIOGRÁFICA COMO FENÓMENO DE IDENTIDAD COLECTIVA: FRANÇOIS GRAFFIGNY Y ELENA PONIATOWSKA [2]

Según Richard D. Woods, en México uno de los logros más notables en el género autobiográfico de la década de los sesenta, fue alcanzado por Elena Poniatowska con su obra *Hasta no verte Jesús mío* (1969).[3] Este testimonio oral autobiográfico constituye un proyecto en colaboración, a través de la entrevista grabada y la copar-

---

[1] Elena Poniatowska, de padre francés de origen polaco y madre mexicana, nació en 1933 y llegó a la ciudad de México en 1942. Se dio a conocer internacionalmente por su obra *Hasta no verte Jesús mío* (1969). Denunció los abusos del gobierno contra los estudiantes en la matanza de 1968 en *La noche de Tlatelolco* (1971). Otras de sus obras son: *Querido Diego, te abraza Quiela* (1978), *De noche vienes* (1979), *Fuerte es el silencio* (1980), *Nadie, Nada* (1985) y *Tinísima* (1992).
François de Graffigny nació en 1695 en Francia y creció en la región de Lorena. Se casó a los 17 años. Su esposo era hombre abusivo y violento por lo que la iglesia católica le concedió la separación. Después de la muerte del esposo en 1725 inicia una relación amorosa con un oficial de caballería que la abandonó en 1743. Viaja a París donde comienza su carrera de escritora. Escribió fábulas infantiles, obras de teatro y *Cartas de una peruana*. Murió en Francia en 1758.
[2] Este artículo fue publicado en *Romance Languages Annual*. VIII(1997): 521-27.
[3] Woods considera que con esta obra, Poniatowska reinicia el subgénero comenzado en los años de 1930 por la norteamericana Ruth Underhill. Esta antropóloga, en 1936, termina la primera autobiografía conjunta hecha en México –*The Autobiography of a Papago Woman*.

ticipación de Poniatowska en la vida de Jesusa Palancares. Posteriormente, en 1979 Poniatowska produce en colaboración con Gaby
Brimmer un trabajo opónimo de autobiografía oral (Woods 12). Y, en
1990 sale al mercado *Flor de liz,* donde la autora narra diferentes
aspectos de su vida –su disgusto por una niñez y adolescencia sobre-
protegidas, y sus pocos contactos con la clase baja.

La prelación que la autora ha demostrado por el género autobiográfico se justifica en parte por su carrera periodística, la cual la ha
puesto en contacto directo con la vida de la gente y con la historia de
México a través de entrevistas o vivencias personales que luego le han
servido de base para la creación de algunas de sus obras.[4] Pero además, porque la ficción autobiográfica es parte del constante esfuerzo
de la escritora para otorgarle una voz literaria a todas las mujeres que
han carecido de ella. Atendiendo al llamado de Virginia Woolf, Elena
Poniatowska en su doble carrera como periodista y escritora continúa
la lucha iniciada siglos atrás por otras mujeres como María Zayas
(1590-1661?), Sor Juana Inés (1651-1695) o Mme. de Graffigny
(1695-1758).[5]

Entre las novelas inspiradas por el material periodístico, está
Querido Diego, te abraza Quiela (1978), ficción autobiográfica, que
le ha permitido liberarse abiertamente de toda atadura histórica, política o de cualquier otro orden para lograr el propósito anticipado a su
creación. Igual que la autobiografía propiamente dicha, la ficción
autobiográfica es un discurso marginado por los críticos que se niegan
a reconocer este texto híbrido, cuya coherencia total es ilusoria.[6] Tal
vez por esto mismo, la autobiografía y la ficción autobiográfica en
forma epistolar, de diario o de memorias, parecen ser privilegiadas por

---

4   Por ejemplo en *La noche de Tlatelolco* (1971), donde la autora fue testigo pre-
     sencial y vivencial de la represión gubernamental de 1968 en la que murió su
     hermano.
5   En su libro *A Room of One's Own*, Woolf dice: "Life for both sexes... is
     arduous, difficult, a perpetual struggle. It calls for gigantic courage and
     strength... it calls for confidence in oneself" (35).
6   Según Molloy el texto autobiográfico tiene una coherencia ilusoria puesto que
     existen tantos modos autobiográficos como autobiógrafos (2).

la mujer para narrar la historia de su vida. Según comenta Sylvia Molloy, el hombre narra sus memorias con propósitos diferentes a los de la mujer. En *Recuerdos de provincia* (1850), por ejemplo, Sarmiento usa deliberadamente este subgénero para hacer una autorrepresentación positiva del candidato político que eventualmente llegaría a ser presidente de Argentina. Por el contrario, la mujer se propone "explorar y descifrar los patrones misteriosos trazados por una vida", la suya (Ocampo 59). Pero a la vez, como en el caso de Victoria Ocampo, aspira a construir una figura, una *persona* representativa del papel de la mujer en un momento específico de la historia de la humanidad (Molloy 3).

Poniatowska, en su constante contacto con el mundo masculino y, en especial, con el de las grandes personalidades como Diego Rivera, ha comprendido que para el hombre la mujer, "is all but absent from history" (Woolf 43).[7] En *Querido Diego, te abraza Quiela*, la escritora reclama para la pintora rusa Angelina Beloff y para la mujer, un lugar en la historia.

En la novelística latinoamericana de los años sesenta, el *boom* recogió los experimentos de la vanguardia y se hizo presente un marcado desinterés por la idea de la "autenticidad de vivir". Sin embargo, ya desde finales de los sesenta y en la década de los setenta la actitud del escritor cambia, se introducen nuevos elementos de la realidad y el sentimentalismo ocupa un lugar prioritario.[8] Resurge el interés por

---

[7] Beth E. Jörgensen narra que en las entrevistas hechas por Elena Poniatowska a Diego Rivera, era evidente el desdén con el que la trataba, sentimiento compartido por otras famosas escritoras, lo cual puede ser corroborando en las páginas de *A Room of One's own* de Virginia Woolf: "Women have served all these centuries as looking-glasses possessing the magic and delicious power of reflecting the figure of man at twice his natural size". (35)

[8] En mi artículo "La novela hispanoamericana y la tradición sentimental" he señalado que la corriente sentimental es una constante en toda la literatura hispanoamericana. A veces se enfatiza lo experimental, otras la barbarie como antítesis de la civilización o el interés se centra en la tierra americana como protagonista de la obra. Sin embargo, siempre se da el sentimentalismo y el discurso amoroso aparece como elemento imprescindible. Ejemplos de ello se dan en *Rayuela, Doña Bárbara* y *El túnel*, entre otras.

el individuo en su simple cotidianidad y el discurso amoroso, hasta entonces desacreditado por lo estética moderna, es asumido como una nueva transgresión (*A Lover's Discouse: Fragments* 175-79).

Tal transgresión retoma las premisas del movimiento sentimental surgido en Europa hacia mediados del siglo XVIII, cuya base argumental consistía en la polarización de los principios de la filosofía moral de la época. Por un lado, se enfatizaba en las doctrinas de Hume (1771-1743) respecto a la benevolencia innata del ser humano. Y, por el otro, en las de Thomas Hobbes (1588-1679), quien presentaba al individuo inclinado al mal, pecaminoso por naturaleza y guiado en sus acciones por el egoísmo. El sentimentalismo, como corriente paralela al neoclacisismo, surgió como una literatura transgresora de las estrecheces normativas impuestas por el clasicismo, cuyos cánones eran mantenidos por una élite social. La novela sentimental en su proceso evolutivo, comenzó con una estética alejada de los universales. Presentaba el conflicto moral a la vez que señalaba, entre otros, la marginación y abuso de que era objeto la mujer, cuya degradación se vio acentuada por la diferencia de clases sociales como puede apreciarse en *Pamela* (1741) y *Clarissa* (1747-48) de Samuel Richardson o, en *Rojo y Negro* (1829) de Stendhal.

En la actualidad, la vuelta al sentimentalismo y al discurso amoroso casi siempre parece ligar, como en el florecimiento del movimiento sentimental dieciochesco, el texto literario y sus figuras protagónicas con el género autobiográfico.[9] En los años setenta las obras, de una manera u otra, han trascendido su realidad literaria permeando el texto con el contexto del autor. Esto resulta comprensible porque, según Susan Friedman ("Women's Autobiographical Selves, Theory and Practice"), las características formales del texto autobiográfico son inseparables del concepto que del "yo" tiene el escritor y, además, se trata de la historia de una vida como proceso de individualización (citada por Germaine Brée 174). A esto sigue como corolario, la nece-

---

[9]   Ejemplo de ello son algunas de las obras actuales como *El beso de la mujer araña* de Manuel Puig, *La tía Julia y el escribidor* de Vargas Llosa, "El Recado" de Elena Poniatowska, *El amor en los tiempos del cólera* de García Márquez o la novelística de Alfredo Bryce Echenique.

saria diferenciación entre el concepto que del "yo" tiene el hombre y la mujer, y la proyección que de éste se da en el discurso autobiográfico. Según afirma Brée: "if male autobiographical writing is seen as teleological and linear, female is described as fragmented and circular; if male is defined as using rhetoric of assertion, female is defined as using rhetoric of seduction" (172). La diferencia entre ambos discursos es de especial interés porque, como ha sido estudiado por Deborah Tannen, el hombre y la mujer se expresan de forma diferente con el objeto de lograr sus propios objetivos.[10] La autobiografía femenina crea una imagen lingüística de la mujer, pero a la vez, enseña cómo llevar a cabo la gratificante experiencia de autocreación individual.

En *Querido Diego, te abraza Quiela* (1976), Elena Poniatowska retorna a los principios del movimiento sentimental, al discurso amoroso y se sirve del género epistolar, tan comúnmente usado en el siglo XVIII.[11] Recordemos, por ejemplo, *Las cartas portuguesas* (1668) de

---

[10] Estas afirmaciones son confirmadas por Deborah Tannen, en su libro *You Just Don't Understand: Women and Men in Conversation* (1990), donde la sociolingüista establece las diferencias entre el discurso femenino y el masculino. Tannen señala que las relaciones femeninas se dan por lo general en forma de conexión o solidaridad, y las masculinas en forma de estatus. Ambos comportamientos, solidaridad y status, pueden convertirse en medio para conseguir un fin a través de la palabra (36). El estatus produce asimetría y verticalidad entre las partes, resultando una relación entre dominador dominado, protector protegido, hombre mujer. Dicha relación acentúa la libertad y la independencia. La solidaridad, por el contrario, es simétrica, horizontal e igualitaria y busca intimidad, conexión e interrelación entre las partes, sean estas del mismo sexo o del opuesto. En este libro la autora incluye una amplia y especializada biobibliografía. Consigue hacer un resumen concienzudo de la gran cantidad de estudios publicados sobre la relación entre el sexo y el lenguaje en una variedad de lenguas, e integra todo este material por medio de una generalización comprensiva que ilumina una serie de diferencias entre el estilo femenino y el masculino. De paso, rechaza la polémica y la condescendencia, prefiriendo describir distintos comportamientos lingüísticos a criticarlos o encomiarlos.

[11] Las cartas, igual que las memorias y los diarios íntimos han sido considerados como subgéneros autobiográficos en cuanto son formas de autoexpresión con una función pragmática y estética vistos como recreación de la historia de

autor anónimo, *Pamela* y *Clarissa,* o *Cartas de una peruana* de Françoise de Graffigny (1747). En estas obras las vivencias íntimas de la mujer han sido recogidas en la ficción autobiográfica, como instrumento de autoanálisis y de autocreación. Es, además, forma de consolidar una identidad propia y de crear un lugar de coexistencia y no de subsistencia. Como dice Friedman: "Women's autobiographies come alive as a literary tradition of self-creation when we approach these texts from a perspective based on the lives of women" (174). Efectivamente, en las obras mencionadas, las heroínas sentimentales cuentan las historias de sus vidas señalando el conflicto entre un mundo hostil representado por el hombre y/o la sociedad por él establecida, y la mujer sometida a los rigores de este mundo patriarcal. Si bien es cierto que en la literatura del siglo de las luces se dieron héroes sentimentales como Tristram Shandy (Laurence Sterne. *Vida y opiniones del caballero Tristram Shandy,* 1959), el Príncipe Rasselas (Samuel Johnson. *Rasselas, Prince of Abisinia, 1759)* o Harley *(The Man of Feeling, 1771),* la mayoría de las obras de este movimiento se centran en la problemática femenina (Nussbaum 134).

En el presente trabajo se señala que la estrecha relación que guarda la obra de la escritora mexicana con el género sentimental del siglo XVIII y concretamente con *Cartas de una peruana* (1747) de Françoise Graffigny, reside en el sujeto genérico de ambas autobiografías. Poniatowska en *Querido Diego* (1978) como Mme. de Graffigny en *Cartas de una peruana,* obras del postboom latinoamericano y del siglo XVIII francés, respectivamente, son novelas autobiográficas, ficciones que interponen entre ellas y las autoras de las cartas a un autor ficticio, Quiela y Zilia, dejando margen a la especulación sobre la relación entre la vida de las autoras reales y la de las ficticias. Aunque toda carta es una privatización del "yo", es evidente

---

una vida, utilizando discursos convencionalmente reconocidos como pertenecientes a la ficción. Para mayor información véase, entre otros, Phillipe Lejeune, *Le pacte autobiographique.* Paris: Editions Seuil, 1975, Paul de Man "Autobiography as De-facement", *The Rhetoric of Romanticism.* New York: Columbia UP, 1984. Una importante antología que puede iluminar al respecto es la editada por Walter Olney, *Autobiography: Essays Theoretical and Critical.* Princeton: Princeton UP, 1980.

que en este caso el mundo privado de ambas escritoras es una construcción memorística con miras a hacerse pública. Cuando leemos la
vida de Poniatowska y de Mme. de Graffigny no es posible ignorar
que la realidad y la ficción coinciden en innumerables detalles, más
aún, se semejan en las preocupaciones que sobre la marginante situación de la mujer tienen las dos autoras.[12] Es de suponer, entonces, que
las autoras han querido ir más allá de sus experiencias personales y
han potenciado sus obras con el poder de la memoria colectiva. Las
autoras han tratado de equilibrar el pasado y el futuro, el "yo" y el
"otro", lo privado y lo público, lo universal y lo particular, para dar
voz a la mujer. Con la presentación de estas dos obras se hace evidente
que, a pesar de los dos siglos que las separan, poco es lo que ha cambiado la situación de la mujer.

Es pertinente recordar que el impulso autobiográfico surgió en la
civilización occidental a la par que la revolución industrial. Es decir,
cuando una nueva imagen del individuo estaba tomando forma, mientras las viejas estructuras económicas y sociales se sumían en la ban-
carrota. Es la época en que Locke, Hume, Shaftesbury y Butler entre
otros, debatían el asunto de la identidad personal, y es justamente en
este período histórico que surgió la novela sentimental y el género
autobiográfico, como formas de expresión de ese cambio social e individual. La literatura, considerada como actividad colectiva fuertemente condicionada por las fuerzas sociales del contexto, recogió las
nuevas perspectivas, los cambios en los conceptos y las actitudes de
la gente correspondientes a los ideales y realidades sociales de la
época: "Writers are gifted with tongues to articulate the spirit of the
age", dice Marilyn Butler (*Romantics, Rebels Revolutionaries* 9-10).

El momento actual participa de algunos de los elementos anotados,
particularmente a partir de los años sesenta en que el furor del movimiento feminista desafía y cuestiona la validez de los principios de la
sociedad patriarcal. La mujer de hoy, como el individuo del siglo
XVIII, quiere mirarse como un ser independiente que puede dirigirse

---

[12] Véase *The wrinting of Elena Poniatowska* de Beth E. Jörgensen y el prólogo
de *Letters from a Peruvian Woman* traducido por David, 1993.

a sí misma, y que tiene el poder y el derecho de asumir el control de
su propia vida.

Podemos decir entonces, que las circunstancias sociales que han
creado a *Querido Diego* son similares a la situación que dio a luz las
Cartas de una peruana. La obra de Mme. de Graffigny contiene los
mismos elementos y preocupaciones sociales de *Querido Diego*, pero
nos remite a la América Colonial del siglo XVIII. Su protagonista
Zilia, como Angelina Beloff, protagonista de la obra de Poniatowska,
son dos jóvenes extranjeras que por azares de la vida han llegado a
París. Por lo tanto, la perspectiva presentada en sus obras es la de dos
mujeres marginadas socialmente, al menos en el comienzo, y también
lingüísticamente aisladas del entorno. Tales hechos dan la base al conflicto argumental propio de la novelística sentimental del siglo XVIII,
donde las protagonistas, poseedoras de los principios morales de
benevolencia y solidaridad humana predicados por Hume, deben mantenerse en una continua lucha contra el ambiente hostil que las rodea.
Los individuos que propician este ambiente negativo, encarnan a un
ser humano dirigido en sus acciones por el egoísmo y representan los
principios de la filosofía moral predicada por Hobbes y Adam Smith.

Las dos novelas, tan distanciadas en el tiempo, poseen grandes
semejanzas en el tema, la estructura y los recursos técnicos del discurso. Las coincidencias entre ellas resultan menos peregrinas cuando pensamos que tanto Elena Poniatowska como Françoise de
Graffigny son francesas de nacimiento, conocedoras del mundo cultural americano y con un profundo interés por los asuntos relacionados con la mujer y su papel dentro de la sociedad de su tiempo.
Tales hechos las ha privilegiado con una visión especial sobre el
ambiente social, sobre el hombre latinoamericano y sobre los mitos
que lo han creado.

Las cartas de una peruana hablan de la princesa y prometida del
Inca Aza, que durante la conquista española, fue violentamente tomada del templo donde residían las vírgenes del sol. Ambos prometidos,
Aza y Zilia, son enviados a España. En alta mar los corsarios franceses capturan el barco donde va Zilia y los destinos de los enamorados
se distanciaron para siempre. En España, Aza se convierte al catolicismo, renuncia sin problema a la princesa inca y comienza una nueva

vida.[13] Por el contrario, Zilia, ahora en Francia, mantiene su fidelidad a pesar de los bien intencionados asedios amorosos de Déterville, su captor y benefactor, quien se ha enamorado profundamente de ella. Zilia, entre gente extraña, y sin comprender la lengua y las costumbres, se dedica a escribirle a Aza para hacer más llevadero su exilio. Al comienzo, las cartas son escritas en quipús, que con el tiempo ella misma traducirá al francés. Desafortunadamente para Zilia, cuando ambos se encuentran, Aza le revela su próximo matrimonio y rompe definitivamente su compromiso. La princesa nunca más vuelve a enamorase, pero logra sobreponerse y rehace su vida, encontrado felicidad en el placer de "existir" y en la amistad verdadera que le ofrecen Déterville y su hermana Céline.

En *Cartas de una peruana,* las técnicas del género epistolar acortan en lo posible la distancia entre el hecho y la narración, sugiriendo así un tiempo presente de imposible plenitud. Para Zilia, esta plenitud es forma de mantener viva la ilusión de la presencia de Aza en su vida. "Yo te amo, así lo pienso y lo digo por última vez" escribe ella en su carta sexta (43).[14] Esta carta marca el momento de crisis en su correspondencia. Zilia, enfrentada con la idea de haber sido raptada, alejada de su tierra y privada de los seres que le son queridos, contempla la posibilidad del suicidio (45). Sin embargo, en la siguiente carta llega para la princesa la anágnorisis y comienza la revelación de una nueva Zilia. A partir de esta carta, Mme. Graffigny crea un nuevo tipo de heroína, una Zilia en proceso de crecimiento. A medida que adquiere un mejor conocimiento de la lengua, la protagonista se revela como una gran observadora y su voz satírica fustiga con dureza la liviandad y superficialidad del ambiente que la rodea (carta 28).

Zilia escribe su historia en forma epistolar, no con la esperanza de recibir respuesta de un amante que nunca contestó, sino para desandar

---

[13] La conversión de Aza es importante componente de la trama puesto que, según las costumbres, el Inca escogía esposa entre sus hermanas o, en caso de no haberlas, entre sus primas. Al aceptar las doctrinas católicas sobre la unión entre consanguíneos, Aza debe renunciar al matrimonio con su hermana.

[14] La traducción de esta cita y de las demás tomadas del libro de Graffigny son mías.

el camino que la ha de llevar al reencuentro consigo misma. Las cartas son medio de reflexión, de autoconocimiento y de aceptación de su
propia realidad. Una vez que Zilia ha terminado este proceso y se haya
de nuevo en control de su vida, comienza su crítica de la sociedad
francesa (carta 28); la corrupción de los valores de esta sociedad aris-
tocrática causada, según cree ella, por el mal del siglo, o sea, por el
culto al narcisismo y la falta de autorespeto personal (carta 29).

En cuanto a Zilia también se torna en voz de protesta feminista. Como dice
Sheila Rowbotham y Nancy Chodorow: "Predominante en la mujer
...es su conciencia de identidad colectiva; es decir, de una conciencia
dual, el 'yo' representado en el salón de los espejos de una cultura,
como también de su propia sensibilidad; un sentido de la importancia
de las relaciones interpersonales en la formación de un sentido de su
propio 'yo'" (citado por Brée 174). En *Cartas de una peruana*, Zilia
culpa a los franceses por su actitud condescendiente y paternalista
hacia la mujer, por la superficialidad con que se le educaba, y sobre
todo, el matrimonio es blanco de sus comentarios debido a la absoluta autoridad concedida al hombre sobre su esposa, y la injusticia de la
ley que negaba protección a la esposa abusada, Zilia dice: "Parece que
en Francia los lazos del matrimonio sólo son recíprocos en el momento de la boda, pero después, solamente las mujeres están sujetas a
ellos" (149). Estas palabra nos recuerdan las palabras de Janet Todd
sobre la novela sentimental del siglo XVIII: "Female virtues were
superior ones, then, but they were to be deployed for the benefit of
men who could funtion pretty well without them" (20).

En sus numerosas conversaciones con Céline, la protagonista presenta a la mujer francesa como objeto decorativo o de placer para el
hombre. Todas ellas aceptan y mantienen gustosamente esta denigrante posición. Las reuniones sociales son verdaderas competencias
de poder. Cuando Zilia es objeto de atención por parte de los franceses, las mujeres elegantemente sonríen y le lanzan comentarios de
desprecio, marginándola del ambiente, lo que en ocasiones obliga a
Zilia a retirarse al jardín o a regresar a su alcoba. Mme de Graffigny
usa a la protagonista para presentar las doctrinas de Hume y el conde
de Shaftesbury –bondad, integridad, compasión, principios morales
fuertemente cimentados, así como un alto sentido de la dignidad y res-

peto hacia la persona humana y hacia sí misma. En los franceses, Graffigny encarna las ideas morales de Hobbes –egoísmo, envidia, xenofobia y desprecio hacia otras razas y culturas. Además, señala la sutileza, compostura y crueldad con que se excluía al individuo, y en especial a la mujer, cuando éstos no se ajustaban a los preestablecidos parámetros sociales.

Las agudas críticas de Zilia ilustran la naturaleza radical de su evolución. Al final de la novela la princesa, originalmente ignorante de la vida fuera del Templo del Sol, ha llegado a un conocimiento claro de la cultura francesa. Su pérdida de estatus como resultado de la conquista española la ha dotado de especial habilidad para lograr esta perspectiva, lo que en rarísimas ocasiones se dio entre los personajes extranjeros en la novelística del siglo XVIII. Mme. de Graffigny, quien en su vida personal fue víctima de la sociedad patriarcal de su tiempo, expresó su frustración y reclamó para la mujer sus derechos. Creía firmemente en la posición desventajosa del sexo femenino en el mundo de las letras y fue de los primeros escritores en usar la palabra "clase" en su sentido moderno (*Letters xiii*).

Por su parte, *Querido Diego, te abraza Quiela* aúna con maestría tres elementos estructurales: América vs. Europa, el discurso autobiográfico y el sujeto femenino. El género epistolar sirve de armazón arquitectónico a la obra. Las 12 cartas escritas por la pintora Beloff, Quiela, entre octubre de 1921 y julio de 1922, rememoran la relación de la protagonista con el gran muralista mexicano Diego Rivera durante los penosos días de la postguerra europea. A medida que Quiela consigna sus memorias, crea en el espacio literario una América poblada de colores e inspiración, al lado de una Europa gris, destruida, hambreada y segregante. Los dos pintores, Diego y Quiela, se encuentran en París e inician una relación que durará por diez años. Ambos han llegado allí en busca de un mito: París como cuna y centro de la cultura mundial, mito que poco a poco destruye la relación amorosa y anquilosa la capacidad creadora de ambos pintores. Mientras Quiela descansa artísticamente en la inspiración que le llega de Diego, él se aferra al mundo prístino de América para derivar de él la fuerza y la originalidad de su creación.

Diego regresa a América y se olvida de Quiela. Las cartas que ella escribe narran la rememoración de una relación ya terminada y los sentimientos de la pintora durante su convivencia con Diego, la muerte del hijo de ambos, el posterior abandono y finalmente la aceptación del hecho por parte de la protagonista. Como las cartas de Zilia, las de Quiela son una reconstrucción, a través del discurso autobiográfico, del recorrido seguido por el "yo" en su desarrollo y fortalecimiento final.

La obra, como rememoración, comienza con la nostalgia de la protagonista por la ausencia de Diego, a la vez que nos la muestra llena de ilusión por su próximo viaje a América donde se reunirá con su amante. Aunque sus amigos se quejan del silencio del pintor, Quiela prefiere soñar mientras aprende su español. Sin embargo, nos deja ver el poco valor y el desdén de Diego Rivera hacia el sexo femenino. En su primera carta, Quiela le pide perdón por sus debilidades de mujer. Evidentemente para el pintor, éstas han representado una carga que ha sobrellevado durante los diez años que han durado las relaciones de la pareja.

Como anticipo del desarrollo de la relación de los dos pintores, la historia comienza en el otoño donde aún se pueden sentir la tibieza del verano. Ya en noviembre, Quiela comienza a sentir el frío que se avecina y con él va llegando el olvido, el abandono de Diego y los recuerdos de un París destruido y moribundo: "veía yo los rostros sombríos de los hombres...ni un solo niño. Las noticias siempre eran malas...no hay leche en todo París...el agua congelada en las tuberías las está reventando... 'Dios mío, todos vamos a morir'" (12). También recuerda Quiela que para que su hijo no muriera de frío, hambre y enfermedad, permitió que María Zeting, su amiga, lo llevara a casa y cómo ella prefirió permanecer al lado de Diego para cuidar de él. Todas las tardes iba a ver a su hijo, atravesando las enlodadas calles de París, pero en la narración un autorreproche se le escapa y dice, "[María] parecía la madre y yo la visita" (12).

Por un lado, está el ambiente deprimente del París de los años veinte, y por el otro, poco a poco la angustia de Quiela es expresada sin ambajes y cada vez con más desesperanza. En la tercera carta, ella describe sus problemas y el dolor en el pecho que la hizo recostar contra una pared callejera: "era el amor, ya lo ves, yo rusa, soy sentimental y soy mujer" (14). Quiela lleva tres cargas enormes, Diego, que no desea saber de ella; la policía francesa, que no quería extranjeros y su propia condición de mujer y de sentimental. La agobiaba el desamor de su amante, la persecución de los franceses y su sensibilidad femenina. Con los días el cerco se le estrecha aún más, porque ahora la naturaleza también está contra ella. Ha llegado el invierno y la soledad de las noches es peor. Todo la empuja hacia las fronteras de las marginalidad y Quiela así lo siente y por esto escribe:

> me voy metida en mi esfera de silencio que eres tú, tú y el silencio, yo dentro del silencio, yo dentro de ti que eres la ausencia, camino por las calles dentro del caparazón de tu silencio. (16)

Es verdad que en este momento de crisis Quiela no considera el suicidio como opción, como sí lo hizo Zilia, pero su situación no es menos deprimente. Quiela observa el pasado dentro de esa esfera que ha sido su mundo con Diego, y el lector, paso a paso, asiste a la desacralización de la gran figura del muralista mexicano. Ante todo, Diego ha destrozado la prometedora carrera de Angelina Beloff que ha llegado a París becada por su talento. Diez años después, no sólo no ha aprendido nada del gran "maestro", sino que ha perdido la inspiración y su autoestima. Irónicamente, él que es creación, sólo ha traído destrucción a la vida de Angelina. La ha llevado al extremo de pensar que como persona ella carece de valor y que las consideraciones que otros tienen para ella se deben a Diego, según comenta en su tercera carta:

> Sin ti soy bien poco cosa, mi valor lo determina el amor que me tengas y existo para los demás en la medida que tu me quieras. Si dejas de hacerlo, ni yo ni los demás podrán quererme. (17)

Quiela, como individuo no siente que existe fuera de Diego. Ha sido reducida a un simple objeto cuyo valor fluctúa con los deseos y necesidades de su amante. Por diez años le fue útil y por esto la conservó –cuidaba de él, le cocinaba y con el trabajo de ambos subsistió en París y pudo regresar a América. Algunas veces le decía: "¡Qué sedante eres Angelina, qué remanso, qué bien te sienta tu nombre..." (44). No obstante, ella le irritaba la mayor parte del tiempo y también lo hacía el hijo de ambos. "No querías verlo", le recuerda Quiela en las cartas (17). Cuando el niño enfermó y murió fueron casi solos al cementerio. Ese día ella sentía un intenso frío, frío metafórico que resulta comprensible después de leer una de sus memorias: "Tú estabas ausente, ni una sola vez me dirigiste la palabra. Ni siquiera te moviste cuando te tomé del brazo" (18). Después de eso Diego se negó a darle otro hijo. Quiela recuerda con dolor: "Siempre quise tener otro, tú fuiste el que me lo negaste. Sé que ahora mi vida sería difícil pero tendría un sentido... ¡Dios mío cuánto sentido tendría mi vida!" (18).

Después de estas amargas rememoraciones, en la cuarta carta Quiela comienza a tomar control de su vida. Ella misma se sorprende cuando va al museo del Louvre: "Cuando iba antes contigo Diego, escuchaba admirativamente, compartía tu apasionamiento porque todo lo que viene de ti suscita mi entusiasmo, pero ayer fue distinto, *sentí* Diego y esto me dio una gran felicidad" (20). Además, reconoció su talento para la pintura y, más importante aún, siente que ha vuelto a nacer, ya no firma su carta "soy siempre tú" (19), como leíamos en la carta anterior, sino "tuya Quiela" (21). Ahora, ella empieza a sentirse independiente, a identificarse como otro ser, con vida fuera de la esfera del pintor. Aún la soledad la afecta, y se halla totalmente marginada. Sabe que Diego y Dieguito fueron y son su universo, pero ahora ha aceptado que ambos ya no están allí y ella debe seguir adelante.

El lector ve en Quiela una nueva energía que parecía ya perdida. A medida que ella examina y observa retrospectivamente su vida, su mundo interior crece, recuerda sus tiempos de estudiante en la Academia Imperial de Bellas Artes de San Petersburgo y aunque reconoce que todavía es sólo una promesa, siente ilusión al sentarse a la mesa de trabajo e iniciar sus nuevos proyectos (28). Como en la Pascua Rusa ella siente "la transición de los cantos de duelo a la resurrección y triunfo" (29). Ya no rumia sus secretos sino que se expresa en su arte, toma apuntes y escribe: "Me siento fuerte por esta abun-

dancia de actividad, este sentimiento de expansión y de plenitud"
(30). En la carta seis le dice a Diego que ella sabe comprender su actitud. Ya no hay amargura sino comprensión. Trata de disculpar los des-
cuidos de su amante y su desamor, presentando al lector una autobiografía suya antes de salir de Rusia y, reconoce que como Diego, ella
sólo vivía para el arte: "Evité el teatro, evité los paseos, evité hasta la
compañía de los demás... Yo nunca me detuve a ver un niño en la
calle (por ejemplo) por el niño en sí. Lo veía ya como un trazo sobre
el papel...veía sus líneas, su contorno, sus luces, no preguntaba
siquiera cómo se llamaba" (38). Sin embargo, admite que ella y su
vida han cambiado. Ya los pequeños no son dibujos "son niños de
carne y hueso" (39). Al reconocer su antiguo egoísmo, indirectamente señala y reprocha el de Diego. Se presenta como un ser humano con
debilidades pero también con la fortaleza para enmendarse.
Evidencia, de paso, la seguridad que tiene de que Diego nunca cambiará. ¿Por qué habría de cambiar? El es el gran muralista y es hombre.[15]

A pesar de lo que sufre, de quejarse del doloroso proceso de la
creación artística, la anagnórisis y definitiva aceptación del abandono
de Diego ahora son consignadas con toda claridad sobre el papel:
"Diego es un hombre que no escribe porque no me quiere y me ha
olvidado por completo" (42). Quiela va estabilizándose emocionalmente y para completar sus deseos sólo le falta venir a América.
Como todos sus amigos, ella quiere venir a México en busca de inspiración. Para ellos: "América es manantial de leyendas de un mundo
sobrenatural ...[porque] esta nueva mitología, porque la poesía, la
fantasía, la inteligencia selectiva y el dinamismo de espíritu habían
muerto en Europa" (47). Es evidente que Diego nunca contestó las
cartas de Quiela pero ella supo proseguir con su sueño y trece años

---

[15] Es interesante notar cómo Poniatowska deja ver su opinión del pintor de la
misma manera que lo expresa en sus entrevistas y artículos que sobre Rivera
ha escrito. Véase *The wrinting of Elena Poniatowska* de Beth E. Jörgensen y
el prólogo de *Letters from a Preuvian Woman* traducido por David, 1993.

después viajó a América, y vio a Diego, que entre la muchedumbre no la reconoció.

Lo interesante de estás dos obras es la voz colectiva del sexo femenino que por siglos ha sido la voz silenciada de una figura desdibujada en el panorama social. Al leer cualquier obra autobiográfica escrita por una mujer, sin importar, cuándo ha sido escrita, podemos percibir la elisión del "yo" protagónico. Un análisis objetivo del género autobiográfico femenino nos sugiere que lo que podría llamarse el verdadero "yo" de la autora es, en su esencia, una retirada de la historia que se cuenta y un proceso impersonal de hacer cultura, es decir, de moldear entes hasta entonces sin identidad. Las autoras son visiones, imágenes fugitivas de una creciente identidad elusiva que imperceptiblemente se va tornando en conciencia genérica. El "yo" se encarna en un "nosotras". Así, la verdadera representación del yo autorial es la mujer, todas las mujeres. Y, el género autobiográfico es vehículo para entablar un diálogo con el "yo", es decir, con "nosotras".

En *Cartas de una peruana* como en *Querido Diego,* Zilia y Quiela, entran en la historia como seres reales y como verdaderos potenciales de conciencia colectiva, cuya pervivencia en el tiempo es lograda a través del texto. El texto que permanecerá como un poder de evocación constantemente renovado, como una vida privada que se volvió parte de la historia. No interesa quién fue la verdadera autora, ni el caos de sus sensaciones, memorias, pasiones y fantasías, las obras trascienden la realidad personal y logran traspasar las barreras del tiempo y el espacio. Parten del contexto real del autor, se universalizan en el texto, para regresar luego al contexto de donde partieron. De la conciencia de una identidad individual se llega a la conciencia de identidad genérica al ser recreadas constantemente, reensambladas en nuevos seres. Más aún, en el primer intento de ser entendidas o interpretadas, se disuelven en un "yo" real con poder para evocar sensaciones, recuerdos y fantasías en la mente del lector. Estas novelas representan la voz incorpórea de un "yo" verdadero, tan real como cualquier cosa perecedera, pero tan imperecedera como cualquier signo impersonal.

En estas obras el sujeto autobiográfico es un contingente que se trueca en las múltiples posibilidades que puede proveer una cultura específica. Poniatowska como Mme. de Graffigny, al usar el género autobiográfico, han visto la cultura como entidad en continuo movimiento, y al sujeto autobiográfico como un "yo" des-centrado y en permanente ajuste a las estructuras mentales del sujeto donde habita, el lector. Han tratado de explorar el "yo" femenino como sujeto histórico, no como "ego". Han querido que el lector se comprometa en una dialéctica de identificación genérica para tratar de descifrar el sujeto autobiográfico. Por lo tanto la tarea del lector es la de descubrir este sujeto que está a la espera de ser descodificado, entendiendo que el descentramiento del "yo" individual por medio de una multiplicación genérica no es una sustitución del ego sino un constitución de ese "yo" autobiográfico. Resumiendo, puede decirse que tanto en *Querido Diego* como en *Cartas de una peruana,* el fenómeno autobiográfico está directamente ligado a la dialéctica femenina.[16] Lo anteriormente expuesto no es sino la confirmación de las teorías postmodernistas de Lacan, Foucault y Althusser quienes han reconsiderado sus ideas sobre la naturaleza humana, para decir que la esencia del sujeto humano está constituida por la historia, la lengua y la cultura (Nussbaum 131).[17]

OBRAS CITADAS

Barthes, Roland. *A Lover's Discourse: Fragments.* Trad. Richard Howard. New York: Hill and Wang, 1978.

Benedetti, Mario. "Temas y Problemas". *América latina en su literatura.* Ed. César Fernández Moreno. México: Siglo XXI, 1977.

---

[16] Las obras de Deborah Tannen, *Men and Women in Conversation* y *You Just Don't Understand,* son bastante iluminadoras en este respecto.

[17] Catherine Belsey en *Critical Practice,* New Accents Series, gen. ed. Terence Hawkes (London: Methuen, 1980), presenta una buena síntesis de una interpretación empirista- idealista del mundo en el que "man is the origen and source of meaning, of action and of history" –un elemento esencial del pensamiento filosófico del siglo XVIII.

Brée, Germaine. "Autogynography" *Studies in Autobiography*. Ed. James Olney. New York: Oxford UP, 1988. pp. 171-79.

Butler, Marilyn. *Romantics, Rebels, Revolutionaries.*. Oxford: Oxford UP, 1981.

Friedman, Susan. "Women's Autobiographical Selves, Theory and Practice" en *Studies In Autobiography*. Ed. James Olney. New York: Oxford UP, 1988.

Graffigny, Françoise. *Letters from a Peruvian Woman*. trad. David Kornacker. New York: MLAA, 1993.

Krakusin, Margarita. "La novela hispanoamericana y la tradición sentimental". *El Colombiano*, "Dominical" (julio 30, 1995): 2, 12-15.

Molloy, Sylvia. "At Face Value: Autobiographical Wrinting In Spanish America".

Dispasitio, 19: 24-26 (1984): 1-18.

Nussbaum, Felicity. "Toward Conceptualization Diary" *Studies in Autobiography*. Ed. James Olney. New York: Oxford UP, 1988. pp. 128-40.

Ocampo, Victoria. *Autobiografía: El archipiélago*. Buenos Aires: Sur, 1979.

Olney, James, ed. *Studies in Autobiography*. New York: Oxford UP, 1988.

Poniatowska, Elena. *Querido Diego, te abraza Quiela*. 10ª ed. México: Era, 1990.

Tannen, Deborah. *You Just Don't Understand: Women and Men in Conversation*. New York: Ballentine Books, 1990.

Todd, Janet. *Sensibility: An Introduction*. London: Methuen, 1986.

Woods, Richard D. "Profile of Women's Autobiography In Mexico". *Letras femeninas*, 20: 1-2 (1994): 9-22.

Woolf, Virginia. *A Room of One's Own*. San Diego, London, New York: Harcourt Brace Jovanovich, 1981.

AMALIA LÚ POSSO FIGUEROA,
MARÍA TERESA RAMÍREZ,
MARY GRUESO ROMERO
y
EDELMA ZAPATA

CUERPO Y TEXTO: EL ESPACIO FEMENINO EN LA CULTURA AFROCOLOMBIANA [1]

Los críticos de Estados Unidos han encontrado problemática la literatura afro-hispana producida por escritores blancos. El argumento utilizado para defender su posición es, irónicamente, el mismo que podría aplicárseles a ellos, ya que si la experiencia de un grupo étnico o racial no es igual a la de otro, tampoco lo es la de una cultura o la de un país con respecto a otro. A pesar de esto, ¿puede invalidarse la contribución de estos críticos al estudio de la cultura afro-colombiana? – Absolutamente no. Lo importante es que tanto críticos como escritores, blancos o de color, han puesto en primer plano la producción artística de grupos relegados por siglos a la marginalidad o a la invisibilidad, sin que por esto se asevere que su creación literaria no es susceptible de revaluación al tenor de otras perspectivas y experiencias.

Richard L. Jackson en su libro *Black Image in Latin American Literature* considera que Latinoamérica siempre ha negado sus prejuicios raciales. Si bien es cierto que el racismo ha existido en Latino-

---

[1] Este artículo fue publicado en *Literatura afro-colombiana del siglo XX*, libro editado por Lucía Ortiz. Unas cortas notas biográficas sobre las autoras pueden encontrase en este ensayo en Nota de pie de página número 10.

américa también lo es que su racismo no ha llegado a los excesos que se han visto en los países más civilizados del mundo. Esta ha sido una herencia que, como muchas otras de nuestras herencias culturales, va siendo redefinida y estudiada a la luz de principios más equitativos. Específicamente en Colombia, el racismo como el clasismo han sido unos de los numerosos abusos que ha vivido un alto porcentaje de la población colombiana, no solamente la de origen africano, a manos de una pequeña minoría "blanca" que ha manejado el país y ha impedido su progreso en la igualdad. Es necesario dejar sentado que las diferentes condiciones socioeconómicas y culturales de Colombia, no permiten mirar de la misma manera o comparar el fenómeno del racismo del país con el de Estados Unidos, ya que este no se ha dado de la misma manera, o como condicionante de los diferentes estamentos e instituciones sociales, como sí se dio en ese país con respecto a la educación, la política, la economía, la religión etc. Además, cada cultura tiene su forma de enfrentar o de acercarse a un problema. Así, mientras en el sur de los EE.UU. no se consideraba siquiera la abolición de la esclavitud como una opción, ya Latinoamérica hablaba de las injusticias cometidas con el negro, y para 1841 la cubana Gertrudis Gómez de Avellaneda (1814-1873) ya había escrito *Sab,* una década antes de que apareciera *La cabaña del tío Tom* (1852). De la misma manera, mucha de la literatura latinoamericana hablaba del negro con respeto, sin que por esto se descarte o se soslaye la existencia de una literatura adversa al afro-americano, como en el caso de las obras de los peruanos Felipe Pardo Aliaga (1806-1868) y Manuel Atanasio Fuentes (1820-1890).

Ingrid Watson Miller en su libro *Afro-Hspanic Literature* afirma que la producción literaria de tipo negrista[2] floreció en Latinoamérica, y particularmente en Cuba, como un movimiento iniciado en el siglo XIX con el deseo de disociarse de Europa. Miller asegura que los escritores de la época, casi todos blancos, usaban la temática negra por el exotismo y la novedad y, en muchos casos con propósitos revolucionarios. Según los críticos norteamericanos esta literatura, con algunas excepciones, proyecta una imagen denigrante del negro, pintándolo como inferior, dócil, tranquilo y resignado, o diabólico, sensual o

---

[2]   Escrita por autores blancos con temática negra.

beodo. En otras palabras, no hacen justicia a las numerosas cualidades positivas que posee el afro-hispano. En cuanto a su representación en la literatura latinoamericana, Jackson dice que otras veces (hablando de *Sab*) el escritor ve al negro desde fuera y un aire de sentimentalismo artificial permea su obra (Jackson 22). Miller también señala que los escritores blancos no poseían, ni poseen, la necesaria sensibilidad cultural para interpretar con fidelidad las experiencias del negro que pinta en sus obras (Miller 34).[3]

Remitiéndonos a Colombia, es evidente que en el siglo XIX, cuando comienza a darse en forma la primera literatura nacional, el fenómeno del que hablan los críticos mencionados aparece en algunas obras, como podemos apreciar en las escenas de *María* (1867) de Jorge Isaacs. Sin embargo, esta actitud excluyente y negativista por parte de los críticos, sólo conduce al opacamiento de un mérito bien ganado por muchos escritores blancos que dieron base al debate de la realidad del negro, pocas veces presentada en la literatura de siglos anteriores. Si bien es cierto que en *María* se idealiza la vida de Sinar y Nay, también es en esta obra donde la libertad del negro aparece como un puente tendido hacia el futuro y donde se considera la igualdad social y las posibilidades de una participación activa y consciente del negro en los destinos del país. Desde la independencia, la imagen del negro siempre ha sido parte del mundo de las letras colombianas. Según afirma Triana, ya en el siglo XIX don Rafael Pombo (1833-1912) exaltaba, en su poema "El bambuco", los elementos étnicos básicos que dieron origen al estrato racial y étnico que conforma la Colombia de hoy, y se asqueaba ante el espectáculo de la esclavitud y de la degradación mutua de amos y de esclavos.[4] En "A un esclavo" (1850) Pombo escribe: "'esclavo desgraciado/ Que ignoras tu desgracia, oye el acento/ de un libre que

---

3   Dathorne, O.R. en su libro *Dark Ancestor: The Literature of Black Man in the Caribbean*. Baton Rouge: Louisiana State U.P., 1981 considera que la literatura negrista fue una perversión de los escritores blancos que poseídos de un frenesí por la exaltación de los poetas y novelistas distorsionaron la realidad de la experiencia negra (175).

4   Dice Pombo: "Porque ha fundido aquel aire / la indiana melancolía /con la africana ardentía /y el guapo andaluz donaire". Citado por Humberto Triana y Antorveza (252).

comprende tu tormento….' Meses más tarde José Hilario López, presidente de Colombia en ese entonces, sancionó la ley mediante la cual se ratificaba para siempre la abolición total la esclavitud en Colombia",[5] mucho antes de que Abraham Lincoln proclamara la Emancipación de los Esclavos el primero de enero de 1863 (Triana 196). Eustaquio Palacios en *El Alférez Real* (1886), por su parte, describe la vida del negro, de esta "mayoría silenciosa", y de su cotidianidad en el virreinato de la Nueva Granada, en el período comprendido entre los "años finales del reinado de Carlos III y el ascenso al trono de su hijo Carlos IV" (Triana 255). En su obra, "Palacios trazó, paralelamente, con la misma dignidad y altura, la vida cotidiana de los esclavos negros en una hacienda patriarcal del Valle del Cauca: la de Cañas Gordas" (Triana 255). Don Tomás Carrasquilla (1858-1940) en *La marquesa de Yolombó* (1928), como Palacios, representa con equitatividad a los personajes negros y blancos. Muchos otros escritores colombianos y de otros países hispanoamericanos, también trataron de sacar del anonimato al negro y al mulato, solidarizándose con ellos, y hablaron de abolicionismo en épocas donde la idea de la abolición de la esclavitud parecía un crimen en el sur de los EE.UU. Escritores como don José Antonio Saco y López-Cisneros (Cuba 1797-1879), don Fernando Ortiz (Cuba 1881-1969) José Hernández (Argentina 1834-1886) o Salvador Sanfuentes y Torres (Chile 1817-1860), entre otros, abogaron por la equidad en el trato que se le daba al negro.

Es insoslayable, sin embargo que, aunque Colombia nunca ha negado su composición multi-étnica, el país poco se ha preocupado por dar un tratamiento justo e igualitario a cada uno de estos componentes de su población, los cuales conforman el rico patrimonio racial, cultural y religioso de la nación. En cuanto a la literatura se refiere, igual que la sociedad dentro de la cual ésta nace y se hace, ha ido evolucionando de la literatura antiesclavista, de protesta y solidaridad de Pombo y del romanticismo que pintaba una imagen falsa del afrocolombiano, como en *María* o *Manuela* (1866),[6] a la de Candelario Obeso (1849-84)

---

5   La esclavitud fue abolida en Colombia en 1821.
6   *Manuela* fue escrita por Eugenio Díaz. En esta obra Díaz enfatiza en el mito Rousseauniano del "buen salvaje" mientras omite toda la complejidad sociopolítica del personaje.

donde el escritor negro capta y presenta con dignidad los sentimientos, el sufrimiento y orgullo de la gente de su raza. En el siglo XX, en la poética de la negritud,[7] o poética de compromiso, se encuentra el chocoano Manuel Saturio Valencia (1867-1907), primer poeta de la región y, más tarde, Jorge Artel. En "Negro soy", de Artel, es evidente la identificación racial del escritor:

> Negro soy desde hace muchos siglos
> poeta de mi raza, heredé su dolor......
> La angustia humana que exalto
> no es decorativa joya
> para turistas
> yo no canto un dolor de exportación."
>
> (citado por Jackson 166)

La obra de Arnoldo Palacios, por su parte, muestra a un protagonista que es extremamente sensible a la problemática del negro chochoano, su pobreza y su angustia, como puede verse en *Las estrellas son negras* (1949). Palacios, como escritor afro-colombiano y chocoano, escribe con la perspectiva del hombre negro haciendo el recuento de las vidas de la gente del Chocó y de su cultura, vidas que son marcadas por el sufrimiento, el desamparo y la hostilidad de la naturaleza. Posteriormente, de la poética folclórica que presenta Miguel A. Caicedo (1919-96) en "Décima",[8] se pasa al movimiento sincretista que encontramos en Manuel Zapata Olivella (1920-), quien después de consignar las angustias del negro de la costa caribeña de Colombia en *Chambacú, corral de negros* (1963), y de dedicar su vida "a exa-

---

[7] Según Jackson, la poética de la negritud es aquella que no sirve un propósito revolucionario (The negritude movement served no revolutionary purpose (132).

[8] Miguel A. Caicedo nació en Troje, municipio de Quibdó. Licenciado en lenguas clásicas y modernas del Instituto Filológico de la Universidad de Antioquia. Es considerado como el poeta oral más destacado del Chocó porque su voz aprehende el paisaje, las costumbres, el amor, la cotidianidad de la vida y sus avatares. En "Décima" la voz poética dice: "De un rollizo comen cuatro/ de una lunareja dié/ de un dentón come uno solo/ que mundo tan alrevé" (Aleix 81-91)

minar y celebrar constantemente las raíces indo-afro-hispanas de la
cultura colombiana" (Ortiz 35), su voz se abre hacia el futuro en *La
rebelión de los genes* (1997). En esta obra Zapata presenta una propuesta que mira "hacia un nuevo orden y un nuevo humanismo de
tolerancia y convivencia" (Zapata, cubierta).

Llama la atención, sin embargo, que la controversia de los críticos
de la literatura afro-americana se mantenga dentro de los parámetros
del racismo, rechazando como legítimas y, en numerosos casos, acer-
tadas versiones de los escritores blancos sobre la vida del afro-americano desde el Canadá hasta el Cabo de Hornos. Sin embargo, poco se
han preocupado por reconocer y promover las contribuciones de la
mujer, blanca, negra o mulata, a la causa que nos ocupa.

De igual manera, Colombia ha excluido negligentemente, o ignorado de manera consciente, la participación de la mujer en las letras
del país y, particularmente, en la de la cultura afrocolombiana. Por
ejemplo Delia Zapata, hermana de Manuel y de Juan, quien, a pesar
de su renombre internacional y su vida dedicada a promocionar el folclor afro-colombiano, nunca recibió el reconocimiento y apoyo suficiente por parte de entidades gubernamentales.[9] Tampoco han recibido apoyo y reconocimiento suficiente las poetas María Teresa
Ramírez (1944-), Mary Grueso Romero (1947-) o Edelma Zapata
(1958-), entre otras, quienes permanecen casi desconocidas en los
ámbitos internacionales y aun entre el pueblo colombiano.[10] En el

---

[9]   Según Manuel Zapata: "a Delia no se le permitió presentarse en la sala
     Beethoven del Conservatorio de Música de Cali, que llevaba el nombre del
     maestro Antonio María Valencia, mulato, por estar 'reservada a la música clá-
     sica y no a la negra'; y para actuar con su grupo, que ostentaba orgulloso el
     nombre de Danzas Colombianas, en el Teatro Colón de Bogotá, debió some-
     terse al juicio previo de un jurado. Afortunadamente estuvo presidido por su
     director, el poeta Fernando Arbeláez!" (*La rebelión de los génes*, 300).

[10] María Teresa Ramírez, o la negra María Teresa, nació en Corinto, Cauca en
     1944. Es Licenciada en Historia y Filosofía por la Universidad del Valle. Ha
     escrito *La noche de mi piel* y *Ancestro y son*. Mary Grueso Romero nació en
     Guapi en 1947. Recibió el título de Maestra Bachiller en el Colegio del Litoral
     y es Licenciada por la Universidad del Quindío en Español y Literatura. Entre
     sus escritos está *El otro yo que si soy yo*. Edelma Zapata, hija de Manuel,
     nació en La Paz (Cesar) en 1958. Es Antropóloga de la Universidad

caso de estas escritoras, es casi imposible conseguir sus obras y mucho menos encontrar crítica sobre ellas. María Teresa Ramírez y Mary Grueso han publicado sus poemarios gracias al interés de las directivas del Museo Rayo, en Roldanillo y Edelma sólo logró sacar al mercado su primer trabajo literario, *Ritual con mi sombra* (2001), hace un par de años. Estas tres excelentes poetas presentan la situación del afro-colombiano desde dentro, aportando, además, la perspectiva y temática femenina.

Según Jean Franco: "Ningún estudio de la literatura latinoamericana, ni siquiera la del siglo XX, será balanceado si no se toma en cuenta las realizaciones o representaciones orales y sin que haya alguna noción dialéctica entre la literatura oral y la escrita" (33).[11] Tanto María Teresa como Mary y Edelma entretejen la historia de su otredad, de su doble marginación: como negras y como mujeres, paseándose entre la oralidad y la textualidad para capturar el alma, el sabor, la textura y la tradición de su cultura afro-colombiana. En el presente ensayo se hará una breve presentación de estas tres poetas para luego analizar en mayor extensión la primera obra narrativa de la chocoana Amalia Lú Posso Figueroa (1947-).[12]

Para María Teresa Ramírez su poesía es un "romper de cadenas espirituales, es grito, angustia, música, anhelo de ancestros y espacios totémicos" (Alaix 169). "Abriendo caminos" es una celebración a su herencia triétnica. Allí la voz lírica cabalga "con don Quijote de la Mancha buscando ilusiones y matando quimeras", recuerda a la "Pacha Mama en la cumbre rebelde de los Andes", baila el currulao, la cumbia, el mapalé y su "cuerpo se estremece con la fiebre del vudú" (en Alaix 177), expresando a la vez la condición actual de cada una de ellas, mientras se abren camino como una nueva raza:

Autónoma de Barcelona y autora de *Ritual con mi sombra* (1999) y de poemas publicados en revistas y antologías del país.
[11] La traducción del texto es mía: "No study of Latin American literature, even in the twentieth century, is balanced unless oral performance is taken into account and unless is some notion of dialectics of oral and written literature".
[12] Desafortunadamente la dificultad para conseguir la obra completa de estas escritoras me impide hacer un análisis de fondo sobre su poética.

A mí me llaman las tres razas.
¡Ay! que la negra, ya no es esclava,
¡Ay! que la india, tierra reclama,
¡Ay! que la blanca siempre domina...
Abran caminos...
Nosotros somos la nueva raza,
y esta raza pide camino.

(en Alaix 178)

La anáfora enfatiza la necesidad de cambiar la postura abriendo nuevas posibilidades de convivencia. Mientras en los primeros tres versos se habla de tres razas, al final de la estrofa sólo hay una: la nueva raza. A cada raza se le asigna una característica que motiva e impulsa al cambio y a la colaboración en el trabajo común de abrir futuro todos unidos como colombianos. Se señala que es hora de dejar el individualismo y la segregación para crear un nuevo espacio de convivencia y progreso para el país. La utopía no logra, sin embargo, ocultar la realidad.

En "Toca ese tambor" la madre, hablante lírico del poema, enseña al hijo la importancia del tambor o *bongó*, para el ritmo y el canto afro ya que como dice don Fernando Ortiz: "África jamás llora en el tambor. África gime en carcajadas, ríe sus congojas, sincopa sus sollozos y chotea sus rabias. África se expresa con tambores y los tambores no lloran, como sabe llorar un violín" (Citado por González-Pérez 36). "Toca ese tambor" es una canción de cuna o *planto,* en ella la voz lírica afirma que con el arrullo de la madre comienza la transmisión oral de la cultura donde la música, el canto y el baile son recipientes ancestrales que hacen viva, desde la infancia, la historia de la diáspora y las congojas de los suyos. Según Zapata Olivella: el *candomblé* afro-católico y la *macumba* afro-indígena estructuraron los ritos con tambores a través de los cuales los vivos dialogan con sus difuntos" (*La rebelión de los génes* 306). A la vez, realza la identidad y la grandeza de la raza negra. Esta temática la encontramos también en "Mamitica", poema que presenta una visión, desde la perspectiva infantil, que trata de afirmar una identidad que se pierde en las geografías multiétnicas pero que aprieta y persigue en el prejuicio social. El niño se reconoce,

Yoruba y Mandinga pero sobre todo americano: "Mamá mamitica, soy negro de África,/ mamá mamitica, soy negro de América", desafortunadamente, también lo es de una Colombia dividida y segregante (Alaix 174). La anáfora pone de relieve, una vez más, la necesidad de compartir espacios comunes que, sin negar el origen, acepten que es mejor unirse para crear, que dividirse para destruir. La musicalidad del poema es dada por el ritmo que imparten las jitanjáforas[13] como puede observarse en la siguiente estrofa:

> Mamá mamitica, no puero drumí,
> que el tumba timbero, le tumbe a la timba:
> Tumbá timbero, tumbá timbá,
> tumbá timbero, tumbá timbá
> tumbá timbero, timbá timbá,
>
> (en Alaix 173)

En "¡Eia Buenaventura!", María Teresa Ramírez consolida su fina percepción, su sentido dramático y el concepto musical de la composición. Con un alto sentido rítmico repasa la cultura y creencias de la región del Pacífico afro-colombiano, imitando su idiosincrático jolgorio mediante hábiles jitanjáforas y sonoras onomatopeyas. Su verso es compromiso y rebelión, y es folclor epidérmico, a la vez que penetra y expresa la complejidad espiritual del alma negra y sus ansias de libertad. Las interjecciones de origen africano *eia* y *elelay* ponen emoción al relato mientras el *kora*, especie de arpa usada por los juglares yorubas, acompaña el canto a Oshún, diosa del oro y el amor e hija de Yemayá. Con el *abobó* se saluda y agradece la presencia de los orichas (los 14 hijos de Yemayá) mientras en el *Mayombé*, o culto religioso al dios Zarabanda, se invoca a los muertos. El poema no deja de mencionar la abyección a la que fueron sometidos los africanos traídos a América en los barcos negreros: "La marca de la *carimba*[14]/ es punto-vuelo/ punto-olvido/ en el mapa de mi piel" (en Alaix 171).

---

[13] Jitanjáforas son vocablos localistas de procedencia lingüística africana.
[14] Sello del amo con el cual se marcaba la piel del esclavo.

Como en "¡Eia Buenaventura!", en "Canto mágico" Ramírez se
sirve de la mitología africana para recordar el mensaje de la abuela
africana: "¡Despertad hijos del Muntú". (en Alaix 172).[15] La voz lírica teje en sueños praderas de ilusiones que la llevan a la tierra de sus
antepasados Bantú señalando, de paso, los nexos irrompibles entre
vivos y muertos, según las creencias africanas:

> J i r a f a l a r g á n d o m e...
> en infinitos hilos,
> elefantenebrando
> agujas de marfil,
> tejo praderas esperanzadas
> donde rugen leones y leopardos.
>
> (en Alaix 172)

El poema enfatiza la tercera estrofa, no solamente con la invención de
nuevas palabras, tan nuevas como lo eran las palabras castellanas que
en América escucharon sus ancestros. La fauna africana de jirafas, ele-
fantes, leones y leopardos sirven para acentuar el desgarramiento vivido por el muntú tras la diáspora al Nuevo Mundo. La ampliación y
estiramiento de "j i r a f a l a r g á n d o m e" extiende la palabra en el
espacio y el tiempo, mientras sus hilos infinitos continúan tejiendo
con agujas de marfil las esperanzas del negro americano. Dicha continuidad está marcada, además, por los gerundios de los verbos castellanos que la poeta, de forma bastante original, ha africanizado -jira-
falargándome, elefantenebrando.

"¡Shop Baructe con voj!" canta al amor del negro Sabás
Mandinga. Éste comparte las características del poema con *motivo de*

---

15 *Bantú* es el plural de *Muntú*: hombre. Según explica M. Zapata Olivella: "el
concepto implícito en esta palabra trasciende la connotación de hombre, ya
que incluye a los vivos y a los difuntos, así como a los vegetales, animales,
minerales y cosas que le sirven. Más que entes o personas, materiales o físicos, alude a la fuerza que une en un solo nudo al hombre con su ascendencia
y descendencia, inmersos en el universo presente, pasado y futuro". También
puede interpretarse como "término genérico para aludir a la familia lingüística del mismo nombre y que se extiende en toda el África austral, por debajo
del río Níger" (Changó, el Gran Putas 730-31).

son y es una afirmación de la estética negra frente al arquetipo helénico de belleza del poeta blanco (González-Pérez 58). El poema también captura el habla afro-colombiana en las cándidas expresiones propias de las almas sencillas:

> ¡Ay virgencita del Carmen
> mi padre Buenaventura!
> Sabás Mandinga...
> me prendió la calentura...
> Er día se gorvió noche
> y la noche maj ojcura
> solo voj porés clariarla
> con tus ojitos de luna.
> Aiiiiii...........
>
> (Alaix 175)

Unamuno dice de este tipo de poemas con ritmo de son, al referirse a los poemas de Nicolás Guillén: "'Rumba', 'Velorio de Papá Montero' y los *Motivos de son,* [me] penetraron como a poeta y como a lingüista. La lengua es poesía... Es... toda una filosofía y toda una religión (9).[16] El poema de Ramírez también pone de manifiesto el sincretismo religioso y lingüístico. Señala la influencia de las lenguas africanas que mientras en **vos, más** y **oscura** se aspira la s es perfectamente castiza en el resto de la estrofa. Las inconsistencias también se hacen presentes con la **v** que cambia a **g**: gorvió, o con la **l** que se vuelven **r**, como en **er** día. En otros casos desaparece la letra **d** como en porés, pero la misma letra **d** es usada con corrección en el resto de la estrofa. Estas características lingüísticas también se hayan presentes en "mamitica".

Mary Grueso Romero, por su parte, afirma que, "ha visto que sólo las chirimías, el cununo, la marimba y el guasá, hacen que el hombre de mi raza se olvide de su desamparo milenario, para entregarse al placer de bailar una Jota, una Juga o un currulao viejo. Ese otro que sí

---

[16] Carta de Miguel de Unamuno incluida por Nicolás Guillén en la edición de *Sóngoro consongo y otros poemas de Nicolás Guillén.* La Habana: Editorial La Verónica, 1942.

soy yo fustiga fuertemente su pluma contra el papel, como único medio de desahogar su impotencia" (citada por Alaix 183). Su poesía retrata la vida cotidiana, el amor, la danza, el folclor y el cotilleo pueblerino. Sin olvidar sus orígenes que permean cada verso de su obra, la poeta no se regodea gustosa en la miseria del negro, en la injusticia y en la angustia. Hay en su lírica amor y orgullo de patria con ritmos e imágenes de poetización pachanguera y alegre. Los versos libres de "Podría traerte" son un canto a su tierra natal. Para la voz lírica nada, ni mares, ni corales, ni mullidas espumas son tan preciados como su Guapi (ciudad natal de la autora). En "Podría traerte" se le ofrece al amante lo más hermoso del litoral Pacífico. Con su pluma Mary Grueso Romero funde palabra y música, como criterio estético de la negritud.

La jitanjáfora *ayoioe* da nombre al poema que recuerda el canto de las mujeres negras para distraerse mientras van navegando en la embarcación que ellas mismas conducen (Alaix 187). El poema canta la desgracia de la mujer casada que se enamora de otro. En cada estrofa, el verso de asonancia aguda marca con fuerza el amor prohibido y la sanciones que le esperan a la voz lírica si desoye la norma social. Enfatiza la seriedad del asunto por la angustia que vive la amante. "Arrullando en el Pacífico" es un villancico o *arrullo* que pertenece al folclor afro-colombiano. Éste es cantado por la voz poética recorriendo distintos pueblos de Pacífico hasta llegar a Guapi donde nacerá el Niño Dios. El *Chigualo*[17] "Dingo Dingo Dingo", también es una recolección del folclor de la región donde el ritmo y la musicalidad consagran las creencias religiosas y los nexos espirituales que forman parte de la herencia africana. En ésta, vivos y muertos dialogan en un espacio de tiempo sincrónico, en una sola dimensión, en la que tanto el hombre como las cosas del universo están en un permanente fluir, y el tiempo es simultáneamente presente, pasado y futuro (M. Zapata Olivella en Krakusin 25). Según Nicolás Guillén, este tipo de poema con *motivos de son* reafirma la línea reivindicativa ya que representa la afirmación de la estética negra –no racista– pero no exenta de lo que

---

[17] Cantos que se hacen en forma de juegos para velar a un niño muerto, menor de dos años.

luego se ha llamado negritud (Guillén citado por González-Pérez 56).
El verso corto, sincopado, ágil y musical es vehículo de expresión en
estas composiciones, similares a "Sóngoro Cosongo" de Guillén.
En "La negra en la ciudad" se da el humor y la chismografía de la
mujer rural con todo el color local y el léxico que inyecta chispa y produce una sonrisa fácil en el lector:

> ¡Velai coma Filemona!, qué es lo que veo allá
> es la hija de Petrona que vive en la ciurá
> ¡Pero tiene carro y lo sabe manejá!
> ¡champembe mi comagre!..., quién se lo imaginará....
>   (Grueso Romero en Alaix 190)

La tercera escritora afrocolombiana que se discute en este ensayo
es Edelma Zapata. Ella, a diferencia de las otras dos poetas, no es de
la región del Pacífico. Nació en el Caribe colombiano y en la actualidad vive en Bogotá.

Su poemario *Ritual con mi sombra*[18] consta de treinta y siete poemas donde, según Kathleen Fueger, la autora crea una literatura postcolonial contra-discursiva donde expone y erradica los prejuicios del
discurso dominante (104). La obra está dividida en cinco secciones a
saber: "Miedos ancestrales", "Ritual con mi sombra", "Duerme la
luna", "Plegaria ciega" y "La que me habita". Edelma dice:

> Mis poemas de hoy son la voz interior que me habla del hombre, de sus
> soledades, de su deshumanización, –luz y oscuridad. Mi verso es una
> pequeña brasa que mantengo encendida sobre el devenir de los tiempos,
> un canto danza cósmica en la búsqueda mágica de la palabra; mi nombre
> el amuleto mágico de mis abuelos. (Zapata Pérez en Alaix 221)

---

[18] En su libro *Las claves mágicas de América: Raza, clase y cultura*, Zapata
Olivella dice con respecto a la sombra: "El culto a los ancestros, la afirmación
de la propia sombra, constituyó el núcleo mágico religioso por el cual el negro
pudo erigir su custodia protectora en la desolación del exilio y del extenuan-
te trabajo esclavista" (118). De esto podemos deducir la importancia que la
sombra tiene en la cultura africana.

En esta obra, mientras algunos de los poemas dialogan con los ancestros, otros hablan del dolor, la muerte, la ausencia y la soledad. Los
poemas de temática afro están enraizados en la filosofía Bantú, con su
noción propia del tiempo y la exaltación de la cosmovisión africana.
Según se explicaba anteriormente, dicha visión del mundo diluye las
fronteras entre la vida y la muerte. Todos los seres o entes del universo coexisten y se influencian mutuamente. Afirma Jahn que esta relación con los demás elementos de la naturaleza puede darse en cuatro
categorías: muntú, kintú, hantú y kuntú. Cada una de éstas es fuerza
que se relaciona con las demás (100). Dicha energía espiritual mantiene la unión entre vivos y muertos, entre los elementos de la naturaleza y el hombre, como se hace evidente en la primera creación del
poemario de Zapata:

> Vengo de miedos ancestrales
> Símbolos metálicos me aprisionan
> en la vasta soledad de ensoñaciones
> escucho la voz de los tambores
> dialogando con el vuelo de los muertos
> ¡Os convoco
> Totems,
> Dioses,
> Al mundo visible e invisible!
> ¡Todos venid con vuestros rayos fulminantes
> a liberar mi tribu!
>   (*Ritual* 11)

En el poema, la hablante lírica hace referencia a la esclavitud sufrida
por sus ancestros y la estructura misma de la pieza es ritual mayombé
donde elementos, dioses y hombres se ven enfrentados a una batalla
libertaria que todos y cada uno de ellos debe librar en algún momento de su vida. Fueger señala que, "los encabalgamientos que conectan
los versos de cada estrofa en un solo pensamiento hasta el último
verso subrayan la continuidad temporal y experiencial" (105). La
urgencia y autoridad del mandato es enfatizado por el uso del vos-
otros, elemento lingüístico que nunca vino a América para quedarse.

Es pregón de batalla y fuerza que se transmite al muntú americano. Semejante a esta invocación pueden encontrarse otras en "Orígenes", o sea en la primera parte de *Changó, el Gran Putas* (1983), obra escrita por Manuel Zapata Olivella, padre de la poeta. En esta última obra se invoca a Yemayá,[19] Changó y a los demás Orichas, lo cual sólo refleja la transmisión oral de las creencias y cultura africanas de padres a hijos.

La tercera parte del poemario, "Duerme la luna", está dedicado en su mayoría a exaltar la unión del hombre con la naturaleza, donde el fluir del tiempo es un concepto de la filosofía africana extraño a nuestra cultura occidental. Según Mbiti: "el concepto linear del tiempo en el pensamiento occidental, con un pasado indefinido, un presente y futuro infinito, es prácticamente foráneo al pensamiento africano".[20] Así vemos que en el poema veintidós, parte de la sección de la luna, ha sufrido algunas variaciones desde que fuera publicado en *La palabra poética del Afrocolombiano* de Hortensia Alaix de Valencia ajustándose más a las creencias ancestrales de la autora.

Primera versión	*Segunda versión*
Duerme la luna	Duerme la Luna
y alborea lentamente el sol	los pájaros inician
como en una relojería señalada la hora	su sinfonía al amanecer.
los gallos de los patios inician la alabanza	
Eco violando turcutú turcutú turcutú	
ha anclado la alborada	turcutú, turcutú, turcutú.
Fluye río déjame escuchar tu ronroneo	
de gato	Río, deja escuchar tu ronroneo
	para reconocer en ti

---

[19] En la mitología Yoruba, "Yemayá fue fecundada por su hijo Orugan y dio a luz a los catorce orichas más importantes de la religión Yoruba. De sus huesos nacieron igualmente Obafulom e Iyáa, padres del género humano. Controla la marea, la corriente de los ríos y en general el agua en todas sus manifestaciones" *Changó, El Gran Putas*, 750.

[20] Según John S. Mbiti en *African Religions & Philosophy*, "The linear concept of time in western thought, with an indefinite past, present and infinite future, is practically foreign to African thinking" (17).

para reconocer en ti   la lengua del tiempo
la lengua del tiempo   el último instante de la madrugada.
el último instante de la madrugada.
                (en Alaix 224)   (en *Ritual* (57)

Aunque las omisiones son pocas y los cambios son aparentemente
menores, la segunda versión que es la que aparece en *Ritual*, refleja
con más exactitud la cosmovisión Bantú. En ella es necesario el mandato del hombre para que los elementos y la naturaleza puedan actuar.
La poeta humaniza la naturaleza, la personifica, lo cual se hace evidente en el cambio de **luna**, en la primera versión, a **Luna** con mayús-
cula en la segunda versión (Fueger 106). La voz lírica le habla al río
como a un buen interlocutor. De igual manera, la poeta elimina en la
segunda versión algunos elementos que son creación humana como
relojería, ancla[dos] y patios para circunscribirse únicamente a lo
natural. Mantiene en ambos poemas la jitanjáfora y la onomatopeya,
sonidos tomados de la naturaleza, regresando de esta forma a los orígenes mismos de la palabra. Por otro lado, busca también el amanecer
del tiempo, el primer instante de la creación manteniendo la temporalidad cíclica que conserva la interrelación hombre y naturaleza fuera
de la cronología conocida en occidente. En este tiempo cíclico, todos
formamos parte del presente, del pasado y del futuro en una coexistencia que da base a la fuerza que estrecha las relaciones entre las
categorías que forman parte de la cosmogonía Bantú. Aun la Luna y
el río, con su continuo movimiento, marcan el devenir cíclico de todo
ente creado. Ambos elementos son diferentes y a la vez los mismos.
Es el mismo río pero sus aguas nunca son las mismas. y la luna de hoy
no es la de mañana pero de todas formas es la única luna a la que canta
la escritora. El tiempo es parte de la estructura misma de la poética
zapatiana y el espacio está comprendido en ese tiempo como cronotopo bakthiniano que da marco a toda existencia conocida.
    Después de dar una rápida ojeada a estas tres poetas afro-colom-
bianas no es posible dejar de lado a Amalia Lú Posso Figueroa, narradora de la región del chocó que se reivindica como negra.[21] Es psicó-

---

21 Amalia Lú Posso Figueroa nació en la región minera del Pacífico
    Colombiano. Se recibió en Psicología de la Universidad Nacional de

loga de la Universidad de Colombia donde, según ella misma, fue la institución que: "aceleró el ritmo de mi cerebro, formándome como psicóloga, para que ayudara a desacelerar el ritmo del cerebro de los demás. Allí se disparó el ritmo de mi lado izquierdo y aprendí que el más justo de los ritmos es el que te permite pelear por el bienandar de los demás" (9).

Como Edelma Zapata, Posso Figueroa publicó en el año 2001 su primera obra, *Vean vé, mis nanas negras* que hasta el momento va por su cuarta edición. La obra es un conjunto de viñetas presentadas en la vena de *Mujeres de ojos grandes* (1990) de la mexicana Ángeles Mastretta. *Mis nanas negras* está estructurada en base a la música, la alegría y la picardía negra típica de la región del chocó. El ritmo del texto, el del cuerpo de la mujer mulata y el de la estructura de la obra recuerdan el habla dialectal, el ritmo sensual y musical de las composiciones de Nicolás Guillén (1902-89).

A pesar de la opinión de algunos críticos como Jackson, Prescott y Watson Miller, quienes afirman que el escritor blanco pone de relieve la sensualidad del negro descuidando otras de sus características y virtudes, es precisamente este atributo de la mujer afro-colombiana del Pacífico lo que se destaca en la obra de Posso Figueroa para darle su fuerza y su originalidad.[22] *Mis nanas negras* abren un diálogo con

---

Colombia. Ha publicado cuentos en los suplementos literarios del país. *Vean vé, mis nanas negras* es su primera novela de viñetas o colección de cuentos. Publicada por Ediciones Brevedad en el año 2001, *Vean vé, mis nanas negras* ha sido re-editada cuatro veces. Ella se describe así: "Soy una mujer blanca y lo más importante, viví hasta los trece años en el Chocó colombiano que es una región de negros maravillosos que me transmitieron todo el sabor y la ternura de su raza, me resisto a hablar de afrocolombianos o de Afro-American People, porque nada es más sonoro que la palabra negro y todas sus connotaciones, es más, *yo me reivindico como negra*, porque además del sentimiento y la vivencia, tengo la nalga parada y el tobillo delgadito, características innegables de la raza, de mi raza". Conversación epistolar con M. Krakusin, 11-14-2002.

[22] Según Ursula Mena Lozano en *Indicios para leer el amor en la poesía negra chocoana*, la sensualidad de la chocoana incluye "sus atributos físicos: la perfección de sus formas, el color de su piel, la elegancia en su andar; a sus valores espirituales: la capacidad de entrega a su familia, la lealtad, la afectuosi-

otras formas de arte y presentan al lector las preocupaciones femeninas de la mujer chocoana de color con respecto a sí misma, su sexualidad y su postura frente al hombre. Este diálogo es forma de autodescubrimiento y de afirmación de una identidad maltrecha por su doble marginación y por los siglos de opresión y explotación sufridos a partir de la diáspora africana hacia América iniciada en el siglo XVI. A pesar de esto, el estilo es rumbero y feliz en medio de la frugalidad o la miseria. La angustia se mitiga con música y la muerte es separación transitoria.

La obra narra en veintiséis cuentos o viñetas la vida de las tantas nanas negras que pasaron por la casa de Augusto Posso y su esposa Maya Figueroa. Su hija, Amalia Lú, es la narradora-escritora y el hilo conductor de la obra. Eros y Tanatos, vida y muerte son polos que se atraen y en medio de ellos se desarrollan las historias de las nanas. Eros marca la vida llenándola de ritmo y Tanatos termina con ella entre cantos, alabaos,[23] arrurrós y ritos de risas y ritmos tallados en la filosofía ancestral que alienta la vida del africano (176-87). El antagonismo entre las concepciones vitalistas del negro y las de renuncia al mundo terrenal que practicaba el amo europeo, llevaron al africano a una filosofía religiosa de supervivencia para defender el pacto con sus ancestros que lo obligaba a defender, perpetuar y enriquecer la vida, asegurándose la procreación con la búsqueda incansable de la mujer (Zapata Olivella, *Las claves* 104). No es raro, pues, que el erotismo y la sensualidad femenina sean parte de esta herencia de lucha por perpetuar la vida.

Sin embargo lo que más atrae la atención del lector es la estructuración rítmica de la narración que recoge el habla y el sabor local. El poeta, crítico, teórico y estadista sensegalés Leopold Sedar Senghor

---

dad; en fin, cualidades físicas, morales y espirituales resumidas en una palabra: Sensualidad". (47)

23   Ursula Mena Lozano afirma que los alabaos son cantos religiosos cuyos temas suelen ser las alabanzas a Dios y a Jesucristo (Alabaos Mayores), a la virgen María y a los santos (Alabao Menor) y muy específicamente a la muerte como gran redentora de todos los padecimientos del hombre en la tierra. (11)

enfatiza la importancia en la cultura africana del ritmo y afirma que
hasta hace poco "los etnólogos designaban a los poemas negro-africa-
nos con el calificativo de 'prosa rítmica'" (177). El ritmo es, según
Senghor:

> la arquitectura del ser, el dinamismo interno que le da forma, el sistema
> de ondas que emite en dirección a los *Otros*, la expresión pura de la fuer-
> za vital.... En el negro-africano, el ritmo ilumina el Espíritu sólo en la
> medida en que se encarna en la sensualidad.... Se trata de un ritmo *múl-
> tiple*, de una especie de contrapunto rítmico. Gracias a él se elude la regu-
> laridad mecánica de la palabra y los efectos de la monotonía. En este sen-
> tido se nos muestra como una arquitectura, como una especie de fórmula
> matemática basada en la *unidad dentro de la diversidad*. (221, 22)

Como las poetas mencionadas anteriormente, Posso Figueroa se
mueve con agilidad entre la poesía, el folclor, la música y la prosa a
la que le da un ritmo vitalista africano que contrasta con el ambiente
de muerte y violencia que vive Colombia. Pareciera como si el sexo,
origen de la vida, fuera la única esperanza de sobrevivencia para el
país. Un sexo atropellado y juguetón que trae el olvido mientras el lector está atrapado por la rapidez del ritmo y el humor que mantiene el
equilibrio entre el movido flujo de la prosa y el pique socarrón de las
historias.

David Michael Hertz dice que durante el siglo XIX, música y literatura con la influencia de la poesía de los simbolistas franceses acen-
tuaron aspectos en común y la música trató de acomodarse a la palabra ("music, them, attempted to tune itself to fit the word" xi). Es pertinente decir que lo que para los europeos decimonónicos resultaba un
descubrimiento, para el africano es fusión entre las artes, es algo que
está a la base misma de su cultura. Senghor explicaba que para el africano el punto focal de su sistema es la vida. A ésta "se la considera el
bien por excelencia, y toda la actividad humana se halla encaminada
hacia [su] acrecentamiento y expresión del poder vital" (212). En este
sentido toda la creación se halla centrada en el hombre, y los ancestros le ayudan a salvaguardar su existencia para poder mantener la

suya propia mientras los seres inferiores –animales, vegetales y minerales– son instrumentos que apoyan la acción de los ancestros (213). La poética de *Vean vé, mis nanas negras* sigue la musicalidad del estilo simbolista entrecruzando la prosa poética vitalista con la música mediante un claro sentido de periodicidad. Además de la inclusión de cantos, coplas y alabaos del chocó (36, 45, 50, 56, 68, 73, 85, 158, 170, 179-87), las frases de la prosa crean un misterio sutil mediante una expresiva ambigüedad cargada de doble sentido, mientras la repetición va marcando el ritmo. Y, en la lectura, el fondo y la forma se funden para crear el placer del texto, ya que en la música como en la obra literaria, más importante que el sonido o los símbolos es la creación de un significado a partir de ellos. Este es el sin-sentido que, según Lacán, es creador de significación. En otras palabras, es a partir del sin-sentido del significante que se engendra la significación de la obra que, en todo caso, será diferente ya que es el lector quien le dará esa significación (Miller 14-17). Esta noción resulta de suma importancia ya que Posso Figueroa busca adrede la participación del lector y le asigna una coautoría que le permite, según su previa experiencia, crear sentido individual a las historias de las nanas.

En la obra, el ritmo marcado por la repetición y periodicidad va dando a la prosa una musicalidad que crea comunicación en una doble faceta cultural y existencial que permite su apropiación y cantan al mundo metaforizado del deseo (Zavala 27-29). Las historias de las nanas son musicalizadas pues todas hablan del ritmo que cada una de ellas tenía en las diferentes partes de su cuerpo. Así el narrador nos describe a Melitina Romaña así:

> Melitina Romanna, la nana Melití, tenía el ritmo en el pan…. tenía buena mano, era una mujer feliz que se reía a carcajadas, arqueando el cuerpo, y la alegría igual que el pan, inundaba su cuerpo.
> Y Melitina empezó a amasar, a moldear y hornear.
> Le cantaba al pan y bailaba con el pan, era un baile pan con pan.
> El pan agradecido con tanta risa, con tanta alegría, empezó a crecer y –a diferencia de lo que pasa con los hombres– no se volvió a caer. Era un pan contento que parecía sonreír cuando llegaba a las mesas de desayuno de las casas de Quibdó. La gente decía que ahora sabía rico, se preguntaban qué era lo que Melitina le echaba al pan. (67)

En sus cortas historias, el ritmo es dado por la repetición, los dobles
negativos y por el estribillo *vean, vé,* que desde el título de la obra
anuncia el fondo plástico de la composición. Libonia Pretel, por ejemplo, tenía el ritmo en el sunsoné y trabajaba en una escuela rural. Un
domingo un niño pícaro le preguntó:

> ¿Cómo es que es el amor, qué color tiene, a qué sabe, dónde se siente y
> cómo se da? y ahí fue que Libonia se quedó muda y tiesa....
> Yo no conozco esa arrechera vea vé, qué cosa es eso, qué corinche es ese,
> será que tiene color y si sabe a algo tiene que ser a borojó y si tiene color,
> seguritico que es negro como yo. Y que cómo se da, oiga uste yo creo que
> como el río, a veces lento, a veces fuerte, unas veces claro, otras oscuro,
> unas veces amigo y otras traicionero. Y que dónde se siente, maunífica la
> complicación, eso no lo sabo yo, creo que naides lo sabe no, pero yo me
> sospecho que si tiene que haber un lugar para sentir el amor, vea vé, mi
> gente, ese lugar tiene que estar en el sunsuné... como puedo yo contar y
> cantar del sunsuné... /No! /No puedo, no! (51)

La prosa de Posso Figueroa es cuidadosa en su forma al retratar la unicidad cultural del contexto y con natural soltura presenta la complejidad poética del discurso, donde el imperfecto hiperbólico y tautológi-
co se transforma en rima asonante y la anáfora enfatiza la emoción y
enfoca al lector. Las aliteraciones, paronomasias y anáforas basadas
en una repetición de fonemas o sonidos, crean ritmos secundarios y
refuerzan el efecto del conjunto. En otras palabras, su estilo se caracteriza por la ubicuidad dialéctica entre forma y contenido y la estructura y el significado marcado por la diferenciación periódica casi hostil. El interés dramático nace de la repetición, repetición de palabras
que forman su *leitmotiv.*

Aunque los finales de las historias redondean cada una de las viñetas con un cierre relativamente satisfactorio para el lector, la obra total
termina con una interrogante sobre el futuro de Maya Figueroa y de
su hija Amalia Lú y el reencuentro que tendrán con las nanas negras
cuando se les unan en la muerte. Este final abierto evoca significados
y creencias ancestrales que unen a vivos y muertos en un tiempo que
forma un cronotopo donde éste, el tiempo, está contenido en el espacio como una cuarta dimensión (Bakthin). El aura sutil de misterio, de

ambigüedad expresiva e introspectiva pasa casi desapercibida por la jocosidad que se desborda a lo largo de la obra. El estilo más sugiere que define y deja libre al lector para que complete con sus experiencias lo presentado en el relato. Además, a través de las canciones populares se da la pluralidad de significación que puede registrarse en el lector en sus diferentes funciones. Estas funciones, según Charles Lalo, citado por Humberto Eco, pueden ser de diversión, catárticas, técnicas, de idealización, refuerzo o duplicación (Eco 290). Las cinco funciones tienen un amplio espacio en la obra de Posso Figueroa y muchas veces se yuxtaponen expresando en concisión un mundo de ideas y recogiendo de paso numerosas composiciones de tradición oral que de otra forma estarían destinadas al olvido. Podríamos decir que la obra compendia muchas de las características de la creación postmoderna como el egalitarismo, la mezcla de la alta y la baja cultura, el sabor a cotidianidad y el lenguaje coloquial, entre otras.

Walter Pater dice que el arte aspira a la condición musical. La música es símbolo del arte como entidad sin precio desde el punto de vista estético, de pureza, independencia, universalidad y verdad (en Hertz 1). La novedad introducida por la autora en *Las nanas negras* es la de un arte que se mueve hacia la libertad dejando de lado las formalizadas restricciones narrativas tanto en la organización y el contenido de la obra como en sus aspectos sintácticos y semánticos. A pesar de que el lector no tiende a percibir la narrativa en términos de grupos simétricos que se repiten como en la poesía, en *Las nanas* esta repetición simétrica facilita la medida del ritmo. El desdoblamiento secuencial de unidades de tiempo y espacio sirven para organizar el discurso en unidades sintácticas que dan movimiento y elasticidad al texto a la vez que refleja las preocupaciones de la mujer negra. Mientras el contexto chocoano da marco al lenguaje y a la filosofía que alienta la vida de la región, las historias exponen la intimidad del alma de la mulata, revelando de paso algo de la de la autora. Además, los temas tocados cobran validez universal, ya que los sentimientos que encarnan son inclusivos. Toda mujer india blanca o negra, se cuestiona sobre su identidad, su lugar en el mundo, sus derechos y cómo enfrentar los retos que le presenta la sociedad de la cual forma parte.

Cada viñeta es la presentación de un problema, el análisis de éste y la solución dada por cada nana según su propia circunstancia. Se hace evidente, entonces, la estructura periódica de la obra que repite en cada historia: un comienzo descriptivo que sitúa a la mujer en un contexto similar, luego, como en música o poesía, se introduce la variante mediante un problema diferente, regresando de nuevo a un final que cierra con una solución. Tal noción de tensión y resolución es intrínseca a la estructura de cada historia la cual contiene a su vez períodos menores o párrafos. Es notorio también que en las unidades sintácticas o frases se acelera el ritmo a medida que la tensión aumenta, haciéndose más lento cuando se acerca a la resolución del conflicto. Podríamos decir que cada historia es una unidad formal de la composición total y como dice Schopenhauer, "la parte determina la naturaleza del todo" (citado por Hertz 4). Cada unidad se genera y se ajusta en consonancia a la estructura del movimiento de la obra en su conjunto. Dice Senghor que en la prosa del africano, "casi siempre aparece un elemento nuevo, una variación en la repetición, una *diversidad en la unidad... La estructura de la frase negro-africana es rítmica por naturaleza" (223). En la obra, Posso Figueroa recurre a una sintaxis intuitiva de coordinación y yuxtaposición en la cual las palabras se alinean en grupos, cada uno de los cuales posee un acento más intenso, semejante a la sintaxis propia a las lenguas negro-africanas, según explica Senghor.

Las historias de las nanas se constituyen también en un metadiscurso evaluativo donde la autora identifica una pluralidad de sitios de preocupación y opresión, a los cuales se oponen una diversidad de cuestionamientos y de espacios de resistencia. De esta manera, la escritora valida la necesidad de un acercamiento múltiple teórico del feminismo que responda a las diferencias entre las mujeres y a las circunstancias en las que ellas habitan. Como dice Susan Stanford Friedman:

> El género (gender) nunca puede ser una experiencia en forma pura, ya que éste siempre es mediado a través de otras categorías como raza, etnia, religión, clase, lugar de origen, preferencias sexuales, capacidad y momento histórico. Esta multiplicidad de contextos, de los componentes de la iden-

tidad de cada mujer, sugiere que cualquier teoría monolítica de praxis está destinada a privilegiar un contexto sobre otro, una clase de agenda feminista sobre otra, un tipo de mujer sobre otro. $(470)^{24}$

A pesar de la fraternidad demostrada por las mujeres, la autora presenta lo genérico sexual como "una interpretación múltiple del sexo" en el que se cruzan numerosas fuerzas sociales (Butler 6). Su existencia sólo tiene significación como una relación en oposición a otra significación. Es decir que lo genérico sexual está constituido por un sistema de relaciones (Muñoz 51). En medio de la homogeneidad pintada por el texto, donde el tema de la mujer negra puede percibirse como un acercamiento monolítico, la horizontalidad del mundo femenino se ve afectada por numerosas fisuras marcadas por el sufrimiento, las necesidades y los anhelos individuales que abren un abanico de realidades raramente presentadas en una obra de temática femenina afro-colombiana. Posso Figueroa codifica de manera directa y clara, una serie de variantes que afectan el texto y el contexto específico de la mujer negra: su sexualidad, sus creencias, su identidad, su autoestima, sus luchas.

A la vez, la estructura binaria de la obra cuestiona y mantiene en permanente contrapunto, los sistemas políticos falocráticos y la forma en que la mujer ha respondido a ellos, creando dentro de su propio universo diferentes estratos que resultan ser tan marginalizantes y opresivos como los heredados del mundo hegemónico en el que fue labrada. A pesar de esto, la mujer negra presenta unicidad en cuanto a la concepción y apertura que tiene del sexo. Este es elemento prioritario en la vida de las nanas, el cual las hace ver humanas, llenas de complejidades, ambigüedades y contradicciones. Posso Figueroa da voz a este mundo de la mujer afro-colombiana del Pacífico para que

---

[24] La traducción es mía. El original reza así: "Gender can never be experienced in 'pure' form, but is always mediated through other categories like race, ethnicity, religion, class, national origin, sexual preference, abledness, and historical era. This multiplicity of contexts, of the components of any woman's identity, suggests that any monolithic theory of praxis is doomed to privilege one set of contexts over another, one kind of feminist agenda over another, one kind of woman over another. (470-71)

actúe, cante y se sincere con el lector dándole oportunidad para cono-
cerla en su intimidad y para que aprecie sus valores. La obra no busca,
como dice Prescott, mostrar al negro como "payaso, hazmerreír, esclavo o entretenedor" (206). La autora, por el contrario, muestra temas
que se avienen con la esencia misma de ser mujer sin importar su origen étnico o racial. En medio de la jocosidad, el ritmo y las imágenes
atrevidas de la obra, Posso Figueroa plantea un acercamiento a los
problemas femeninos desde una perspectiva diferente e incluyente.
Igual que María Teresa Ramírez, Mary Grueso Romero o Edelma
Zapata, Amalia Lú Posso Figueroa pone en su obra un sello de autenticidad que afirma la dignidad y realza la humanidad de la mujer
negra.

OBRAS CiTADAS
Aleix, Hortensia. *La palabra poética del afrocolombiano* Colombia:
  Litocencoa, 2001.
Butler, Judith. *Gender Trouble: Feminism and the Subversion of Identity.*
  New York/ London: Routledge, 1990.
Dathorne, O.R. *Dark Ancestor: The Literature of Black Man in the
  Caribbean.* Baton Rouge: Louisiana State U.P., 1981.
Eco, Umberto. *Apocalípticos e integrados.* Trad. Andrés Boglar.
  Barcelona: Lumen, 1988.
Franco, Jean. "Latin American Literature in a Social Context",
  Association of Departments of Foreign Languages, 7 (March 1976).
Friedman, Susan Stanford. "Post/Structuralist Feminist Criticism; The
  Politics of Recuperation and Negotiation. *New Literary History* 22
  (1991): 465-90.
Fueger, Kathleen. "La sombra luminosa: La postura afirmativa de *Ritual
  con mi sombra* de Edelma Zapata Pérez". *Afro-Hispanic Review* 20.1
  (Spring 2001): 104-14.
González-Pérez, Armando. *Acercamiento a la literatura afro-cubana.*
  Miami: Ediciones Universal, 1994.
Guillén, Nicolás. *Sóngoro consongo y otros poemas de Nicolás Guillén.*
  La Habana: Editorial La Verónica, 1942.
Hertz, David Michael. *The Turning of the world: The Misico-Literary
  Poetics of Symbolist Movement.* Carbondale: Southern Illinois U. P,
  1987.

Jahn, Janheinz. *Muntu: The New African Culture.* NY: Grove Press, 1961.

Krakusin, Margarita. "Conversación con Zapata Ollivella". *Afro-Hispanic Review* 20.1 (Spring 2001): 15-28.

Richard L. Jackson. *Black Image in Latin American Literature.* Albuquerque: U. of New Mexico P., 1976.

Mbiti, John S. *African Religions & Philosophy.* New York: Praeger, 1969.

Mena Lozano, Ursula. *Indicios para leer el amor en la poesía negra chocoana.* Bogotá: M.H. Editoras, 1995.

Miller, Ingrid W. *Afro-Hispanic Literature: An Anthology of Hispanic Writers of Hispanic Ancestry.* Miami: Ediciones Universal, 1991.

Miller, Jaques-Alain. *Recorrido con Lacan.* Buenos Aires: Manantial, 1990.

Muñoz, Willy. *Polifonía de la marginalidad: La narrativa de escritoras latinoamericanas.* Chile: Cuarto Propio, 1999.

Ortiz, Lucía. "La obra de Manuel Zapata Olivella: Raza, poética y sociedad". *Afro-Hispanica Review* 20.1(Spring 2001):29-35.

Posso Figueroa, Amalia Lú. *Vean vé, mis nanas negras.* Bogotá: Ediciones Brevedad, 2001.

Prescott, Laurence E. *Candelario Obeso y la iniciación de la poesía negra en Colombia.* Bogotá: Instituto Caro y Cuervo, 1985.

Senghor, Leopold Sedar. *Libertad, negritud y humanismo.* Trad. Julián Marcos. Madrid: Tecnos, 1970.

Triana Antorveza, Humberto. *Léxico documentado para la historia del negro en América.* Bogotá: Instituto Caro y Cuervo, 1997.

Ty, Eleonor. *A Dialogue of Voices: Feminist Literary Theory and Bakhtin.* Ed. Karen Hohne y Helen Wussow. Minneapolis: U of Minnesota P, 1994.

Zapata Olivella, Manuel. *La rebelión de los génes: El mestizaje americano en la sociedad futura.* Bogotá: Altamir Ediciones, 1997.

_____. *Las claves mágicas de América: Raza, clase y cultura.* Bogotá: Plaza & Janés, 1989.

Zavala, Iris. *El bolero: Historia de un amor.* Madrid: Alianza, 1991.

DENZIL ROMERO [1]

EL AUTOR COMO FENÓMENO
TEXTUAL Y EFECTO DISCURSIVO
EN *LA CARUJADA* [2]

En el siglo XIX la novela histórica en América Latina buscaba credibilidad mediante la mimesis y la exactitud del dato histórico. Este realismo de detallismo exhaustivo, ha ido dando paso a la llamada "metaficción historiográfica" en la que se dramatiza la reconstrucción de la historia como parte integrante en el proceso de la creación ficcional (Linda Hutcheon, *A Poetics* 92).[3] Según afirma Seymour Menton, desde 1979 se evidencia una tendencia dominante en la ficción latinoamericana por la proliferación de lo que él llama "La nueva novela histórica".[4]

---

[1] Denzil Romero nació en Aragua de Barcelona, Venezuela en 1938 y es autor de *La tragedia del generalísmo* (1983), cuyo protagonista es Francisco Miranda. La obra fue ganadora del Premio Casa de las Américas de Cuba (1983). Otras de sus novelas históricas son: *La carujada* (1990) donde el héroe o anti-héroe Carujo atenta contra la vida del libertador Simón Bolívar y *La esposa del Dr. Thorne* centrada en la vida de Manuelita Sáenz.

[2] Este artículo fue publicado en *Confluencia: Revista hispánica de cultura y literatura.* 14.2 (Spring 1999): 76-83.

[3] El término acuñado por Hutcheon "historiographic metafictions" describe la naturaleza de la narrativa postmodernista que, de acuerdo a la autora, se pregunta cómo y qué podemos conocer del pasado (92).

[4] Menton considera que esta tendencia comienza con la publicación de *El arpa y la sombra* (1979) de Carpentier (14). Sin embargo, en su libro es explícito al aclarar que entre los años de 1826 y 1949 aparecieron novelas que él coloca dentro de lo que él llama "la novela histórica tradicional latinoamericana", y entre los años de 1949 y 1979 se da otro tipo de ficción histórica, precurso-

En la narrativa hispanoamericana contemporánea, el material histórico entabla un diálogo con la ficción, diálogo que no solamente se centra en el cuestionamiento joyceano sobre cómo deben ser narrados los hechos reales, sino que también indaga la naturaleza misma de la verdad histórica. Más aún, sugiere que el acto de crear literatura es siempre una forma de hablar acerca de ella. El escritor hispanoamericano ha sido reconocido por su trabajo experimental y revolucionario, que mediante el desafío abierto a las convenciones de la narración ficcional, ha reorientado el pensamiento crítico en algunas categorías del análisis formal (por ejemplo, autor, narrador, trama, protagonista, lector, etc.). Una de esas categorías –el autor– es particularmente importante, dado el gran interés que despertó en los años sesenta y la compleja producción literaria que se ha dado desde entonces alrededor de ella.

Tanto desde el punto de vista del vocabulario crítico, como del origen etimológico, entre las palabras "autor" y "autoridad" existe una relación directa que puede haber influido en el desarrollo de estos conceptos dentro de la crítica moderna. Según dice Lucille Kerr al respecto, es necesario reflexionar sobre la posible relación existente entre el análisis de la figura implícita o ficcional del autor, y la consideración del autor empírico al cual se le adjudica la responsabilidad de su invención. Ella afirma: "I came to view the poetics of contemporary Spanish American fiction as giving new life to the figure of the author while also attesting to its 'death…' But I also wondered what the different figures of the revitalized author may look like" (ix). El propósito de este estudio es el de examinar la figura del autor como uno de los conceptos explorados por Denzil Romero en su función de hacedor y crítico de su propio acto de creación.

La carujada,[5] a través de la interrelación de sus figuras autoriales y de la secuencia de otros nombres de autores conocidos, como figu-

---

ra, por así decirlo, de la actual "Nueva Novela Histórica". Entre las últimas figuran *El siglo de las luces (1963)* y *Concierto barroco* (1974) de Carpentier (14-21).

5   *La carujada* (1990) narra las luchas independentistas y la disolución de La Gran Colombia a través de un recuento memorístico que hace Pedro Carujo, enemigo acérrimo del Libertador y autor del atentado a Simón Bolívar en

ras autoriales interconectadas y, cuya actividad e identidad en cierta forma los pone en competencia dentro del texto, inevitablemente enfoca la atención sobre la noción de autor. Respecto a la problemática suscitada por este concepto, Roland Barthes y Michel Foucault han propuesto la despersonalización del autor, lo cual implica una nueva perspectiva para mirar las formas en que tradicionalmente se ha atribuido la autoridad al escritor y la manera en que se le ha visto como marcador de autenticidad o autoridad. Tanto Foucault como Barthes consideran que la posición del autor ha de ser externa al texto mismo, antes y después de su producción. La cuestión vista desde estos parámetros, parece crear un distanciamiento entre el autor y su autoridad dentro del texto mismo, es decir, del autor como proyección externa de su actividad autorial o como figura textualizada producida por ella. En otras palabras, postula que se despoje al autor de su autoridad y responsabilidad sobre el texto (Kerr 9).

Barthes, bajo el término "scriptor" presenta al autor como una figura textualizada o de papel, un "paper author".[6] Foucault, por su parte, propone considerar la figura del autor como una simple función discursiva, cuyo resultado es "the dead of the author".[7] Sin embargo,

Septiembre de 1828 en Bogotá. Carujo, protagonista de la obra, es herido y capturado en una de las batallas y, posteriormente, enjuiciado por conspirador. Mientras aguarda la sentencia definitiva, el antihéroe revive para el lector este período de la historia de Sur América, comparando su labor, luchas y sacrificios en las huestes independientes con los del Libertador. En el flujo semiconsciente de sus recuerdos se hace evidente las pocas diferencias que pueden haber entre estas dos figuras antitéticas. Señala que el vencedor obtendrá la gloria a expensas del héroe del bando opuesto que entonces será visto por la historia como un antihéroe. Pedro Carujo trata de reivindicar su nombre basando su defensa en esta premisa.

[6] Inicialmente Bathes usaba la palabra francesa *scripteur* para enfatizar el acto de escribir más que el de crear. La connotación es la de simple copista. Posteriormente en *Critical Essays (143-50)*, presenta la oposición entre el autor (*écrivain*) y el escritor (*écrivant*).

[7] Foucault da una síntesis sobre este tema tan controvertido y controversial y analiza como el autor debe ser visto no como originador, sino como una variable y compleja función del discurso (*"What Is an Author?"* 141-60). Las recientes polémicas sobre el autor han girado en torno a los poderes atribuibles a esta persona o figura, y en particular, sobre la intención del escritor. En

la presencia del autor aunque fuertemente atacada no ha sido destruida y de alguna forma siempre se las ingenia para reaparecer en el texto.

Pensar en el autor como simple figura textual, no siempre implica el abandono total del autor como persona, ni tampoco, que exista una forma única para leer la figura autorial. Por el contrario, en la literatura hispanoamericana escritores como Borges, Arenas, Vargas Llosa, Cortázar, Puig, entre otros, han desmantelado la idea de un sujeto discursivo unitario que gobierna la producción o recepción de la obra. La ficción hispanoamericana experimenta, a su manera, con la noción de la desaparición y muerte de la figura autorial a la vez que el texto reclama su presencia y enfoca la atención sobre esta problemática. Se resiste a toda respuesta simple, lo que puede conducir a una interrelación dialógica entre diferentes figuras, sin llegar a resolver la cuestión en forma satisfactoria (Kerr 1-25). Esto adquiere especial relevancia en el caso de la ficción historiográfica donde se nos apremia a resucitar el concepto de "autor", cuestionando la individualidad de su creación y de "texto", como intertexto, cuyos orígenes de producción están determinados por una gran variedad de fuentes históricas y culturales.

En *La carujada* de Denzil Romero, publicada en 1990, coexiste el deseo de afirmación y de negación de la persona del autor. En el texto, Romero parece medir fuerzas con Pedro Carujo, autor del relato de su vida, el cual es a la vez la novela del escritor venezolano. Romero, como autor, da y recobra derechos autoriales que Carujo toma con presteza y devuelve reluctantemente. La obra comienza con la visita que el abogado Labastida hace al comandante Pedro Carujo para excusarse por su deficiente defensa y comunicarle que pronto será dictada su sentencia de muerte, y termina un tiempo después, sin que la sentencia haya sido dictada, ni Pedro Carujo haya muerto a pesar de su deplorable estado de salud. El texto es la recolección semiconsciente que de su vida en las huestes libertadoras hace Carujo desde su

_____

relación a este asunto pueden verse los ensayos de Derrida en "Signature, Event, Context", Kamuf en "Limited Inc and...". y en "Autobiography as Defacement" de Paul de Man (922-23).

celda en la prisión de Valencia. Carujo es, por lo tanto, el autor del relato. Pero, aunque Romero usa el género autobiográfico para desvanecerse como autor, es evidente que a la vez se niega a desaparecer del texto colocándose en la primera página, titulada "Advertencia", como el originador de la figura protagónica.

Dice Romero hablando de su novela: "La presente obra no es una diatriba contra Bolívar, ni contra Páez, ni contra Vargas. Tampoco es la reivindicación de Pedro Carujo o de cualquier otro héroe en desgracia de la historia nacional" (11). De acuerdo con lo anterior, el lector es informado por Romero de que él, y no Pedro Carujo, es el autor del relato. Por lo tanto, *La carujada* es un texto sobre el cual Carujo, como autor ficcional, no posee ninguna autoridad. El gesto por el cual la figura autorial de Romero transfiere sus derechos de autor ha de ser leído, más bien, como una afirmación de los mismos. Solamente quien posee la autoridad puede transferirla. De igual forma, dada la posición de anterioridad textual de la "Advertencia", es claro que Romero quiere ser reconocido como escritor y autor del relato. Sin embargo, la recolección de los hechos que dan cuerpo a la obra es narrada por Carujo, lo que parece limitar el espacio autorial de Romero, aunque no los derechos adheridos a su nombre. Dichos derechos de autor le autorizan para proponer la forma en que la novela debe ser leída, es decir como la autobiografía de una figura histórica. Entonces vemos que Carujo hereda, además de los derechos de autoría, los problemas inherentes a ella. La novela, por lo tanto, explora el problema de la autoría desde una doble perspectiva, creando una tensión narrativa entre Pedro Carujo y Denzil Romero, entre ficción y realidad y de esta rivalidad surge *La carujada* como ficción historiográfica. En la narración de los acontecimientos, la autoría de Carujo siempre resulta cuestionable desde el punto de vista de la narración misma y, a la vez, la novela de Romero lleva al lector a preguntarse hasta qué punto los hechos relatados son creación, copia del material histórico existente o una reescritura de la historia.

Centrándonos en la figura de Carujo como antihéroe histórico, vemos que éste asume un estatus de persona real y reclama para sí la credibilidad que da el conocimiento de quien ha vivido la situación narrada. Por su parte, el lector parece aceptarlo como individuo salido de un momento histórico y como representante fidedigno del mismo.[8] Sin embargo, es importante recordar que Carujo no se encuentra en condiciones de narrar su historia. Su lamentable estado físico ha sido precipitado por la fiebre y la infección producidas por las heridas que recibió en la última batalla contra las tropas de Páez. Concomitante a tales hechos está la agonía mental que sufre el protagonista, agravada por la evaluación del pasado en relación con el presente y, consecuentemente, la conciencia de su participación en un momento específico de la historia hispanoamericana. A pesar de lo expuesto, su subjetividad es la lente a través de la cual puede percibirse esa realidad. En ocasiones, sin embargo, Carujo pretende cierta objetividad remitiendo al lector a las tertulias santafereñas, donde los lugareños opinan sobre la situación de descontento vivida por el país en los días que precedieron a la Gran Convención de 1828, acontecimiento que marcó la derrota final de Simón Bolívar y el ascenso al poder del general Santander. En su papel de autor, Carujo transfiere su autoridad, en la misma forma en que lo hiciera Romero al comienzo de la obra. Pero como él, Carujo también se niega a desaparecer. Mediante el uso de nombres como –Zultano, Mengano y Perencejo–, nombres claramente ficticios, y por lo tanto creación suya, mina la credibilidad de los personajes al negarles una existencia real. Por otra parte, la veracidad que supone la obra autobiográfica es desacreditada con la aparición de estos seres imaginarios y con los distintos episodios revestidos de la irrealidad de la magia. Además, la inserción de la figura de Mackendal, creación de Carpentier (*El reino de este mundo*), pero que en la recolección de Carujo es personaje histórico a quien se le atribuye el éxito de varias acciones militares, derrumba toda la credibilidad establecida por la figura histórica de Pedro Carujo.

Por otro lado, la obra se centra en los esfuerzos del protagonista para formular una representación coherente de una realidad histórica evasiva, dando especial urgencia referencial a los poderes redentores del arte. Para él, la escritura autobiográfica le dará la posibilidad de reivindicarse y ocupar un lugar en la historia como un héroe de cali-

---

[8]   Según Barbara Foley: "The fictional autobiography represents an artist-heroe who assumes the status of a real person inhabiting an invented situation".

bre similar al del Libertador. Según él, sus ideales han sido los mismos. Sus debilidades y fracasos no han sido diferentes a los de
Bolívar, y como afirma Hegel, por su grandeza ambos han sido perseguidos: "sé que seré reivindicado y que mis gestos de patriota serán
estudiados a la luz de la historia", dice Carujo (41). Paradójicamente,
Carujo insiste en pasar a la historia, o sea al discurso de la realidad,
pero justifica su caso a través del discurso ficcional o del deseo.[9]
Como figura histórica, asume una posición privilegiada desde la cual
ve y juzga la realidad social. Pero, Pedro Carujo es al mismo tiempo
personaje ficcional, y es éste quien crea y cuenta la historia. Lo que
vemos, pues, es el vaivén de la figura autorial de Romero que entrega
a la vez que retiene la autoridad sobre el texto. Carujo recibe el derecho de originar seres y acciones pero es limitado a esferas de creación
que se evidencian a sí mismas como ficción. Su autoría está predefi-
nida y controlada por la figura de Romero, quien simultáneamente
propone, e implícitamente proclama la abdicación de su autoridad.

Como en "Las ruinas circulares" de Borges, las figuras autoriales
se reproducen, entran en competencia y a la vez se desvanecen, gracias al mismo principio que las ha originado, la fantasía. Obviamente,
las figuras autoriales cada vez son más débiles y con funciones más
limitadas. Romero recrea una figura histórica, Carujo inventa a
Mengano y Zultanejo, trae en préstamo a Mackendal desde *El reino
de este mundo* (1949) y crea su propio contrincante, Simón Bolívar.
Como Romero, Carujo también se sirve de una figura histórica. Al leer
La carujada es posible pensar que Bolívar es una creación generada
por la obsesión y el odio de Carujo. Efectivamente, este ha producido
una figura antiheroica, diferente del Bolívar que ha sido diseñado y
retocado para la historia.[10] Sin embargo, existe una gran diferencia

---

[9]　See White en "Discurso de la realidad y el deseo".

[10]　Recordemos que ya desde el siglo pasado Domingo Faustino Sarmiento se
quejaba de que la historia había distorsionado, o al menos parcializado, la verdad acerca de esta figura central de la vida independiente de América Latina.
Dice Sarmiento: "Colombia tiene llanos, vida pastoril, vida bárbara, americana, pura y de ahí partió el gran Bolívar; de aquel barro hizo su glorioso edifi-
cio, ¿Cómo es pues que su biografía lo asemeja a cualquier general europeo
de esclarecidas prendas?" (6).

entre ambos personajes históricos; mientras Carujo narra su historia, el Libertador no habla, no actúa y no se defiende. Literal y lingüísticamente, es un agente pasivo en la agenda del comandante Carujo a través del cual desea obtener su reivindicación como héroe del espíritu independentista de las nuevas naciones suramericanas. Este Bolívar es una figura textual, por lo tanto su verdadera identidad es devengada de su realidad histórica, no de la creación de Carujo como agente de percepción de ambos protagonistas. Es a través de la voz de Carujo que el lector ve la imagen negativa del Libertador. Y también, es a través de esta voz que vemos el mundo interior del comandante desnudándose con ligereza para mostrar la semejanza entre ambos, en tal forma, que el lector se siente invitado a leer su confesión como una proyección de una personalidad inventada que debe ser objetivada dentro de los parámetros de las convenciones evaluativas del contrato mimético de la autobiografía ficcional, es decir, como producto de creación artística.[11] Así, lo anterior revierte la obra en conjunto a la figura autorial de Romero. Esto hace posible para el lector, la ironización del discurso narrativo. El lector ve en Bolívar la creación de Carujo y, paradójicamente ve a Carujo como creación del autor real. La figura de Romero que se enmascara en Carujo, huye del texto, y aún así, está por todas partes. El texto al ceñirse a la representación ficcional de una realidad histórica, refuerza su potencialidad de ilusión. La valorización que hace el texto del ego artístico, o sea del protagonista escritor, lo lleva a enfrentar la "ilusión del caos" al comprometer la noción de realidad que comporta el aspecto histórico de la obra. Cuando Carujo narra la "realidad histórica", autentica para el lector no la veracidad del texto sino su propia agenda reivindicatoria.

Ahora, si consideramos la figura protagónica de Pedro Carujo dentro del contexto histórico que ocupa la mayor parte de la novela, la tendencia a transcendentalizar al héroe entra en contradicción con la aguda conciencia de la situación histórica en la cual Carujo produce su discurso. Ella no representa con auténtica veracidad las tensiones sociales del período en el cual se desarrolla la acción, ya que éstas son el producto de una subjetividad que en sí misma está implicada en

---

11   Ver Foley 190-91

tales tensiones y presenta la situación desde un ángulo de visión reducido. Esto es más comprensible aún, si pensamos que el microcosmos desde el cual el comandante Carujo muestra la acción, es sólo una facción relativamente marginada de toda posición decisoria, exceptuando el atentado septembrino en el que tomó el mando y coordinación de la conspiración. Como resultado, el héroe hace evidente su alienación y no se proyecta como una personalidad fuertemente autónoma. Por el contrario, su perspectiva emerge como una simple intervención subjetiva y liminal en una peculiar combinación de agentividad y pasividad en el proceso histórico, cuyo efecto señala su impotencia política y moral. Su posición de autoridad, como autor invitado por Romero, es una posición engañosa. A pesar de que toda la actividad gira al rededor de él, la validez de su autoría es consistente e intencionalmente erosionada por el escritor.

Aparte de los problemas ya expuestos, es difícil pensar en un autor cuyas condiciones mentales hacen que su presente y su pasado se confundan en descontrol. El presente, como situación que mantiene al protagonista en las fronteras de la inconciencia y el pasado, como interrupción sistemática que mantiene activa la agenda política que domina el monólogo de Carujo. Su insistente vuelta al pasado busca su reivindicación. Dialoga con la historia que lo ha desposeído de su verdadera identidad heroica, reduciéndola al mero nombre de conspirador en la noche septembrina (41, 563). Para él, la historia es una pesadilla que ha unido su nombre antiheroico al del gran Bolívar. Por lo tanto, Bolívar desde la tumba será, en última instancia, el culpable de su desgracia.

A la par que Romero promueve la autoría de Carujo, corroe la credibilidad del protagonista e invalida su autoridad. Labastida, su abogado defensor, hace notar la incapacidad del defendido para colaborar con la defensa: "Justo, anteayer se lo comentaba a mis colegas en el Club «Centro de Amigos». Su estado físico deplorable que afecta sus dones intelectuales, ha impedido que pueda usted comunicarme sus ideas, los medios de defensa que mejor corresponden y las razones que guiaron su conducta desde el mes de julio hasta el 25 de diciembre últimos" (16). En vista del estado de Carujo, es evidente que la conversación de Labastida es recogida por un escritor o copista, el cual añade a las palabras del abogado sus propios comentarios sobre el estado del reo: "Este ni siquiera se inmutó. Le dominaba una inmovilidad angustiosa… entre aterrorizado y gozoso ante la idea de ser inmolado… por el hacha siniestra de un verdugo" (13-14).

A pesar de que la novela es la narración de las acciones bélicas y políticas en las que el protagonista tuvo una participación activa, "el dolor terrible de la necrosis intercostal… a ratos, lo arrastra[ba] hasta la demencia" (19). Sin embargo, Carujo es quien elabora la recolección de los hechos equiparando este proceso con el de la escritura, según colegimos por sus palabras: "Mientras los estafilococos, los neumococos…y toda la pus del mundo llega al cerebro y se apoltrona, allí,…para terminar de enloquecerme, continuemos con la memoración" (48). En un esfuerzo extraordinario, ordena sus ideas y comunica sus pensamientos a través del lenguaje, sabedor de la necesidad de que éstos queden escritos para la historia. Podemos, entonces, asumir que alguien está recogiendo sus recuerdos, aunque sólo él es quien está repasando su propia vida y su actuación en las luchas independentistas. Sin embargo, no queda claro si Carujo en la inconsciencia delira en forma audible e inteligible o sólo divaga interiormente, lo cual cuestiona la autoría de Carujo y trae a primer plano a Romero, quien a través de la estrategia de la psiconarración, ha tratado de encubrir su propia autoría.

Por otro lado, Carujo como autor de su propia biografía, carece de autoridad puesto que lo que narra viene de los terrenos de la inconsciencia. Su narración es el producto de una actividad mecánica semejante a la del copista y no de una actividad intelectual que selecciona y organiza conscientemente la producción textual. Paradójicamente, una vez que Romero ha destruido la credibilidad de Carujo, entra a mostrar el proceso de creación llevado a cabo por el protagonista, en forma semejante a la de su propio quehacer literario. Para empezar, Carujo allega de la realidad de su propia vida los datos históricos que darán cuerpo a su discurso narrativo. Con estos datos y una vez que se inicia el proceso de creación, se abstrae de la realidad circundante, del ambiente carcelario y entra en el mundo de la fantasía, del sueño (340, 425) y de la magia al dialogar con Mackandal y los Reyes Católicos, Carlos V y Mahoma, Julio César y Rodrigo Díaz de Vivar (151).

Igualmente, en la elaboración que de los hechos hace Romero, ambas instancias temporales se funden en la irrealidad de la ficción. El documento histórico es usado como forma de recuperación del pasado conflictivo de Hispanoamérica "afirmando el poder de la mimesis en la sintetización de la naturaleza fragmentaria del tiempo vivido", a la vez que es usado como instrumento de su propia agenda (Woolf 322). A través de la analepsis heterodiegética, ensancha las posibilidades para comprender las causas de los problemas endémicos que en la actualidad la aquejan –narcotráfico, corrupción, militarismo– (202-06).[12] El individualismo de Páez, Urdaneta, Santander, Flores y del propio Bolívar, es presentado como móvil importante en el debilitamiento del naciente poder del pueblo y la perpetuación del sistema hegemónico.

La estructura de la obra es binaria no sólo desde el punto de vista temporal en el que el presente se margina, derivando su importancia del espacio que este concede a la rememoración del pasado, sino que además, Carujo articula un discurso de contrapunto en el que Bolívar, el protagonista y Romero, como narrador omnisciente, se disputan la palabra y por ende la autoría. También se dan momentos en que Carujo cede el espacio textual al pueblo representado en don Mengano y sus amigos. En *La Carujada,* el autor es una figura a la que el texto niega identidad. Romero subvierte al autor como figura de autoridad única y estable. Al mismo tiempo que erosiona su noción como fuente de autoridad, efectúa un regreso a ella. La poética de *La carujada* desafía, a la vez que confirma, las teorías críticas acerca del autor, y mantiene viva la controversia más o menos en las mismas líneas en que fue propuesta por Borges en *Borges y yo* en el año de 1957. En este texto, más que respuestas a los dilemas de identificación, Jorge Luis Borges señala la complejidad del concepto. Presenta al autor como una figura compleja que aparece y desaparece, unas

---

[12] Analepsis es definida por Alonso Sánchez-Rey como la evocación o mirada hacia atrás en la que se introduce una anacronía. Se puede hablar de la analepsia homodiegética o heterodiegética. La primera introduce una secuencia con contenido similar al relato primario, en tanto que en la segunda, el contenido narrativo es diferente (31).

veces como Borges, otras como yo, otras como los dos en uno. Lucile Kerr lo presenta como "a pair both united and divided as two into a group of three" (2), lo que da lugar a la proliferación de figuras autoriales.

En la obra de Romero, el lector sufre la ambigüedad, inestabilidad y ambivalencia del texto producidas por la interpolación de distintas figuras autoriales. Sin embargo, como lo hiciera al comienzo en la "Advertencia", Romero reclama para sí la autoría y cierra la novela dejando claramente establecida su autoridad en el "Colofón" al informar al lector de que "...[la] novela (*La carujada*) y el ensayo biográfico *El anti-héroe Pedro Carujo* del escritor Asdrúbal González forman parte de un mismo proyecto escritural que los autores concibieron y desarrollaron juntos" (585). No hay duda, entonces, de que la noción del autor es usada por Romero para explorar posibilidades y potenciar sus efectos dentro del discurso. En la obra, el acto de hacer literatura es algo más que un quehacer artístico, es también un diálogo con la crítica, es hablar de la literatura misma, es cuestionar a los que la cuestionan y es un volver a los senderos transitados por los grandes maestros de la literatura hispanoamericana.

OBRAS CITADAS

Barthes, Roland. "Historical Discourse". *Introduction to Structuralism,* Ed. Michael Lane. New York: Basic, 1970.
_____. "The Dead of the Author". *Image Music-Text.* Trans. Stephen Heath. New York: Hill & Wang, 1977. 142-48.
_____. "From Work to Text". *Textual Strategies: Perspectives in Poststructuralism Criticism.* 73-81.
Cohn. Dorrit. *Transparent Minds.* Princeton: Princeton UP,1978.
Foley, Barbara. *Telling the Truth: The Theory and Practice of Documentary Fiction.* Ithaca, N.Y.: Cornell UP, 1986.
Foucault, Michael. "What is an Author?" *Textual Strategies: Perspectives in Poststructuralism Criticism.* 141-60.
Genette, Gérard. *Narrative Discourse. An Essay in Method.* Ithaca: Cornell UP, 1983.
Harari, Josué V., ed. *Textual Strategies: Perspectives in Post-Structuralist Criticism.* Ithaca, NY: Cornell UP, 1979.

Hutcheon, Linda. *A Poetics of Postmodernism: History, Theory, Fiction.* New York: Routledge, 1988.

Kerr, Lucille. *Reclaiming the Author.* Durham & London: Duke UP, 1992.

Menton, Seymour. *Latin American's New Historical Novel.* Austin: U of TX P, 1993.

New Encyclopedia. USA: Kunk & Wagnalls, 1987.

Pupo-Walker, Enrique. *La vocación literaria del pensamiento histórico en América.* Madrid: Gredos, 1982.

Romero, Denzil. *La carujada.* Caracas: Planeta, 1990.

Sánchez-Rey, Alfonso. *El lenguaje literario de la "Nueva Novela" hispánica.* Madrid: Editorial Mapfre, 1991.

Sarmiento, Domingo Faustino. *Facundo.* Ed. Raimundo Lazo. México: Porrúa, 1985.

White, Hayden. "The Value of Narrativity in the Representation of Reality". *On Narrative* Ed. W.J.T. Mitchell. Chicago & London: U of Chicago P, 1981.

Woolf, Virginia. *Orlando: A Biography.* New York: Harcourt, Brace, 1928.

DOMINGO FAUSTINO SARMIENTO [1]

TRADICIÓN E INNOVACIÓN: El SUJETO FEMENINO Y LA OBRA DE DOMINGO FAUSTINO SARMIENTO [2]

Al leer algunos de los textos sarmientinos –*Prospecto de un establecimiento de educación para señoritas, Constitución del Colegio de Señoritas de la Advocación de Santa Rosa de América,* discursos y artículos publicados en *Zonda* y el *El Mercurio*[3] de Chile entre los años de 1839 y 1845 –, donde se hallan sus ideas sobre la educación de la mujer, Elizabeth Garrels comenta que de éstos, los artículos publicados en *El Mercurio* en 1841 constituyen "una mina de oro para evaluar las ideas de Sarmiento acerca de la mujer".[4] Y no está por demás añadir que ellos también reflejan el con-

---

[1] Domingo Faustino Sarmiento nació en San Juan, Argentina en 1811 y murió en Asunción, Paraguay en 1888. Educador, político y escritor, combatió la dictadura de Juan Manuel Rosas. Estuvo exiliado en Chile de 1831 a 1836 y desde 1840 hasta 1851. Su segundo y más largo exilio vino luego de ser detenido y maltratado por su actuación como presidente del país. Durante su exilio en Chile colaboró en *El Mercurio.* En Chile también escribió libros y artículos, fundó revistas y polemizó en favor del romanticismo con el grupo de neoclásicos dirigido por Don Andrés Bello. Fue en Chile que publicó, por entregas, en el diario *El Progreso,* su obra maestra, *Civilización y barbarie o vida de Juan Facundo Quiroga* (1845). De este mismo período son sus memorias de viajes y el libro autobiográfico *Recuerdos de provincia* (1850).

[2] Este artículo fue publicado en *Revista de Estudios Hispánicos* 2 (1997): 69-79.

[3] Sarmiento, Domingo Faustino. *Obras Completas.* 52 vols. Buenos Aires: Luz del Día, 1948-1956.

[4] Elizabeth Garrels, *Sarmiento: Author of a Nation.* Berkeley: U of California P, 1994. 272-93. Mi traducción. pg. 276. Todas las traducciones del artículo de Garrels son mías, de lo contrario será indicado.

texto ideológico europeo y norteamericano de donde se nutrió la juventud intelectual de argentina conocida como "la generación del 37". Es pues, dentro de esos parámetros que ha de mirarse la obra Sarmiento.

En los últimos años las contribuciones de algunos investigadores al estudio de la vida y obra del escritor, estadista y educador argentino han sido múltiples y variadas, y entre ellas, los aportes de Elizabeth Garrels sobre su ideología pedagógica han traído nuevas e interesantes perspectivas que enriquecen el ya abundante material que sobre él existe. Creo, sin embargo, como lo hacen notar algunos críticos encabezados por Octavio Paz y Roberto Fernández Retamar, que las tipologías transplantadas al contexto latinoamericano presentan limitaciones y peligros ideológicos por tratarse de una postura esencialmente eurocentrista que concibe la "difusión cultural" como un proceso que se da en una sola dirección.[5]

Garrels en su libro, *Sarmiento: Author of a Nation*, cita al escritor indicando que los textos del *Mercurio:* "intentan institucionalizar una experiencia educacional específica —y son ultraconservadores, ya que enfatizan, sobre todo, las limitaciones o restricciones que deben caracterizar el entrenamiento y la vida de la mujer".[6] En este ensayo propongo que si bien Sarmiento ha sido un hombre altamente controvertido y controversial y nadie olvida su rigor autoritario, o lo radicales que resultan algunos de sus postulados, es inapropiado tratar de devaluar su labor en favor de la mujer, aunque no podamos decir lo mismo de sus ideas acerca de otros sectores de su sociedad poco favorecidos por sus juicios.[7]

---

5   Elzbieta Sklodowska, "Sarmiento and the Women Question: From 1839 to the *Facundo*". *La parodia en la nueva novela hispanoamericana.* Amsterdam/Philadelphia: John Benjamins, 1991; pg. 92. Sklodowska cita a Neil Larsen de su artículo inédito, "Latin American and Postmodernity: A Brief Theoretical Sketch".

6   En su libro, *Sarmiento: author of a Nation*, Elizabeth Garrels considera a Sarmiento como uno de los más acerbos antifeministas, negándole todo mérito por sus numerosas contribuciones en pro de la educación de la mujer. pg. 272.

7   En sus escritos, Sarmiento abogaba por la libertad aunque a veces resultaba contradictorio y limitara sus metas a una élite social y cultural. No es una sor-

Es bastante desafortunado que en la crítica feminista de hoy día se esté dando, consciente o inconscientemente, un proceso desestabilizador de significaciones, no porque éste no pueda constituirse en un aporte legítimo sino porque en algunos casos sólo existe el interés de radicalizar el asunto tratado. Como lectores de un texto teórico literario nos enfrentamos, no sólo al cúmulo de conocimientos teóricos y metodologías críticas específicas, sino a un proceso semiótico-político continuo, en el cual la significación es condicionada. Según señala Federico Chalupa:

> ese proceso 'semiopolítico' coloca a los conocimientos y a las metodologías teóricas literarias dentro de una secuencia de significación que se nos manifiesta controlada, pero que al mismo tiempo afirma la posibilidad de un libre juego de significaciones.[8]

Por otro lado, habrá que recordar que las teorías más congruentes y serias de la crítica feminista se basan en las interpretaciones del arte y las letras angloamericanas y europeas o, en el mejor de los casos del arte del exilio, por lo cual su aplicación a la escritura hispanoamericana no puede ser de ningún modo automática. Según señala Debra Castillo: "It is absolutely essential for the critic to take into account both the vast differences in the field of production and the distinctive qualities of the object of study that may very well, if

---

presa para nadie el odio que profesaba Sarmiento a la "chusma", odio que ha sido interpretado por algunos críticos como una reacción irracional de miedo al fracaso debido al declive económico de su familia, quien a pesar de la pobreza no dejó de inculcarle el gran orgullo que le caracterizó durante toda su vida. "En el seno de la pobreza, críeme hidalgo", solía exclamar Sarmiento. *Obras* III, 135. Según apunta William H. Katra, *Domingo F. Sarmiento: Public Writer.* Arizona: Center for Latin American Studies, Arizona State University, 1985: "Sarmiento's hatred for 'la chusma', gauchos, indians and the subclasses of his society, can be compared to the reaction of the petite bourgeoisie during Peronism who spilled venom against the 'cabecitas negras' or popular classes". pg. 7-8.

8   Federico Chalupa, *Espacio excéntrico: Textos hispanoamericanos, deconstrucción y feminismo.* Madrid: Pliegos, 1994; pg. 63.

ignored, lead to either blindness to or erroneous evaluations of cultural products".[9]

Al estudiar a Sarmiento no sólo se trata de detenerse en el "horizonte restringido a la inmanencia del texto" (Jitrik xii), sino en la forma en que éste ha sido producido, la materia de la cual se nutre, su forma de operar y el referente sociopolítico al cual está destinado.[10] Menos justificable resulta la crítica negativa que sobre sus ideas pedagógicas se le ha hecho, si se observa que varias de las conclusiones están basadas en las actuaciones o ideas positivas o negativas de otros miembros de la generación del 37, como Alberdi, Miguel Cané o Manuel José Quiroga Rosas, entre otros.[11] Aunque se ha aseverado que toda escritura se basa en la manipulación del referente (Hayden White), esto, evidentemente, es aplicable a cualquier estudio incluyendo el presente. Sin embargo, éste no pretende ser definitivo ni concluyente pero sí se autolimita a aplicar un modelo teórico a la obra, circunscribiéndose al lugar y momento histórico del autor.[12]

---

[9] Debra A. Castillo, *Talking Back: Toward a Latin American Feminist Literary Criticism.* Ithaca, N.Y.: Cornell UP, 1992; pg. 4.

[10] Jitrik, Noe. "Prologo" *Facundo.* Barcelona: Biblioteca Ayacucho, 1985; pg. xii.

[11] Se refiere la crítica a los discursos de Quiroga, publicados en *Zonda* en julio de 1839. En ellos Quiroga aboga por la independencia de la mujer y critica la excesiva dependencia del esposo y la necesidad de educar sus talentos paulatinamente, y no bruscamente como se recomienda en algunos sistemas modernos. Efectivamente, Sarmiento hace mención de los discursos de Quiroga en *Recuerdos de Provincia.* Barcelona: Ramón Sopena, 1967; pg. 139-40.

[12] Evidentemente la diseminación de las ideas feministas han afectado la identidad y el estatus de la mujer hispana. Sin embargo, resulta imprescindible señalar la distancia existente entre la teoría y la práctica, especialmente en lo referente a la política, la familia y la forma en que la mujer latinoamericana ejerce, en cada uno de estos campos, el poder en "sus propios términos". Lynn Stoner, "Directions in Latin American Women's History, 1977-1985". *Latin American Research Review* 22.2 (1987): 101-134, indica que: "North American feminists obviously made an impact on Latin American feminist movements, although not always the one anticipated. Latin American feminists were quick to distinguish themselves from their North American counterparts, whom they viewed as antimale and anti family: To be sure, the North American experience prompted Latin Americans to demand the vote and offe-

Sarmiento dejó plasmadas sus ideas en una vasta producción, así que resultaría más relevante y riguroso servirse de las fuentes primarias para deducir su pensamiento con respecto a la educación y a la mujer. De no ser así, caeríamos en un tipo de procedimiento crítico al que Federico Chalupa llama "significación controlada" y lo que en términos epistemológicos implica,

> la desautorización de una concretización textual, basada en una práctica de lectura objetiva, es decir, en una observación que pretende fundamentar su autoridad sobre la significación, a través de la afirmación de que, las suyas son unas experiencias sensoriales y de conocimiento esencialmente neutrales y, por lo tanto, confiables.[13]

Remitiéndonos a Sarmiento, éste comenta en su correspondencia a Tejedor que él fue educado con libros franceses, las ideas del siglo XVIII, la revolución y los liberales del tiempo de Luis Felipe.[14] Sus grandes maestros fueron los europeos Claude Saint-Simon, sus discípulos disidentes Pierre Leroux y Jean Louis Eugène Lerminier. Y, en asuntos educativos, Sarmiento siguió de cerca los postulados del Horace Mann y Cousin, quien lo impresionó muy favorablemente con

---

red models for organization. Latin American feminists, however, felt that their issues deferred, and they created their own brand of feminism emphasizing the importance and dignity of bearing children and caring for the home. They rejected free love and hatred of the patriarchy, views they ascribed to North American feminism dogma", pg. 109. Según lo anterior, resulta poco relevante tratar de medir el comportamiento de una cultura por los estándares de otra. Esto es verdad hoy día y, ciertamente era una realidad en el contexto cultural argentino del siglo XIX. Mientras las feministas anglo-americanas han querido eliminar las diferencias basadas en el sexo siendo *one of the boys*, "the Latin American woman correctly perceives role differentiation as the key to her power and influence" Ann, Pescatello, ed. *Female and Male in Latin America*. Pittsburgh, PA: U of Pittsburgh P, 1973; pg. 20.

[13] op. cit.; pg. 71.

[14] Según Elda Clayton Patton en Joseph T. Criscenti, ed. *Sarmiento and His Argentina*. Boulder, Co: Lynne Rienner Publishers, 1993; pg 120, la información fue tomada de *Al lector,* manuscrito original que se encuentra en el Museo Mitre de Buenos Aires. pg. 6-7.

el informe en el que aconsejaba introducir en Francia la escuela Normal, cuyo funcionamiento Sarmiento ya había admirado en Prusia.[15]

Es pertinente, por lo tanto, recordar que la época histórica de estos personajes, mentores intelectuales de Sarmiento, es también la época de la revolución industrial, y el momento en que una nueva imagen del individuo comenzaba a tomar forma en la civilización occidental. Los filósofos Locke, Hume, Shaftesbury y Butler entre otros, debatían el asunto de la identidad personal y es justamente en este período histórico, cuando surge en literatura la novela sentimental, movimiento literario donde se presentaba la polarización de los principios de filosofía moral que enfrentaban las ideas opuestas de David Hume y Thomas Hobbes con respecto al individuo como ente social, y en cuanto al desequilibrio existente en los sistemas que lo gobernaban, la novela señalaba la marginación y abuso de que era objeto la mujer.[16]

Esta degradación se veía acentuada por la diferencia de clases sociales como puede apreciarse en *Pamela* (1741) y *Clarissa* (1747-48) de Samuel Richardson o en *Rojo y Negro* (1829) de Stendhal. La literatura y el periodismo, considerados como actividades colectivas fuertemente condicionadas por las fuerzas sociales del contexto, también recogieron las nuevas perspectivas, los cambios en los conceptos y las actitudes de la gente correspondientes a los ideales y realidades sociales de la época. Siendo Sarmiento, entre otros, periodista y literato al tanto de las nuevas tendencias, no es raro pues, que la convulsionada y vibrante intelectualidad de la Europa de entonces, guardara

---

15   Palcos, Alberto. *Sarmiento*. Buenos Aires: Emecé, 1962; pg. 68.

16   La novela sentimental, como movimiento literario, surgió en 1741 con la publicación de *Pamela* de Samuel Richardson. Este movimiento enfatizaba por un lado, las doctrinas filosófico-morales de David Hume(1671-1743) respecto a la benevolencia innata del ser humano. Y, por el otro, las de Thomas Hobbes (1588-1679), quien presentaba al individuo inclinado al mal y guiado en sus acciones por el egoísmo. En la novela sentimental, vinculada estrechamente al género autobiográfico se presenta la polarización de estos principios, dando base al conflicto argumental de la obra. Margarita Krakusin, *La novelística de Alfredo Bryce Echenique y la narrativa sentimental*. Madrid: Pliegos, 1996; pg. 15-23.

una estrecha relación con el dinámico y a veces contradictorio mundo de ideas del estadista y educador argentino. (En parte, este eclecticismo intelectual lo llevaría a reconsiderar sus planteamientos en diferentes aspectos de la política nacional, lo que le haría bastante vulnerable ante sus enemigos políticos).

En Francia se daba más importancia a la felicidad obtenida a través de los sentidos que al papel de los sentimientos (feelings) en la formación de los juicios morales, como había sido teorizado por David Hume. Vemos, entonces, que en *La nueva Heloísa* (1761) Rousseau aprueba la conducta sexual de la protagonista fuera del matrimonio, ya que su interés era el de demostrar la sensibilidad superior de la heroína. Laclos en *Les liaisons dangereouses* (1782), presenta a la señora de Tourvel debatiéndose entre el deseo y la virtud antes de acceder a las pretensiones del vizconde de Valmont. En Inglaterra, por el contrario, *Pamela* y *Clarissa* muestran otra perspectiva del ambiente: la mujer como representante del ideal de la sociedad y el hombre como representante de la realidad de ésta.[17] Sarmiento, lector incansable de los escritores europeos y autodidacta, absorbió las tendencias francesas, a la vez que se vio influenciado por las perspectivas anglosajonas sobre la educación de la mujer. Es necesario, por lo tanto, tener presente que éste fue el medio en el que se llevó a cabo la formación intelectual de Domingo Faustino Sarmiento, añadiendo posteriormente a su haber intelectual sus experiencias en Norteamérica, las cuales trató de implementar posteriormente en su país.

---

[17] R.F. Brissenden, *Virtue in distress*. Londres: Macmillan Press, 1974, presenta un buen panorama de la situación de la mujer europea en el momento en que comienza a surgir la nueva burguesía. Apunta que la literatura y, en particular el género sentimental, recogió la sensibilidad y los conflictos que se evidenciaron con los cambios políticos sociales y económicos. En Francia se percibió una fuerte liberación de la mujer, en tanto que en Inglaterra se ensalzaban las virtudes femeninas. Por supuesto que esta era una realidad superficial que en nada beneficiaba a la mujer. Krakusin, op. cit. pg 15-23. Es indudable que, como dice Janet Todd en *Sensibility: An Introduction*. Londres: Methuen, 1986; pg. 20: "Females virtues were superior ones, then, but they were to be deployed for the benefit of men who could funtion pretty well without them".

Efectivamente, Sarmiento concibe a la mujer como depositaria de los ideales de una sociedad, de sus valores y sus de virtudes. En el *Prospecto de un establecimiento de educación para señoritas*, Sarmiento considera como metas de la institución las de predisponer a las educandas para ser tiernas y tolerantes esposas, madres morales, diligentes y frugales amas de casa.[18] Estas ideas que al parecer ofenden bastante a las feministas de hoy son, en el contexto de entonces, un reconocimiento, por parte del autor, del papel de la mujer como columna vertebral de la sociedad e imprescindible elemento en su larga vida de servicio público. Evidenciando sus influencias de pensadores europeos, Sarmiento cita a Rousseau para enfatizar la importancia de la labor femenina: "Los hombres serán siempre, dijo, lo que a las mujeres se les antoje. Si queréis que ellos sean grandes y virtuosos, enseñad a las mujeres lo que es grandeza y virtud".[19] Su legítima creencia en este postulado puede deducirse del tratamiento especial que el autor dio a las mujeres que lo educaron, inspiraron, o le sirvieron de mentores durante su vida.[20] Por el contrario en *Facundo,* Sarmiento responsabiliza a la madre del dictador Rosas y a la del protagonista de la obra por las devastadoras acciones de sus hijos.[21]

Es pertinente recordar que la historia latinoamericana siempre se ha visto condicionada por dos elementos fuertemente arraigados en la

---

18   Citado por Garrels, op. cit. pg. 272.

19   Sarmiento, *Obras* V. Es conocido por todos el misogenismo de Rousseau, sin embargo, lo que se trata de rescatar aquí es la contribución positiva al avance de la mujer hecha por el estadista argentino. Su labor, por lo tanto, debe ser considerada como un primer e importantísimo paso hacia la liberación intelectual y social de la mujer.

20   C. Galván Moreno, *Radiografía de Sarmiento*. Buenos Aires: Claridad, 1961; pg. 391-423, le dedica un capítulo de su obra. En él hace un recuento de numerosas mujeres que, por diferentes razones, estuvieron cerca de la vida de Sarmiento. Entre ellas: su madre, su madrina doña Paulina de Oro, Juana Manso y Mary Mann.

21   Sobre estos temas resultan iluminadores los artículos de Garrels, "Layo y Edipo: Padres hijos y el problema de la autoridad en *Facundo*". *La Torre* 7 (July-September 1988): 505-26 y "Sarmiento and the Woman Question" en *Sarmiento: Author of a Nation*. op. cit. pg. 272.

cultura: "el *machismo* y el *marianismo*".[22] En Hispanoamérica, las estructuras y las expectativas sociales, aún hoy día, están basadas en modelos tradicionales para cada sexo, y estos elementos han proporcionado, tanto al hombre como a la mujer, un cierto sentido de orden y seguridad. A la vez, han perpetuado la desigualdad del poder, permitiendo al hombre mantener su autoridad sobre la mujer, y a ésta agudizar el refinamiento de sus tácticas manipulativas con el objeto de lograr sus metas y deseos. Sarmiento entendió que detrás de estos ardides femeninos, hay en la mujer una clara conciencia de su misión social. Creía firmemente en ella y en ayudarla a enriquecer su mente para que pudiera cumplir más eficientemente su cometido. Basándose en su propia experiencia anota:

> Mi destino hánlo, desde la cuna, entretejido mujeres, casi sólo mujeres, y puedo nombrarlas una a una, en la serie en que, como una cadena de amor, van pasándose el objeto de su predilección.[23]

Sin embargo, Sarmiento consideraba que para la mujer y para la patria esto no era suficiente. De ahí su lucha contra la visión retrógrada que recortaba y demeritaba la actividad femenina aún reconociendo las razones históricas de tal anacronía. Según Galván, Sarmiento censuraba a los argentinos por tratar de perpetuar las ideas árabes recibidas a través de España, dice así:

> aún existen, resistiendo a las luces y a las necesidades de nuestro siglo, las ideas árabes que sobre la mujer nos legó España, que no vio en ella en los tiempos de oscurantismo, sino un ser débil y susceptible que necesitaba

---

[22] Los conceptos de machismo y marianismo se encontraban ya en las culturas precolombinas y también en las culturas íbero-arábicas transplantadas a América en el período colonial. El primero se refiere a la glorificación de la fortaleza física, el poder sexual y la virilidad del hombre; el segundo se refiere a la glorificación de la mujer por su abnegación, su pureza sexual y la maternidad semejante a la de la Virgen María, Asunción Lavrín, ed. *Latin American Women: Historical Perspectives.* Westport, CT: Greenwood Press, 1978; pg. 41.

[23] Citado por Galván Moreno, op. cit. pg. 413 C.

> celosías, el aislamiento y la vigilancia para su guarda. Hombres existen aún, que creen superfluidades peligrosas otros conocimientos en la mujer que los simples rudimentos del arte de leer y formar los caracteres... Este abandono de una parte tan interesante de la sociedad, no es fruto del descuido colonial en cuanto a la educación pública; sino consecuencia de ideas recibidas y que dependen de hechos históricos, peculiares a la península española... y al tinte especial que la ocupación de los moros dio a las costumbres. Los hombres, se ha dicho, forman las leyes y las mujeres las costumbres; *ellas son para la sociedad, lo que la sangre para la vida del individuo..*[24]

En *El Mercurio* del 20 de agosto de 1841, Sarmiento aboga por la reivindicación del derecho de la mujer a cultivar seriamente su entendimiento como preparación para la maternidad. Es posible que sus ideas hayan sido influenciadas por Aimé Martin, por Mann o Saint-Simón, lo importante es que si bien para algunas feministas, europeas y norteamericanas, la labor de la madre difiere en importancia dentro del marco de la realización personal de la mujer actual, para la inmensa mayoría de las latinoamericanas la maternidad ocupa una importancia prioritaria. Esto no excluye la búsqueda de nuevos horizontes y de terrenos que han de ganarse a través de la excelencia en el desarrollo de sus profesiones, permaneciendo a la vez tan claramente femeninas como les es posible.[25] Además, no se olvidan de su propia realidad, de sus necesidades y demandas, para decidir así el curso de su acción de acuerdo al contexto de su propia cultura y a sus aspiraciones individuales y colectivas. De igual forma, Sarmiento encomió la maternidad pero lamentaba como una tremenda pérdida de recursos humanos, el querer circunscribir a la mujer a esta única tarea.[26]

Sarmiento, como intelectual influido por la Europa dieciochesca, no puede tampoco abstraerse al utilitarismo de la época y, naturalmente, esto se reflejará en sus políticas educativas. Su innovación y

---

24   Galván, op. cit. pg. 416. El énfasis es mío.
25   Caney, Elsa M. *Supermadre: Women in Politics in Latin American.* Austin: U of Texas P, 1979; pg. 81.
26   Crowley en Joseph T. Criscenti, ed. *Sarmiento and His Argentina.* Boulder, Co: Lynne Rienner Publishers, 1993; pg. 34.

progresismo descansan en buena parte, en el aprovechamiento efectivo de todos los recursos, incluyendo los humanos. Además, Sarmiento consideraba a la mujer como un valioso patrimonio inactivo que de ser puesto en movimiento conduciría a Latinoamérica hacia un exitoso porvenir. Adelantándose a su tiempo, colocó a la mujer en posiciones directivas e hizo de ella el instrumento más poderoso en la diseminación y expansión de la educación. Laura V. Monti comenta que la vida le dio a Sarmiento la oportunidad de ver, valorar y descubrir las infinitas posibilidades y capacidades de la mujer; verlas como personas, con sus virtudes, defectos y necesidades, no sólo como compañeras del hombre, esposas, madres o elementos decorativos del hogar: "but, as important participants in the task of civilization".[27] Siempre consideró a la mujer superior al hombre en cuanto se refiere a la educación de la niñez. Dice Joseph Criscenti que: "he stressed this point because French and Italian law placed education in female hands".[28]

Para comprender mejor qué tan avanzadas eran las ideas pedagógicas de Sarmiento, recordemos que en los Estados Unidos la mujer comenzó a participar activamente en la educación unas décadas antes; en 1808 se abrió la primera escuela para niñas en Essex, Massachusetts y, sólo en 1845 la mujer fue admitida en la universidad. En el mismo año se abrió la primera Normal de señoritas, desatando una rápida participación de la mujer en diferentes frentes de trabajo y afectando, de paso, todo el tinglado de las relaciones sociales. Es preciso indicar que en su defensa en favor de la educación de la mujer, Sarmiento advierte que la educación no ha de ser vista como un adorno, sino como elemento clave en el destino de la nación; "la civilización para en las puertas de la casa cuando la mujer no está lista para recibirla".[29] Personalmente se vio a sí mismo como líder, hacedor y promotor de una Sur América civilizada, meta que proponía lograr a través de la educación pública obligatoria para todos.[30] En *Argiró-*

---

[27] En Laura Monti, "Woman in Sarmiento". *Sarmiento and His Argentina.*; pg. 92.

[28] op. cit. pg. 94.

[29] Sarmiento, *Obras* XI; pg. 122.

[30] La educación, según Sarmiento, es un deber y un derecho de cada ciudadano. Estas ideas se hayan consignadas en *De la educación popular.* pg. 56.

polis, imaginaba la utópica ciudad del futuro que llegaría a ser la capital de los Estados del Río de la Plata.[31] Para asegurarse de que este
luminoso futuro alcanzaría a su patria, durante su período presidencial
la mujer argentina pasó a ser fuerza activa en la implementación de un
diligente y dinámico proceso civilizador. Sus ideas pedagógicas estaban dirigidas a cultivar en las clases populares una vida gobernada por
la razón en el ejercicio de la libertad.[32] En su ciudad utópica, llegaría
el día que todos los maestros prepararían por igual a todos los niños
para entrar en la vida social, cumpliendo su labor con conciencia y
con conciencia de destino, con la idea de una nación que llegaría a ser
una familia, con igualdad de beneficios y sin más gradación que el
genio, el talento, la actividad o la paciencia.[33] Estos no son otros que
los también utópicos postulados Saint-Simonianos de: "A cada uno
según su capacidad, a cada capacidad según sus obras".[34]

A pesar de las contradicciones inherentes a la vida y obra de
Sarmiento, éste en realidad creía en la igualdad del hombre y la mujer,
según puede leerse en la carta que desde Chile escribió a Domingo S.
Sarmiento, su primo, el 2 de diciembre de 1843, con motivo del
matrimonio de este último. En ella le aconseja sobre el tratamiento
que debe dar a su esposa y lo que ha de tener en cuenta sobre los derechos que ella tiene como individuo. En cuanto a la educación de la
mujer dice:

> Se quiere que las mujeres...no sean capaces de estudios, como si su alma
> fuese de otra especie que la de los hombres, como si ellas no tuviesen,
> como nosotros, una razón que dirigir, una voluntad que reglar, y pasiones
> que combatir; o como si les fuese más fácil que a nosotros desempeñar sus
> deberes sin saber nada.[35]

---

[31] Estas ideas están ligadas a las europeas del siglo XVIII respecto a *the hea-
venly city*, concebidas por idealistas como Jovellanos en España.

[32] Katra, op. cit. pg. 159.

[33] Sarmiento, *Obras* , op. cit. pg. 421-22.

[34] Citado por Alberto Palcos, *Sarmiento*. Buenos Aires: Emecé, 1962; pg. 45.

[35] Cuando se habla de igualdad, hay que partir de la base de que, en la vasta
mayoría de las situaciones, Sarmiento buscaba la acelerada promoción de la
minoría blanca de Argentina, atacando duramente a las clases bajas y a la

Dio la razón a las mujeres que se quejaban de los hombres por no considerarlas sus iguales, sino como delicados y valiosos objetos hechos para su recreación y su placer.[36] En su visita a las escuelas de Massachusetts se maravilló de ver hombres y mujeres estudiando juntos y recibiendo la misma instrucción en ciencias y en educación física[37] y, a su regreso a la Argentina, trató de implementar la coeducación. Desafortunadamente, encontró la inquebrantable oposición de La Sociedad de Beneficencia que, desde la época de Bernardino Rivadavia, ya se había opuesto a la educación de la mujer. Sin embargo, es evidente su deseo por dar a la mujer un futuro mejor, dado el interés tan acentuado en el derrotero que iban marcando en Europa las nuevas ideas sobre la educación de la mujer. Al respecto el escritor comenta aprobatoriamente:

> El espíritu inquieto del progreso se ensaya con San-Simón a romper con todas las tradiciones morales, e intenta emancipar de un golpe a la mujer de toda dependencia del hombre. Más cualquiera que sea el aspecto bajo que estos importantes hechos se presentan, siempre quedará demostrado que una gran cuestión de mejora intelectual y social para la mujer, preocupa hoy todos los ánimos y que todo concurre a prepararle un nuevo y más noble porvenir.[38]

Los discípulos de Saint-Simon debatieron con denuedo el estatus de la mujer, particularmente en lo tocante a su sensualidad y emotividad, en enfrentamiento abierto con el romántico Enfantin. Según Janet Rendall, Enfantin creía en la igualdad del hombre y la mujer, aunque consideraba que la esencia femenina era la emoción y la masculina la

---

población rural, *Obras*. V.W. Katra al hablar del idealismo, el materialismo y la educación del individuo según Sarmiento, nos dice que: "In his writings this philosophical polarity influences the treatment of ethnic, racial and social differences. Consequently, one can detect two parallel, but contradictory, views regarding man's potentiality for learning and the role of formal instruction in relation to social progress". op. cit. pg. 158.

[36] Crowley, op. cit. pg. 134.
[37] Criscenti, op. cit. pg. 80.
[38] Sarmiento, Obras V; op. cit. pg. 158.

razón. Hábilmente, Enfantin encontró una forma bastante original para igualar los sexos, a pesar de las diferencias que él les asignó. Pankhurst nos dice que Enfantin consideraba a Dios andrógino y al hombre y la mujer creados a su imagen y semejanza, de lo cual se desprende, lógicamente, la igualdad entre ambos.[39]

Para Sarmiento, la emotividad, la ternura, la comprensión son dotes especiales de la mujer que realzados con una sólida educación la hacen idónea e "imprescindible colaboradora en la faena escolar".[40] Educarse, según Sarmiento, "es simplemente ser hombre libre".[41] La educación de la mujer implica entonces, su liberación. Más aún, al poner en las manos de la mujer la educación pública y obligatoria, la hace depositaria y responsable de la libertad del pueblo. Consciente de la importancia de esta labor, Sarmiento colabora con ella exigiéndole al Congreso que declare al Estado responsable de la educación de los argentinos y que imponga al pueblo, por decreto, la obligación de educarse. Sarmiento-senador interviene así ante el Congreso de la Nación:

> El ignorante no quiere educarse él, ni siquiera a sus hijos y el educado quiere cuanta más educación pueda obtener en favor suyo. Entonces es legítima la intervención del Estado y el Estado puede compeler a los pueblos a educarse, porque la educación es necesaria para la industria, para el uso de las instituciones libres y para todos los casos que constituyen la prosperidad.[42]

Según lo anterior, resulta difícil pensar en un Sarmiento indiferente a los problemas, derechos y ambiciones de la mujer. Por lo tanto, es ineludible mantenernos en el contexto histórico de sus escritos y al emitir un juicio sobre los alcances de su vida y obra, no puede dejar-

---

[39] Rendall, Jane. *The Origens of Modern Feminism: Women in Britain, France, and the United States, 1780-1860.* New York: Schocken Books, 1984; pg. 289.
[40] Palcos. op cit. pg. 94.
[41] Citado por José Antonio Solari, *Días y obras de Sarmiento.* Buenos Aires: Plus Ultra, 1968; pg. 53.
[42] Citado por Solari. op. cit. pg. 54.

se de lado las diferencias sociales, políticas y económicas de los pueblos. Aunque se le haya tildado de misógino y ultraconservador, debe reconocérsele su aporte en beneficio de la mujer. Puede decirse que Sarmiento, al preocuparse por la educación de la mujer, abrió para ella una gran puerta que nunca más volvería a cerrársele.

En Hispanoamérica, siempre ha existido, la preocupación por la situación de la mujer, aunque haya diferido y difiera de muchas de las ideas que conforman la plataforma feminista de otras culturas. Siempre han existido mujeres y hombres visionarios que como Domingo Faustino Sarmiento (1811-1888), o el puertorriqueño Eugenio María de Hostos (1839-1903) fueron apóstoles incansables de la educación y verdaderos pioneros en la lucha por el desarrollo intelectual de la mujer. Estos hombres hicieron, a pesar de las limitaciones impuestas por su época y por su contexto histórico, grandes avances en favor de la causa femenina. Refiriéndose a Sarmiento, Alberto Palcos nos dice:

> Sus conclusiones (sobre la educación) son en nuestros días verdades corrientes, pero en su hora importan una revelación. En los países iberoamericanos debió sonar a herejía su alegato en favor de la educación completa de la mujer.[43]

Su meta era levantar en Argentina y en América el concepto de la educación primaria, dignificar al maestro e incorporar a la mujer a las tareas de la educación.

El balance que la mujer latinoamericana de hoy trata de encontrar entre las funciones biológicas propias de su sexo y sus deseos de realización personal en otros campos, es el elemento clave en el lento ajuste entre deberes y derechos. Es, para las latinoamericanas, un largo y difícil proceso de discernimiento y asimilación de las ideas de filósofos, educadores, estadistas y feministas, entre otros, llegadas a través de mentes inquietas y progresistas como la de Sarmiento. Él supo comprender la desesperada lucha de mujeres como Juana Manso, por un merecido reconocimiento a su inteligencia, a su trabajo y a sus

---

[43]   Palcos. op. cit. pg. 94.

ideas frecuentemente ridiculizadas en razón de su sexo. Sarmiento fue un visionario que imaginó a la mujer-madre pero también a la mujer hacedora de prosperidad. Su idealismo lo llevó a visualizar un futuro de mujeres cultivadas, en control de sí mismas y de su destino.[44] Posiblemente no pensó en una total igualdad de derechos y deberes para ambos sexos, eso sería pedir un imposible en el mundo occidental del siglo XIX, pero sabía que la educación es, por naturaleza, una empresa verdaderamente revolucionaria: nadie sabe cuáles serán sus resultados. Así es que lo importante es la educación y no los argumentos que la justifican "a priori".

OBRAS CITADAS

Brissenden, R.F. *Virtue in distress,* Londres: Macmillan Press, 1974.

Caney, Elsa M. *Supermadre: Women in Politics in Latin American.* Austin: U of Texas P, 1979.

Castillo, Debra A. *Talking Back: Toward a Latin American Feminist Literary Criticism.* Ithaca, N.Y.: Cornell UP, 1992.

Chalupa, Federico. *Espacio excéntrico: Textos hispanoamericanos, desconstrucción y feminismo.* Madrid: Pliegos, 1994.

Criscenti, Joseph T. ed. *Sarmiento and His Argentina.* Boulder, Co: Lynne Rienner Publishers, 1993.

Galván Moreno, C. *Radiografía de Sarmiento.* Buenos Aires: Claridad, 1961.

Garrels, Elizabeth. "Layo y Edipo: Padres hijos y el problema de la autoridad en *Facundo*". *La Torre* 7 (July-September 1988): 505-26.

_____.*Sarmiento: Author of a Nation.* Berkeley: U of California P, 1994. 272-93.

Jitrik, Noe. "Prólogo" *Facundo.* Barcelona: Biblioteca Ayacucho, 1985.

Katra, William H. *Domingo F. Sarmiento: Public Writer.* Arizona: Center for Latin American Studies, Arizona State University, 1985.

---

[44] Vale la pena recordar que Sarmiento acató, disfrutó y agradeció siempre la ayuda de Mary Mann y puso en sus manos el manuscrito de Facundo para que ella lo tradujera. Ciertamente ésta no sería la actitud de un misógino ultraconservador.

Krakusin, Margarita. *La novelística de Alfredo Bryce Echenique y la narrativa sentimental*. Madrid: Pliegos, 1996.

Lavrín, Asunción, ed. *Latin American Women: Historical Perspectives*. Westport, CT: Greenwood Press, 1978.

Monti, Laura V. "Woman in Sarmiento". *Sarmiento and His Argentina*. Boulder, Co: Lynne Rienner, 1993. 91-96.

Palcos, Alberto. *Sarmiento*. Buenos Aires: Emecé, 1962.

Pescatello, Ann, ed. *Female and Male in Latin America*. Pittsburgh, PA: U of Pittsburgh P, 1973.

Rendall, Jane. *The Origens of Modern Feminism: Women in Britain, France, andt he United States, 1780-1860*. New York: Schocken Books, 1984.

Sarmiento, Domingo Faustino. *Obras Completas*. 52 vols. Buenos Aires: Luz del Día, 1948-1956.

_____.*Recuerdos de provincia*. Barcelona: Ramón Sopena, 1967

_____.*De la educación popular*. Santiago de Chile: J. Belín, 1849.

Solari, José Antonio. *Días y obras de Sarmiento*. Buenos Aires: Plus Ultra, 1968.

Elzbieta. Sklodowska, "Sarmiento and the Women Question: From 1839 to the *Facundo. La parodia en la nueva novela hispanoamericana*. Amsterdam/Philadelphia: John Benjamins, 1991.

Stoner, K. Lynn. "Directions in Latin Amerian Women's History, 1977-1985". *Latin American Research Review* 22.2 (1987): 101-134.

Todd, Janet. *Sensibility: An Introduction*. Londres: Methuen, 1986.

MARÍA HELENA URIBE DE ESTRADA,
MARÍA ELVIRA BONILLA
y
ROCÍO VÉLEZ [1]

El *REPTIL DIALOGANTE:* INTERPRETACIÓN BAKHTINIANA DE *REPTIL EN EL TIEMPO, CISTERNA Y JAULAS*

H ablando del tratamiento dado al sujeto femenino en las obras escritas por autores masculinos, la crítica literaria feminista actual no se reduce a señalar la forma en que la mujer ha sido

---

[1] María Helena Uribe de Estrada es una escritora antioqueña nacida en Medellín en 1928. Hizo sus primeros estudios en su ciudad natal y viajó luego a Bélgica y Estados Unidos donde realizó estudios de idiomas y artes plásticas. *Polvo y ceniza* (1963) es el único libro de relatos de la autora. También ha escrito *Reptil en el tiempo,* novela publicada en 1986, algunos artículos periodísticos, ensayos y tres guiones para televisión sobre temas religiosos.
La novelista y ensayista Rocío Vélez de Piedrahíta nació en Medellín en 1926. Se ha distinguido en el campo de la literatura infantil con sus obras: *La literatura infantil en Colombia. Historia y perspectiva (1976)* y *Guía de Literatura infantil* (1983). Su labor crítica está recogida en sus obras: *Comentarios sobre la vida y obras de algunos autores colombianos* (1977) y en *Manual de literatura colombiana* (1988). Además, ha publicado *El diálogo y la paz: Mi perspectiva* (1988) y numerosos artículos periodísticos.
María Elvira Bonilla Otoya es caleña nacida en 1955. Ha publicado hasta el momento una novela corta, *Jaulas* (1984). Estudió filosofía y letras en la Universidad de Los Andes de Bogotá y ha vivido en París y Barcelona. Ha colaborado en numerosos diarios y revistas y en 1982 recibió el premio nacional de periodismo *Simón Bolívar.*

mal representada en la literatura. En su lugar, ésta demanda que se revisen las bases mismas del discurso, prestando atención a las inconsistencias a menudo oscurecidas por la autocensura impuesta por el texto falocéntrico. Leslie W. Rabine, en *Reading the Romantic Heroine: Text, History, Ideology,* afirma que en la obra escrita por el hombre, por lo general, la voz masculina dominante de la narrativa impone una estructura totalizante y reprime al *otro* femenino independiente (7, 12). En su libro, Rabine propone localizar este *otro* femenino no a nivel temático sino a nivel de la estructura, de la técnica de la obra y de la palabra misma. Ahora, si bien es cierto que el sujeto femenino es representado por el hombre bajo la óptica propia de la cultura masculina, es importante analizar el tratamiento que el mismo sujeto femenino ha recibido por parte de las escritoras y ver, en realidad, cuánto difiere éste de aquel, al ser mirado y presentado desde el prisma de la cultura femenina.

En el estudio que se hará de *Reptil en el tiempo* (1986) de María Helena Uribe de Estrada, y en una forma bastante más somera, de *La cisterna* (1971) de Rocío Vélez de Piedrahíta y de *Jaulas*(1985) de María Elvira Bonilla, se busca realizar un acercamiento crítico del texto mismo soslayando un poco la temática feminista que ha motivado las tres obras. Para lograr este propósito se hará uso las teorías de Mikhail Mikhailovich Bakhtin como también de algunas de las teorías feministas del momento. La razón que justifica tal metodología es la de que ambos procedimientos valoran la hetereogeneidad y la diversidad; las teorías bakhtinianas y las feministas comparten una genuina preocupación por el *otro* oprimido y marginalizado que ha sido creado por un sistema hegemónico y autoritario. "This celebration of diversity –of heterogeneity (feminist theory) and of heteroglossia (bakhtinian theory)– allows for a rich dialogue between the two theoretical systems". [Esta celebración de diversidad –de heterogeneidad {teoría feminista} y de heteroglosia {teoría bakhtiniana}– permite un rico diálogo entre estos dos sistemas teóricos] (Shumway 153).

Existen, por ejemplo, grandes semejanzas entre las teorías de Bakhtin y las teorías de Hèléne Cixous. Así, según la forma en que Cixous describe la *ècriture* femenina o práctica femenina de escribir,

parece ser que ésta encarna muchas de las características de lo que
Bakhtin llama el discurso dialógico. Esto resulta particularmente evidente en lo que Cixous y otras teoristas de la escritura femenina describen como "the new relationship between self and other that they
seek to establish through literary expression" ["la nueva relación entre
el yo y el otro que ellas buscan establecer a través de la expresión literaria"] (Gasbarrone 2). A pesar de que la crítica francesa cambia posteriormente de perspectiva, algunas de las ideas de Cixous resultan
interesantes y útiles para este estudio ya que ellas son un llamado que
dirige sus esfuerzos hacia la creación de nuevas formas que compor-
ten una ruptura con la tradición literaria (Conley 77-78).

En "The Epic and the Novel" Bakhtin habla de cómo en la civilización occidental la novela fue poderosamente afectada por una ruptura específica, ruptura que fue causada por una sociedad semipatriar-
cal socialmente aislada y culturalmente sorda (*The Dialogic
Imagination* 11). De igual manera Cixous, en "The Laugh of the
Medusa", habla de una sordera cultural, de un oído masculino sordo
que sólo oye lo que se habla en un lenguaje masculino (251). Ambos
serían tipos de lo que Bakhtin llama *discurso monológico*, discurso
"grounded in patriarchal myth, deaf to other voices and discourses,
and subvertible only through transgression of the linguistic and literary laws that govern them" ["arraigado en el mito patriarcal, sordo a
otras voces y discursos y subvertible solamente a través de la transgresión de las leyes lingüísticas y literarias que lo gobiernan"]
(Gasbarrone 4). En oposición al discurso monológico de la épica,
Bakhtin propone un discurso dialógico en el que voces opuestas y
variadas se den vida y continuamente se estén creando las unas a las
otras ("Prehistory" 47-49).

En las tres obras que nos ocupan –*La cisterna, Jaulas* y *Reptil en
el tiempo*– podemos ver una evolución del sujeto femenino creado por
las autoras, como también una evolución en las leyes lingüísticas y
literarias que han gobernado la producción literaria de la escritora
colombiana de las últimas tres décadas del siglo XX. Sin embargo, la
estructura de poder es bastante evidente en estas obras, particularmente, aquel poder ejercido por los padres sobre las hijas, los hermanos sobre las hermanas y del esposo sobre la esposa. En otras pala-

bras, del hombre sobre la mujer dentro del reducido círculo familiar.
La vulnerabilidad que caracteriza esta situación evoluciona, dentro de
las novelas en estudio, del discurso monológico al dialógico, de la víctima (*La cisterna*) a la mujer en control de su destino (*Reptil*), pasan-
do por la rebeldía que lleva a la autocreación literaria y la búsqueda
de la propia identidad (*Jaulas*).[2]

En *La cisterna* (1971) de Rocío Vélez se narra la historia de la tía
Celina contada por una sobrina autora/editora/narradora –Clarita. Ella
ha nacido y crecido en los Estados Unidos y por encargo de su padre,
de viaje al Perú con su esposo, pasa por Medellín a visitar a la ancia-
na tía. Dos meses después la tía Celina muere y es Clarita quien, por
encargo de su tía, debe "liquidar las cosas y cerrar el apartamento"
(237). Con cuidado y respeto, Clarita se dedica a esta labor. Al final,
cuando la tarea está casi concluida, la sobrina encuentra un legajo de
papeles que por escondidos despiertan su interés, papeles que tomarán
vida posteriormente al dar origen a *La cisterna*. Dice la narradora:

> Unos a máquina, otros a mano, aquellos escritos me revelaron en unas
> horas la trágica realidad de la vida de la tía Celina –frustrada, trunca,
> mísera–; una búsqueda tenaz y horripilante de animal preso que lucha
> media vida por encontrar un agujero con salida a la independencia, a la

---

[2]   Estos cambios siguen de cerca a la evolución acaecida en el movimiento feminista comenzado en Europa y EE.UU. en los años sesenta. Así, en la década
de los setenta y los ochenta, las escritoras pasan por tres diferentes etapas claramente diferenciadas dentro de la crítica feminista. La primera se dio a
comienzos de los setenta y fue una etapa reaccionaria que veía a la mujer
como víctima de una sociedad dominada por el hombre. A mediados de la
misma década la escritora deja de atacar a los autores masculinos y sus imágenes estereotipadas de la mujer, para centrarse en la capacidad de ésta para
resistirse a los valores dominantes y lograr su autonomía y su realización personal. A principios de los ochenta la escritora se aleja de los ideales de igualdad basados en la neutralidad sexual y se enfoca en los derechos individuales
y en el dilema experimentado por la mujer profesional que ha tratado de imitar los modelos masculinos de poder, independencia y éxito. Y, para finales de
los ochenta ya se comienza a explorar la desilusión sentida por muchas mujeres por no haber logrado la utopía planteada por el movimiento feminista
durante los sesenta (Loach 25-30).

libertad, y ya vencido, destruido, vegeta la otra mitad, semi-inconsciente,
flotando lastimeramente en una nube pesada de inhibiciones, dolores, ren-
cores e incomprensiones. (11)

Celina es la hija tardía del matrimonio Lopera, lo que la ha colocado
en una posición vulnerable que es aprovechada por todos los miembros de la familia para decidir por ella hasta el final de su existencia.
Estas vivencias han sido recogidas, aunque de forma esporádica, por
la propia Celina. Además, en los papeles encontrados por Clarita, también ha sido consignada la vida onírica de la protagonista, la cual es
el reflejo de su vida familiar, de sus deseos, frustraciones y silencios,
de su soledad, abandono y, por último, de su pérdida de fe en Dios. El
análisis que aquí haremos de la obra de Rocío Velez no nos lleva a
"descubrir las *tretas del débil*, los mecanismos que la mujer ha encontrado para expresarse y apropiarse del lenguaje en un mundo falogocéntrico" (Jaramillo 230).[3] Se trata más bien de demostrar que la obra,
en apariencia feminista, adolece de las mismas inconsistencias a
menudo oscurecidas por la autocensura impuesta por el texto falocéntrico y que el feminismo intenta desmantelar. Si bien a nivel temático
"en el tejido textual podemos adivinar las carencias y dificultades que
afronta la mujer cuando intenta una tarea fuera de la esfera doméstica", no podemos asegurar que el tratamiento dado a la protagonista

---

3   Al respecto remitimos al lector al iluminador estudio de María Mercedes
    Jaramillo, "Rocío Vélez de Piedrahíta: La construcción/deconstrucción de los
    valores tradicionales antioqueños". En él, Jaramillo presenta un análisis exce-
    lente sobre la temática femenina en la obra de la autora. En *La tercera gene-
    ración* estudia el problema de la hija sobreprotegida, "la vida de una mujer sin
    vida", en *Por caminos del sur* analiza a la mujer-esposa en la vida de hogar,
    en *Crónicas humorísticas* se dedica al humor y la ironía con que Vélez expo-
    ne y critica las costumbres de la sociedad tradicional, en *El hombre, mujer y
    vaca* señala la deshumanización del individuo, en *El pacto de las dos Rosas*
    trabaja el tema del "doble" como experiencia vital que ayuda a los personajes
    a enfrentarse a su propio destino, en *Terrateniente* estudia el "ímpetu coloni-
    zador del protagonista" según el derrotero marcado por los conquistadores. *La
    guaca* está centrada en el secuestro y *La cisterna* elabora sobre el sufrimien-
    to y desequilibrio mental de la protagonista "como resultado de la rigidez
    familiar y social". (*Literatura y Diferencia*, vl.I 229-53).

por la autora/editora-narradora –Clarita– sea diferente al que el resto
de la familia ha dado a la tía Celina (Jaramillo 244). Clarita ha encontrado los manuscritos –cartas, diario, apuntes etc.– y, con la misma
buena intención que asistía a los padres de Celina y, posiblemente a
sus hermanos, ella decide qué es lo que debe hacerse con aquel legajo. Su deseo es obvio: hacer justicia a la tía y sacarla del anonimato,
dar testimonio de los abusos e injusticias con ella cometidos. Es evidente que a nivel de la trama ella cumple con la meta propuesta. El
lector es informado sobre la represión impuesta por el padre, el hermano –Héctor–, y en general por todos los hermanos/as, por ser
éstos/as mucho mayores que la protagonista. Sin embargo, a un nivel
de lectura más profundo, parece ser que Clarita incurre, por decir lo
menos, en el mismo abuso de poder que ella ha querido censurar.

Es pertinente recordar aquí que la autora/editora/narradora pertenece a una cultura diferente –la norteamericana– donde la han sensi-
bilizado y alertado sobre la situación de la mujer, pero también es cierto que es ajena el contexto familiar y social, lo que hace de ella una
extraña en el entrañable mundo familiar de los Lopera. Podríamos
decir, entonces, que su relación con la tía Celina no difiere en mucho
de las incomprendidas y a veces incompresibles relaciones entre el
mundo femenino y el masculino, entre el mundo de los hijos mayores
y el de la menor de la familia. Si estas relaciones han sido dominadas
por una cultura hegemónica donde aún subsiste el poder del hombre
sobre la mujer, del fuerte sobre el débil, en la relación entre tía y sobrina también media toda una cultura –social, lingüística, generacional–
que lleva a la sobrina a *aniñar*, de nuevo, a la mujer de 30 años
–Celina– que volcó su interioridad en un viejo diario y en esquelas
que fueron de su padre.[4] Sólo teniendo esto presente, podríamos
entender por qué Clarita no conservó el orden estructural que Celina
había dado a este recuento autobiográfico, y fragmentario de su vida

---

4   Según indica Jaramillo el término *aniñamiento* como es definido por Sylvia
     Molloy implica "la reducción de la mujer al status de una menor de edad"
     (240). Esta actitud implica la inhibición e incapacidad por parte de la prota-
     gonista para decidir por sí misma, no por impedimento personal, sino por
     sobreprotección y/o abuso de la autoridad familiar.

(11-12). Por qué se asignó ella el derecho de ser interprete de hechos que no vivió ni alcanza a comprender en su totalidad, y nos preguntarnos, ¿En qué difiere su actitud de la del resto de la familia? ¿Acaso Clarita no le robó a Celina su último derecho a expresarse por sí misma, en forma semejante a lo que hizo Héctor que ni siquiera le permitió rechazar personalmente la oferta matrimonial que le hizo el ministro, y fue él quien se anticipó a darle la negativa sin la autorización de su hermana?

Además, vemos que Clarita, como autora/editora, tampoco ha dejado bien paradas a doña Elisa, la madre, ni a las hermanas –Camila y Olga– que son presentadas como ecos de la voz de sus respectivos maridos. Las tres han sido nulificadas por ellos, hasta el punto de parecer que en su cerebro no se elabora ni un sólo pensamiento propio. Cecilia, su cuñada y la esposa de Héctor, es el único personaje femenino quien, con el de la protagonista, ha sido más desarrollado por Clarita. Desafortunadamente, al final esta figura también se desdibuja, se hunde y se degrada. Cecilia ha profesado un verdadero cariño por su cuñada Celina, por esto al morir doña Elisa, y después de una corta visita en casa de Pedro –su otro hermano y padre de Clarita–, Celina viene a vivir a casa de Cecilia y Héctor. Celina se da cuenta de las frustraciones de Cecilia a causa de la conducta dominante y represiva de su hermano y cuando surge la oportunidad le ayuda a salir de ese ambiente para que lleve a cabo algunas labores de voluntariado en instituciones de beneficencia, mientras ella se hace cargo de la casa y de los hijos de la pareja. Cecilia logra cierto éxito pero con el tiempo renuncia a él al darse cuenta que Celina se ha convertido en el centro de su hogar. Una vez más Celina es pospuesta, desechada, y termina solitariamente su vida en un oscuro y sucio apartamento. La reacción de Cecilia, la de las hermanas o la de Clarita, no difieren en nada de la conducta del padre o de la de su hermano Héctor. En otras palabras la autora/editora comparte, aunque inconscientemente, la cultura de la voz masculina dominante, situación ya estudiada por Michel Foucault en *History of Sexuality*.[5] Según este

---

[5] A pesar de que Foucault ha sido criticado por su androcentrismo, su concepción del poder basada en la interacción de una multiplicidad de relaciones ha

autor "power is exercised from innumerable points, in the interplay of
nonegalitarian and mobile relations" ["el poder es ejercido desde
innumerables puntos, en la interacción de una relación no igualitaria
y móvil"] (94). En el caso de Clarita, su ambigua posición en el contexto del libro por ser de la familia pero extraña a ella, por ser norteamericana pero colombiana en cierta forma, feminista pero con un
bagaje cultural diferente, le impide objetivizar los hechos para con-
textualizarlos apropiadamente. Ella, por lo tanto, representa una nueva
forma de poder que controla "both individualization techniques and
totalization procedures, in which a person is isolated from community
life and self-expression" ["las técnicas de individualización y los procedimientos de totalización, por los cuales una persona llega a ser aislada de la vida de su comunidad y de su autoexpresión"] (Loach 21).
     Esta forma de poder que es encarnado por la autora/editora se
extiende al lector/a. Clarita no sólo disminuye a su vieja tía sino que
también *aniña* al lector al negarle su capacidad y talento para leer,
reflexionar e interpretar adecuadamente la versión original autobiográfica dejada por Celina, y le niega la opción de volver a los manuscritos para aceptar o cuestionar la versión de los hechos presentada en
La cisterna. En otras palabras, para ella, joven norteamericana y feminista, (ejerciendo su poder de escritora narradora), nosotros somos
lectores hembras, según la terminología cortaciana, incapaces de una
participación activa que lleve al diálogo entre el autor de su autobiografía y el lector. Esto nos remite a las teorías feministas y a las de
Bakhtin, respecto a la nueva relación entre el yo y el otro que se busca
establecer a través de la expresión literaria y que, evidentemente, se
haya ausente en *La cisterna* por la imposición de un narrador poco

---

abierto espacio para la reconsideración de las estructuras del poder. Además,
ha permitido a grupos anteriormente excluidos, explorar las prácticas y las
instituciones de poder en la sociedad. Uno de estos grupos es el de las feministas. A pesar de que Foucault raras veces se refiere en sus escritos a los
movimientos de mujeres, él fue conocido como defensor de la mujer y de
otros grupos oprimidos. Hoy día sus teorías son estudiadas por el feminismo,
en particular, algunos de sus trabajos relacionados con las estrategias del
poder y los puntos de articulación entre poder y conocimiento. M. Foucault
murió en 1984.

confiable, dada la supresión arbitraria de las otras voces del discurso. Podríamos decir, entonces, que el discurso de *La cisterna* es monológico, excluyente y tradicional, a pesar de la temática feminista que da cuerpo a la novela.

A diferencia de *La cisterna*, en *Jaulas* de María Elvira Bonilla, sí nos encontramos con una relación (pseudo)autobiográfica. Es Kristal quien narra los acontecimientos de su propia vida y como Celina, ella también ha perdido la fe en el ser humano después de la confrontación, y posterior desengaño, con los estamentos familiares y sociales. Esta pequeña novela es de clara estirpe kafkiana, ya que temática y estructuralmente se acerca bastante a *La condena* (1912), "La metamorfosis"(1915) y a *Carta al padre* (1919) de Franz Kafka cuyos protagonistas son todos víctimas de la severidad y del rechazo paterno.[6]

---

[6] Franz Kafka (1883-1924), judío checo, fue novelista y cuentista cuya perturbante y simbólica ficción, escrita en alemán, prefigura la opresión y la desesperación del hombre finisecular del siglo XX. Es considerado una de las figuras más importantes de la literatura mundial. Los temas kafkianos son la soledad, la frustración y la culpabilidad opresiva de un individuo amenazado por fuerzas anónimas que se hallan fuera de su control. Filosóficamente pertenece a la corriente de Søren Aabye Kierkegaard y al existencialismo del siglo XX. Escribió historias cortas y tres novelas, publicadas póstumamente por su amigo Max Brod: *La condena* (1925), *El castillo* (1926) y *América* (1927) (*Funk & Wagnalls New Encyclopedia*). En la vida real, el padre del escritor fue una figura dominante cuya influencia impregnó de amargura el trabajo del escritor.
Es posible hacer una crítica feminista de la obra de Bonilla, pero el acercar *Jaulas* a la obra de Franz Kafka realza un aspecto de la marginalia, por cierto poco estudiado, la niñez. Posiblemente, como necesidad de hacer catarsis y así poder alejar un pasado traumático, *Carta al padre* de Kafka es un verdadero documento freudiano en el que se exponen numerosas experiencias negativas emanadas de la rudeza y el sadismo paterno. Tanto en *La condena* de Franz Kafka, como en *Jaulas* de María Elvira Bonilla, los protagonistas hacen de sus progenitores –el viejo Bendemann, padre de Georg, y a los padres de Kristal Ventura– el centro de su obra. Ambas son un soliloquio. A través de él, Georg y Kristal analizan, más que las relaciones con sus padres y el complejo tinglado de situaciones sociales, su extraño mundo personal. Georg y Kristal son dos seres divididos. Por un lado está el individuo como es percibido por los demás y, por el otro, el lector se encuentra con un yo interior, diferente, gobernado por ambivalentes sentimientos de amor y odio. De

En *Jaulas,* como en *La cisterna,* también se narra la vida de una adolescente de clase alta, asfixiada por sus padres y sacrificada en aras de un buen gusto y decoro dieciochesco, obsoleto y agobiante y donde, según la protagonista, Kristal Ventura, "ni la sensibilidad ni la emoción cabían" (Bonilla 12). Mediante una oralidad satírica, paródica y furiosa, el *yo* protagónico hace una escisión de la sociedad privilegiada por la fortuna, develando los secretos y las máscaras de la aristocracia colombiana. Desde una posición periférica, Kristal se va adentrando en un mundo vacuo dominado por un canon colectivo e inhumano que controla la vida de sus miembros. Los que logran rebelarse contra él, son marginados, perseguidos, hasta que obligados por el hambre y la soledad regresan a él, para participar activamente en la conservación del mundo que hasta entonces habían repudiado (75-79). Para Kristal, ésta no es una opción. Firme en sus creencias, prefiere permanecer en la marginalia sintiéndose doblemente traicionada –por la sociedad y por sus antiguos compañeros de *La orilla.* Tanto la oralidad como el lenguaje autobiográfico enmarcan los traumas de su educación y la lucha de la protagonista por recobrar su identidad, su *yo.*

A partir del momento de la Primera Comunión de la niña, la vida de Kristal se torna en pesadilla. A los pocos días de este feliz evento, es internada en un elegante colegio en los Estados Unidos y luego es enviada a Europa. Posteriormente, y siguiendo la ideología patriarcal la niña, ahora una adolescente independiente de quince años, debe regresar para ser iniciada en sociedad y comenzar el proceso de búsqueda y selección de esposo. Por años la habían preparado de la mejor manera posible para poder competir en el "mercado" y tener las mejores opciones. La hija, por lo tanto, es presentada como mercancía en

---

la misma manera, "La metamorfosis" ofrece semejanzas extraordinarias con *Jaulas.* Así como Gregor una mañana se despierta para encontrarse convertido en un enorme insecto, Kristal un día se convertida en un vegetal después de un intento frustrado de suicidio. Ambos son rechazados por su familia, para la que hasta entonces habían sido su orgullo. Gregor muere al final y la antigua Kristal, la niña sometida al poder familiar y social muere, metafóricamente, para dar paso a una nueva Kristal, la escritora.

venta, parte de una simple transacción de negocios. Esto representa una experiencia inaceptable para la adolescente quien, por tercera vez, es transplantada de ambiente sin que nadie hubiera tenido el más leve interés en averiguar lo que ella sentía o deseaba. Pero como señala Foucault: "every power relationship implies, at least, *in potentia*, a strategy of struggle" [cada relación de poder implica, al menos, *en potencia*, una estrategia de lucha"] en un constante intercambio de dominio-resistencia sin importar que la resistencia se haga en forma activa o pasiva (225-26).[7] Así vemos que Kristal ya ha aprendido a vivir sola y reclama el control de su vida. Ella se niega a ser parte de ese juego denigrante y se hace miembro de un grupo de adolescentes rebeldes como ella –la mafia de *La orilla*. Desafortunadamente sus compañeros, "orillados" por los de su clase, se retractan de su proceder. Al quedarse sola, la protagonista se siente perdida y trata de suicidarse. Aunque queda en un estado vegetativo, con el tiempo recupera la conciencia, pero no así los movimientos de su cuerpo.

El firme deseo de autodestrucción que llevó a Kristal a su actual situación, podría verse como una fuerte metáfora de lo que implica el cambio para una mujer de la clase alta en la sociedad colombiana. La protagonista debe romper con su medio social, con su familia y con ella misma, es decir, debe destruirse para dejar de ser parte de ese ente colectivo y opresor. Para Kristal, la muerte es una forma de rebeldía y de autenticidad. Sin embargo, al verse incapacitada para finiquitar sus deseos suicidas, no posee otra alternativa que luchar por su individualidad a partir de sus propios despojos, entonces comienza su labor de autocreación a través de la escritura. Antes, Kristal se había expresado libremente, primero en *La orilla,* donde se manifestaban las inquietudes de la gente joven, se hablaba de cambio social, de la igualdad (55-62). Era conocida como *La aguzadora* porque buscaba el intercambio de ideas, el análisis compartido, el diálogo. Sin embargo Kristal, como disidente del consenso social y político, es una excluida del canónico discurso masculino.

---

[7] Citado por Barbara Loach p. 22.

A través del sujeto femenino, Bonilla ha dado a su obra una óptica desde la periferia de un sistema que polariza a los sexos en una ecuación asimétrica.[8] Por esto su universo textual es paródico (noción de canto-contracanto)[9] duramente satírico, burlón y desmitificador y, por supuesto, cargado de un significado subversivo y marginal. En él, el yo marginado se torna en sujeto central del texto. Su discurso señala el desfase donde la convencionalidad progresivamente se hace periférica y lo liminal comienza su proceso de canonización a través de un diálogo intertextual y contextual. Los distintos capítulos de la obra presentan una realidad ficcional individual, a la vez que colectiva y generacional, en un discurso dialógico que revierte el largo monólogo de Kristal al contexto de donde partió. Como dijera Bakhtin a cerca de *The Letters of Obscure People,* este proceso de interanimación lingüística, su comparación con la realidad y con la época actual, es un proceso consciente por parte del autor (*The Dialogic Imagination* 82).

Es evidente que para la protagonista, la expresión literaria es la única forma de terapia de la que ella puede echar mano para reconstruirse como individuo. Primero porque está físicamente incapacitada

---

8   Deborah Tannen en su libro, *You Just Don't Understand: Men and Women in Conversation,* explica que los comportamientos del hombre y la mujer en sus relaciones, al igual que el lenguaje por ellos utilizado, son el producto de una educación. De estos comportamientos aprendidos y reforzados por la sociedad patriarcal surge una simetría lingüística en la mujer. En el hombre, por el contrario, se da la verticalidad lingüística que se verá reflejada, tanto en su discurso como en sus relaciones con interlocutores del sexo opuesto.

9   La idea del contra-canto está directamente ligada a la definición de parodia. La parodia implica intertextualidad. Bakhtin señala que los dos "lenguajes" o "textos" –paródico y parodiado– llevan a una parcial instancia dialógica híbrida, puesto que su intención es la deformación del texto original (77). Ahora, si bien es verdad que toda producción literaria descansa sobre el intertexto, no toda escritura es exclusivamente paródica, ni toda parodia es necesariamente cómica. Pero esto no conlleva el olvidar que la imitación de cualquier texto preexistente es el fundamento de la parodia. No existe parodia si no existe el texto parodiado. Fred Householder explica que etimológicamente el término parodia envuelve la idea de "contra-canto" o "canto al lado de otro canto", es decir, que la parodia es la recontextualización o reelaboración de un texto con finalidades diferentes a las del texto que se intenta imitar (1-9).

para hablar y, en segundo lugar, porque su familia la ha recluido y aislado (53). Por lo tanto el proceso de autocreación llevado a cabo por la protagonista es conocido por el lector a través del soliloquio que, como recurso discursivo, refleja la economía ventajosa para el hombre, donde la mujer ha sido marginada de la esfera pública y confinada a la geografía doméstica, a lo privado. Este soliloquio estructura la obra técnica y lingüísticamente. Cada capítulo marca una pequeña pausa rememorativa, psicoanalítica, justificante, que le permite a Kristal liberarse de su pasado para poder vivir su presente. El monólogo escritural es la forma utilizada por la protagonista para matar el *yo* producto de esa sociedad que ella rechaza. Según Bell Hooks la escritura de la autobiografía está íntimamente ligada a la muerte del propio *yo:* "I wanted to kill that self in writing. Once that self was gone –out of my life for ever– I could more easily become the me of me" ["Yo quería matar ese yo escribiendo. Una vez que ese yo se hubiera ido –fuera de mi vida para siempre– yo podría más fácilmente ser el yo de mí misma"] (155). Al respecto Fairclough sugiere que "the same forces that produced the need for therapy also produced therapeutic discourse as an answer to that need" ["las mismas fuerzas que han producido esta necesidad de terapia son las que han producido este discurso terapéutico como respuesta a esa necesidad"] (217).

Aunque el discurso de Kristal es un soliloquio, *Jaulas* es metáfora y parodia de su propio proceso narrativo. Es una escritura que pretende encerrar en sí misma su propia significación y en su polivalencia significativa rechaza los parámetros de un solo código. Bonilla recontextualiza el texto oral tomado de la realidad para que el lector contraste el sistema de códigos culturales extemporáneos a la luz de otros paradigmas más actualizados y renovadores, y busca que el proceso de lectura concluya con una nueva visión y revisión que le dé al texto una nueva significación. De esta manera el texto que parece privilegiar un discurso monológico y excluyente, es en realidad dialógico.

En *Reptil en el tiempo* de María Helena Uribe de Estrada, el discurso dialógico es abiertamente presentado. Estructural, temática y técnicamente, es una obra mucho más sasonada y experimental que las anteriores y, ciertamente, es una novela trabajada artesanalmente que está a la altura de las obras de otros escritores masculinos que han logrado sobresalir internacionalmente. La obra narra la historia de una mujer que, como Kristal Ventura, cuenta los diez años de tragedia vividos después de haber matado a su *otro yo,* agobiada por un mundo en el que no termina de encajar. Al final ambas, Kristal y Martina María, logran encontrar su otro yo –el verdadero– a través de la literatura, de la escritura.[10] Martina María, la protagonista de *Reptil en el tiempo,* es una mujer aparentemente feliz, casada y con dos hijos, con un buen esposo, solvente y que posee una buena posición social. Sin embargo ella, llevada por su insatisfacción y frustración y sin comprender bien por qué teniéndolo todo se siente vacía, decide lanzarse a una espeluznante aventura en búsqueda de una razón que justifique su existencia como individuo. Martina María ama a los suyos y nunca se queja directamente de nada o de nadie pero nos dice:

> *(Me protegen para que no escape, como si fuera posible saltar desde aquí. No comprenden. Soy homicida, pero temo la muerte. Sería incapaz de atravesar el límite que me separa de mí misma. Si me quitaran los barrotes no peligraría mi seguridad, en cambio podría respirar mejor).* (12)[11]

---

[10]   Es pertinente aclarar que estoy en desacuerdo con la interpretación con la que Augusto Escobar Mesa abre su excelente estudio "María Elena Uribe de Estrada: Intimidad y trascendencia", publicado en *Literatura y Diferencia: Escritoras colombianas del siglo XX.* En el aparte de su artículo dedicado a *Reptil en el tiempo,* Escobar Mesa considera que Martina María y la protagonista son dos personajes diferentes. Martina María es amiga de la protagonista desde su niñez y, en su madurez, ha sido asesinada por ésta, razón por la cual la protagonista (de la cual desconocemos su nombre) se halla recluida en una cárcel (291). Sin embargo, para mí es evidente que se trata de la misma persona, cuyo Yo se ha desdoblado como lo hace Artemio Cruz (protagonista de *La muerte de Artemio Cruz* de Carlos Fuentes), ya que la narradora protagonista nos dice: "Cuando publicaron mi muerte, no se acercó a mi casa por temor a gritar: (*yo la maté*)" (13). En la cita anterior es la narradora la que habla de "mi muerte" y de "(*yo la maté*)" pero hace una distinción tipográfica entre ambas: la primera usa la *palabra* y la segunda el *silencio,* según la interpretación que de estos da Sepúlveda-Pulvirenti en su libro *Los límites del lenguaje: Un acercamiento a la poética del silencio.*

[11]   El énfasis es del autor.

Es evidente que la protagonista se siente compelida por una necesidad de liberarse, de deshacerse de la mujer que la sociedad ha querido que ella sea, para encontrar a la mujer que es verdaderamente. Su rebeldía y subversión se manifiesta en una especie de locura que obliga a la familia a recluirla en una institución a la que ella ve como una cárcel. Una vez allí, Martina María rechaza todo contacto con la civilización, vive en un estado casi primitivo, donde el vestido, y aún la limpieza carecen de importancia, y los instintos gregarios han quedado suspendidos. Sólo le interesa escribir y pensar. Escribe historias sobre gente marginada socialmente, angustiada, y cuya vida trágica se intercala con sus propios pensamientos. Kristal Ventura, protagonista de *Jaulas,* recobra su individualidad a través de la escritura, y la figura central de *Reptil en el tiempo* lo hace por medio de un diálogo literario muy *sui generis.* Este diálogo se lleva a cabo entre el *silencio* y *la palabra.*

Emma Sepúlveda-Pulvirenti nos dice que "lo que se ve se puede transmitir con las palabras; lo que se siente puede ocurrir en algún momento anterior al lenguaje o simplemente fuera de él". Continúa afirmando, sin temor a exagerar, que: "el arte contemporáneo quiere y necesita salir de la 'comunicación' directa con el mundo del 'lenguaje', para encontrar su expresión máxima en la posibilidad de definición abierta que le ofrece el silencio; recurre a su metáfora" (15). Esto es lo que hace Uribe de Estrada. Así, *Reptil en el tiempo* es la creación de un discurso sobre el discurso, ambos claramente marcados por la doble paginación –numérica y alfabética–, por el cambio de color en el papel de las páginas –según se trate de un discurso o de otro–, la escritura vertical, los extensos puntos suspensivos, las pausas, los espacios y páginas en blanco.[12] Tipográficamente los pensamientos son marcados por la letra en negrita, en tanto que la palabra se marca con un signo tipográfico normal. La desesperación y la angustia se

---

[12] Muchas de los recursos técnicos usados por Uribe de Estrada los encontramos en obras hispanoamericanas como *Rayuela* (1963) de Julio Cortázar: doble paginación, doble discurso, creación de un lenguaje *exclusivo* para manifestar lo que no puede ser dicho con palabras, creación de un personaje con capacidad para ver y vivir una vida ordenada en medio del desorden etc.

marcan con mayúsculas y, las entradas en forma de diario, de contenido muy personal, también aparecen esporádicamente.[13] De forma original, la protagonista-narradora es presentada como un personaje que habla y que piensa, y cuyos pensamientos son, para el lector, accesibles en su totalidad. Esta interesante combinación de palabra y silencio está claramente establecida desde el comienzo, en el título de la novela:

Reptil en el tiempo
(*ensayo de una novela del alma*)

Uribe de Estrada orienta, o dirige al lector, hacia un cambio en el fluir del discurso, el cual está conformado por textos paralelos, creados para demostrar la variedad de tonos con los que se presenta el mensaje. A través del doble texto es evidente la organización discursiva y la jerarquización temática. Por un lado están las nivolas (pequeñas novelas)[14] compiladas en "Esos pies nuestros". En esta intercalación con doble paginación numérica –a pie de página y en la esquina superior derecha– se narran las historias de 'Mateo', 'Maligda', 'Magdalena'. 'Maruja' y 'Mariana', 'Julián' y una nivola titulada 'El parque'. Por el otro, entre paréntesis, están consignados los pensamientos y comentarios de la narradora protagonista. Este otro discurso esta señalado por la paginación combinada de letras y números –numérica a pie de página y alfabética en el margen superior derecho. Las primeras –nivolas– corresponden a la palabra propiamente dicha, mientras los segundos –pensamientos– representan el silencio, el cual "ha sido siempre pensado históricamente, en relación dialéctica con el lenguaje. Y ha sido a través del lenguaje como se ha encontrado el valor positivo del silencio" (Sepúlveda-Pulvirenti 12).[15] Los silencios de *Reptil en el tiempo* son los que dan mayor profundidad y significación al mensaje de la

---

13   Una excelente explicación sobre este aspecto del silencio puede encontrarse en el libro de Sepúlveda-Pulvirenti, pgs. 25-58.

14   Hasta donde me ha sido posible averiguar, este término fue acuñado por don Miguel de Unamuno en *San Manuel, Bueno y Mártir* (1933).

15   Según Lisa Block de Behar, el silencio puede ser "la interpretación de la nada o la representación del caos de un mundo no organizado, o más bien previo a la organización (23).

palabra. Al parecer, la narradora protagonista busca el silencio como recurso para encontrarse a sí misma y crea, de paso, una antinovela.[16] Uribe de Estrada experimenta con un nuevo lenguaje en el que el silencio –mundo interior vaciado entre paréntesis–, como lenguaje comunicativo, abarca un amplio rango de niveles: psicológico, social, religioso etc. Vemos, por ejemplo, el aspecto religioso en la madre superiora de la institución. Ella atemoriza a Martina María, la sitia por hambre para doblegarla, y la dureza con la que la trata revela aspectos de la vida conventual contrarios a las doctrinas sobre las que, supuestamente, descansa la Iglesia Católica (34-35). Los asedios de la priora llevan a la protagonista a elucubraciones metafísicas sobre el tiempo (35-39, 223), la presencia del Dios creador, la fe (46) la vida y la muerte (42), el hombre mismo (117), el amor. La protagonista afirma, por ejemplo, que "amar es destruir", (43).

La estructura binaria de la obra tiene el doble propósito de presentar varios temas, o variaciones de ellos con una estructuración independiente para cada nivola, cada una de las cuales tiene su propia ordenación espacial y temporal. Todas ellas, sin embargo, están entrelazadas y a la vez son reflejos de la vida de la figura central de *Reptil en el tiempo*. "Mateo" es la historia de un ex sacerdote que agoniza por su incapacidad para afrontar la pérdida de su fe, "Magdalena" presenta la triste vida de la amante de Mateo y "Maligda" la de la hija de ambos. Maligda: "no cree en las instituciones, ni en el amor, el sufrimiento, o el goce. Se siente espectadora de un mundo que le es ajeno y sin objeto. Este es precisamente el infierno que vive" (Escobar 293). "Mariana" es otra de las viñetas intercaladas que narra la historia de una mujer que está unida a Alfredo pero que concibe a su hijo, Julián, con Daniel. Julián crece al lado de Alfredo y sólo llega a conocer la verdad de su origen a la muerte de éste. En cada una de estas nivolas se refleja, como en un espejo roto, pedazos de la vida de Martina María. En su desesperación, la protagonista encuentra que, "sólo la

---

[16] Ihab Hassan, en su libro *The Literature of Silence*, señala que la literatura moderna tiende a volverse contra sí misma y va en busca del silencio. Advierte, además, el peligro que corre el futuro de la palabra con la antiliteratura, o sea con aquella que ha encontrado el silencio (3).

escritura la sostiene en vilo como un péndulo y la conforta, aunque a veces también la desespera" (Escobar 495).[17] Aunque todas nivolas funcionan como unidades autónomas de la palabra, la obra en su conjunto busca, a su vez, la estética del silencio para romper tal ordenación como fórmula transgresora que le permite "encerrarse en sí misma y apartarse violentamente del terreno de todo significado 'exterior' inteligible" (Steiner 23). A pesar de esto, a veces, ni aún el silencio parentético logra expresar el caótico mundo interior de la protagonista y ésta se ve forzada a acudir a los espacios en blanco (30, 31,52 etc.), que como en la famosa página negra de *Tristram Shandy* (1759) de Laurence Sterne[18] o la tela blanca de Robert Ryman, son el lugar donde "el acceso a una sensibilidad inmaterial se hace más clara, y más evidente la correspondencia con el silencio" (Block 25). Lo anterior, según señala Janet Pérez: "induce a un verdadero vértigo espiritual" (114). Por eso la narradora nos dice por medio del silencio:

(Éramos <u>oscuridad de ruido</u>, ausencia de la luz, y yo, negación del ser...mis palabras más hueras que la palma de mi mano... Es que el vacío soy yo, y la <u>oscuridad estrépito en el silencio</u>). (56)[19]

La experimentación de Uribe Estrada la lleva a encontrar el valor hueco y gastado de la palabra mediante la exploración de su reverso:

---

17 Para una ampliación de este tema puede verse el trabajo de Augusto Escobar Mesa, "María Helena Uribe de Estrada: Intimidad y trascendencia" en *Diferencia y Literatura*, pgs. 282-304.

18 Laurence Sterne, autor inglés, es considerado por la crítica moderna como la figura central de la novela sentimental inglesa del siglo XVIII. Su obra *Tristram Shandy* fue publicada entre los años de 1759 y 1768, año en que apareció su noveno y último volumen. "Su escritura de apariencia biográfica, narra la historia de una vida, y es medio para reflexionar sobre la tarea del escritor y sobre el acto de creación. La escritura de la obra se resuelve en el hecho mismo de ser escrita, en la presencia interna de la literatura como elemento generador, conductor y cohesor del todo" (Krakusin 48). Además, la obra de Sterne estudia los triunfos y limitaciones del ser humano, de su capacidad de conocimiento del mundo exterior y de las profundas verdades que se encierran en la mente y en el alma de todo ser humano (Krakusin 54).

19 El énfasis es del autor y el subrayado es mío.

el silencio. Según Sepúlveda: "el silencio es la fuente de donde emana la palabra, y al mismo tiempo, es el espacio donde encuentra su destino final después de haber intentado su propósito comunicativo" (17). Vemos, entonces, que la obra comienza en silencio: "*(Doble celda. La mía propia que me asfixia...)*" (11) y termina en otro silencio que reza: "*(Solo tengo palabras)*" (245). Sin embargo, este final le da a la obra el poder de soslayar la estructura circular al crear en su lugar un espiral que al dejar abierta la comunicación, conecta e integra a la protagonista, como emisora del discurso, con el lector, receptor del mensaje.[20]

Tanto la palabra como el silencio tienen su espacio en *Reptil en el tiempo*. Sin embargo, a veces parecen disputarse este espacio y encontramos que el silencio sólo logra, por momentos, plasmar una letra (49) o una palabra (53) en cada línea. Otras, la palabra reclama en mayúsculas su estatus literario en tanto que el silencio impasible mantiene fríamente su estatura: "YA ESTÁS DESNUDA FRENTE A MÍ Y FRENTE A TI MISMA. ¿QUÉ TIENES PARA DECIR? *(Te muestro lo que soy, lo que me diste: miseria)*" (57). En el acto de creación, el silencio y la palabra deben encontrar su propio espacio literario y estos dos mundos o espacios se enfrentan constantemente a medida que la escritora-narradora se crea a sí misma y crea el universo discursivo de *Reptil en el tiempo*. La palabra, al salir del silencio parentético, deja ver la ruptura de ambos espacios, la cual se hace evidente en la aparente e inexplicable intermitencia de espacios en blanco. Como las nivolas, los silencios parentéticos plantean una autoevaluación de la narradora protagonista. Esta asume una actitud de introspección y abre la palabra poética a la interioridad de su yo. Mientras en las nivolas los personajes se expresan casi siempre en monólogos que reconstruyen recuerdos o manifiestan el deseo de enmendar errores, en los silencios de Martina María se advierte un mundo meditativo, de cuestionamiento metafísico que abstrae a la protagonista de la realidad que la rodea conduciéndola a un auto-abandono físico. Por

---

[20] La noción de espiral que tiene la esencia misma del silencio y que concede un poder integrador al discurso puede encontrase en *Las peras del olmo* (130-70) y en *Corriente alterna* de Octavio Paz.

esto vemos que Martina María ha renunciado a su feminidad. Mentalmente se halla en regiones inasibles por los sentidos, pero físicamente se encuentra, peligrosamente, en las fronteras de la animalidad. La limpieza, el orden, la vanidad, pierden sentido para ella y la figura central aparece reducida, por inanición y abstracción, a un estado primitivo y casi inhumano. Solamente la palabra, la escritura, mantiene su precaria y maltrecha humanidad (64).

El silencio, como reverso de la palabra, es el que da comienzo, profundidad y fin a la obra, ya que las nivolas y los recuerdos de la protagonista son, apenas, apartes que quiebran temporalmente el silencio. Ellos –nivolas y recuerdos– ejemplifican la forma en que el espacio meditativo de Martina María mantiene un continuo enfrentamiento con el espacio de la escritura (57-59). El forcejeo entre ambos lleva en ocasiones al narrador en rebeldía a restarle importancia al silencio, a la vez que le niega su valor a la palabra, por ejemplo cuando dice la palabra: "es absurdo escribir, *(pero tampoco urge vivir)*", contesta el silencio (59). A pesar de esto, más adelante Martina María reconsidera y vuelve de nuevo al proceso creativo dando una interpretación diferente de su valor: "*(Sólo escribir sedimenta, cristaliza, produce sociego dentro del caos invariable)*" (63). Posteriormente se llega a una reconciliación entre la palabra y el silencio en un diálogo de reciprocidad inclusiva. Mientras la palabra anuncia: "tu presencia se ramifica en cada cosa, pero a ella sólo le interesa escribir" (65), el silencio medita en dos líneas de puntos suspensivos y luego expresa:

> *(Ya pueden venir los años, estoy en lo que quiero, mi recuerdo es un tácito deseo de grabar las sensaciones en el papel, captar el sonido de la vida, traducirlo a percepciones íntimas. Siempre he ambicionado escribir sin obstáculos ni limitaciones. Amo mi cárcel porque ha hecho posible este deseo).* (65-66)

En "Discourse in the Novel", Bakhtin describe la novela como "diversity of social speech types (sometimes even diversity of languages) and a diversity of individual voices, artistically organized" ["diversidad en los tipos de discurso social {aún, algunas veces, diversidad de lenguas} y una diversidad de voces individuales, artísticamente organizadas"](262). En *Reptil en el tiempo*, Uribe de Estrada acude a dos tipos de discurso: el de su mundo interior y el que le sirve a ella para comunicarse con el mundo que la rodea. Desafortunadamente, ella encuentra que este último no logra expresar todo su ser y crea un nuevo lenguaje para llenar este vacío. Esta búsqueda no es nueva, hemos mencionado que estas técnicas ya habían sido usadas por Laurence Sterne en *La vida y opiniones de caballero Tristram Shandy* y antes que él por Cervantes en *Don Quijote de la Mancha* (1605, 1615). Entre autores más recientes, también vale la pena recordar a Julio Cortázar en *Rayuela* (1963), por ejemplo.[21] Martina María, como el protagonista de la novela de Cortázar, Oliveira, se da cuenta que "buscar era su signo" y su búsqueda la lleva a cabo a través de la literatura (*Rayuela* 126). Además, Martina María es como la Maga, figura femenina central de *Rayuela,* que tampoco encaja en la sociedad en la que vive.

El silencio no le fue extraño a Cortázar, quien a decir de Amorós: "especialmente característica…del estilo de Cortázar es su costumbre de interrumpir el discurso, dejando la frase colgando" (64). Este mecanismo fue utilizado por el autor argentino para expresar lo inexpresable: "una frase interrumpida, dos palabras bastan, alguna vez para expresarlo todo: 'A menos que'. Nada más. Es el final del capítulo 27" dice Amorós hablando del lenguaje de *Rayuela* (65). Cortázar, como Uribe de Estrada, diferencia entre la palabra y el silencio que quiere ser expresado como tal. Por tal razón el argentino ero-

---

[21] Cortázar ha sido uno de los grandes exponentes de la literatura experimental, la antinovela y la literatura auto-referencial del siglo XX. Una de sus grandes preocupaciones fue la de encontrar formas lingüísticas que expresaran la atemporalidad del tiempo. Para él, el pasado, el presente y el futuro pueden coexistir. En obras como *Rayuela* explora este aspecto a través de numerosos recursos técnicos y llama la atención del lector sobre la capacidad de la Maga para vivir, sin proponérselo, en un mundo que resultaba inalcanzable para Oliveira. Cortázar crea el "gliglico", lenguaje inventado, incomprensible para el lector. Lenguaje exclusivo de los amantes –la Maga y Oliveira–, donde "el texto se transfigura, cobra un nuevo sentido –el auténtico–: la evocación de una escena erótica mediante un lenguaje puramente musical" (Amorós, Introducción a *Rayuela* 58).

siona la estructura sólida de la frase desde dentro, con pausas de silencio expresadas en paréntesis:

> No le importaba gran cosa lo que ella pudiera sentir mientras lo disimulara. (¿No le importaba gran cosa lo que ella pudiera sentir, mientras lo disimulara?) No, no le importaba gran cosa. (¿No le importaba?). (Citado por Amorós 62)

De lo anterior colegimos que el diálogo entre el silencio y la palabra que se nos presenta en *Reptil en el tiempo* y en *Rayuela* es inclusivo e incluyente. En *Reptil en el tiempo* la relación entre el Yo que habla y el Yo que piensa, entre el protagonista consigo mismo y con otros personajes de la obra, y de la obra con otras novelas de épocas pasadas y recientes, es expresada en un intercambio de reciprocidad no jerárquica, donde todo elemento dominante simplemente no existe en el espacio textual. Desde el punto de vista dialógico, la obra se abre a múltiples lecturas. Aquí se ha estudiado desde el marco de la palabra y de su reverso, el silencio, pero da cabida a otras exploraciones lingüísticas, por ejemplo la de la interacción y uso semántico de los pronombres que Martina María usa para diferenciar a las distintas personas que ella percibe dentro de su propio Yo. Ella habla de Yo –el verdadero ser de Martina María–, de un Tú –la Martina María que fue asesinada por el Yo y de un Ella– la Martina María que sirve de puente entre el Yo y el Tú y que eventualmente surge como la nueva persona que ha sido redimida por el proceso escritural del "Reptil dialogante" –ella misma– en el tiempo y el espacio literario.[22]

Concretando, podemos decir que en las tres novelas estudiadas se explora el tema de la mujer dentro de una sociedad que la asfixia por diferentes motivos y en distintas circunstancias. Las tres autoras presentan, desde variadas perspectivas, su punto de vista sobre la proble-

---

[22] Esto nos recuerda *La muerte de Artemio Cruz* (1962) de Carlos Fuentes y el diálogo entablado entre el Yo del Artemio que está muriendo, con el Tú del Artemio revolucionario que ha traicionado los ideales de la Revolución Mexicana y con el El, del Artemio que quiso ser y nunca logró su deseo a pesar del poder y la riqueza que alcanzó en vida.

mática de la mujer en el mundo actual, lo que concuerda con la postura bakhtiniana con respecto a la novela. Según Bakhtin, la novela no usa una voz única, autoritaria y represiva, Por el contrario, y a diferencia de la épica y la lírica, la novela se sirve del múltiples voces a las que Bakhtin llama "heteroglossia" (332). Según nos dice Eleonor Ty: "Bakhtin se siente particularmente atraído por la novela porque ella ostenta y exhibe una 'variedad de discursos que otros géneros tratan de suprimir'" (98). En la *Cisterna* sin embargo vemos como, en forma solapada, aún se da el discurso hegemónico. Aunque la temática de la obra sea feminista, el discurso suprime la voz del débil, la de la mujer, a través de la estructura misma de la novela. Pero resulta muy interesante el hecho de que Vélez de Piedrahíta se haya servido de otra mujer, para presentar una nueva postura desde la cual una joven es la que detenta el poder y ejerce la represión. ¿Podríamos interpretar esto como un llamado de atención hacia nuevas formas de dominación? ¿Estarán surgiendo formas evidentes de poder basadas en diferencias generacionales? Las preguntas insinúan un diálogo pero éste no alcanza a tomar cuerpo en *La cisterna*. En *Jaulas* surge la palabra después de un silencio de diez años para establecer la identidad e individualidad de Kristal Ventura. Una vez que ella está en posesión de la palabra, la protagonista entabla un diálogo con el lector cuestionando las bases mismas sobre las que descansan los estamentos sociales de Colombia. En la obra de Bonilla aparece en forma más abierta su postura dialogante. Primero se insinúa en el mundo adolescente e inconforme de *La orilla*, y luego en la obra aunque no presenta, de manera clara, a un interloculor. Y en *Reptil en el tiempo* ya aparece una sinfonía de voces (nivolas) que se hacen presentes para dialogar con otro ser insatisfecho, angustiado, –Martina María. Las voces de Mateo, Magdalena Maligda etc., y el bien logrado desdoblamiento psicológico de la protagonista, permite al lector presenciar un diálogo pluralista y multidireccional, a la vez que le es permitido acercarse al escindido y difícil mundo femenino que la sociedad falocéntrica ha creado para la mujer. Para concluir, podemos decir que estas tres obras presentan elementos importantes de la evolución de la novelística femenina en Colombia y señalan posibles direcciones hacia las cuales ésta se dirige.

OBRAS CITADAS

Amorós, Andrés. "Introducción" *Rayuela.* Madrid: Cátedra, 1986.
Bakhtin, M. M. *The Dialogic Imagination: Four Essays by M. M. Bakhtin.* ed. Michael Holquist. Ann Arbor: U of Michigan P, 1984.
Bonilla, María Elvira. *Jaulas.* Bogotá: Oveja Negra, 1985.
Block de Behar, Lisa. *La retórica del silencio.* México, D.F.: Siglo XXI, 1984.
Cixous, Hèléne. "The Laugh of the Medusa" *New French Feminism: An Anthology,* ed. Elaine Marks e Isabelle de Courtivron. trans. Keith Cohen y Paula Cohen. New York: Schocken, 1981.
Conley, Verena A. *Hèléne Cixous: Writing the Feminine.* Lincoln: U of Nebraka P, 1984.
Donovan, Josephine. "Feminist Style Criticism". *Images of Women in Fiction: Feminist Perspectives,* Ed. Susan Koppelman. Bowling Green, OH: Bowling Green University Popular Press, 1972. pg. 341-54.
_____. "Afterward Critical Re-Vision". *Feminist Literary Criticism: Explorations in theory.* Ed. Josephine Donovan. Lexintong, KY: U P of KY, 1975. pg. 74-81.
Escobar Mesa, Augusto. "María Helena Uribe de Estrada: Intimidad y trascendencia". *Literatura y diferencia.* vl. I. Eds. María Mercedes Jaramillo, Betty Osorio de Negret, Angela Inés Robledo. Medellín, Colombia: Editorial Universidad de Antioquia, 1995. 282-304
Uribe de Estrada, María Helena. *Reptil en el tiempo.* Medellín, Colombia: Editorial Molino, 1986.
Fairclough,Norman. *Language and Power.* Harlow: Longman, 1989.
Foucault, Michel. *History of Sexuality,* vl. I. Trad. Robert Hurley. New York: Vintage Books, 1980
Gasbarrone, Lisa. "'The Locus for the Other': Cixous, Bakhtin, and Women's Writing". *A Dialogue of Voices* Eds. Karen Hohne y Helen Wussow. Minneapolis: U of Minnesota P, 1994. pg. 1-19.
Hassan, Ihab. *Literature of Silence.* New York: Alfred Knopf, 1969.
Hohne, Karen y Helen Wussow, eds. *A Dialogue of Voices.* Minneapolis: U of Minnesota P, 1994.
Hooks, Bell. *Talking Back: Thinking Feminists, Thinking Back.* Boston: South End Press, 1995.
Jaramillo, María Mercedes. "Rocío Vélez de Piedrahíta: La construcción/ deconstrucción de los valores tradicionales antioqueños" *Literatura y diferencia.* vl. I. Eds. María Mercedes Jaramillo, Betty Osorio de

Negret, Angela Inés Robledo. Medellín, Colombia: Editorial Universidad de Antioquia, 1995. pg. 229-53

Krakusin, Margarita. *La novelística de Alfredo Bryce Echenique y la narrativa sentimental.* Madrid: Pliegos, 1996.

Loach, Barbara. *Power and Women's Writing in Chile.* Madrid: Pliegos 1994.

Paz, Octavio. *Corriente alterna.* México: Siglo XXI, 1967.

_____. *Las peras del olmo.* Barcelona: Seix Barral, 1971.

Perez, Janet. "Functions of the Rhetoric of Silence in Contemporary Spanish Literature", *South Central Review* 1:1-2 (1984): 113-18.

Vélez de Piedrahíta, Rocío. *La cisterna.* Medellín, Colombia: Editorial Colina: 1971.

Rabine, Leslie W. *Reading the Romantic Heroine: Text, History, Ideology.* Ann Arbor: U of Michigan P, 1990.

Sepúlveda-Pulvirente, Emma. *Los límites del lenguaje: Un acercamiento a la poética del silencio.* Madrid: Torremozas, 1990.

Shumway, Suzane Rosenthal. "The Chronotope of the Asylum: Jane Ayre, Feminism, and Bakhtinian Theory". *A Dialogue of Voices* Eds. Karen Hohne y Helen Wussow. Minneapolis: U of Minnesota P, 1994. pg. 152-70.

Steiner, George. "Desire and Temptation: Dialogism and the Carnivalesque in Category Romances" *The Language of Silence: Essays on Language, Literature and the Inhuman.* New York: Atheneum, 1967.

Ty, Eleonor. *A Dialogue of Voices: Feminist Literary Theory and Bakhtin.* Ed. Karen Hohne y Helen Wussow. Minneapolis: U of Minnesota P, 1994. pg. 97-113.

MANUEL ZAPATA OLIVELLA

RESONANCIAS NATURALISTAS EN LA LITERATURA COLOMBOCARIBEÑA: ZENO GANDÍA Y MANUEL ZAPATA OLIVELLA [1]

E n 1987 Manuel Zapata Olivella comentaba acerca de su vida literaria que: "Escribir fue siempre para mí una forma de llegar a otros mundos. Medicina. Antropología. Sociología. Historia. Caminos erráticos que me condujeron al más inesperado de los puertos: el lenguaje de la autenticidad étnica y cultural" ("Memoria" 1-2). No cabe la menor duda que gran parte de la obra del escritor colombiano denuncia y narra, en vividas descripciones, la situación y la protesta del negro. Sin embargo, no se limita a ello aunque siempre se halle presente un marcado interés por la situación de su raza. Zapata

---

[1] Manuel Zapata Olivella nació en Lorica, Córdoba, 1920). Es considerado, con Candelario Obeso como el escritor negrista más importante de Colombia (*Culture* 9). Posee una amplia trayectoria en las letras de este país y ha cultivado diferentes géneros literarios: novela, teatro, cuento, ensayo y crítica. Entre sus obras se cuentan: *He visto la noche* (1953), *Detrás del rostro* (1962), *En Chimá nace un santo* (1964), *Chambacú, corral de negros* (1962), y *Changó el Gran Putas* (1983). Ha sido profesor invitado en varias universidades de Estados Unidos y delegado a Conferencias mundiales organizadas por la UNESCO. Manuel Zapata Olivella es uno de los más importantes pensadores latinoamericanos en materia de etno-historia americana.
Manuel Zeno Gandía nació en Puerto Rico en 1855 y murió en 1930. Es considerado como el fundador de la novela puertorriqueña. Penetra agudamente en el mundo siguiendo la corriente naturalista en *La charca* (1895), *Garduña* (1896) y *El negocio* (1922).

se ha constituido en pionero de un proceso de re-escritura de las tradiciones e imágenes afro-colombianas en su afán por crear una identidad nacional multicultural.

A diferencia, por ejemplo, de los avances de la cultura afro-brasileña hacia su reconocimiento, la sociedad colombiana es aún reacia a aceptar la negritud como una cultura separada y genuina que ha contribuido a la identidad presente del país.[2] A excepción de Candelario Obeso en el siglo XIX y de Rogelio Velásquez en el siglo XX, las construcciones sociales y literarias, siguiendo los valores blancos dominantes, han ocultado, ignorado o malinterpretado la herencia africana de Colombia.[3] Otros escritores afro-colombianos como Arnoldo Palacios, Carlos Arturo Truque, Jorge Artel y Juan Zapata Olivella (hermano de Manuel), reconocen la importancia de su herencia africana en la forma en que ellos formulan la percepción que tienen de sí mismos y de las circunstancias que los rodean. Aunque muchos de los protagonistas de las obras de estos últimos escritores muestran mayor preocupación por su sobrevivencia que por su color o sus orígenes étnicos, es la autenticidad y no la *negritud* el concepto unificador de su trabajo literario (Lewis 120).[4]

Por siglos, al negro se le ha pintado como algo exótico y el estereotipo de la mujer negra o mulata ha sido el de ícono de pasión y sensualidad (Triana 290). Hasta el comienzo de los movimientos aboli-

---

[2] Cristina Sáez de Tejada señala en su estudio "Blacks in Brazilian Literature: A Long Journey From Concealment to Recognition" que durante los últimos veinte años se ha reevaluado lo que histórica y culturalmente significa ser Negro en Brasil. Esto se ha manifestado a través de diferentes movimientos culturales como *Olodum*, en la ciudad de Salvador y mediante la legalización de diferentes religiones africanas tales como el Candomblé. De igual forma estos cambios se han hecho notorios en la literatura escrita por blancos y negros (61).

[3] Es importante mencionar la existencia de dos grandes defensores y recopiladores de la creación popular afro-colombiana/americana: Jose María Vergara y Vergara (1831-72) y Rafael Pombo (1833-1912).

[4] Los escritores mencionados pertenecen a diferentes zonas geográficas y difieren en sus experiencias y en la manera de verse a sí mismos y a Colombia. Palacios y Trueque nacieron en la región del Chocó, Artel es cartagenero y los Zapata Olivella son de Lorica.

cionistas, el negro era símbolo de lo demoníaco de acuerdo a la ideología europea maniqueísta, que equiparaba al blanco con la pureza y
al negro con lo innoble, lo impuro y lo malo. La dicotomía entre la
humanidad blanca cristiana y la bestialidad pagana negroide creó
numerosas figuras negras negativas en la imaginación popular de
Colombia y de América –el Maravelí, el Duende, la Tunda o Pata de
Molinillo, Mandinga etc.– que aún son mantenidas y reforzadas en la
literatura hispanoamericana (Trina 423). La persistencia de una mentalidad conservadora, avalada por una conducta que viene de un sistema fundado en la esclavitud, el que a su vez está basado en formas,
ideas y estructuras fijas, puede explicar en parte la limitada presencia
de escritores, blancos o negros, dispuestos a discurrir sobre la negritud en las literaturas nacionales (Tejada 62).

En *Chambacú, corral de negros* (1963) Manuel Zapata Olivella
busca la reafirmación de la cultura africana a través de su representación literaria y ha sido considerada por la crítica como una obra de
realismo social. Sin embargo, esta novela no es solamente la descripción realista del sufrimiento y las luchas del afro-colombiano sino que
la obra contiene una profunda base filosófica y está ligada al naturalismo de Zola aunque no apela, como lo hace este último, al andamiaje
positivista.[5] Además, presenta una intensa conciencia de carácter alea-
torio e inasible de la realidad, y de la índole metafórica de la "verdad".
Chambacú, corral de negros parece mostrar también, la huella de una
problemática nietzscheana donde el autor medita sobre la naturaleza
de la tragedia.[6] Podría decirse, como se verá en este ensayo, que la
obra es un texto hipercrítico, de múltiples niveles que se cuestionan,
parodian e interfieren mutuamente sin arrojar un saldo positivo de
conocimiento.

---

[5] Michel Serres, *Feux et signaux de brume: Zola*(Paris: Grasset, 1975): 29-57;
y en *Feuves.* 121.

[6] A partir de aquí, y por razones de economía, se acortará el título de la obra de
Zapata Olivella a *Chambacú*. Sin embargo, el lector deberá tener presente que
no se trata de la obra de otro colombiano, Guillermo Edmundo Suárez, titulada *Chambú* y estudiada por el sacerdote jesuita Jose A. Núñez Segura en
Literatura colombiana, Medellín, 1942, pg. 394. Para mayor información
véase E.A.V. en el *Boletín del Instituto Caro y Cuervo*. II (1946): 559.

Es un hecho evidente para un lector avezado que *Chambacú* ofrece amplias similitudes con *La charca* (1894) del puertorriqueño Manuel Zeno Gandía. Como la novela zenogandiana, la obra de Zapata Olivella es una novela con resonancias naturalistas aunque también evidencia marcadas diferencias con las obras de Emile Zola, las de los hermanos Goncourt o las de la Pardo Bazán.[7] En *Chambacú* encontramos un cuestionamiento a los principios filosóficos que sustentan el naturalismo, presentando un forcejeo entre el determinismo propiciado por la herencia y el ambiente, al estilo de Zola o Maupassant y el libre albedrío que encontramos en el naturalismo de Pardo Bazán. Zapata Olivella se aparta de las teorías de Zola en lo tocante al origen fisiológico de los sentimientos y emociones y trata de demostrar cómo una familia con una *tara* social, en este caso el color de su piel, se comporta en los diferentes órdenes de la sociedad en la que ha sido implantada. Lo anterior, por lo tanto, nos remite a una problemática afro-colombiana de orígenes, de principios.

La acción de *Chambacú* tiene una estructura bien definida pero no posee una trama central. En ella se narra una serie de hechos y circunstancias por las que atraviesan los habitantes de Chambacú, negros marginados que por absoluta necesidad han invadido una de las zonas anegadas por el mar en la periferia de la ciudad colombiana de Cartagena de Indias (118). Los protagonistas principales son la Cotena y sus cinco hijos: José Raquel, veterano de la guerra de Corea, marihuanero depravado, es beisbolista y cargador de bultos en los muelles. Medialuna es boxeador y Críspulo, gallero. A Máximo, el otro hijo varón de la Cotena, le apasionaba la lectura, era rebelde defensor de los pobres y prefería ser portero, ascensorista o celador. Tenía treinta y cinco años y por subversivo ya había estado en la cárcel catorce veces (119). La Cotena sólo tenía una *hembra*, Clotilde, quien lavaba la ropa de los ricos de Manga (barrio de Cartagena) para

---

[7] Aníbal González-Pérez en "Turbulencias en *La charca:* De Lucrecio a Manuel Zeno Gandía", hace un excelente estudio sobre el naturalismo en la obra de Zeno Gandía remontando los orígenes de su naturalismo a Lucrecio en *De rerum natura* (208-225). Mi deuda con la metodología y las ideas de González-Pérez es evidente a lo largo de este ensayo.

ayudar a su madre y sostener a su hijo Dominguito, quien como en la época de la esclavitud, es fruto de una violación. En la obra, no hay en realidad un personaje central; el texto les asigna a todos sus funciones sin privilegiar de manera especial a ninguno de ellos. No obstante, Máximo, la Cotena y su nuera Inge tienden a capturar la atención del autor. Estas dos últimas –Inge y la Cotena– parecen tener un vínculo más estrecho que los demás personajes con la problemática de la Naturaleza explorada por Zapata Olivella. Máximo es quien cuestiona el determinismo al que parece estar condenada su raza (128). La Naturaleza le proporciona los medios (semillas de aguacate) para escribir y hacer manifiesta su rebelión ante lo que él considera la causa de las desgracias de los suyos, y es a través de este personaje que la Cotena e Inge llegan a una mayor conscientización y crecimiento espiritual, moral y social (118-155).

Inge, la blanca, ha llegado a vivir con su suegra desde Suecia donde se había casado con José Raquel. La Cotena la acoge con cariño y compasión, al igual que los demás miembros de la familia, y le brindan lo mejor que tienen en el mísero hogar –la única cama con su toldillo para que no la picaran en la noche los moscos y murciélagos– con lo que se deja establecido las condiciones infrahumanas en las que viven los habitantes de la isla. Al llegar a Chambacú, José Raquel se desentiende de su esposa para volver libremente a su vida de promiscuidad y degradación (99). Pacientemente la gringa, como la llaman en Chambacú, sufre el ambiente sin protestar, tratando de entenderlo a través de la observación y las pocas charlas y lecturas que le proporciona Máximo. Trabaja como traductora y contadora para colaborar al sustento familiar. Al final de la obra, Clotilde va tomando el lugar de la madre, Críspulo pierde sus gallos, Medialuna queda inhabilitado para el boxeo por una golpiza sufrida en el ring, José Raquel trabaja para el Capitán Quirós y Máximo es asesinado por las tropas de Quirós al mando, del ahora sargento, José Raquel. La Cotena, poco a poco, es minada por el hambre. Para entonces Chambacú se ha convertido en "un cementerio de fantasmas muertos" (35).

La crónica de esta familia tiene un sentido colectivo que abarca todos los órdenes de la vida del negro cartagenero y da una impresión de masa, de conglomerado. Esto resulta comprensible si se mira desde el punto de vista histórico ya que con la esclavitud se creó en las comunidades negras un fuerte sentido de hermandad con el objeto de enfrentar la adversidad, lo cual parece ser la clave del elemento unificador en Chambacú (Lewis 106). También parece explicar los gestos, los actos y el pensamiento de los personajes mediante taras fisiológicas o morales. Tiende, además, a hacer responsables de todos los males, los vicios y las pasiones de esta sociedad, al régimen político que ha agotado y subyugado al negro. El propósito es el mismo que expone Emile Zola en su serie *Los Rougon-Macquart: Historia natural y social de una familia bajo el Segundo Imperio* (1871). El significado de *Chambacú* es social y humanitario como en *El doctor Pascal* de los *Rougon-Macquart.* El origen y el porvenir de esta masa de negros que se sumerge en el caño de la podredumbre social es la gran preocupación de Zapata Olivella. Intercalados en la trama hay pasajes dedicados a las interpretaciones que hacen el Capitán Quirós y sus ayudantes sobre los negros, sus estrategias para deshacerse de las 15.000 familias que habitan el rancherío de Chambacú con el objeto de cederlo a la industria hotelera extranjera. La obra, además, señala la visión que tiene el gobierno sobre el poco valor del negro, convirtiéndolo en elemento étnico desechable del conjunto social cartagenero (97-98, 151). Por otro lado están las cavilaciones de la Cotena sobre la condena en vida que ha de pagar el negro, las preocupaciones de Máximo, quien ha dedicado casi 20 años de su vida a la educación de los suyos y a la lucha por los derechos nunca concedidos a su raza (96, 118). Inge, por su parte, escucha, lee y piensa en la degradación de su marido y en la verdad de las ideas que trata de propagar su cuñado Máximo (95).

    En su estructura y en el desarrollo del tema, *Chambacú* está ligado al ambiente hidráulico: el caño. Zapata Olivella nunca se recrea en la naturaleza en la forma que lo hace Zeno Gandía en la *Charca*, por ejemplo. Este último es incapaz de abstenerse de líricas interpolaciones sobre la naturaleza puertorriqueña, pintándola unas veces como una "selva laberíntica y fecunda en constante proceso de cambio y renovación" y otras, como "entidad indiferente a los destinos de los hombres" (González-Pérez 213).[8] El escritor colombiano, por el contrario, sólo ve la miseria, la pestilencia y la contaminación de la misma.[9] Llaman la atención las descripciones de Zapata Olivella, sobre todo, porque la belleza natural de Cartagena de Indias, ha sido cantada por los poetas desde los tiempos de la colonia. Sin embargo, para él esta ciudad ha sido construida con piedra y con argamasa de huesos triturados y sangre de esclavos (121-22). La obra no presenta ni un solo pasaje de belleza. Por el contrario, la naturaleza está representada por el mar que inunda la ranchería, el sol que quema la piel descarnada de sus habitantes, el caño de agua putrefacta anegada de excrementos que rodea la isla (25), y unos habitantes acorralados entre el mar y el caño, repudiados por la sociedad y sumergidos en la desidia, la angustia, el abandono o la abierta persecución por parte de las autoridades (18, 128). Irónicamente el caño los separa de la civilización a la vez que los oculta en sus entrañas cuando van en busca de libertad (18) o de comida (93), reclamándolos de nuevo por ser gente sin tierra en un mundo que los esclaviza a la pobreza y a la degradación (94). El puente que los une o los separa a la civilización, según se vea, es endeble e inestable. Unas veces es vínculo con el hogar que da paz, aunque no seguridad. Otras representa hostilidad, ruptura, marginalidad, y muerte (153). En este aspecto, *Chambacú* se asemeja a otras novelas naturalistas hispanoamericanas como *Aves sin nido*

---

[8] González-Pérez considera que en *La charca* pasajes como: "ofrece asilos floridos para el amor, para el sueño, para el crimen" (*La charca* 73), "corresponden exactamente a la concepción de Lucrecio, para quien el mundo natural es un incesante torbellino de creación y destrucción, totalmente amoral, e independiente por completo de los designios de los dioses y los hombres" (213). A continuación cita, para respaldar su afirmación a Tito Lucrecio Caro, *De la naturaleza de las cosas,* traducción en versos de José Marchena (Madrid: Espasa-Calpe, 1964), 105-106.

[9] Con respecto a las descripciones que de la naturaleza puertorriqueña hace Zeno Gandía, se pueden consultar los trabajos de: Samuel R. Quiñones, "Nuestro novelista de la tierra Manuel Zeno Gandía". *Índice,* 12 (1930), 183; José M. Colón, "La naturaleza en *La charca*", *Asonante.* 9 (1949), 50-59; Enrique Laguerre, "El arte de novelar de Zeno Gandía", *Asonante,* 4 (1955), 48-53; Efraín Barradas, "La naturaleza en *La charca:* Tema y estilo", *Sin Nombre.* I (julio-septiembre 1974), 34-42.

(1889) de Clorinda Matto de Turner, *Beba* (1894) de Carlos Reyles o a *Las estrellas son negras* (1949) de Arnoldo Palacios.[10]

El título de la novela, *Chambacú, corral de negros,* establece desde el comienzo que el negro esta cercado, aprisionado por el agua y es ésta la que lo aísla, lo mantiene en el fango y lo ausenta del progreso. Zapata Olivella adopta la noción de la hidráulica que también encontramos en *La chaca* de Zeno Gandía y en *De rerum natura* del romano Lucrecio "como depósito de metáforas y principio estructurante de la narración" (González-Pérez 215). Las metáforas del agua permean toda la obra. Leemos, por ejemplo, que el cuerpo pesado de José Raquel con la bebida "se hizo ágil y cimbreante, mecido por los fuertes golpes del tambor. Flotaba" (75); en Inge "estalló la presión soportada desde que cruzara el puente de Chambacú. La lluvia apenas fue un eco lejano de su llanto" (93); la escuela, "esa construcción de mampostería, rodeada de lodazales, pretendía erguirse blanca e incontaminada" (93); Máximo pensaba que "no había posibilidad de liberación para ellos mientras naufragaban en el hambre de todo Chambacu" (98); y, según lo asegura Máximo, los agentes del gobierno "temen que un día crucemos el puente y la ola de tugurios inunde la ciudad" (128).

La presencia del agua es, además, algo real. La marea inundaba el rancherío en la noche para retirase al alba (74) y con la lluvia el "agua se filtraba por el techo y corría a lo largo de las paredes" (74), "sólo para formar lodazales y charcos donde pululaban las larvas y mosquitos" (142, 155). Todo ello se va añadiendo al estatismo que se respira en la isla y contribuye a crear un ambiente de enfermedad y muerte donde la naturaleza –ratas, murciélagos y mosquitos– se engulle poco a poco a sus habitantes. Sin embargo, la cerca que forma el "corral de negros" se haya compuesta por dos elementos hidráulicos bastante diferentes y contrapuestos: el caño y el mar. Mientras el primero es "estancamiento, acuoso depósito de miasmas malolientes; es quietud de aguas que auspician descomposición y podredumbre, el segundo es llegada transitoria de agua en constante movimiento y en renovación

---

10 En esta novela colombiana, Palacios explora el elemento sórdido y cruel de la existencia humana en la región minera del Chocó. 218

perpetua (Manrique 185).[11] Es flujo y mudanza continua ignorada por la gente del caserío. Los negros de Chambacú penetran en las sucias aguas del caño en busca de un puñado de almejas revueltas con fango (25) para calmar el hambre mientras dan la espalda al Océano. A pesar de esto, el caño también es asiento de vida que lentamente se renueva. Asimismo es medio de sobrevivencia para los chambaculeros hasta que estén listos para adentrarse en el ciclo proveniente del mar. Todos estos ciclos giran al rededor de un espacio vacío, de un ojo de remolino, y el hilo principal de la obra gira en torno a una isla medio sumergida en el agua a cuyo rededor se mueven las pasiones. Por un lado, las de los desposeídos que se niegan a entregar su suelo y, por el otro, la de las grandes compañías hoteleras que ya han entrado en convenios con el gobierno. "A nivel individual, ese vacío succionante que mueve el ciclo de la trama se vuelve una oquedad mucho más común: es el vacío de un estómago sin llenar, es el hambre" (González-Pérez 218). Al final, sólo la Cotena, Inge y Máximo descubren en las aguas que rodean a Chambacú ciclos menores, remolinos dentro de remolinos que mueven el ciclo de la trama. En ellos hay vórtices y remolinos que se alimentan de otros: Bonifacio explota la ignorancia y la superstición de la gente, las Rudesindas –las putas del lugar– las debilidades morales de sus habitantes y Constantino hace uso de ellas para mantener la clientela de su cantina.

Dentro de su gran ciclo hidráulico, tanto el del caño como el del mar siempre llevan de vuelta al punto de partida, a los orígenes. Así, el narrador nos participa de los pensamientos de Inge mientras se acercaba a Chambacú:

> la sangre burbujeante se licuaba en gotas de sudor. El olor penetrante del arenque ahumado… Sorprendida advirtió que ella misma tenía el olor que brotaba de los rincones y se cuajaba sobre la superficie de las aguas empantanadas. Su infancia. La pequeña aldea donde había nacido cerca al mar. (53)

---

[11] Citado por González-Pérez (217) de Francisco Manrique Cabrera en *Historia de la literatura puertorriqueña* (NY: Las Américas, 1956), 185.

Como observa el lector, Inge no era en realidad distinta a su familia
política aunque procediera de Europa y fuera una blanca. A su vez,
Máximo recuerda "a la vieja África transportada en los hombros de
sus antepasados" hasta Cartagena (99). Y vuelve al origen de la miseria de su raza cuando le dice a Inge:

> Vejados por la miseria, ni siquiera los instintos pueden realizarse normal-
> mente. Pero no sólo somos un saco de apetitos contenidos. Nuestra cultu-
> ra ancestral también está ahogada. Se expresa en fórmulas mágicas.
> Supersticiones. Desde hace cuatrocientos años se nos ha prohibido decir
> "esto es mío". Nos expresamos en un idioma ajeno. Nuestros sentimien-
> tos no encuentran todavía las palabras exactas para afirmarse. (121)

Según lo anterior, colegimos que la (des)posesión de las tierras será la
justificación concreta, dentro del texto, para marcar el obligado desli-
gamiento con la naturaleza colombiana que los blancos han querido
imponer a los negros de la isla. Este sentimiento también ha invadido
a la blanca que: "abandonada en el rancho creía encontrarse en la
selva. Se acentuaba el sentimiento de inutilidad, de desplazada. ...
Intentaba sobreponerse al marasmo… Saltaba del lecho, pero una vez
fuera de él, la acorralaban las dificultades" (83). Por eso la gente de
Chambacú nunca ve la belleza de la naturaleza que le rodea, ni su
reserva de energía potencial. En *Cambacú* los protagonistas sólo pueden mirar las charcas, el caño, la putrefacción, lo que según González-
Pérez, hablando de la obra de Zeno Gandía, es "sustrato común que
enlaza a todos los personajes con el mundo natural: su carnalidad, su
materialidad".[12] Aunque el orden social de *Chambacú* tiende a sepa-

---

[12] González-Pérez ve los sentimientos de los personajes de *La charca* en consonancia con los expresados por José Martí en sus *Versos sencillos*. Cita el verso
XXXVI que dice:
> Ya sé: de carne se puede
> hacer una flor; se puede,
> con el poder del cariño.
> hacer un cielo.-¡hay un niño!
> De carne se hace también
> el alacrán; y también
> el gusano de la rosa,
> y la lechuza espantosa.

rar al hombre de la tierra, como en *Doña Bárbara* (1929) o en *La Vorágine* (1924) los personajes se han identificado a tal grado con la naturaleza que son parte de ella. Los negros son Chambacú, si pierden su isla no tendrán a que aferrarse; será como perder de nuevo su maltrecha identidad. Como dice Máximo: "Para mí no hay sino Chambacú. Ni siquiera Cartagena" (37).

Lo anterior establece con claridad la aparente concordancia de posición entre Zola y Zapata Olivella. Para el francés el individuo está determinado para siempre por la herencia y el ambiente, y la libertad humana no entra en su sistema. A pesar de esto, en Zapata Olivella el determinismo que cobija a *Chambacú* seguirá imperando en tanto que las fuerzas que actúan sobre ella no sean vencidas. Este determinismo es, sin embargo, transitorio. Pierde peso y se deshace a través del recurso utilizado por el autor colombiano, es decir, el de la física hidráulica, la física de probabilidades, como metáfora estructuradora de la obra. Zapata acepta la relación estrecha que en el individuo existe entre lo fisiológico y lo psíquico pero no comparte la idea de que lo primero desplaza a lo segundo. Por esta razón vemos que todos los hijos de la Cotena buscan, a su manera, la forma de mejorar el presente para subsanar los males del pasado y crear un futuro promisorio. A través del boxeo y de los gallos, Medialuna y Críspulo intentan salir de la miseria. A pesar de la futilidad de sus esfuerzos, ambos muchachos continúan sus intentos, simplemente, porque no conocen otra alternativa.[13] Según Captain-Hidalgo: "Sports as an individual avenue of escape from ghetto life is not limited to black men. However, it is a phenomenon directly traceable back to the legacy of slavery, a peculiar introduction to the Americas not experienced by any other racial

---

[13]   La alternativa de los deportes –béisbol, boxeo– como forma para escapar de la pobreza es algo que se da frecuentemente entre los negros de las costas del Caribe. Sirva de confirmación la "Oda a un negro boxeador cubano" de Nicolás Guillén donde el autor negro revela con amargo sarcasmo las repercusiones comerciales y neocolonialistas de un diestro joven pugilista. Tanto en la obra de Guillén como en la de Zapata Olivella el boxeador intenta su "golpe" de suerte que lo sacará de la miseria. Al respecto dice Captain-Hidalgo: "boxing represents the spirit of rebellion that one identifies with the Palenque region of Colombia" (*The Culture of Fiction* 123).

group" *(The Culture* 124). José Raquel también busca escapar de este ciclo de miseria y lo hace a través de su matrimonio con una blanca extranjera, lo que representa para él, el poder y el estatus que no tiene en su vida. Además, no le importa entrar en tratos forzados por Quirós con tal de obtener lo que para él significa el camino hacia una vida mejor, aunque al final, esto sólo lo llevará a ordenar la muerte de su propio hermano. Máximo, por su lado, busca la redención de su gente mediante la lectura y la subversión. Y, aún la Cotena (118), Clotilde y Dominguito, tienen que aceptar que éste es el único recurso valedero para lograr la reivindicación de su raza. Hacia el final, ellos son con Inge los continuadores de la lucha iniciada por Máximo (155).

Según el narrador, Colombia no podrá seguir ignorando el "rostro negro de Cartagena" (128). A pesar del determinismo que parece destruir poco a poco a toda la familia, la rebelión de Máximo muestra la lucha del negro colombiano por recapturar la humanidad perdida durante el proceso deshumanizante y desculturizante de la esclavitud. Con la ayuda de su líder y estimulados por su muerte, los habitantes de Chambacú entran en una etapa de autoafirmación, reclamando el derecho simple de ser lo que son (121). El hijo de la Cotena se rebela contra el poder asfixiante del estado pero también contra la ignorancia de su gente. Si bien es cierto que existen poderosos elementos opresores –sociales y culturales– la verdadera fuerza que aniquila a Chambacú es la autodestrucción inconsciente de sus habitantes (Lewis 107). Como vemos, y a pesar de las resonancias naturalistas que encontramos, esta obra de Zapata Olivella es una antítesis del naturalismo de Zola. Aunque el ambiente pintado en *Chambacu, corral de negros* es primigenio y más fiel a la realidad empírica que el de Zola, la complejidad de este mundo "postcolonial", pre-industrial, rompe con la retórica positivista del naturalista francés. La obra de Zapata presenta múltiples niveles críticos, no solamente con respecto al naturalismo que parece envolver a Cambacú y a sus habitantes, sino que cuestiona y plantea de nuevo la polémica sarmientiana sobre "civilización y barbarie" convirtiéndola en el tema mismo de la obra.

OBRAS CITADAS

Captain-Hidalgo, Ivonne. *The Culture o fiction in the Works of Manuel Zapata Olivella.* Columbia: U. of Missouri P, 1993.

González-Pérez, Aníbal. "Turbulencias en *La charca:* De Lucrecio a Manuel Zeno Gandía". *MLN* 98.2 (1983): 208-25.

Guzmán, Julia María. *Realismo y naturalismo en Puerto Rico.* Barcelona: Rumbos, 1960.

Manrique Cabrera, Francisco. *Historia de la literatura puertorriqueña.* Nueva York: Las Américas, 1956.

Lewis, Marvin. *Treading the Ebony Path.* Columbia: U. of Missouri P, 1987.

Tejada, Cristina Sáez de. "Blacks in Brazilian Literature: A Long Journey From Concealment to Recognition". *Hispanófila.* 1(1997): 61-74.

Triana y Antorveza, Humberto. *Léxico documentado para la historia del negro en América* VI. I. Bogotá: Instituto Caro y Cuervo, 1997.

Zapata Olivella, Manuel. *Chambacú, corral de negros.* Medellín: Bedout, 1963.

_____. "Memoria de la palabra". *Revista de estudios colombianos* 2 (1987): 1-2.

Zeno Gandía , Manuel. *La charca.* Río Piedras, PR: Editorial Edil, 1987.

ESTRUCTURA Y TÉCNICA EN
CHANGÓ, EL GRAN PUTAS [14]

E sta obra de Zapata no sólo denuncia y narra, en vívidas descripciones, la situación y la protesta del negro en Colombia y en América sino que también arroja nuevas luces sobre las fuerzas espirituales que han dado vitalidad a la cultura afro-americana.[15] En su novela *Changó, el gran Putas* (1983), objeto de este estudio, Zapata Olivella va más allá y no se reduce únicamente al ámbito colombiano narrando la odisea del Muntu Americano[16] en el Nuevo Mundo desde su captura en tierras africanas hasta su liberación e integración a la sociedad actual de nuestro continente. Este proceso de

---

[14]   Este artículo fue publicado en la revista *Caribe* 4.2-5.1 (2002):66-79.

[15]   Las obras en que Zapata Olivella trabaja en forma directa el tema negro son: *Chambacú, corral de negros* (1962), *Changó, el Gran Putas* (1983), *¡Levántate mulato!* (1987) y *Las claves mágicas de América* (1989). La primera obra fue publicada con el título de *Corral de negros* en el año de 1962 y fue premiada en Cuba al siguiente año. En 1965 sale al mercado una segunda versión editada por Editorial Bedout, en Medellín Colombia, con el título de *Chambacú, corral de negros*. En *Black Writers,* Jackson afirma que "changes in this second version go far beyond style and title modification. It would seem, indeed, that this second version represents a departure for Zapata Olivella from the much harder line taken against the United States that characterized the first version, *Corral de negros* published, significantly, in socialist Cuba" (144). *¡Levántate mulato!* fue publicada primero en francés y en 1990 en español.

[16]   En el "Cuaderno de Bitácora" Zapata señala que "Muntu" es el singular del sustantivo "Bantu" cuyo significado es Hombre. "El concepto implícito de esta palabra trasciende la connotación de hombre, ya que incluye a los vivos y difuntos, así como a los animales, vegetales, minerales y cosas que le sirven. Más que entes o personas, materiales o físicos, alude a la fuerza que unen en un sólo nudo al hombre con su ascendencia inmersos en un universo presente, pasado y futuro" (*Changó* 514).

cinco siglos es presentado en un discurso fragmentado y globalizante en el que el autor conecta la experiencia del negro colombiano con las vivencias de otros que, como él, llegaron a América procedentes de las diferentes regiones y tribus de África. Para Zapata Olivella esta "destribalización del negro y su mezcla en las sociedades neo-americanas constituye uno de los más masivos movimientos y más dramáticos procesos de aculturación en la historia de la humanidad" (*Claves mágicas* 86). Dicha aculturación y transculturación es expresada por el autor rasgando las entrañas gramaticales del texto en transgresión violenta como lo fue el proceso mismo de socialización y sobrevivencia del africano llegado al Nuevo Mundo. De igual manera, el discurso recrea los mecanismos psicológicos de defensa del africano incorporado abruptamente a una nueva cultura, al hacer del sueño parte íntegra del texto. En la narración se funden el contexto histórico y lo fantástico hasta el punto que el lector poco avezado tiene dificultad para distinguir el uno del otro. Tal recurso lo invita a adentrarse en un mundo suprarracional sin fronteras temporales o espaciales. Magistralmente, también la memoria entra y sale del presente empalmando la situación del afroamericano actual con las vivencias re-creadas por la Historia y con las historias de seres reales e imaginarios, hasta entonces sin una historia en la vida política y social de América. La voz narrativa busca dar cabida al mayor número posible de individuos, hechos y pensamientos en un colosal esfuerzo por contener la totalidad de la trágica epopeya del negro americano.

Changó, el gran Putas, no es una simple ficcionalización histórico-cultural, sino más bien, una realidad novelada surgida como resultado de veinte años de cuidadosa y conscienzuda labor de investigación histórica, antropológica y social del mundo espiritual del africano. El afán didáctico de Zapata Olivella se centra en el lenguaje como vía de conocimiento hacia la liberación. En *Changó* se actualizan. las ideas de Wa Thiong'o quien asigna al lenguaje dos funciones –la comunicativa y la de vehículo de cultura. La comunicativa contiene lo que Wa Thiong'o llama la lengua de producción, la cual posibilita la explotación del hombre en una comunicación vertical, no igualitaria, aún evidente en el período postcolonial. La cultural, se refiere a la lengua como vehículo para promover la historia y los valores de una cultura. Si bien es cierto que la época colonial se caracteriza por el control del lenguaje por parte del centro imperial, ésta sigue siendo instrumento de control cultural (283). Como dice Haakayoo Zoggyie en su ensayo "Lengua e identidad en *Changó"*, son precisamente estos problemas los que se propone abordar Manuel Zapata Olivella en su obra con el fin de refamiliarizar o familiarizar al lector, según el caso, con las tradiciones del África sub-sahariana (91).[17]

La narración de la novela comienza en el continente africano con los cantos sobre el origen de los Orichas,[18] la maldición y exilio de Changó[19] y su encuentro con el europeo (Loba Blanca) quien habría de someter y esclavizar a su raza por varias centurias hasta que en el siglo XIX comienza en Haití la primera rebelión a gran escala del Muntu y la lucha abierta por sus derechos usurpados. Señala, además, el papel que jugaron algunos personajes afroamericanos en la historia del continente durante el siglo XIX y XX, tales como Bolívar y Padilla en Venezuela y Colombia o Alejaidhino en Brasil. Según lo expresa Richard Jackson, el objetivo de Zapata Olivella al escribir esta épica no fue la de contar la historia de un personaje o familia sino, más bien, la de narrar la historia de millones de negros africanos dispersos por el Nuevo Mundo y concebirlos como una gran familia de

---

17 Haakayoo Zoggyie hace una interesante exposición sobre el lenguaje de *Changó* como compilación de elementos culturales que deben ser recobrados. Según Haakayoo Zoggyie, Zapata reintroduce para sus lectores negros las costumbres de sus antepasados las cuales fueron descartadas hasta 1896 por el mundo occidental como "meras extensiones de la llamada superstición africana" (92).

18 Nombre dado a las supremas deidades de la religión Yoruba. Sinónimo de Vodú, Zaka, Ogún etc. Sólo en el Panteón yoruba se conocen más de cuatrocientos orichas (*Changó* 525).

19 En la mitología yoruba, Changó, Xangó o Shangó es el hijo de Yemayá (diosa de las aguas) y Orungán. Este fecundó a Yemayá, su madre, con los catorce Orichas más importantes del panteón yoruba. Fue el tercer soberano del estado imperial de Oyo, cuya capital, Ife, ubicada en las cercanías del Níger, fue cuna de los Orichas creadores del mundo. La vida y las hazañas de Changó se confunden en la mitología de África y América donde se le venera como el dios de la guerra, la fecundidad y la danza. En la sincretización con los santos católicos se identifica con Santa Bárbara (*Changó* 517).

la que todos forman parte, vivos y muertos, dioses y seres humanos (*Black Literature* 118-19). La razón de tal estructura la encontramos en la recomendación que hace el autor al compañero de viaje (*Changó* 56-7) y en *Las claves mágicas de América*. En este último, Zapata Olivella nos habla del carácter religioso de las culturas africanas, donde "la participación del individuo y la familia en la vida social están ordenados por rígidas estructuras religiosas" (98). Dichas religiones son además vitalistas, existencialistas y panteístas en oposición al cristianismo que con su falsa espiritualidad le fue impuesto al afroamericano por la sociedad occidental (133). El mundo espiritual que se establece en la obra presenta sociedades jerárquicas en las cuales el individuo y la familia son guiados y protegidos por el espíritu de sus Ancestros en una relación dinámica y simbiótica opuesta a los "dioses extraños". Así, el rey vengador Benkos, será criado en la casa del padre Claver en Cartagena de Indias y luego se levantará contra ella y contra lo que ésta representa, es decir, contra el estado que lo esclavizó y contra la iglesia que aprobó y secundó tal ignominia (96-97). La obra presenta un mundo espiritual que se constituye en elemento liberador para el afroamericano y, en general, para todo ser humano (Tittler 74).

En *Changó, el Gran Putas*, el autor enfrenta al lector con una nueva concepción del mundo, del tiempo, de la vida y de la muerte a través del tema, de la estructura y de los recursos técnicos que el escritor despliega a lo largo de la novela. Esta simbiosis cósmica, profundamente arraigada en las creencias del africano, es parte de la herencia que ha sobrevivido entre los afro-americanos en curioso sincretismo con las creencias cristianas y las ideas religiosas del indio americano,[20] sincretismo que fue forzado por la iglesia católica y por el

---

[20] Este sincretismo es claramente expresado a lo largo de la novela a partir del segundo capítulo en el que comienza la existencia del Muntu americano. El caso de Antonio Congo, por ejemplo, es uno de ellos. Este personaje era uno de los participantes del Tedéum Laudamus con que se instaló el tribunal del Santo Oficio en Cartagena. Poco después "se le acusaba de réprobo por comprobársele que practicaba la brujería" (104). La acusación resulta ser cierta según narra uno de los ancestros: "Los que lo conocimos cuando el padre Claver lo llevó al colegio, podemos comprobar que las dos serpientes de

fenómeno de transculturación que se llevó a cabo en el Nuevo Mundo con el cruce interracial (*Claves* 101-20). En el universo discursivo de la obra, el sustrato religioso es el principio estructurante, y la saga de Changó se constituye desde el comienzo en el elemento cohesor de la novela, de la familia afro-americana, y las creencias que este conlleva explican la visión que del mundo tenía el africano a su llegada a América, según es señado por críticos como Lewis, Captain-Hidalgo y Jackson.

La leyenda de Changó, dios-héroe mitológico de la cultura Yoruba, reza que este Oricha fue arrojado lejos de su madre Yemayá como castigo a su excesivo orgullo. Desde entonces Changó representa la fuerza, la arrogancia y la incesante lucha por la sobrevivencia. Lorna Williams afirma que la propia sobrevivencia de Changó representa "el triunfo mitológico del pueblo... y la esperanza para la nueva colectividad'" ["his own survival represents the 'mythological triumph of a people... In the New World Shango represents the hope of a new collectivity'"] (14). Él genera en sus adeptos la fuerza necesaria para oponerse a sus opresores mediante una constante comunión y comunicación entre ellos. Changó, además, es símbolo del permanente batallar del hombre para sobreponerse a las adversidades de la vida (Jackson, *Black Literature* 106). Es entendible, entonces, que la novela comience con la invocación que hace Ngafúa, la voz lírica de los "Orígenes", a Changó para que éste sea su protector, haciendo a la vez un llamado a todos sus Ancestros para que ellos obren sobre el nuevo Muntu americano y, así, éste "renazca del dolor" (8). En la primera parte también se narra el éxodo de África hacia América como consecuencia de la venganza de Changó contra sus súbditos, sus ekobios o cofrades, sus hijos y sus hermanos a los que condenó al destierro, al

---

Elegba sobre su hombro no estaban dormidas. Desde niño se amamantó de dos ubres: los sermones del padre Claver y mis consejos..." (104). Por su puesto que la palabra brujería merecería ser revaluada antes de llegar a una mayor comprensión sobre los procedimientos de la Inquisición en el Nuevo Mundo.
Para una mayor información sobre el tema puede verse los "Puentes de contacto entre el cristianismo y las religiones africanas en *Las claves mágicas de América* de Manuel Zapata Olivella (98-120).

dolor, al abuso, a la desintegración de la familia y a la violación sufrida a manos de la Loba Blanca en un país lejano, por haberse alzado
contra él (20-21). Eventualmente llega la reconciliación y tanto
Changó como los Ancestros deberán guiar a Nagó, "el escogido nave-
gante/ capitán en el exilio/ de los condenados de Changó" (9). Desde
entonces las serpientes mágicas de la vida y la muerte son figuras simbólicas que acompañan al Muntu americano en su destierro (23). Para
el negro de América, estos símbolos implican una existencia amenazante y de peligro constante que requiere de una ayuda sobrenatural y
poderosa a la que Jackson llama "la fuerza del espíritu" africano
["Soul Force"] (*Black Literature* 105).

La comunión tripartita entre Changó, Oricha creador del mundo,
los Ancestros y el Muntu en exilio (*Changó* 32) crea en la novela un
concepto de temporalidad y espacialidad diferente al conocido por la
civilización occidental y que es anticipado en el texto de "despedida"
del Muntu africano y en la "bienvenida a Elegba".[21] En la primera
parte titulada "Los Orígenes", la voz poética implora al Oricha intermediario, Elegba, que escuche su relato sobre la creación y origen del
pueblo africano antes de adentrarse en la realidad e historia de su pueblo en éxodo hacia América. En este relato encontramos narraciones
que alertan al lector por la fusión de elementos contradictorios, o al
menos poco usuales, en el texto literario. Así, leemos la siguiente
estrofa al comienzo de la obra:

> historia de ayer
> caminos del regreso
> no andados todavía
> historias olvidadas del futuro
> futuras historias del pasado. (30)

Es evidente que nuestra concepción del tiempo hace incomprensible
el aparte citado ya que para nosotros no pueden haber caminos de

---

[21] Elegba es el Oricha intermediario entre los muertos y los vivos y sin el cual
ningún difunto encuentra el camino hacia la Morada de los Ancestros
(*Changó* 517).

regreso si éste nunca se ha dado. De igual manera, tampoco pueden olvidarse historias que aún no han sucedido, de donde deducimos los esfuerzos del escritor para crear un discurso que refleje la realidad supranatural del africano. Zapata Olivella crea, entonces, un tiempo textual suprarracional cuya noción es diferente a la del tiempo crono-lógico conocido en nuestra cultura occidental, es decir, la de un tiem-po definido por un pasado, un presente y un futuro, y donde las pala-bras "nochesdías" y "ayermañana" son formas de crear un contexto que recupere un mundo africano imposible de reproducir en voces ajenas a la propia cultura ya que lengua y cultura son inseparables (Wa Thiong'o). La temporalidad que el autor se ve obligado a inventar para recrear la realidad espiritual y cultural africana, no puede ser con-cebida dentro de los parámetros normales. Dice el narrador que Elegba toma el vino y se limpia los ojos para no perder la palabra de lo que les había dictado en un futuro que *recuerda sin haberlo pensa-do todavía* (119),[22] lo que lleva a Zapata a una permanente ruptura de la estructura gramatical del español y, en forma más evidente, a una reorganización del sistema verbal, similar a la utilizada por el van-guardista César Vallejo en "Trilce", por ejemplo.

Vallejo no ha sido el único escritor que ha tenido que enfrentarse a la situación de expresar, sin tener a mano los recurso lingüísticos, los hallazgos de una conciencia poco común a la que los críticos de Julio Cortázar se refieren como a "la apertura a lo desconocido, lo miste-rioso y lo desconcertante" (Picón, *¿Es Julio...* 30), y donde no existen abismos conceptuales ni visiones antitéticas de la realidad porque todo se da en la simultaneidad de una suprarrealidad. La incapacidad del lenguaje para expresar nociones o emociones que se dan en un diferente nivel cognitivo llevó a Vallejo a transgredir y agredir nues-tro sistema de comunicación, y a Cortázar a la creación de un nuevo lenguaje –el glíglico. Cortázar llegó a concebir el tiempo como "una simultaneidad porosa" (*Vuelta al día* 7) y Vallejo derrumbó las fron-teras establecidas por los tiempos gramaticales y los personajes de Juan Rulfo se refugiaron en un mundo de eterno presente. Como Rulfo, Cortázar o Vallejo, Zapata Olivella también se ve enfrentado a

---

[22] El énfasis es mío.

las limitaciones del lenguaje, para recrear una realidad que parte de la noción africana de "hombre". Dicha noción envuelve un concepto que trasciende el espacio, el tiempo y la propia individualidad, y "alude más a la fuerza que une en un sólo nudo al hombre con su ascendencia y descendencia inmersos en el universo pasado, presente y futuro" (*Changó* 514). Sin embargo en las literaturas africanas esta posibilidad siempre estuvo a la mano del escritor africano. Según señala Jahnheinz Jahn los críticos occidentales han indicado que las obras de este continente "sumergen al lector en un mundo completamente desconocido, aunque no había un consenso sobre si este mundo era totalmente extraño o extrañamente familiar" (citado por Haakayoo Zoggyie 92). Como dice Jonathan Tittler, *Changó* es "la casa de los espíritus" para los Afro-latinoamericanos según la concepción de Zapata Olivella (76).

La obra también captura este universo de fronteras temporales y espaciales difusas, mediante el uso arbitrario del sistema verbal, como puede verse en el siguiente texto:

Si la Loba Blanca **oprimió, asesina, expoliará,** su crueldad siempre aromada con el incienso, se estima civilizadora. Cuando el esclavo **resistió, revienta** las cadenas y **venza** al amo, su acción es homicida, racista y bárbara. (198)

En la primera frase, y contraviniendo las normas gramaticales, encontramos tres verbos separados por comas en tres tiempos diferentes –pretérito, presente y futuro–, cubriendo diferentes períodos de la historia del negro en América, historia que aún se está escribiendo como lo sugieren el uso del presente y el futuro. En la segunda, aparecen el pretérito, el presente y el presente de subjuntivo. Llama la atención en esta última oración el uso del subjuntivo, que como modo de "no afirmación", nos señala un futuro aún incierto para el negro americano.[23] Para expresar estos sentimientos ambivalentes sobre los logros del

[23] Para mayor información sobre el subjuntivo como modo de la "no afirmación" véase *Investigación de gramática* de Patricia Lunn, publicado por Heinle & Heinle, 1992.

antiguo esclavo y la difícil tarea que tiene por delante, Zapata Olivella barre con toda limitación temporal establecida y funde la historia de su pueblo, al fusionar los tiempos gramaticales, en un permanente presente de dolor, humillación y lucha.

Igual que la noción de tiempo, el espacio es elemento que carece de límites. En la obra, los personajes del presente o del pasado cohabitan al lado de sus dioses en un mundo suprasensorial, y muchos de los narradores son espíritus que, como en Comala, la ciudad muerta de Rulfo, dan avance a la obra mientras rompen con las coordenadas de espacio y tiempo al hablar del "espacio tiempo" de Agne Brown (348) y los "nochesdías" por ella vividos con la familia del reverendo Robert (354). Los múltiples protagonistas y narradores se mueven sin restricciones para traer al texto el sustrato ancestral en un "pacto entre vivos y muertos para subsistir unidos" (296). Utilizando diferentes coordenadas espacio-temporales, el lector es informado antes del nacimiento del rey Benkos. El acontecimiento se caracteriza por la presencia inesperada del abuelo Ngafúa y el tío Domingo de América, al lado de las siete comadronas procedentes del país Yolofo, del Manikongo, Angola, Calabar y Cabo Verde. Todos ellos asistirán a Potenciana en el parto que traerá al mundo al enviado de Elegba (96-97).

En la parte tercera del libro, "La rebelión de los Vodús", Petro narra la historia de Mackandal el primer emperador negro de Haití y el primer Muntu americano en convocar a indios y negros para luchar contra la Loba Blanca. La libertad representa un esfuerzo conjunto de vivos, muertos, animales y cosas bajo la protección de Changó, lo cual denota el evidente panteísmo de la cultura africana.[24] En este mundo

---

24   Dice el narrador: "Nadie anda solo/ ninguno extraviado/ en la noche de la esclavitud./ Rotas las cadenas, libre,/cada vida/ cada muerte/ [cada cosa] nos acercan a Changó" (188). A la lucha que se lleva a cabo en Haití acuden tanto los negros haitianos como también sus Ancestros africanos. El Buen Ángel Mayor, por ejemplo, señala que el cuerpo de Christophe queda en el sótano del Hotel de la Corona en Haití, mientras él –el Buen Ángel Mayor– y el espíritu de Christophe vuelan al África de los Ancestros para que la madre Sosa Illamba lo conduzca a las ruinas del Gran Zimbabwe para que a su regreso a Haití, Christophe pueda dirigir la construcción de la ciudadela de Ogún, el Oricha del hierro y del fuego (524).

y en el de la novela, espacio y tiempo son elementos que carecen de importancia. Por esto el joven Toussiant nos dice que "nunca imaginé que debo esperar medio siglo para despertar, iluminar y morir en sólo trece años" (197). El esclavo comienza hablando en pasado y termina indicando que ya ha muerto. Sin embargo, nos habla en presente de una espera de medio siglo que ya ha concluido.

No sólo los personajes y sus ancestros se mueven libremente en un espacio y un tiempo sin parámetros comparables, sino que también la obra recorre el continente, narrando las hazañas de los líderes negros, mulatos y zambos en singular coexistencia ya que el tiempo no es un devenir sino un gran ahora, un eterno presente (*Changó* 154). De Haití, con Mackandal, se pasa a la República Dominicana. De Venezuela, con Bolívar, se salta a los diferentes países libertados por el venezolano para regresar a Colombia con el general Padilla y con Piar. En Brasil se narra la historia de Alejaidhino, y luego se recorre de sur a norte los Estados Unidos con Agne Brown o con la Hernmana Wright, mientras en México se traen a colación las hazañas de José María Morelos y de sus ancestros Olmecas.[25] La polisemia del texto advierte sobre la inestabilidad de los logros del afro-americano, y enfoca la atención del lector en la yuxtaposición que de diferentes períodos históricos de esta cultura aún se hayan coexistiendo con el presente de la sociedad actual, gracias al desigual avance que hacia la equidad se ha hecho en América.

El mundo onírico es también parte importante de la obra. Los sueños se integran a la vida cotidiana en forma natural, bien sea como forma de escape o como forma de proveer el medio apropiado para la creación y la comunión. Ellos, igual que las reflexiones conscientes, dirigen las acciones de los protagonistas o los ponen en contacto con sus ascendientes o descendientes. Los unos como las otras, es decir,

---

[25] "Entre las culturas antiguas más importantes de América se encuentra la de los olmecas (1150 a.C. - 800 d.C.). Son famosos por sus colosales cabezas humanas de unos dos metros y medio de altura y más de treinta toneladas de peso, de fisonomía negroide. Los olmecas están considerados como el primer pueblo de cultura elaborada en Mesoamérica". Los anteriores datos fueron tomados de Carlos Loprete en su libro *Iberoamérica: Historia de su civilización y cultura.* New Jersey: Printice Hall, 1995.

sueños y reflexiones, forman parte de la existencia de estos seres que comparten una realidad no conocida por el lector. En ella los muertos y los vivos se mueven en el espacio y el tiempo ilimitado. El tío Antonio no sólo le habla al sobrino zambo de sus abuelos indios sino que ambos visitan a un afamado pajé[26] quien con sus pócimas los transporta a la morada de sus antepasados indios. Ambos recorren la herencia indígena (301-02). Morelos, por su parte, es invitado en sus sueños por Changó para que descubra a sus antepasados en las cabezas (Olmecas) de príncipes africanos celosamente guardadas por el jaguar. El narrador comenta que José María "ignora si marcha hacia el principio de los tiempos o hacia la cola donde se muerden los retornos" (313).[27] Al igual que los protagonistas, la novela salta inesperadamente del presente al pasado, y de éste al futuro.

Para concluir, podemos decir que la violación de las normas lingüísticas y sintácticas da al autor la libertad para manipular los procesos de cognición, creando diferentes niveles temporales y espaciales de la realidad que permiten al lector captar, a través de la transgresión textual, todo un contexto espiritual que ha sido descartado o ignorado por la cultura hegemónica del continente. Esta conveniente inocencia o ignorancia no justificable aclara, al menos parcialmente, el hecho de que por siglos al negro se le haya pintado como algo exótico, misterioso y peligroso. Con su obra *Changó, el gran Putas*, Manuel Zapata Olivella abre otras perspectivas al estudio de la cultura afro-americana, y lleva al lector a aceptar que ésta trajo a América un rico bagaje de tradiciones y creencias, en las que el espacio y el tiempo, la vida y la muerte carecen de fronteras y comparten la cotidianidad de una realidad suprarracional poco explorada.

---

26   El pajé en Brasil es un hechicero indio.
27   De la misma manera, ya no en Brasil o en México, sino en los Estados Unidos, Agne Brown visualiza, mientras duerme, la lucha de su padre blanco adoptivo que "no podía convencerse de que la pequeña y dócil Agne que acogió aquella mañana cuando lincharon a su padre, sea la misma que ahora siembra la violencia... Media hora después (Agne) descubrirá que sueña" (347).

OBRAS CITADAS

Captain-Hidalgo, Yvonne. *The Culture o fiction in the Works of Manuel Zapata Olivella.* Columbia: U of Missouri P, 1993.

Cortázar, Julio. *Vuelta al día en ochenta mundos.* México: Siglo XXI, 1969.

Jackson, Richard L. *Black Literature and Humanism in Latin America.* Athens & London: U. of Georgia P., 1988.

_____. *Black Writers and the Hispanic Canon.* London: Twayne Publishers, 1997.

_____. *Black Writers in Latin America.* New Mexico: U of New Mexico P., 1979.

Lewis, Marvin. *Treading the Ebony Path.* Columbia: U of Missouri P, 1987.

Picón Garfield, Evelyn. *¿Es Julio Cotázar un surrealista?* Madrid: Gredos, 1975.

Tejada, Cristina Sáez de. "Blacks in Brazilian Literature: A Long Journey From Concealment to Recognition" *Hispanófila.* 1(1997): 61-74.

Tittler, Jonathan. "Catching the Spirit: *Changó, el gran Putas* in English Translation" *Afro-Hispanic Review* (Spring 2001): 73-78.

Triana y Antorveza, Humberto. *Léxico documentado para la historia del negro en América* Vl I. Bogotá: Instituto Caro y Cuervo, 1997.

Wa Thiongo, Ngugi. *Decolonising the Mind: The Politics of Language in African Literature.* Portsmouth, N.H.: Heinmann, 1986.

Williams, Lorna. "Carlos Guillermo Wilson and the Dialectics of Ethnicity in Panamá". *Afro Hispanic Review* 4. 2-3 (1985): 11-16.

Zapata Olivella, Manuel. *Claves mágicas de América.* Bogotá: Plaza & Janés, 1989.

_____. *Changó, el gran Putas.* Bogotá: Oveja Negra, 1983.

_____. "Memoria de la palabra". *Revista de estudios colombianos* 2(1987):1-2.

Zoggyie, Haakayoo. "Lengua e identidad en *Changó, el gran Putas* de Manuel Zapata Olivella ". *Afro-Hispanic Revew* (Spring 2001): 90-95.

Indice

Colección Nueva Crítica Hispanoamericana

- *Argentina-S. Ricardo Piglia dialoga con la Generación del '37 en la discontinuidad* - Laura DeMaría.

- *Cuerpo femenino, duelo y Nación. Un estudio sobre Eva Perón como personaje literario* - Viviana Paula Plotnik.

- *Del margen al canon: Ensayos críticos sobre escritores hispanoamericanos* - Margarita Krakusin.

- *El éxtasis de los límites. Temas y figuras del decadentismo* - Leda Schiavo.

- *Feminismo y escritura femenina en Latinoamérica* - Jorgelina Corbatta

- *Juan José Saer: arte poética y práctica literaria* - Jorgelina Corbatta

- *La reformulación de la identidad genérica en la narrativa de mujeres argentinas de fin de siglo XX* - Hólmfrídur Gardarsdóttir

- *Los dilemas políticos de la cultura letrada. Argentina. Siglo XIX* - Alberto Julián Pérez

- *Narrativas de la Guerra Sucia en la Argentina. Piglia. Saer. Valenzuela. Puig* - Jorgelina Corbatta

- *Nuevas tierras con viejos ojos. Viajeros españoles y latinoamericanos en Sudamérica, Siglos XVIII y XIX* - Ángel Tuninetti

- *Tierra y literatura* - Dinko Cvitanovic

Se terminó de imprimir en agosto de 2004
en los talleres gráficos de Edigraf S.A.,
Delgado 834, Buenos Aires, Argentina.